运动解剖学

（第3版）

［美］罗伯特 · S. 本克（Robert S. Behnke） 主编

王会儒 主译

王会儒 王亚洲 刘继超 陈雪梅
叶 芳 方 勤 王 轶 杨宜锜 译

河南科学技术出版社

· 郑州 ·

图书在版编目(CIP)数据

运动解剖学：第3版/（美）罗伯特·S.本克（Robert S.Behnke）主编；王会儒主译. —郑州：河南科学技术出版社，2019.6

ISBN 978-7-5349-9445-6

Ⅰ.①运… Ⅱ.①罗… ②王… Ⅲ.①运动解剖 Ⅳ.①G804.4

中国版本图书馆CIP数据核字（2019）第046031号

出版发行：河南科学技术出版社
地址：郑州市郑东新区祥盛街27号　　邮编：450016
电话：（0371）65788858　　65788110
网址：www.hnstp.cn
策划编辑：李　林
责任编辑：李　林
责任校对：崔春娟
封面设计：张　伟
责任印制：朱　飞
印　　刷：河南瑞之光印刷股份有限公司
经　　销：全国新华书店
开　　本：889 mm × 1194 mm　1/16　　印张：19.25　　字数：543千字
版　　次：2019年6月第1版　　2019年6月第1次印刷
定　　价：98.00元

如发现印、装质量问题，影响阅读，请与出版社联系并调换。

在生活中的某一时刻，我们与某位我们认为是老师、主管、导师或榜样的人有了联系。在许多情况下，他们会成为我们的朋友。我很幸运在我的职业生涯中有这样一些人。尤其是伊利诺伊大学前运动教练罗伯特·尼科莱特（Robert Nicolette）（1957—1969年就职于伊利诺伊大学），在我的专业准备期间，他强调学习人体解剖学的重要性，他相信这是理解运动表现，以及预防、识别、治疗和康复运动创伤的关键。尼科莱特激励了我，使我准备写作此书。我要感谢他在与我们的沟通中感动了我们及与我们合作的每一个人。谨以此书献给他，表达我对他无限的感激。

致谢

人体运动出版社（Human Kinetics）的团队为《运动解剖学》的完成付出了很多努力，且一以贯之。卢布·罗伯特松（Loarn Robertson）博士，高级编辑，认为新版《运动解剖学》是有价值的人体解剖学的补充。他退休后，这个项目由高级图书编辑梅琳达·弗莱格尔（Melinda Flegel）负责。虽然弗莱格尔是在项目进行中接手，但我们的想法不谋而合。她给予了很多指导。开发编辑阿曼达·尤因（Amanda Ewing）对版式进行了优化，使版式更新颖、更具吸引力，并对解剖术语进行认真审定，使书中用语更准确。她的意见和建议，以及经常督促我完成任务，在本版的完成中发挥了重要作用。

本版的新插图与乔安妮·布鲁梅特（Joanne Brummett）的努力密不可分。她是艺术家、本书的设计师和照片协调员，负责拍摄既赏心悦目又准确表达内文意思的照片，使插图更符合书本内容。

必须感谢人体运动出版社创始人雷纳·马滕斯（Rainer Martens）博士策划《运动解剖学》编写项目。马滕斯在运功、体育教育、健康和娱乐领域的贡献已得到全世界的作者、教师和学生的认可和赞赏。他的想法和行为打开了出版业相关领域大门。

和他们一起工作很开心，希望和他们一起努力出版的书籍能给有兴趣学习人体结构和运动的朋友带来帮助和快乐。

前言

可以说，人体是最有魅力的机器设计。人们长期进行科学研究并试图通过各种方法改进它，目前甚至试图互换或创造合成。通过自身人体的研究可以使人更长寿更健康地生活。这基于对各种构成人体的元素的基本理解。

运动解剖学提供了人体各种结构概览。对于希望进一步研究人体解剖学的学生，运动解剖学提供了深入研究的基础，尤其是本书中人体解剖的生理结构功能。

本书目标

《运动解剖学》一书的目标是：①熟悉人体解剖学的词汇；②描述运动中人体解剖学的要点；③为学生提供追求健康生活所需的知识。

对人体解剖学词汇有清晰的理解，可以有效地与同事、医生、理疗师、教师、教练、医疗保健人员和其他使用解剖学术语的人沟通。本书清晰地讲述骨、关节、骨骼肌及其运动的概念，以及神经（包括脑的中枢神经系统、脊神经、外周神经）、血管（包括心脏）及肺。所有这些都是骨骼运动中必不可少的元素。本书主要强调把人体看作整体进行学习。知道运动涉及的结构及它们的运动方式，以识别问题并纠正，增强运动能力。

最后，这本书传授的知识有利于健康地生活。了解自己的身体有助于及时发现身体潜在的问题，用学到的知识预防或解决这些问题并开启健康的生活方式。

排版

文本和插图是解释在运动中起主要作用的人体结构——骨、韧带、关节、肌肉及向这些结构提供神经支配和循环的神经和血管。此版本也添加了不常在研究运动解剖学时考虑的解剖结构：大脑，心和肺。这是为了给入门级学生提供更多与运动有关的解剖结构。

除了介绍骨、韧带、肌肉、神经和血管等人体产生运动的主要结构，神经系统（中枢神经系统、外周神经系统），心和呼吸系统，以及这些结构如何帮助人体运动也有所介绍。

为此，本书分为四个部分。第一部分讨论解剖的基本概念。其余部分如许多运动学和生物力学领域的教科书，按照上肢（第二部分），头（脑）、脊柱、骨盆和胸部（心和肺）（第三部分），下肢（第四部分）的顺序讲述。第二、三、四部分的章节包含如下相同的结构：骨、关节和韧带、肌肉，第三部分还包括脑、心和肺，它们是运动必不可少的器官。在第二、三、四部分还有肌肉、骨、关节、韧带、运动、神经和血管的汇总表，补充了以前版本的人体运动解剖学中没有介绍的结构。

第3版更新

第3版《运动解剖学》增加了以下解剖结构：头、脑、心和肺。这些结构虽然不如骨、关节和肌肉重要，但也在运动中发挥重要作用。中枢神经系统（脑和脊髓）、周围神经系统、心和肺共同作用，以使肌肉、骨和关节运动。

随着越来越多的人参与体育和健身活动，运动损伤也日益增加，如头部外伤。《运动解剖学》着眼于头和脑的解剖学，包括中枢神经系统、周围神经系统及血液循环系统。血管网络（许多动脉、静脉与属支）的识别名称和解剖区域在本书中也有介绍。深入了解神经系统和循环系统要学习高级解剖学，内容上远超《运动解剖学》提供的入门级信息。

除了刚才提到的之外，还增加了关于关节强度和运动、肌肉（原动肌、拮抗肌、固定肌或稳定肌、增效肌）、杠杆原理和运动的内容。这些增加的内容是为了增强读者对肌肉功能的理解，对未来运动学和学习生物力学的学习颇具意义。

这些更新使本书适合本科生、中学生和其他希望学习运动中人体基本解剖结构信息的人。

本书的主要特点

当一个人研究人体解剖学时，很多设备可用于补充学习。尸体、视听辅助（包括照片、插图、模型和软件程序）和许多其他装置以协助学习。本书中的“操作”有助于读者理解和掌握特定的人体结构。

本书介绍了大量的术语。主要术语以粗体显示并在每章结尾列出。这也是极为重要的，因为这便于读者查阅术语在文中的内容。了解关键术语有助于确保读者已经获得了本章讲述的解剖结构的相关信息。

每个章节都有详细的解剖插图向读者展示运动解剖领域的关键结构。艺术家们已竭尽所能准确地呈现这些人体结构。广泛使用尸体影像显然会有更准确的结构插图，但是这样花费的成本过高，已远超入门级教科书。

为了增强理解，文本还附加了插图，以说明运动引起的解剖结构活动，正所谓一图值千言。这些插图都有适当的图题，可以帮助读者找到文本中表述的结构。这些插图有助于读者进一步理解运动时文中讨论的结构实际上是做什么的。

“知识拓展”介绍的是解剖学的相关结构在日常活动中的情况。内容包含日常生活中常见的健康状况，希望能够帮助读者理解这些结构。

每章结尾都有一套“学习助手”，包括“术语回顾”“单选题”“思考题”“填空题”（书末有答案）。“学习助手”“有助于读者”牢固掌握章节关键内容。此外，“功能性运动锻炼”在章节结束时测验读者对各种肌肉功能的了解。书末给出的答案并不是唯一的正确答案。读者可利用本书内容、笔记及向老师和同学请教等寻求其他答案。

最后，每个部分均以“汇总表”结束。通过汇总表可快速查找身体部位的内容，包括关节、关节类型、骨、韧带、运动，以及肌肉的起点、止点、运动、支配神经和血供。无论是做书中测试题还是准备论文或是进行人体运动解剖学的演讲，汇总表都可以作为快速参考。

目录

第 I 部分

解剖学的一般概念

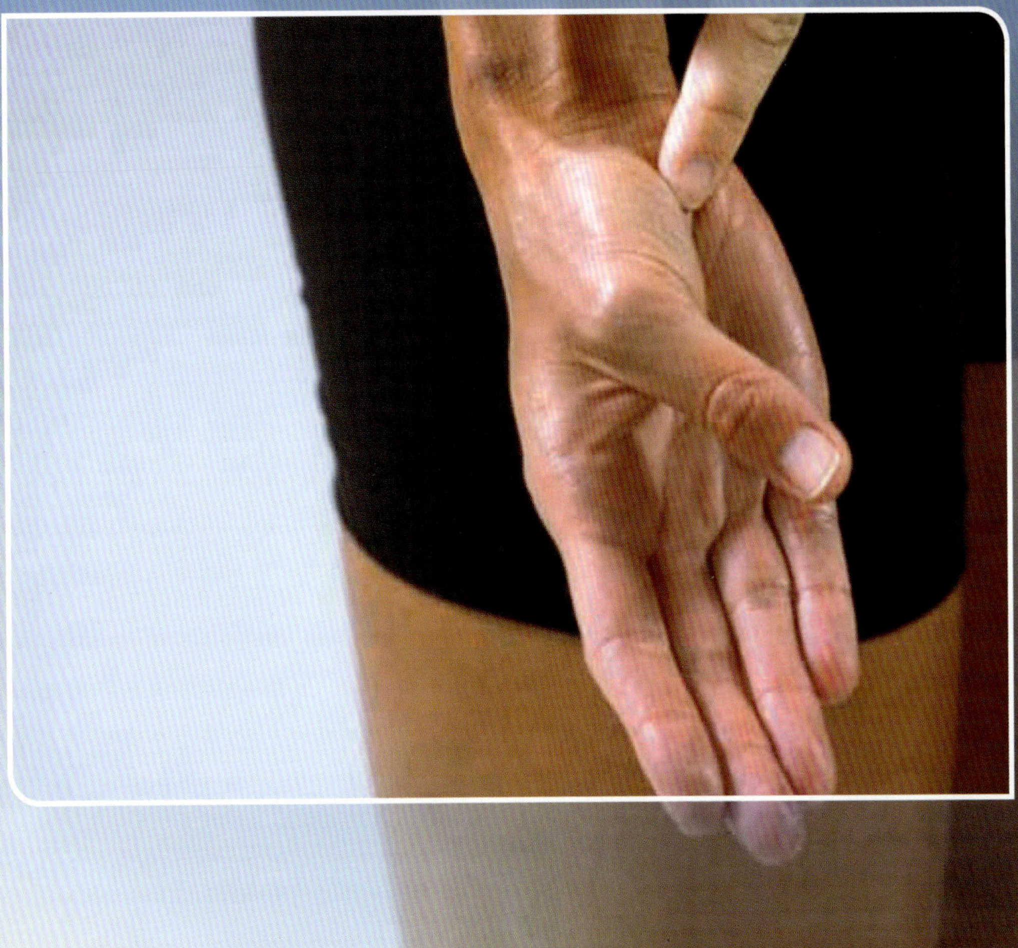

第 1 章

结构

简单地说，人体解剖学是对人体结构的研究。人体是由相关部分组成的生物体，可以简单地称为机体。人体主要由四种不同类型的组织（相似细胞的集合）构成。

- **结缔组织：** 构成骨、软骨和软组织（皮肤、筋膜、肌腱和韧带）。
- **肌肉组织：** 有三种类型，使骨产生运动的骨骼肌、支持心脏跳动的心肌、附着于动脉壁和身体其他器官的平滑肌。
- **神经组织：** 包括神经元和神经胶质。神经元传导大脑、脊髓、脊神经和脑神经的神经冲动；神经胶质是神经系统的支持细胞，对神经元起支持、营养、保护和修复的作用。
- **上皮组织**。

人体的呼吸系统、消化系统、泌尿系统和生殖系统与这四种组织有关。

与运动相关的人体解剖学主要研究：①骨、关节（及相关韧带）和骨骼肌（负责人体运动的肌肉）。②其他，如刺激肌肉组织的神经系统的作用，为肌肉组织输送能量、排出代谢产物的血管系统的作用，由骨、关节和肌肉构成的身体杠杆系统的作用，以及锻炼对身体的影响。运动解剖学对呼吸系统、循环系统和自主神经系统只进行简要概述。人体解剖学涉及的内分泌系统、消化系统、生殖系统、泌尿系统和感觉系统等，在本书不做讲述。本书主要探讨与人体运动相关的组织结构。

在讨论解剖学的时候，合适的用词很重要。

尤其是在与内科医生、体育教练、治疗师和运动伤害防护员交流时，使用常用术语会使交流简单、容易。对于人体解剖学的学习者来说，熟悉并掌握这一章出现的专业术语也很重要。从解剖学角度去了解和熟悉人体结构知识及常用术语，有助于运动训练规则的具体化使用，有助于在不同身体状况下进行运动损伤的预防、治疗和康复，还能促进运用科学方法研究人体运动。

人体几乎所有系统都以其特有的方式对运动发挥着作用，但本书的重点为直接产生运动的系统（骨、关节、肌肉、神经和循环系统），重点阐述骨、韧带、关节和肌肉产生的运动，同时在具体解剖部位会提及相关的神经和血管。

骨

人体有206块骨，骨起支持、矿物存储和细胞造血的作用。构成关节的骨和附着于骨的肌肉对人体运动起着决定性作用。骨根据形状可分为四类：长骨、短骨、扁骨和不规则骨。有些专家把骨分为五类，把籽骨单独列为一类骨（图1.1）。籽骨小且呈结节状，位于某些肌腱内。呈现人体的基本形态，使运动成为可能的是长骨。长骨有一体称骨干，骨干两端膨大称骺（图1.2）。

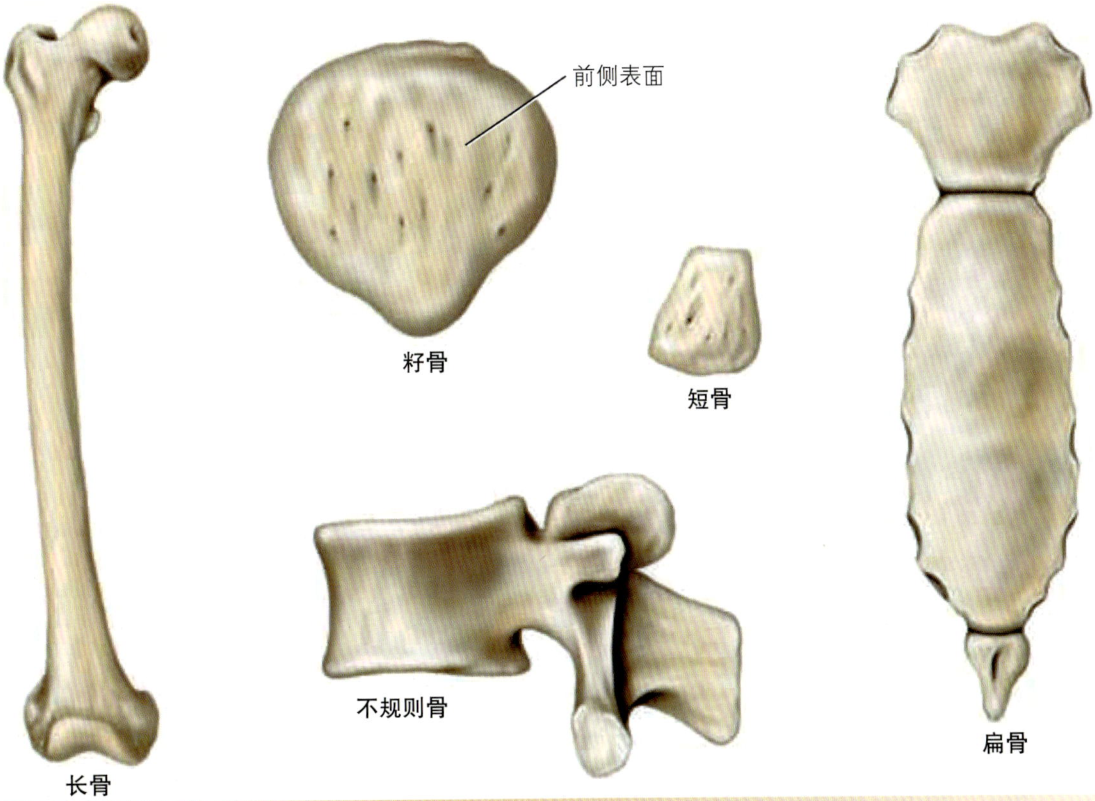

图1.1 骨的分类

幼年时，骨骺与骨干被一种叫作骺板的软骨组织分开。骨干两端的骺板正是骨骼生长的地方，所以骺板又称生长板，而骨骼达到其最大长度（即成熟）时，生长板就会停止生长（软骨组织完全被骨组织取代），骨干和骨骺融为一体。骨面外覆的组织层称骨膜，骨细胞在此产生。此外，骨骺底端覆盖的关节软骨使构成关节的骨运动更顺滑，保护骨端免受损伤。

不同于长骨，短骨没有骨干且对称出现，如腕骨和踝骨。扁骨因其扁平的形状而得名，如颅骨、胸骨和肩胛骨。简单地说，不规则骨就是无法将其归类到长骨、短骨或扁骨的一种骨骼类型，如椎骨。此外，解剖学家承认的还有一种骨骼类型——籽骨（呈菜籽状）。椭圆形籽骨多以自由浮动状态位于肌腱内，髌骨是人体最大的籽骨，手与足也都有籽骨分布。

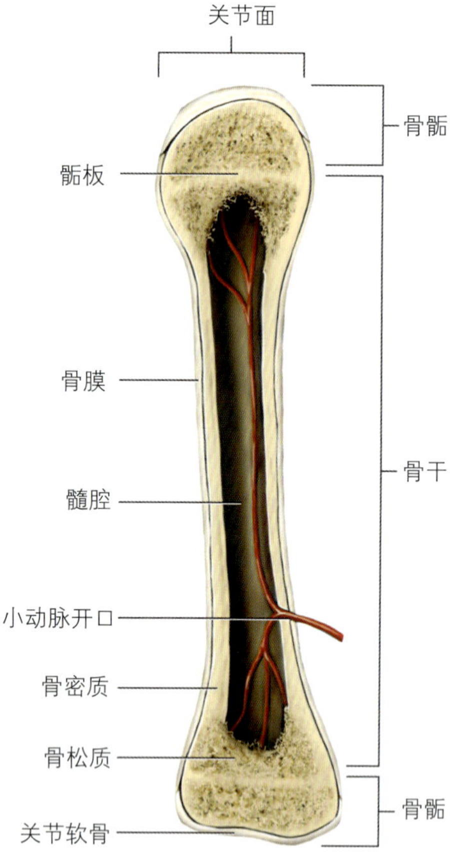

图1.2　长骨的结构

> **知识拓展**
>
> ### 骨质疏松症
>
> 人在自然老化的过程中，钙和其他矿物质会逐渐缺失，而这会导致骨变得疏松和脆弱。这种情况称为骨质疏松症。骨质疏松症可导致骨折和体位畸形。年龄在 60 岁以上的人群中，大约有 50% 的人患有骨质疏松症。

骨骼特征有专用的解剖术语描述，这些特征常被称为解剖标志，是掌握和学习解剖学词汇的基础。骨面粗糙隆起称粗隆（图1.3），突然的高起称突（图1.3），小的隆起称结节（图1.4）。这三种骨面的突起起着连接身体其他组织的作用。与前三种骨面突起不同，棘和棘突为细长尖锐的突起（图1.5）。长骨两端的膨大部为髁（图1.6）。髁上起连接另一骨骼作用的部分称关节面（图1.2），髁上方的小突起称上髁（图1.4）。骨面上平滑的凹陷为窝，为其他结构提供附着条件（图1.3）；小而平滑的骨面称小平面，为结构附着提供条件（图1.7）。切迹看上去像切口，便于其他结构如血管和神经通过（图1.8）。作用同切迹相同但以洞的形式出现的称孔（图1.5）。

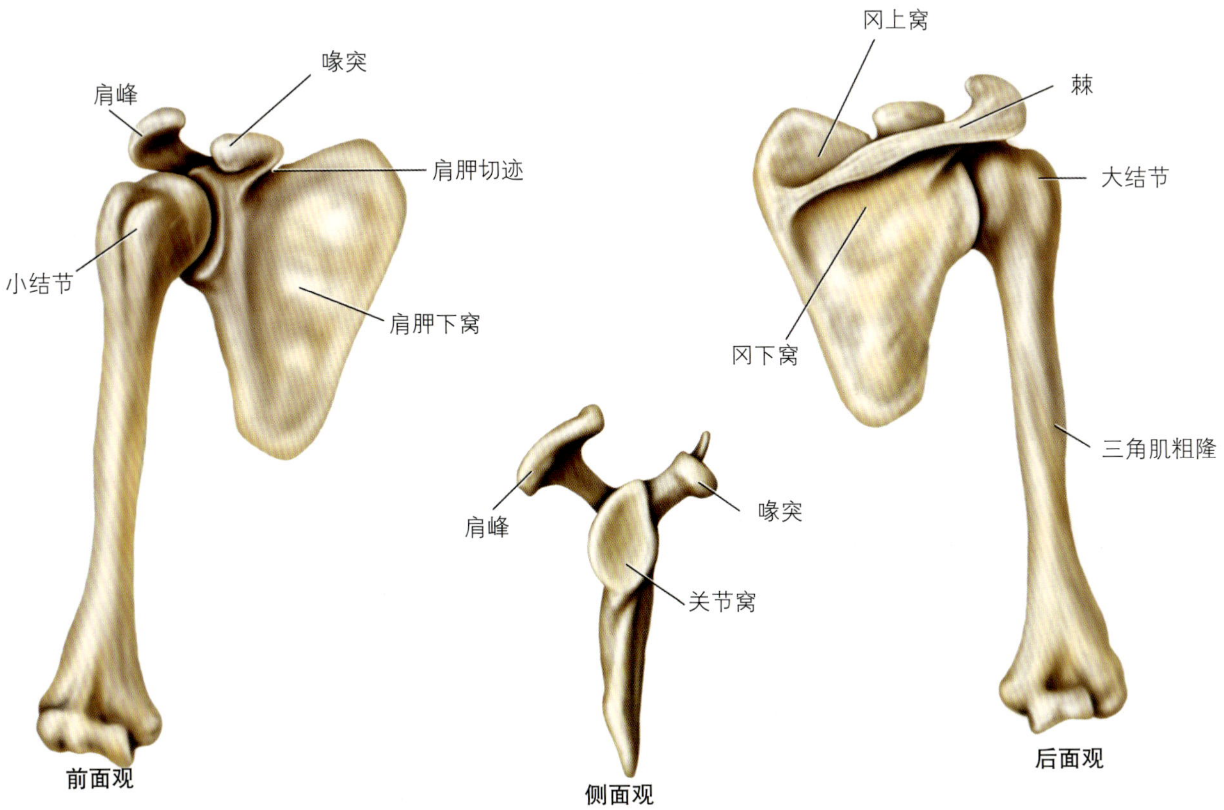

图1.3 肩胛骨解剖标志：前面观、侧面观和后面观

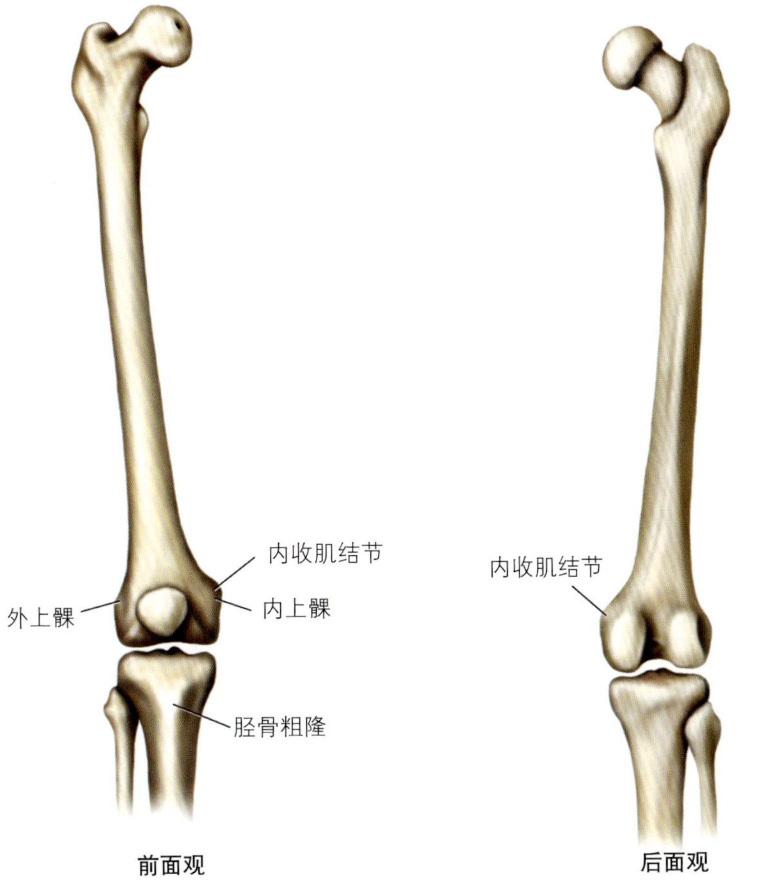

图1.4 股骨和小腿骨标志：前面观和后面观

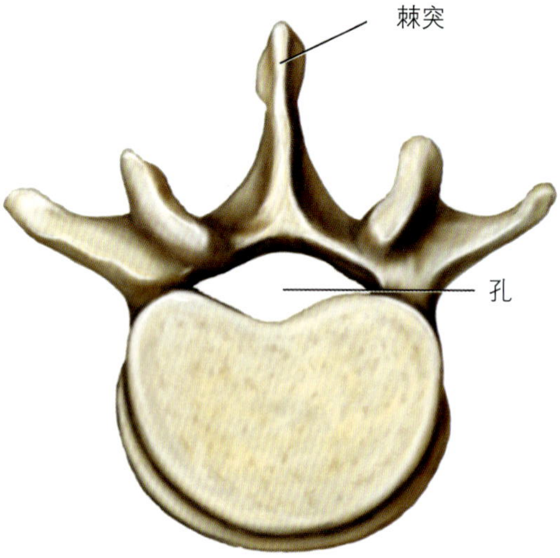

图1.5 椎骨：上面观

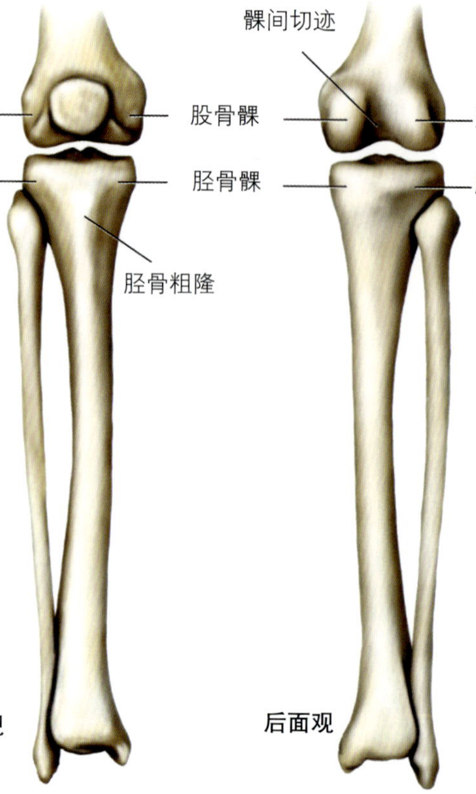

图1.6 膝关节：前面观和后面观

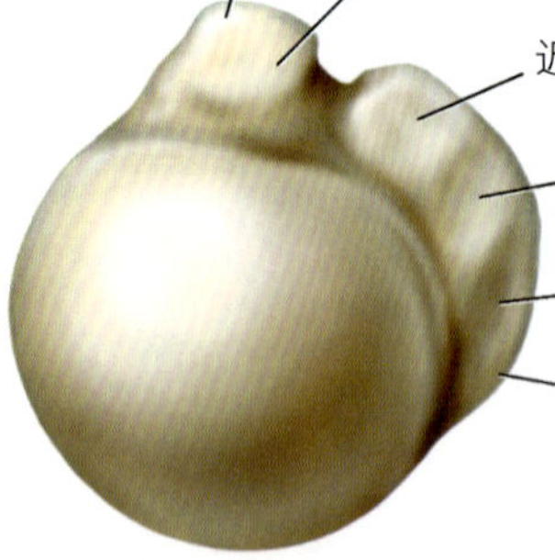

图1.7 肱骨：上面观

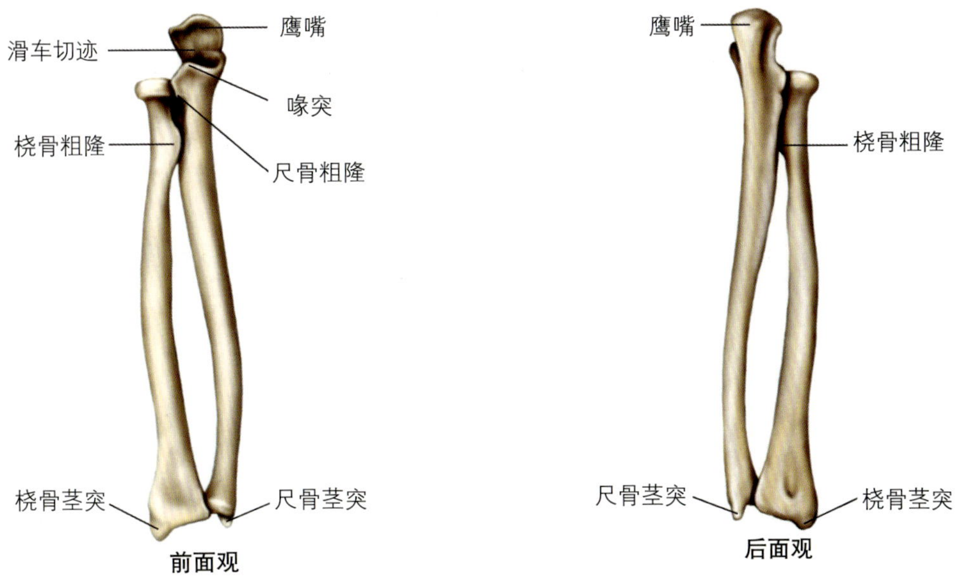

图1.8　前臂骨骼及其解剖标志：前面观和后面观

关节

两块及两块以上的骨相连形成关节。骨连结与关节这两个术语在使用时可以互换，研究骨连结的学科称关节学。关节处连结骨的是一种致密结缔组织——韧带（图1.9）。韧带以线、带、片状连结骨端，促进或限制骨间运动。韧带不是关节稳定的唯一支持物，跨越关节的肌肉和组成关节的骨也有助于维持关节的稳定性。

骨连结主要有两种形式：间接连结和直接连结。间接连结时，骨是分离的，骨间有关节腔。间接连结可根据形状分为六种类型（图1.10）。屈戌关节：一骨有凹面，另一骨呈线轴状，如肘关节。球窝关节：一骨是球形关节头，另一骨是杯状关节窝，如髋关节和肩关节。不规则关节：由不规则骨面组成，平面或是微球状骨面，如腕骨，滑动发生于腕骨间。髁状关节：一骨凸面对应另一骨凹面，髁状关节与球窝关节特征大体相似，不同的是髁状关节绕两轴于两个面发生运动，而球窝关节是绕三轴于三个面发生运动（面与轴的详细介绍见第2章）。掌骨与指骨的连结就是髁状关节。鞍状关节：一骨凹面与另一骨凸面呈马鞍状，常被当成髁状关节的变体。这种关节不常见，连结手腕和拇指的腕掌关节属鞍状关节。车轴关节：一骨绕另一骨旋转，如桡尺近侧关节［桡骨（前臂）绕肱骨（上臂）旋转］。

间接连结又称滑膜关节。滑膜关节是运动发生最多的地方。两关节面之间有缝隙是滑膜关节最大的特征（图1.11）。关节处的滑膜分泌滑液起润滑作用，同时为关节组织提供营养物质。附于滑膜关节面周围的是关节囊。根据运动发生时面与轴的不同情况可将关节划分为四种类型（图1.12）。两骨之间仅有一种滑动类型的关节称非

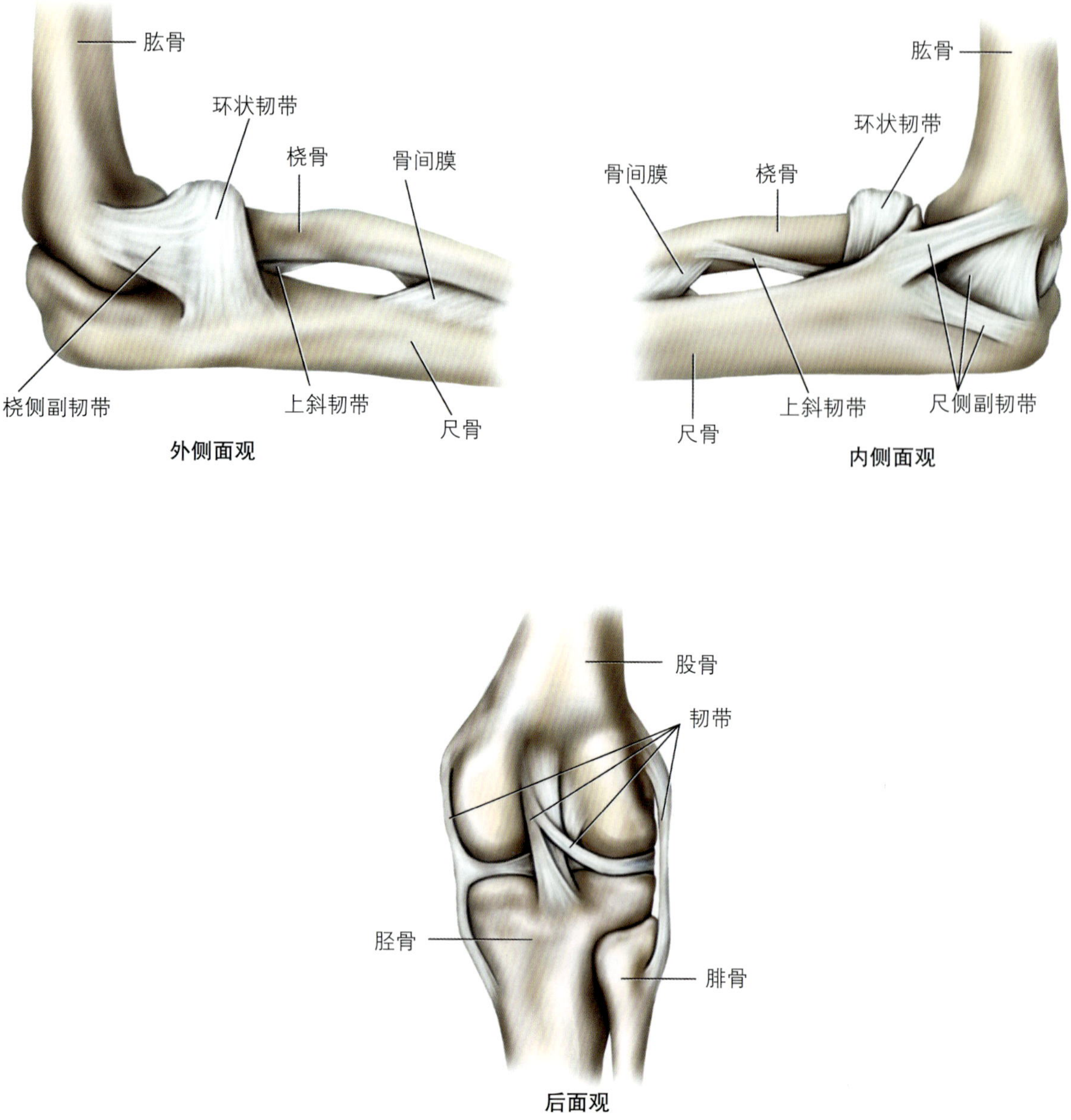

图1.9 肘关节主要韧带外侧面观和内侧面观；膝关节韧带后面观

轴向滑动关节，多见于手腕和足部。单轴关节，如肘关节，绕一轴于一个面上做运动。双轴关节，如腕关节，绕两轴于两个面上发生运动。三轴关节绕三轴于三个面发生运动，如肩关节和髋关节（属球窝关节）的运动。

与间接连结不同，直接连结中骨与骨之间没有分离或关节腔的存在。

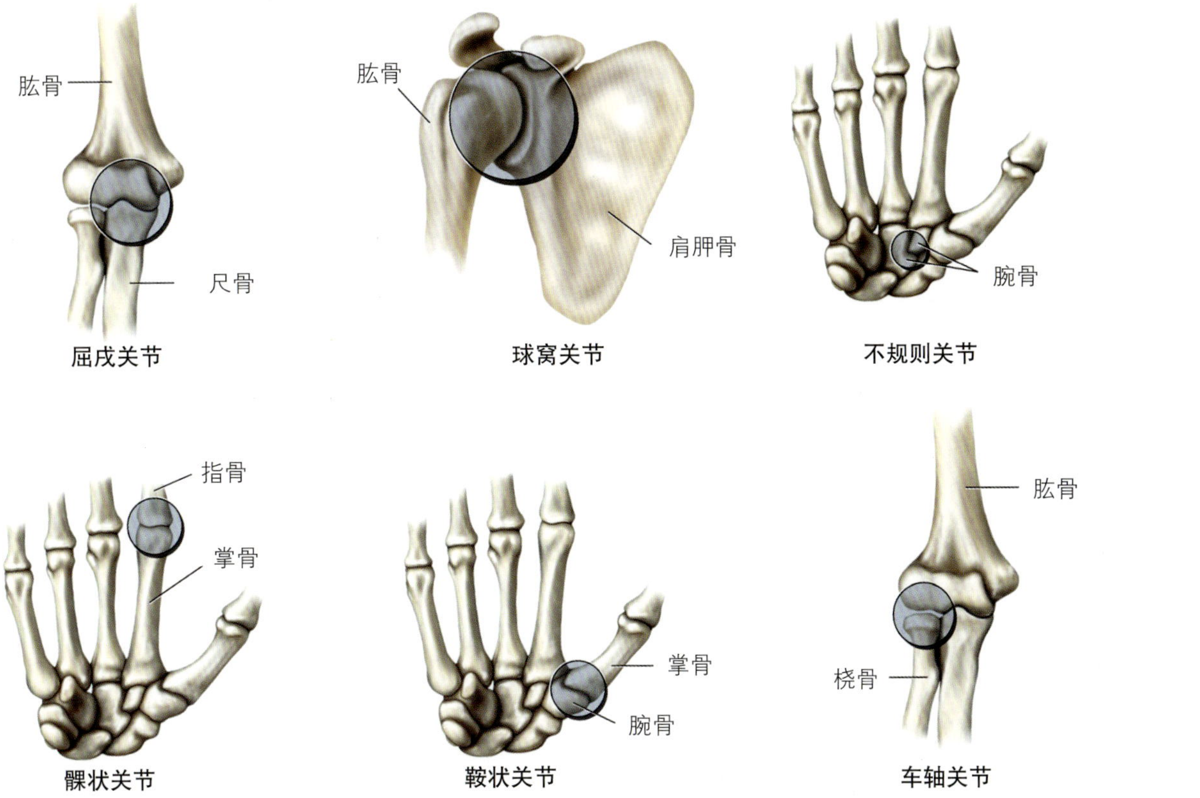

图1.10　间接连结的六种类型

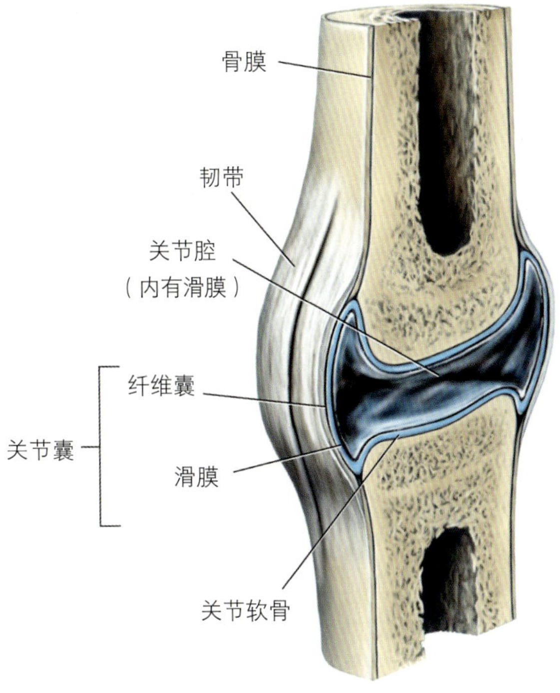

图1.11　间接连结（滑膜关节）

直接连结有三种类型：缝连结、软骨连结和韧带连结（图 1.13）。缝连结处没有明显运动，像衣服上的线缝呈缝合状态。此类连结处无运动发生。软骨连结处有运动发生，但除脊柱的软骨外，软骨连结不充当主要运动角色。软骨连结中的纤维软骨通过变形使运动发生，有骨间减震作用，如椎间关节、耻骨联合和骶髂关节。韧带连结处骨间发生少量运动或不发生运动。同属一块骨的两部分（如肩胛骨的喙突和肩峰）之间的连结、前臂骨间膜与小腿骨间膜都属于韧带连结的形式。

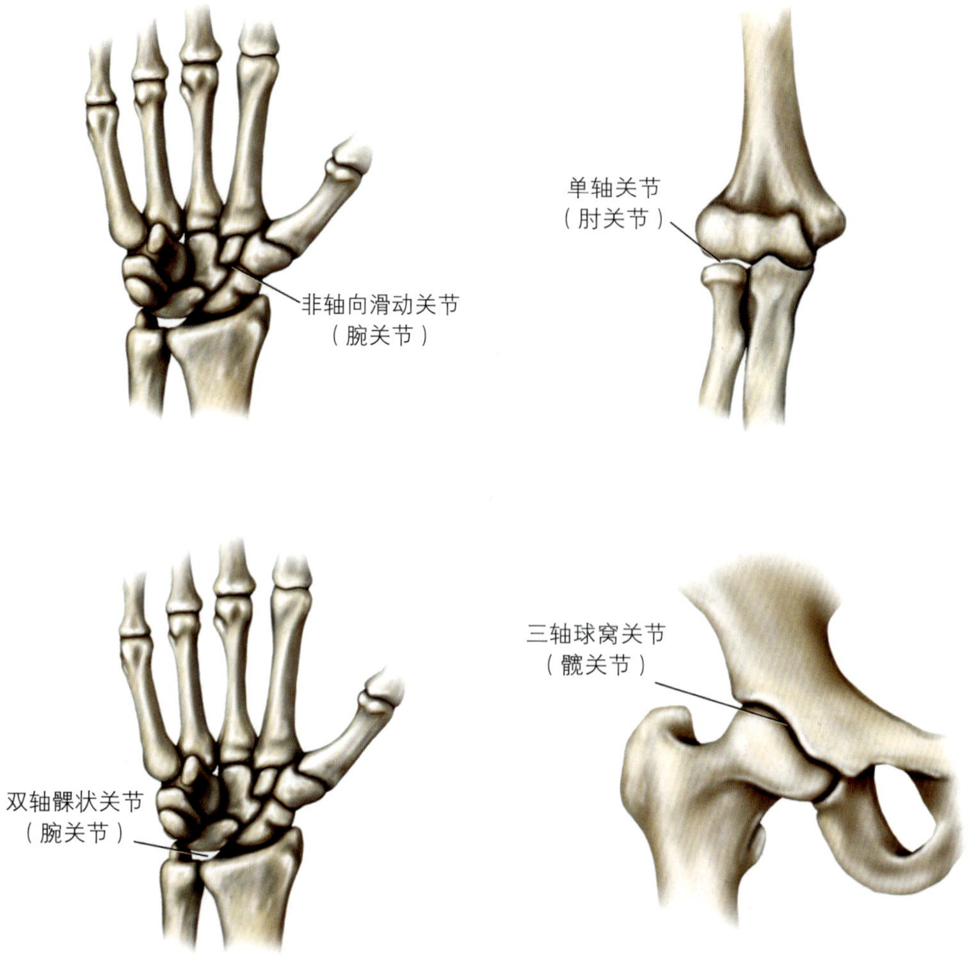

图1.12 滑膜关节的四种类型：非轴向滑动关节、单轴关节、双轴髁状关节和三轴球窝关节

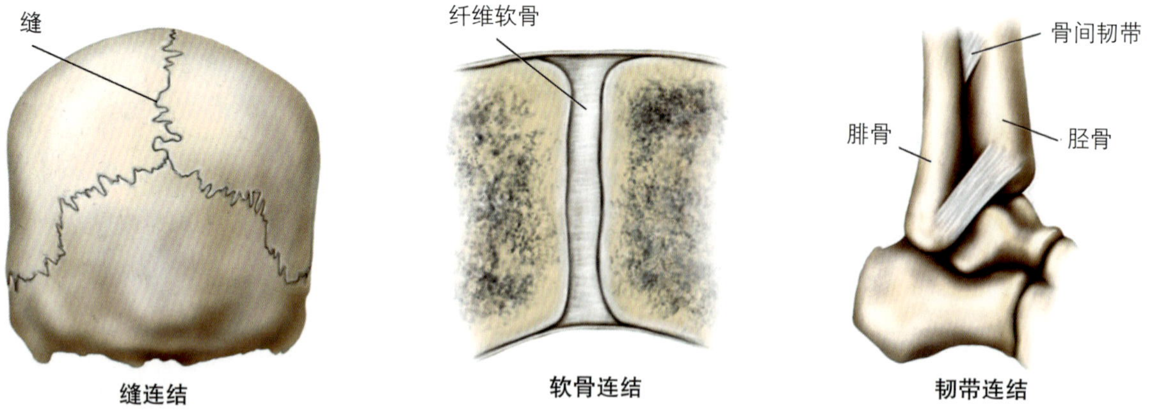

图1.13 直接连结的三种类型：缝连结、软骨连结和韧带连结

关节的连结强度取决于很多因素。

· 骨骼的物理结构影响关节的连结强度（如同属球窝关节的肩关节和髋关节，结构上更为纵深的髋关节比肩关节的连结强度要大）。

· 韧带的强度、数量和位置也决定着关节的连结强度。跨关节肌肉和肌腱的数量和力量对其连结强度亦有影响。肌腱的韧度对损伤的预防和恢复有着极其重要的作用。

· 一定程度上，人体其他跨关节结构（血管、神经、皮肤、筋膜）对关节连结强度也有影响。

关节运动程度的不同存在于不同人之间，也存在于同一个人之间，以下就是影响关节运动程度的具体因素。

· 相关联的骨（骨连结限制移动范围；试比较肘部与髋部的运动）。

· 韧带的松紧程度。

· 关节周围脂肪与肌肉组织的数量。

· 跨关节肌肉的力量与灵活度。

· 其他结构的阻力（如前面提到的影响关节连结强度的结构：血管、神经、皮肤和绕关节的筋膜）。

肌肉

对肌肉的研究称肌学。化学意义上来说，肌肉由水和固态物质组成。固态物质包括蛋白质、碳水化合物、无机盐（钙、氯化物、铁、镁、磷、钾、钠）、酶、脂肪颗粒、含氮提取物（如肌氨酸、尿酸）和无氮提取物（如乳酸、肝糖）。有关肌肉化学构成成分的分析为人体生理学的研究内容。

人体肌肉的数量受很多因素影响。在肌肉数量上，人与人不尽相同。有些肌肉只在身体的一侧有，另一侧没有（如腰小肌）；有些肌肉在一些人体内完全没有（如掌长肌）。一些解剖学家可能将某些肌肉单列出来，但有些人可能认为这些单列出来的肌肉只是某一大块肌肉的一部分（如拇短屈肌和趾短屈肌）。人们普遍接受的一种说法是人体内有 680 块肌肉，约分属于 240 个名称。肌肉的命名遵循以下标准。

· 动作：如屈肌或伸肌。

· 骨骼附着：如胸锁乳突肌。

· 牵拉方向：如斜肌或直肌。

· 位置：如胫骨肌或尺骨肌。

· 大小：如胸大肌或胸小肌。

· 形状：如小圆肌或斜方肌。

· 结构：如肱三头肌或股四头肌。

· 以上标准的综合：如趾短屈肌。

肌肉组织常分为三类：位于内脏和血管的平滑肌，专属心脏的心肌和促使骨骼和关节发生运动的骨骼肌。平滑肌（图 1.14a）：①不像骨骼肌一样组成运动单位，而是受到自主神经系统的控制。平滑肌位于血管壁，负责扩大或缩小血管腔以协助血液在循环系统中的流动。②位于空腔器官，如腹腔和膀胱。③位于消化道，产生有节奏的肌肉收缩。肠道内这种有节奏的肌肉收缩称蠕动。心肌纤维（图 1.14b）直接与心脏相连。有节奏的心肌收缩有两个阶段。

心缩期与心舒期。心缩期指心肌收缩的时期，心舒期指心肌舒张的时期。平滑肌与心肌在结构上不同于骨骼肌。

从解剖和运动的方向出发，本章主要探讨骨骼肌的相关内容。骨骼肌有伸展能力（舒张性），牵拉停止时，肌肉能恢复到最初的长度（弹性）；肌肉受到刺激时会收缩（收缩性）。骨骼肌有梭形肌、方形肌、三角肌、半羽肌、羽肌、多羽肌和纵肌（图 1.15）。大部分骨骼肌属梭形肌或羽肌。

梭形肌由长且相互平行的纤维组成，常参与大范围的身体运动。羽肌是由短、斜的纤维构成，常参与小范围但要求大力量的运动中。

影响肌力大小的因素：

· 肌肉横截面积：横截面积越大，肌肉纤维越多，肌力越大。

· 肌肉初长度：纤维越长，收缩距离就越长，产生的肌力就越大。

· 肌肉结构：肌肉中非收缩性组织越少，每个区域的肌肉纤维越多，肌力越大 。

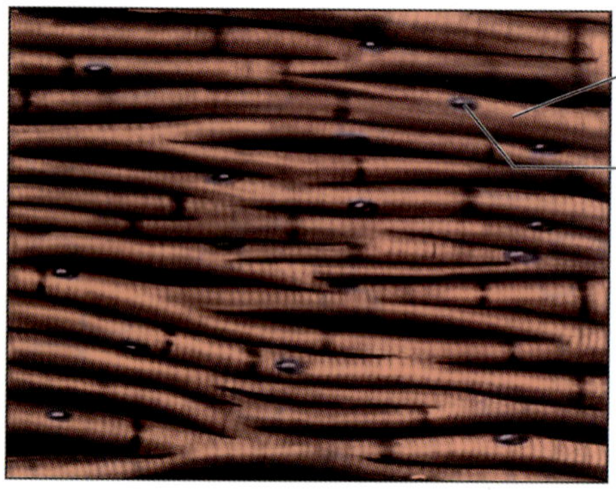

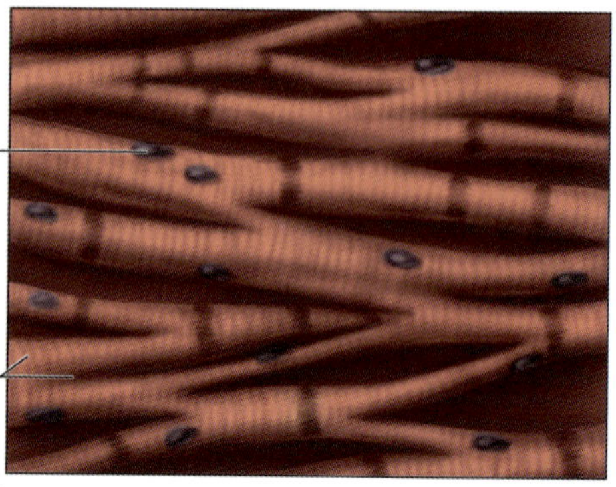

图1.14 a. 平滑肌细胞；b. 心肌细胞

图片来源：Whiting and Rugg，2006。已授权。

图1.15 骨骼肌不同类型的纤维排列

· 肌肉特异性：肌肉的化学结构（如液体黏稠度、肌质含量、氨基酸数量）也影响肌肉活动。

· 肌肉紧张度：肌肉处于紧张状态下，肌力较大。

· 肌肉协调度：协调力很差的话会使肌肉相互摩擦，减小肌肉产生的力量。

肌肉纤维形成肌腹。肌腹两端是附着于骨骼肌的特殊结缔组织——腱。与骨骼肌相同，腱具有伸展性、弹性，但不具有收缩性。腱与韧带都是致密结缔组织，不同的是，腱没有韧带的弹性大。骨骼肌腱被分成起点肌腱和止点肌腱（图1.16）。起点肌腱很长且附于关节近端骨（接近身体中心），关节所连两骨相对较固定。起点肌腱是最稳定的附着体。止点肌腱较短，附于关节的远端骨（远离身体中心），关节所连两骨移动性较大。肌腱大多附着于骨骼，也有些附着于其他肌腱、筋膜、韧带或皮肤。另外，因为肌腱要跨过骨骼区附着于某区域，肌腱运动时，外包的结缔组织——腱鞘（图1.17）就起到保护其免受损伤的作用。

骨骼肌的收缩会使骨骼产生不同方向的动作，主要动作如下。

· 屈。

· 伸。

· 外展。

· 内收。

· 旋外。

· 旋内。

· 旋前。

· 旋后。

· 环转。

这些动作的具体分析见第 2 章。

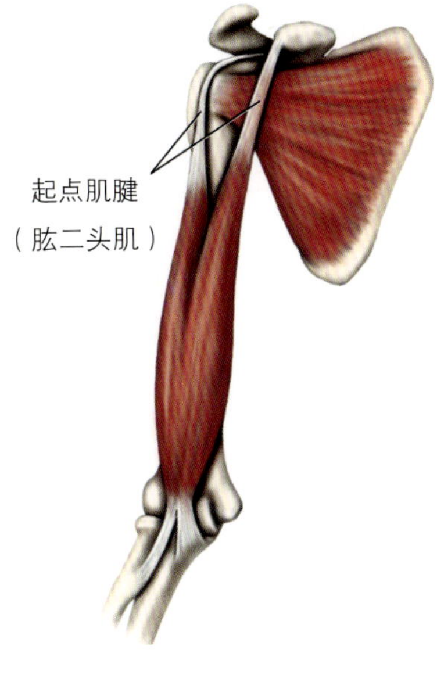

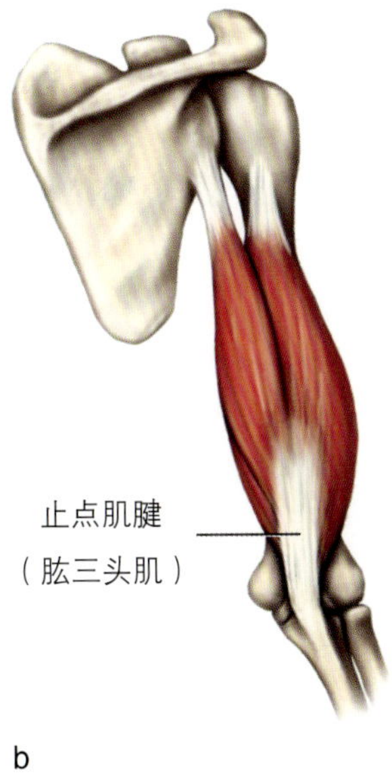

图1.16　a. 肱二头肌的起点肌腱；b. 肱三头肌的止点肌腱

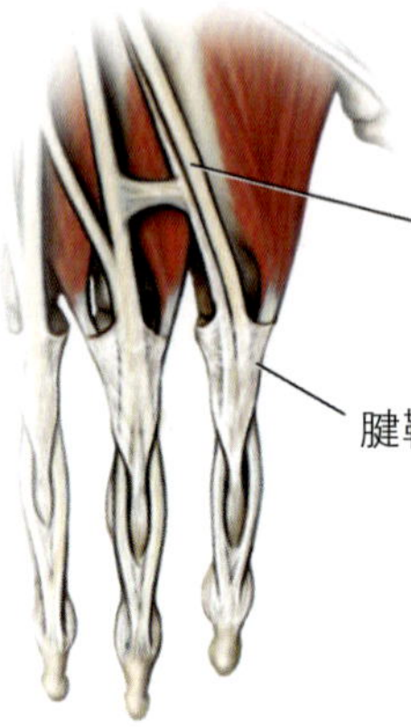

图1.17 腱鞘

所有运动牵动的不止一块肌肉。产生运动的骨骼肌之间的关系要通过肌肉发挥的具体作用来说明。产生运动的主要肌肉称原动肌或主动肌。配合原动肌完成运动的称协同肌。作用与原动肌相互对抗的肌肉称拮抗肌。肘部弯曲时，肘关节的肱三头肌是肱二头肌的拮抗肌。一块肌发挥作用时，另一块肌通过保证骨骼不发生移动来协同完成动作，不让骨骼发生移动叫固定，起固定作用的肌叫固定肌。

骨骼肌有几个作用：①为运动提供动力；②保护内脏及附着骨骼免受外伤，有减震作用；③肌与肌腱的拉伸可为关节提供支持，如坐姿、站姿、走、跑等几乎身体所有运动都依靠跨关节肌和肌腱的支撑；④骨骼肌能产生热量，这一作用常被忽视，肌肉在收缩的过程中释放热量，打颤就是一个肌肉收缩的过程。

骨骼肌的整体结构如图 1.18 所示。骨骼肌外覆的结缔组织称肌外膜，肌外膜内含大量肌肉纤维束，包被肌肉纤维束的组织称肌束膜，肌束内的每条肌纤维外包的结缔组织膜称肌内膜。

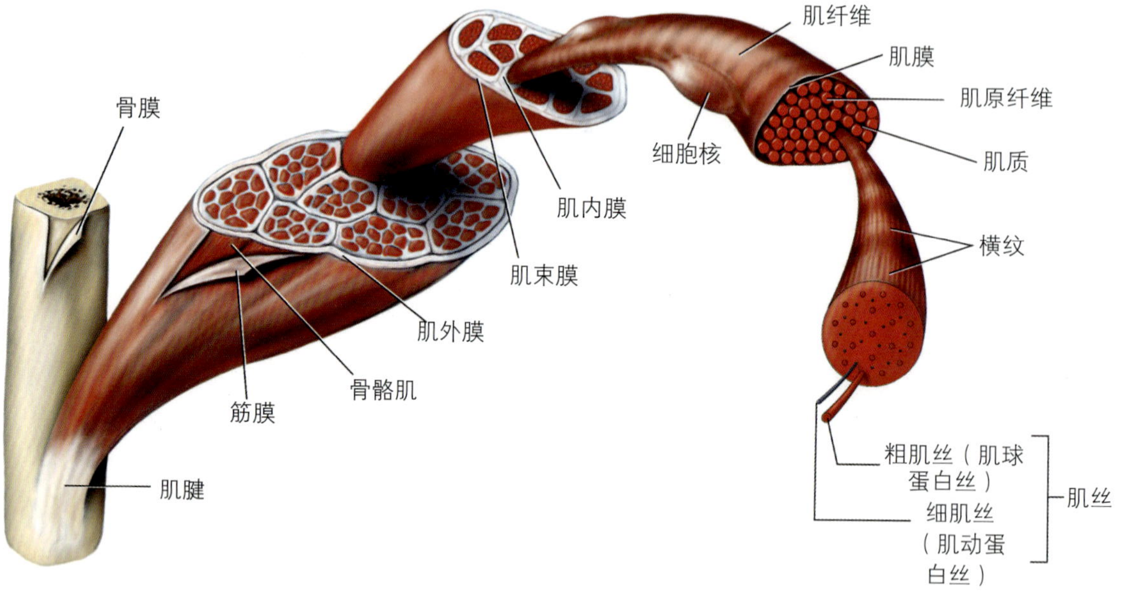

图1.18 骨骼肌的结构

肌纤维由肌原纤维组成，肌原纤维属肌肉收缩元素。有些肌纤维可用肉眼看到，有些只能通过显微镜才能观察到。每个肌原纤维周围的黏性物质称肌质，包被肌原纤维的膜称肌膜。纵向来看，肌原纤维由收缩性肌动蛋白和肌球蛋白（图 1.18 和图 1.19）形成的明肌丝和暗肌丝构成。这种可调节的肌丝模式在显微镜下观察呈横纹状。

每条肌原纤维被分成一条条肌节——骨骼肌的作用单位（图 1.19）。肌节中有 I 带（单折光带）和 A 带（双折光带）。I 带是明带肌原纤维，主要成分是肌动蛋白；A 带是暗带肌原纤维，主要成分是肌球蛋白（图 1.19）。肌节作为肌纤维的一部分，出现在二等分 I 带的 Z 线之间。细肌丝伸展到 A 带与粗肌丝相互交织形成 A 带边缘较暗的区域。A 带中颜色较轻的中心区域称 H 带，该区颜色较浅的原因是无肌动蛋白存在，而且肌球蛋白丝与边缘地带相比较细。肌动蛋白丝和肌球蛋白丝是肌肉收缩发生区。肌球蛋白丝的交联桥（向外的小伸展）可以抵达肌动蛋白丝的延伸处。

骨骼肌纤维有两种基本类型：快肌纤维和慢肌纤维（图 1.20）。肌肉中两种纤维同时存在，但基于遗传、功能，较小程度上受训练的影响，两种纤维在肌肉中存在的比例有所不同。快肌纤维较宽大、色白，多位于用来完成力量型运动的肌肉中。慢肌纤维较细小，颜色较暗（因肌球蛋白的大量存在）。慢肌纤维不易疲乏，遍布于完成持久运动的肌肉中。下肢肌肉中慢肌纤维比例较大的田径运动员很可能发展成为长跑运动员；而快肌纤维比例较大的话更有可能发展成为短跑运动员。相较于快肌纤维，慢肌纤维的特点有：①慢肌纤维较细小；②作用持久；③收缩缓慢；④多肌红蛋白；⑤密度大；⑥肌质多。

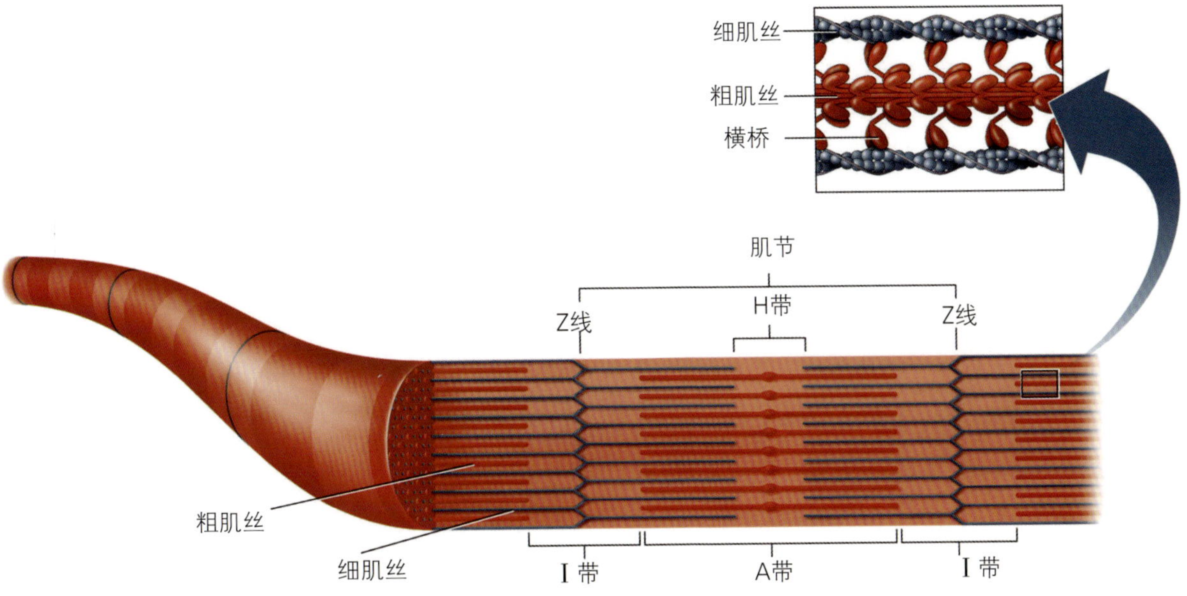

图1.19　肌纤维及其肌原纤维

知识拓展

肌肉黏滞性

联想汽车里的机油的状态，肌肉黏滞性也不难理解。机油浓度随温度变化而变化：温度上升时浓度变小，反之则变大。肌肉黏滞性会妨碍肌肉收缩引起的分子重排，所以需要更大的力量加快运动以克服黏度的阻碍。肌肉黏滞性会减缓肌肉收缩的速度，下肢肌肉黏滞性会影响动作的完成。有人认为，运动前热身的其中一个好处就是肌肉黏滞度会随肌内温度升高而变小，从而使肌肉更具承受运动压力的能力。

肌肉生理学和运动生理学解释了热身对身体的其他好处。从事有关身体运动工作的人（医生、体育教练、运动伤害防护员和私人教练）都需要了解有关热身的生理因素及其对肌肉黏滞性的影响。

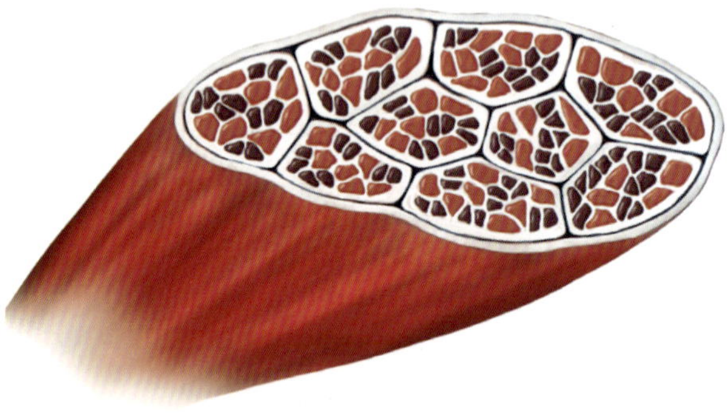

图1.20 快肌（亮肌）纤维和慢肌（暗肌）纤维

不同形式的锻炼对肌肉都有很大影响。锻炼可以增大肌纤维，增厚肌膜和结缔组织膜，以此增大肌肉体积。肌纤维体积的增大和运动激活的肌纤维数量的增多会使肌力变大。长期持久性锻炼会增大所训肌肉组织的血流量，从而使肌肉产生的力量更为持久。持久性锻炼不改变肌肉构成成分，而是起改善的作用。锻炼通过改善神经冲动向肌肉的传递来增强其对肌肉的控制，增强耐力和体力。在锻炼过程中，肌肉协调度也会得到改善，肌内血流量会增大，肌球蛋白的数量会增多。血流的增大和肌红蛋白数量的增加会促进营养物质和氧气对肌肉的输送。

在介绍控制肌肉发挥作用的神经分布之前，需要对骨骼、关节和肌肉是如何通过杠杆系统产生运动这一问题进行简要说明。

杠杆

骨骼、韧带和肌肉都是在人体运动中起杠杆作用的组织。简单来说，关节（两个及两个以上骨骼连结）形成轴（或支点）；跨关节的肌肉发力，对抗重力或阻力。杠杆有一级、二级和三级之分，三种杠杆类型在人体中都有分布，但以三级杠杆为主。

一级杠杆的支点位于阻力点和力点之间（图1.21a）。钳子和剪刀利用的就是一级杠杆原理。一级杠杆在人体内不多见但也有，如头与脊柱连结处——寰枕关节（图 1.21b），阻力点（重力点）是头，关节是轴，肌肉运动发力点位于附着于颅骨的头部，如斜方肌。

二级杠杆的阻力点（重力点）位于支点和力点之间（图 1.22a），如独轮手推车，其阻力点在车床处，位于车轮（支点）和推车的手（力点）之间。人体内二级杠杆可见于人靠脚趾站立时的小腿（图 1.22b）。轴位于趾关节，阻力点是整个身体的重量，力通过腓肠肌和比目鱼肌及跟腱作用于脚跟。

三级杠杆在人体中最为普遍，力点位于阻力点（重力点）与轴（支点）之间（图 1.23a）。图中展示的是人用铁锹铲物体的动作，轴就是手柄的顶端，另一只手放在手柄上进行发力，铁锹头是阻力点（重力点）。人体内能找到很多三级杠杆，如肘关节（图 1.23b）。关节为轴（支点），前臂、手腕和手是阻力点，肘部弯曲时，肱二头肌为力点。

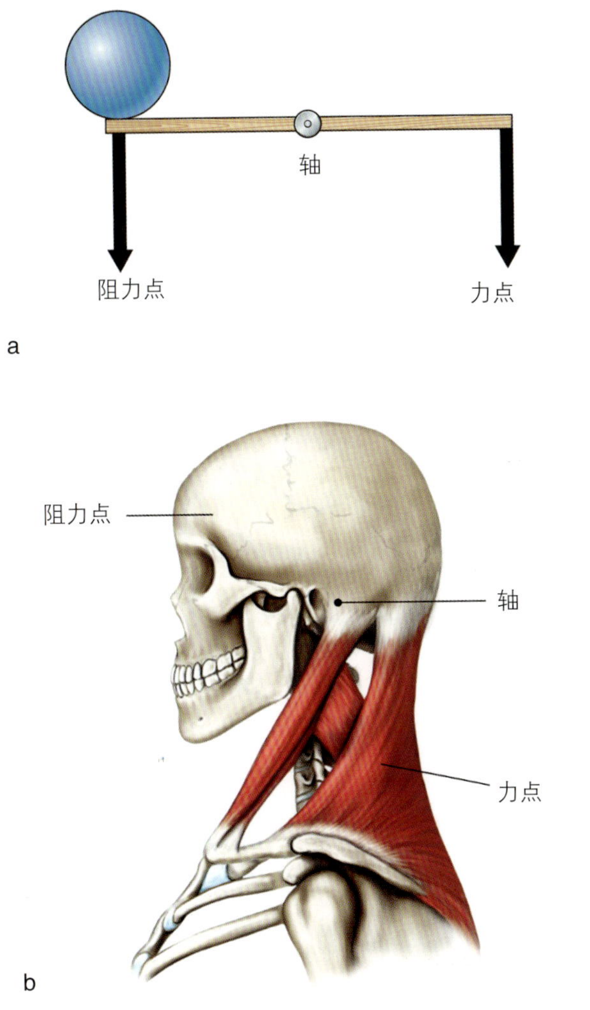

图1.21 a. 一级杠杆；b. 人体中的一级杠杆

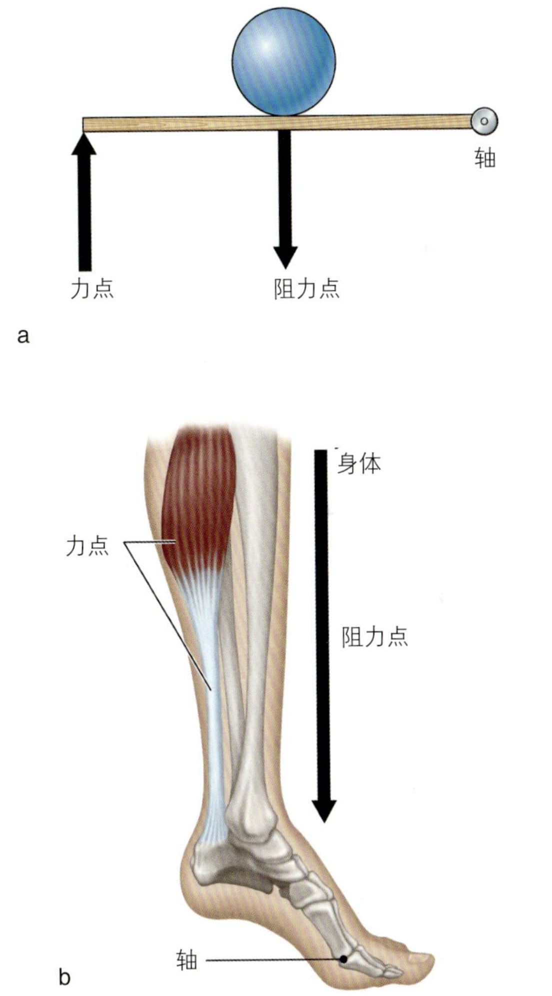

图1.22 a. 二级杠杆；b. 人体中的二级杠杆

b图来自NSCA，2008，已授权。

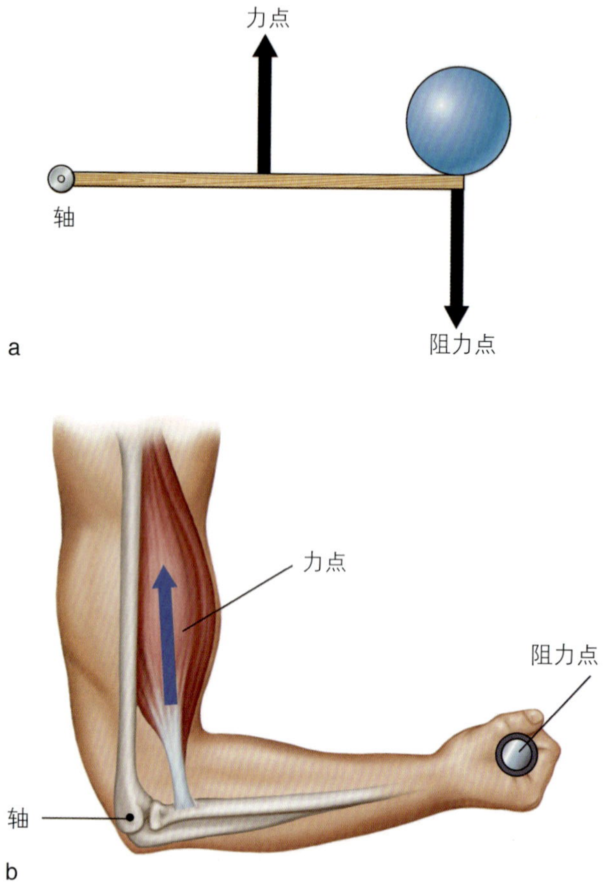

图1.23 a. 三级杠杆；b. 人体中的三级杠杆

b 图来自NSCA，2008，已授权。

神经

人体内有三大神经系统：自主神经系统、中枢神经系统和周围神经系统。自主神经系统控制体内腺体和平滑肌，这一系统分为副交感神经系统（脑和脊髓骶部）和交感神经系统（脊髓胸部和腰部）（详见第10章）。中枢神经系统由脑和脊髓构成。脑分为端脑（额叶、顶叶、枕叶和颞叶）、脑干和小脑。外层端脑的胞体和树突称灰质，内层主要是轴突（图1.25）。周围神经系统由12对脑神经和31对脊神经组成。脑神经具有感知性和运动性，接受一定的感觉刺激（外在刺激，如嗅觉、视觉、温度觉、痛觉、压力；内在刺激，如饥饿、口渴、疲惫或平衡刺激），将其转化为神经冲动并做出适当反应。脊神经通过神经丛（周围神经网络）刺激肌肉产生运动。主要神经丛有颈丛、臂丛、腰丛、骶丛和发挥一定作用的阴部丛（图1.24）。脊柱按具体的椎骨进行顺序排列，如C5指第五颈椎，T8指第八胸椎，L2指第二腰椎。

神经（图 1.25）或神经元由神经细胞体与突起组成，突起分轴突和树突两种。运动神经中，树突接收来自周边组织的信息，把神经冲动传入负责为神经元输送营养的神经细胞体中；轴突则是把来自细胞体的神经冲动带到相应的肌肉纤维。刺激肌肉的神经称运动神经元，一个运动神经元与其刺激下的所有肌纤维合称一个运动单位。运动神经中用来隔离轴突的结构是髓鞘，相邻两节段髓鞘之间的无髓鞘部称郎飞结；神经冲动沿髓鞘以跳跃式进行传导，且比穿过无髓鞘轴突时的速度快。轴突的末端参与构成运动终板(神经肌肉接点)。

神经纤维和肌纤维连接处称神经肌肉接点。运动神经把神经冲动从中枢神经系统带到肌肉组织，感觉神经（未做具体分析）则把来自肌肉、韧带、肌腱和其他组织的神经冲动带到中枢神经系统。运动神经又称传出神经，感觉神经又称传入神经。骨骼的运动神经刺激肌肉使其产生运动，间接或直接地连接大脑运动区——大脑皮层（详见第10章）。

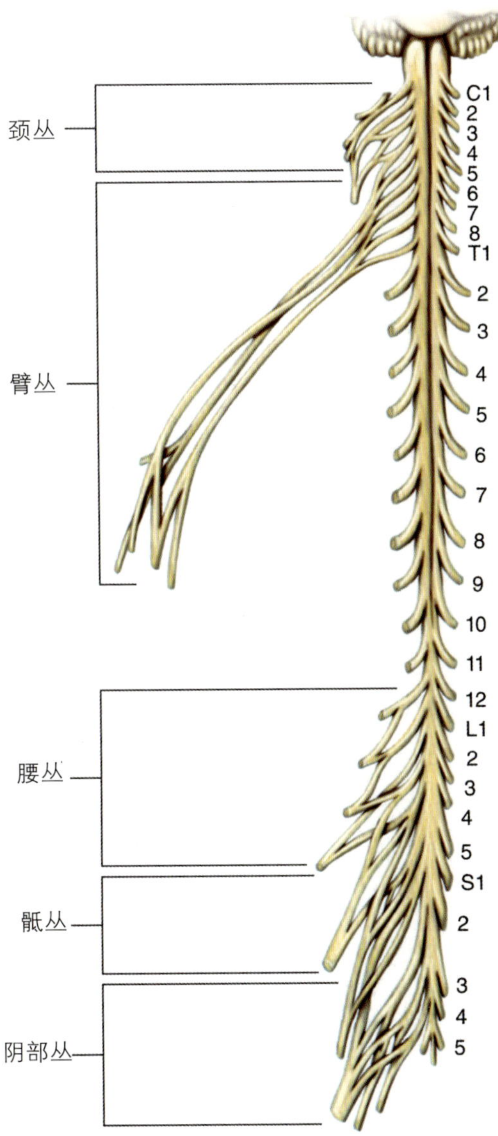

图1.24　脊神经与神经丛

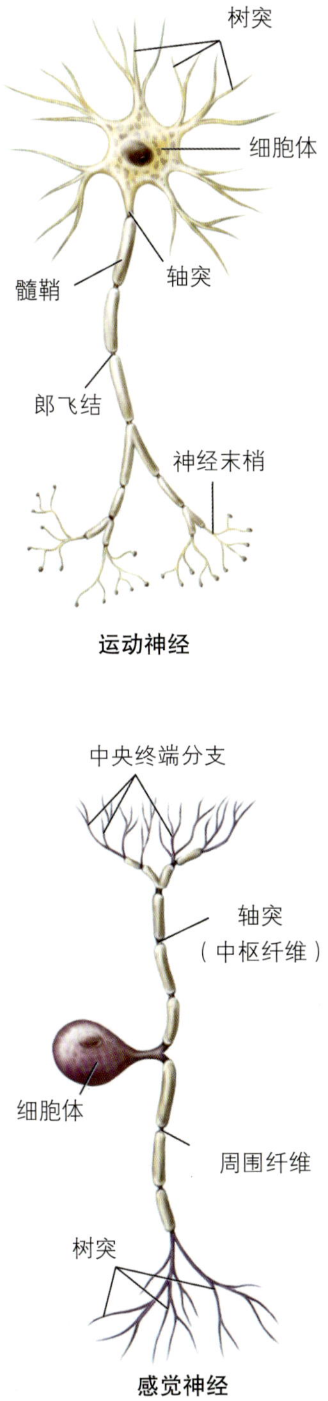

图1.25　运动（传出）神经与感觉（传入）神经

血管

血管为肌肉组织输送营养物质，同时带走肌肉消耗能量时产生的代谢产物。心脏收缩时，血液由心脏流出进入由动脉、小动脉、毛细血管、静脉和小静脉组成的巨大血管树里。动脉、静脉和毛细血管壁上有三层组织膜：内膜、中膜和外膜。不同类型的血管，其中膜包含的平滑肌纤维的数量不同。动脉和小动脉（图1.26）把血液输送到身体各个组织；毛细血管把血液直接送到细胞；静脉和小静脉（图1.27）将从毛细血管汇集的血液输送回心脏。动脉中壁有很多平滑肌纤维，随心脏收缩把血液送至全身。静脉壁中的静脉瓣只允许血液流向一个方向（心脏）。

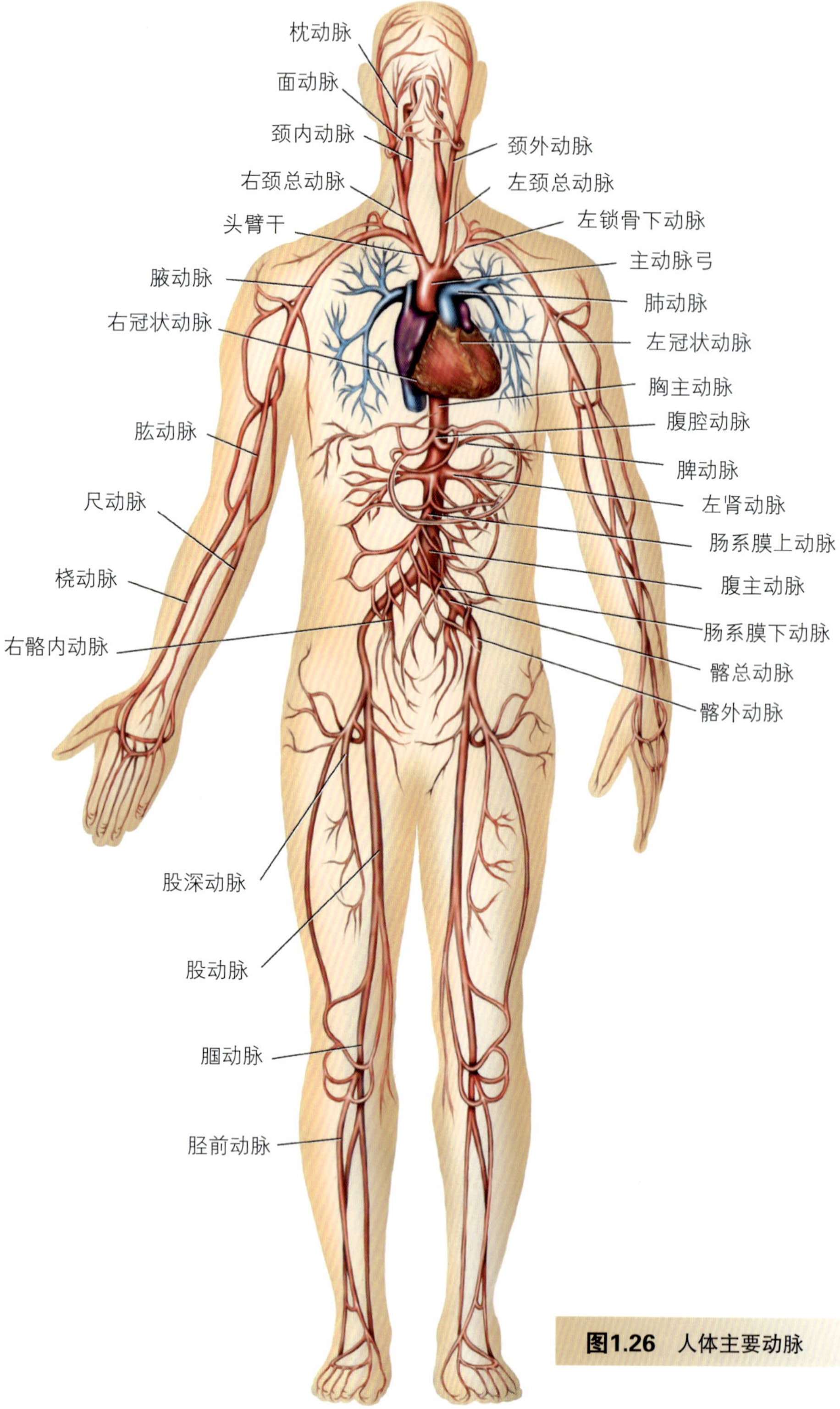

图1.26 人体主要动脉

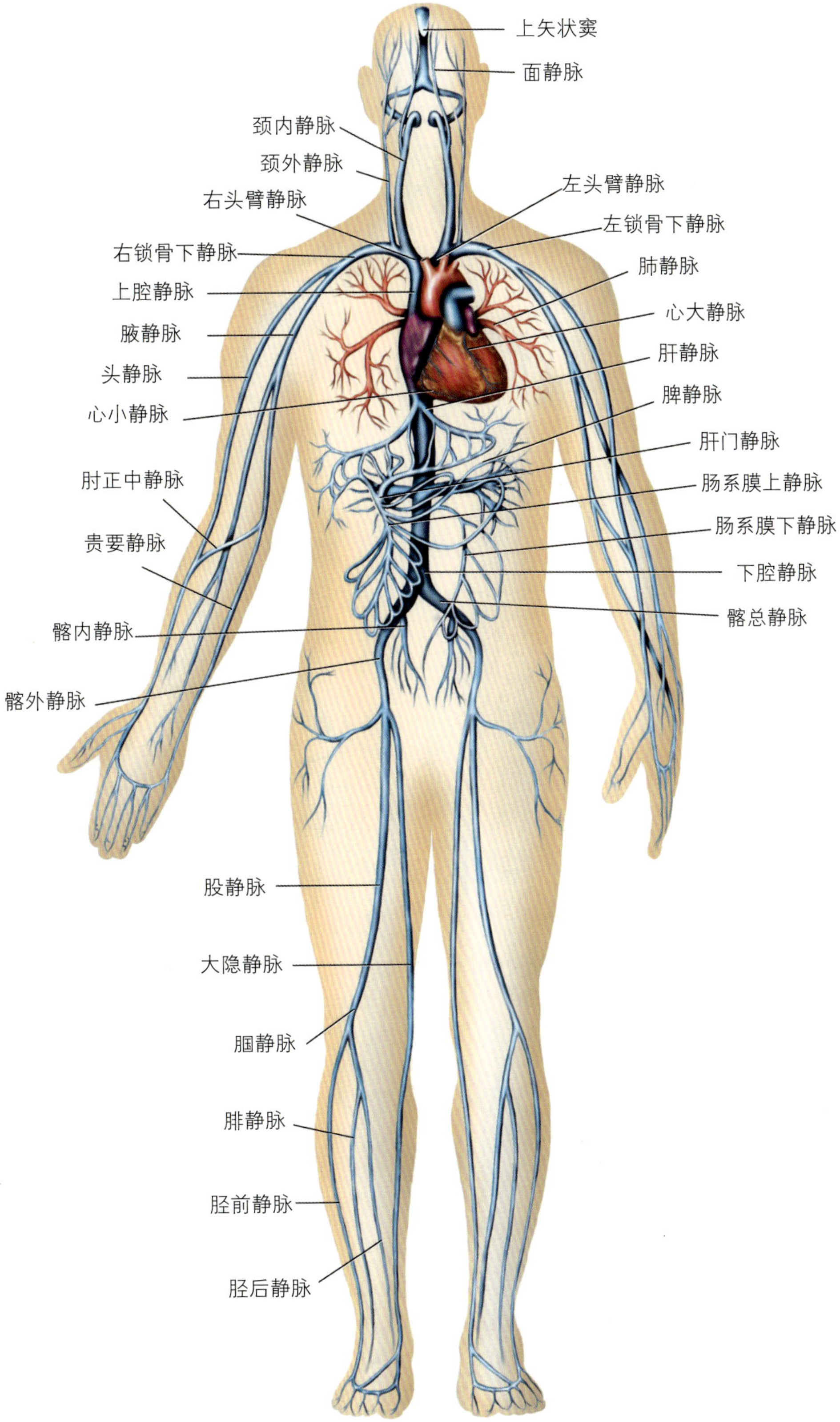
上矢状窦
面静脉
颈内静脉
颈外静脉
右头臂静脉
右锁骨下静脉
上腔静脉
腋静脉
头静脉
心小静脉
肘正中静脉
贵要静脉
髂内静脉
髂外静脉
股静脉
大隐静脉
腘静脉
腓静脉
胫前静脉
胫后静脉
左头臂静脉
左锁骨下静脉
肺静脉
心大静脉
肝静脉
脾静脉
肝门静脉
肠系膜上静脉
肠系膜下静脉
下腔静脉
髂总静脉

图1.27　人体主要静脉

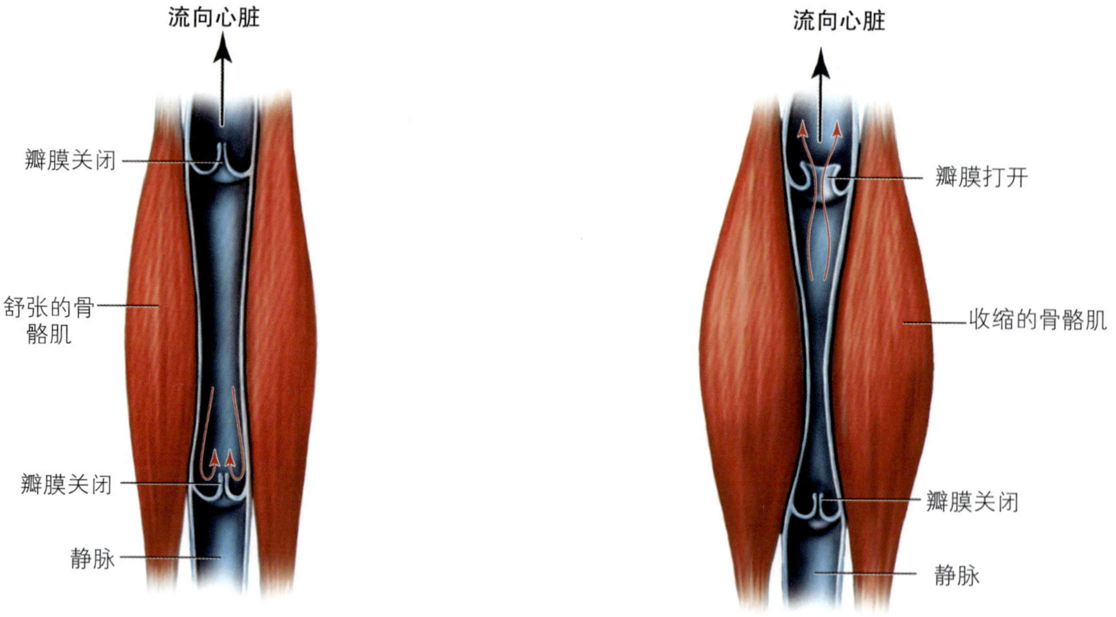

图1.28 静脉瓣的活动

静脉壁相对于动脉壁较薄。静脉壁上的平滑肌纤维很少或没有，静脉中膜处或许能找到些许细纤维的存在。骨骼肌收缩和挤压肌间或肌与骨骼间的静脉管，协助血液回流（图1.28）。骨骼肌相当于肌肉静脉泵挤推血液回流，流出静脉瓣。重力作用的发挥，有利于心脏上方的静脉血液回流。血液回流的四肢受重力影响存在大量静脉瓣。

其他组织

与骨、关节、肌肉相关的组织还有筋膜和滑膜囊。筋膜是纤维结缔组织的另一种形式。肌膜属筋膜的一种，在之前已做过讨论。滑膜囊——内有滑液的袋状结构，在肌肉、肌腱、韧带和其他组织跨越骨突区时对其起保护作用（图 1.29）。滑膜囊为肌腱运动提供润滑面，使其在跨越身体其他结构时（如骨面）不会因摩擦而受损伤。滑膜囊外部受伤会使其发炎，称滑囊炎，造成滑囊外伤的原因有感染、受压或该区域受到直接击打。滑膜囊可以根据其所在位置进行辨认。筋膜下囊位于筋膜下，皮下囊位于皮肤下，肌下囊位于肌下或肌间，肌腱下囊位于腱下或肌腱间。

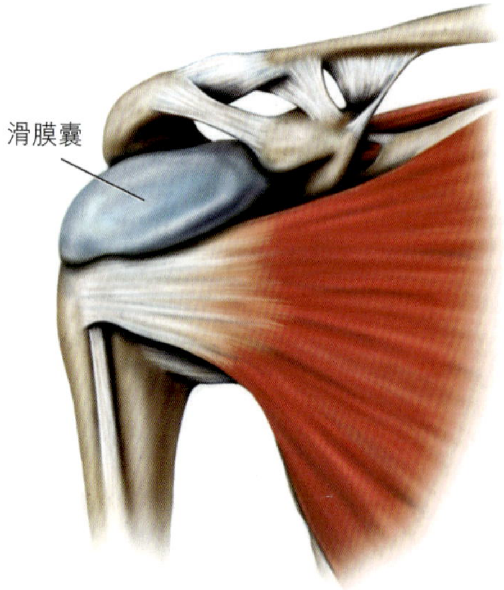

图1.29 滑膜囊

运动单位

前面讨论过的骨、连结骨形成关节的韧带、跨关节产生运动的肌肉、刺激肌肉的神经，以及为身体输送物质的血管，对人体运动来说都很重要。现在来对运动单位进行进一步介绍。有些图书对使肌肉收缩产生运动的神经冲动生理学进行剖析，本书主要集中于介绍解剖学上产生实际运动的人体结构。

运动单位指的是运动神经及其控制的所有肌纤维（图 1.30、图 1.31）。运动单位的结构成分是运动神经和运动纤维。所有运动单位放到一起称身体的神经肌肉系统。

运动终板的神经末梢与肌纤维之间称神经肌肉接点。终树突与肌纤维永远不会发生直接接触，在神经与肌肉的连接处会构成突触（连接）。突

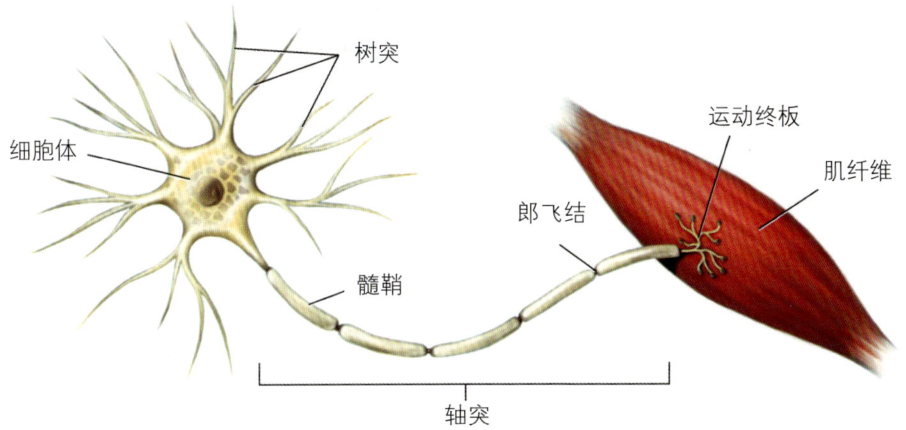

图1.30 运动单位：由运动神经元和肌肉纤维组成

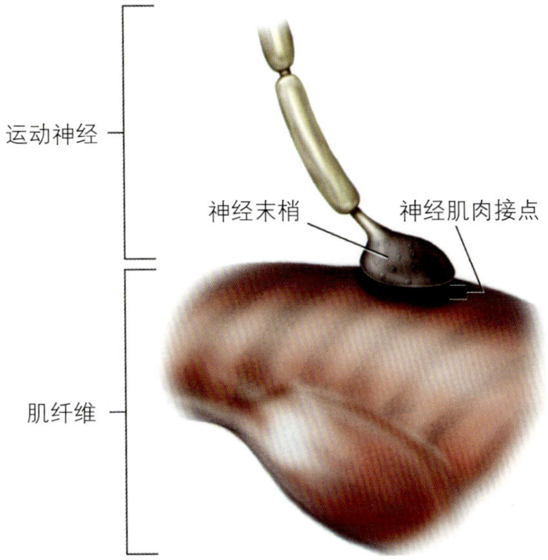

图1.31 运动单位

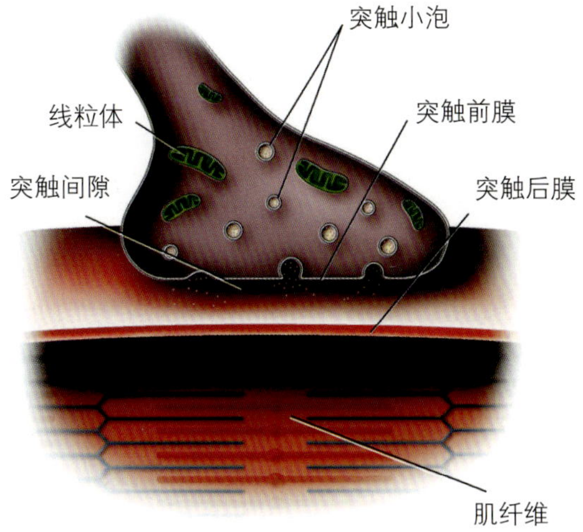

图1.32 神经肌肉接点及其相关结构

触发生时（图 1.32），运动神经轴突末梢会释放一种化学物质——乙酰胆碱。乙酰胆碱刺激肌纤维外包膜（肌膜），使神经冲动一直向着肌纤维传递。如果神经冲动能传递至肌纤维，肌纤维会发生收缩运动。轴突末梢与肌膜之间——乙酰胆碱从神经到肌肉组织时的所经之处，称突触间隙。简言之，神经冲动经脊髓（或脑）到脊神经树突，再到神经细胞体，然后沿神经轴突到达轴突末梢（运动终板）时释放出化学物质产生突触的兴奋。

解剖学结构负责把神经冲动传给肌肉。神经冲动经由神经到达肌肉时，钙从肌纤维内部的肌质网和横小管中释放出来，肌质网和横小管与肌动蛋白丝和肌球蛋白丝有着密切联系（图 1.33）。钙的释放会使肌球蛋白丝横桥发生转动而连接到周围的肌动蛋白丝，并使肌动蛋白丝向着肌节中心移动（图 1.34）。肌纤维内部发生的这种化学物质交流为肌丝滑动机制。

总结一下，运动神经冲动穿过神经肌肉接点时产生突触的兴奋，兴奋沿横小管传递到肌质网，刺激钙的释放，使粗肌丝（肌球蛋白丝）的横桥与细肌丝（肌动蛋白丝）发生接触，并使其

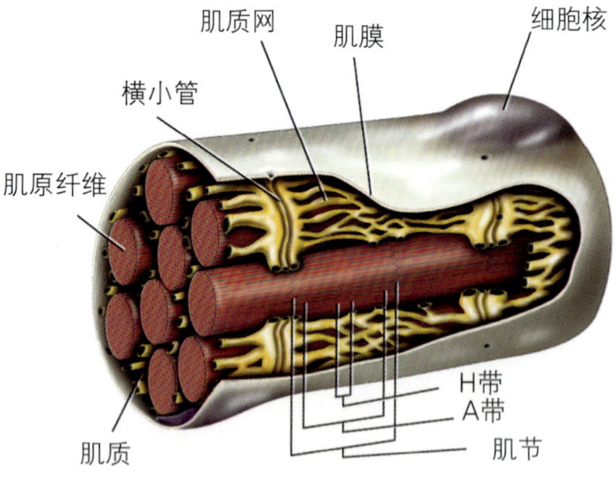

图1.33 肌质网与横小管

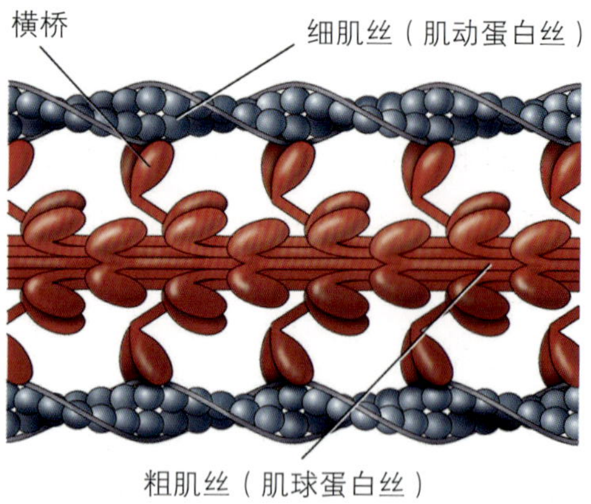

图1.34 交联桥的形成与移动

朝着肌节中心移动，肌节随之缩短。

运动单位中同一运动神经控制下的肌纤维数量有很大不同。一运动神经内肌纤维的比例低可至 10 个高可达 2 000 个。运动神经中肌纤维所占比例越低，激活所有肌纤维所需的运动单位就越多，此类情况多见于完成精细动作的肌肉中，如手部和眼部肌肉。相比之下，肱二头肌执行的肘部弯曲和前臂旋后动作不能算作精细动作，所以肱二头肌内每个运动神经中肌纤维的比例相对会很大。

如果神经刺激足够强可以传达到肌纤维，那么受到刺激的肌纤维会完全收缩，不存在部分收缩的情况，这就是所说的全或无肌肉收缩理论。要求的力量不同时，如举一张纸和举 20kg 的重物，完成动作所需的肌肉收缩程度也不同。

肌肉收缩程度取决于两个因素：动用运动单位的数量和受到刺激的频率。运动时，运动单位的调动量会随所需力量的增大而增加，同时受到刺激的频率也会更加频繁。肌纤维还没完全从上一个收缩状态中复原接着又受到神经冲动的刺激，此时的肌肉收缩会产生更大的力（到达一个点）。如果肌肉总在没有完全放松时就受到神经

冲动的刺激，就会出现连续收缩的状态，称强直收缩（Tetanus）（图1.35）。Tetanus在这里指肌肉连续收缩的状态，它还可以用来指一种造成强直肌收缩的感染类疾病——破伤风，两者不能发生混淆。

生物学、人体生理学、运动生理学、运动机能学和生物力学等研究领域会对神经冲动的产生及相应的肌肉收缩进行具体的介绍。以上内容只属导言式概述，切不可当成是对神经肌肉系统及其运动单位的详细分析。

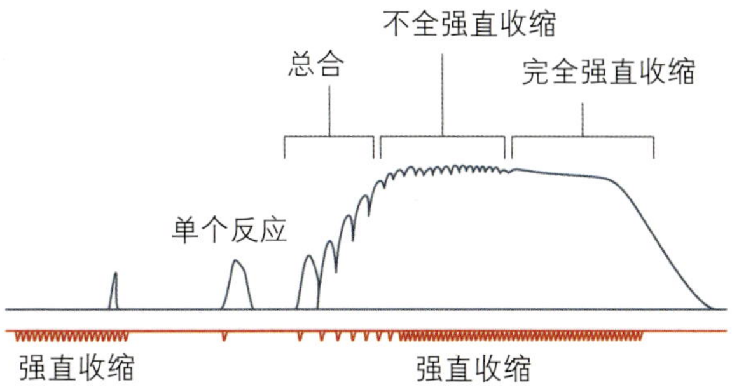

图1.35　肌肉产生的力随刺激频率的增加而增大

学习助手

术语回顾

以下术语均出自本章，请对其进行解释，并在自己身上或插图中找到这些结构。

A 带	关节	血管
乙酰胆碱	关节软骨	纤维束
肌动蛋白	关节面	滑囊
传入神经	自主神经系统	滑囊炎
主动肌	轴突	钙
解剖标志	球窝关节	毛细血管
拮抗肌	双轴关节	肌原纤维
动脉	羽肌	肌肉
小动脉	传出神经	神经肌肉接点
肌球蛋白	神经末梢	直接连结
神经	肌内膜	纤维软骨
神经组织	上髁	一级杠杆
神经胶质	肌外膜	孔
神经肌肉系统	骺板	窝
神经元	骨骺	梭形肌
郎飞结	上皮组织	屈戍关节
非轴向滑动关节	筋膜	H 带
切迹	快肌纤维	I 带
骨质疏松症	突	神经冲动
副交感神经系统	方形肌	不规则关节

肌束膜
骨膜
周围神经系统
车轴关节
原动肌
关节囊
心肌
软骨连结
细胞体
中枢神经系统
髁
髁状关节
结缔组织
横桥
树突
骨干
间接连结
心舒期
止点腱
起点腱
腱鞘
三级杠杆
横小管
鞍状关节
肌膜
肌节
肌质
肌质网
二级杠杆
感觉神经
骨骼肌
慢肌纤维
平滑肌
棘
棘突
缝连结
交感神经系统
突触
突触间隙
三角肌
三轴关节
小结节
单轴关节
粗隆
半羽肌
骨骼连结
韧带
韧带连结
长骨
纵肌
运动终板
运动神经
运动神经元
运动单位
多羽肌
肌纤维
肌肉组织
髓鞘
协同肌
滑膜关节
心缩期
肌腱
静脉
小静脉
Z 线

思考题

1. 列举。请列出所有用来发生运动的解剖学结构（从头部开始）。

2. 在餐桌旁或百货商店，看着生鲜肉解释为什么家禽（火鸡、鸡）不同位置的肉（腿、大腿、胸和翅膀）颜色不一样。

a.家禽的正常活动是否控制着身体某些部位发力的大小?

b.身体不同部位的肌肉分别由何种肌纤维主控？为什么？

3. 抬起脚跟呈站立姿势，保持几分钟（时间尽可能长）。

a.做出这一动作时，哪种类型肌肉（快肌或慢肌）在发挥作用?

b.保持这一姿势时，哪种类型肌肉（快肌或慢肌）在发挥作用?

单选题

1. 两块及两块以上骨连结而成（　）

a. 骨骺

b. 窝

c. 关节

d. 骨干

2. 与其他三个不属于同一类的是（　）

a. 切迹

b. 突

c. 小结节

d. 粗隆

3. 骨骼肌的作用单位是（　）

a. 肌原纤维

b. 肌节

c. A 带

d. I 带

4. 一连串肌节连在一起为（　）

a. 肌原纤维

b. 肌肉

c. 肌动蛋白

d. 肌球蛋白

5. 使交联桥移动，肌节缩短的物质是（　）

a. 肌动蛋白

b. 肌球蛋白

c. 钙

d. 肌质

6. 肌纤维束外包的纤维表皮称（　）

a. 肌内膜

b. 肌外膜

c. 骨膜

d. 肌膜

7. 肌的起点位置最有可能在（　）

a. 关节远端

b. 肌腱远端

c. 最稳定的骨面

d. 活动最多的骨

8. 三级杠杆的阻力点在（　）

a. 支点和力点之间

b. 力点与支点之外

c. 作为力点位于支点对面

d. 在支点处

填空题

1. 没有明显运动的关节是________________。

2. 软组织经过骨突区时，保护其免受损伤的袋状结构是________________。

3. 运动单位是运动神经元及其控制的所有________________。

4. 树突将神经冲动________________细胞体。

5. 轴突将神经冲动________________细胞体。

6. ________________指心肌收缩的时期。

7. ________________阻碍肌肉收缩时的分子重排。

8. 人体内最常见的杠杆类型是________________。

第2章

运动

在描述人体运动时，有一个被普遍认为是所有运动的开始位置的姿势，即解剖学姿势（anatomical position）。在该姿势中，所有的关节都处于中立位，或者说在0°，即还没有运动产生。除了解剖学姿势外，常用的还有预备姿势（fundamental position）。请参考右图并认真地记下这两种姿势的唯一区别（图2.1）。任何涉及人体运动的讨论都喜欢从解剖学姿势入手，这是因为在预备姿势中，手的放置方式阻碍了某些上肢的运动。在接下来的章节里，有关各种运动的描述都是从解剖学姿势开始的。

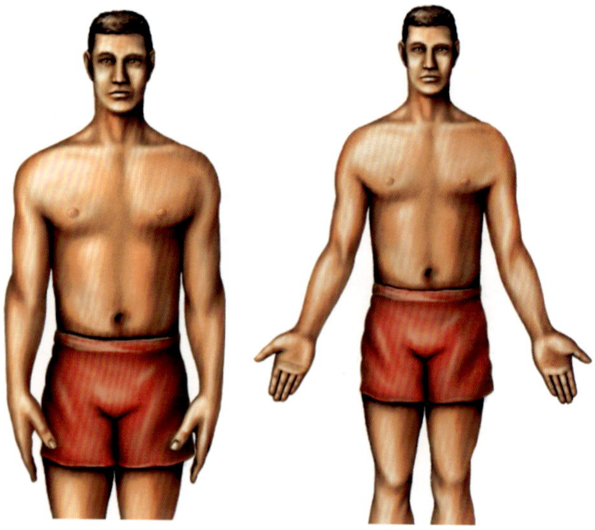

图2.1 预备姿势和解剖学姿势

解剖位置

有几个术语在描述解剖结构的相对空间关系时比较常用。上指的是一个结构在另一个结构之上或高于另一结构，下与之相反。例如，头在胸部之上，胸部在头之下。外侧指的是距离身体中线相对较远的结构，而内侧反之。例如，臂在脊柱的外侧，鼻在耳的内侧。前指的是一个结构在另一个结构之前，而后则与之相反。例如，腹部在脊柱之前，脊柱在腹部之后。

近侧和远侧这两个术语通常用来描述四肢（臂和腿）的结构。靠近躯干的为近侧，远离躯干的为远侧。例如，膝盖在脚踝的近侧，手在腕部的远侧。背侧指的是动物的背部，如鱼背上的脊鳍，或者人体的背面。手的背面通常称为手背。

掌和跖分别指的是结构的前面和底部。手腕或手的前面称为掌，脚的底部或脚底称为跖。旋前和旋后是针对前臂和脚的运动。其中，旋前指的是前臂朝向身体转动，手掌面向身体；若肘部是固定的，手掌则朝下。另外，转动一只脚，使其向下（跖屈），向内（倒置）朝向另一只脚，这样的运动称为脚的旋前（也称外翻）。而旋后与旋前正好相反，它是从旋前位置开始的，做这个运动时前臂向外翻转，手掌向上，一只脚向上（背屈），向外远离另一只脚。

面和轴

人体从解剖学姿势开始的运动是身体在一个平面绕一条轴（一条直线，物体绕它旋转）产生的运动。人体被一个或者说是三个平面分成了不同的部分，各部分在肌肉的作用下在这些平面上运动。有三个具体的平面互相垂直（成直角）（图2.2）。其中，矢状面（也称前后平面）贯穿身体的前后，将身体分成左、右两部分。矢状面可能有无数个，但基本的矢状面只有一个。基本平面（cardinal plane，principal plane）指的是能将身体分成相等两部分的平面，身体的一半正好在基本平面的一侧。因此，基本的矢状面即是将身体分成了相等的左右两半的面。

水平面（也称横切面）水平地穿过身体，将身体分成上、下两部分。水平面可能有无数个，但基本的水平面只有一个，其将身体分成相等的上、下两部分。

冠状面（也称侧平面）从身体的一边横穿

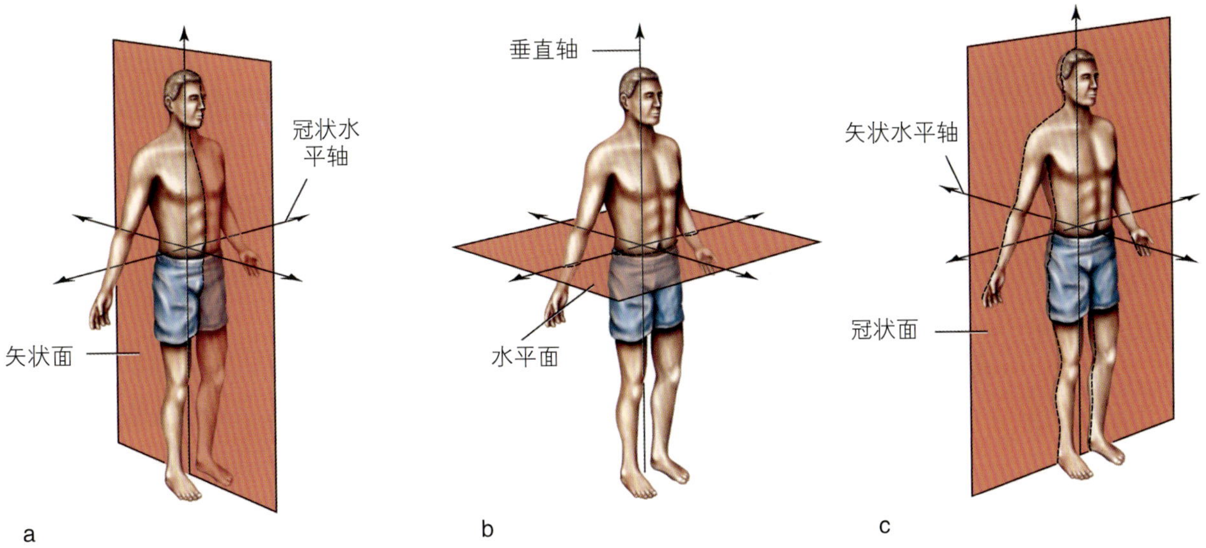

图2.2　基本平面和轴　a. 矢状面；b. 水平面；c. 冠状面

到另一边，将身体分成前、后两部分。强调一下，冠状面可能有无数个，但基本的冠状面只有一个，其将身体分成相等的前、后两部分。

这三个基本平面相交的点是身体重力的中心。当身体的各部分相互联结，身体被认为是解剖学姿势的稳固结构时，重力的中心接近于脊柱的后下方。而当身体的各部分从解剖学姿势移动或当重力通过体重的增加、减少或载重而移动时，重力中心也随之移动。无论身体处于什么姿势，也不管重力如何分配，一般情况下身体的重力（和它的负重）总是向左或向右，在前或在后，在重力中心的上方或下方。身体的重力中心随着每次运动、重力分配的每次改变或两者的共同作用而不断改变。

前文将轴定义为物体绕之旋转的一条直线。而在人体内，我们可以把关节想象成轴，把骨想象成在与轴垂直的平面上绕轴旋转的物体。主要的轴有三个，旋转产生于绕轴运动的平面，轴与该平面是垂直的（图2.2）。矢状面围绕着冠状水平轴旋转（图2.2a）。

操作

膝关节是冠状水平轴，屈膝时小腿会在矢状面移动。

水平面围绕着垂直（纵向）轴旋转（图2. 2b）。

操作

当晃动着脑袋仿佛在默默地说“不”时，头会在水平面绕着脊柱形成的垂直轴旋转。

冠状面围绕着矢状水平轴旋转（图2.2c）

操作

当胳膊外展到身体的一侧时，肩关节就相当于矢状水平轴，此时胳膊在冠状面运动。

解剖平面和与之相关的轴的关系见表2.1。

表 2.1

面，轴和基本运动

面	轴	运动
矢状面（前后平面）	冠状水平轴	屈和伸
冠状面（侧平面）	矢状水平轴	外展和内收
水平面（横切面）	垂直轴	旋转

基本运动

重申一下，一定要记住运动产生于绕轴旋转的平面。在三个平面和三个轴中，每个平面上有两个基本运动。在矢状面上产生屈曲和伸展的基本运动。屈曲是指构成关节的骨形成的角度减小（图 2.3）。在肘关节的屈曲中，前臂和上臂形成的角度不断减小。伸展是指构成关节的骨形成的角度增加（图 2.4）。将屈曲的关节复位到解剖学姿势的过程就是伸展。超过解剖学姿势的进一步伸展称为超伸。产生在冠状面的基本运动称为外展和内收。外展指的是远离身体中线的运动（图 2.5）。在冠状面移动胳膊使其远离身体侧面的运动就是外展肩关节。向着身体中线的运动称为内收（图 2.6）。将胳膊从外展的肩膀位置复位到解剖学姿势就是内

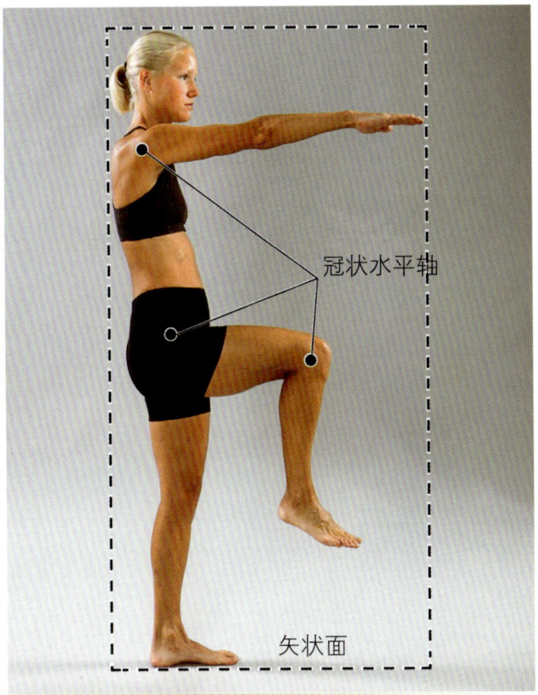

图2.3 肩、臀和膝的屈曲

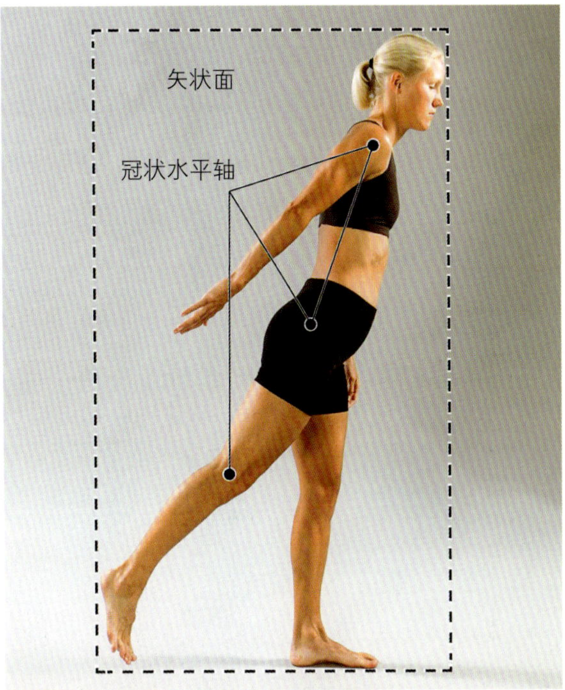

图2.4 肩、臀和膝的伸展

图2.5 肩和臀的外展

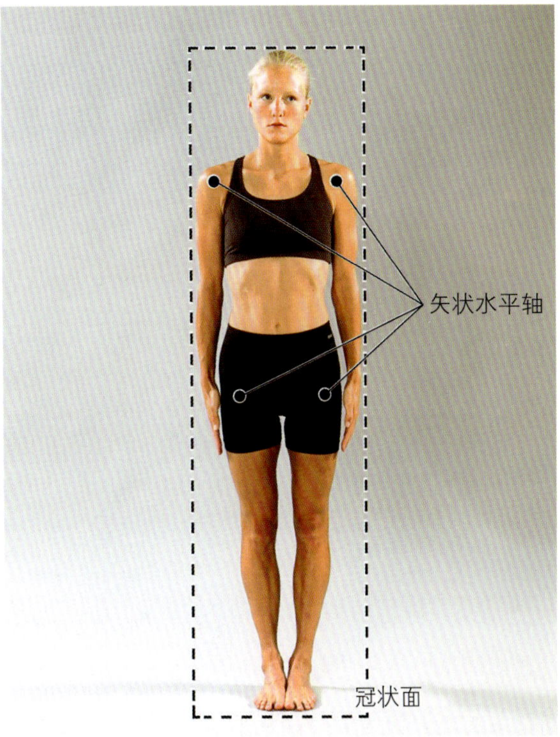

图2.6 从图2.5所示的外展姿势复位时，肩和臀的内收

收。发生在水平面的基本运动称为旋转(图2.7)。前文举过的摇头示意“不”的例子就是头的旋转。描述上肢(臂)和下肢(腿)运动时，要用到术语外旋和内旋(图2.8)。当胳膊或腿的前表面在身体侧面旋转(远离身体的中线)时称为外旋(或旋外)。当胳膊或腿的前表面向中间旋转(靠近身体中线)时称为内旋(或旋内)。

能在两个(双轴的)或三个(三轴的)平面上产生运动的关节也能形成另一个运动，即环转运动。由于它将两个或更多的基本运动结合在了一起，因此有学者认为它不属于任何关节的基本运动。当运动按顺序产生于两个或三个平面时，我们就说关节在做环转运动。以风车转动的方式舞动胳膊就是肩关节在做环转运动的例子(图2.9)。

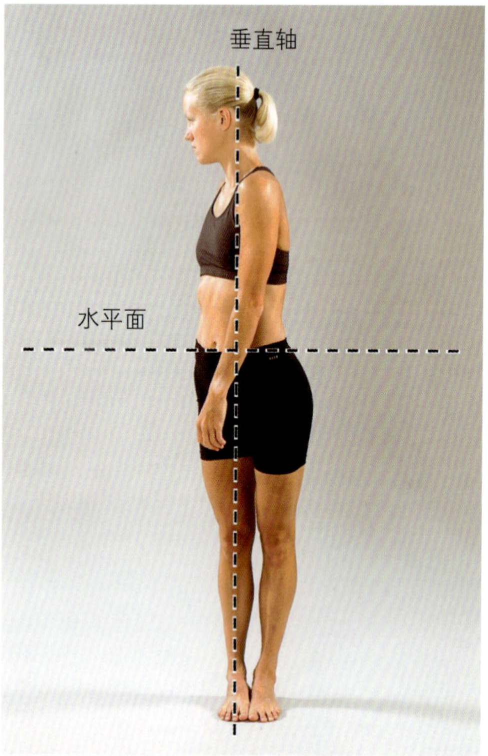

图2.7 旋转(脊柱扭转)

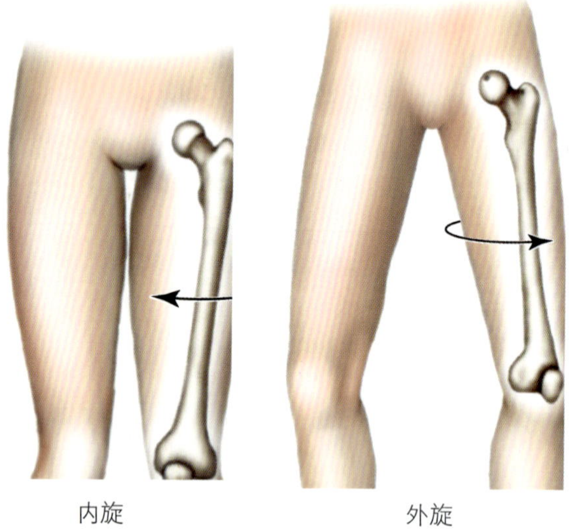

图2.8 下肢的内旋和外旋

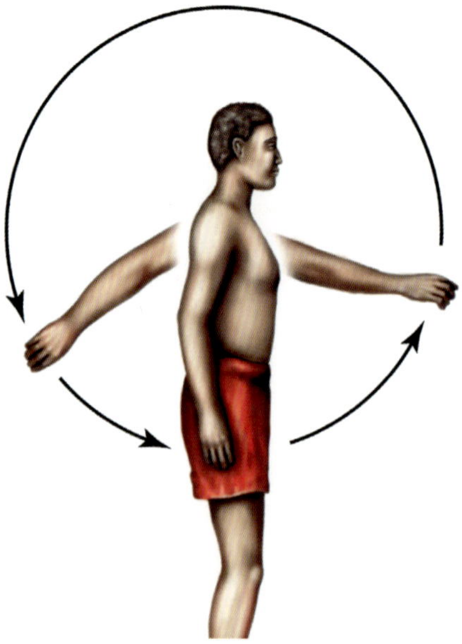

图2.9 肩关节的环转运动

学习助手

术语回顾

以下术语均出自本章，请对其进行解释，并在自己身上或插图中找到这些结构。

外展
内收
解剖学姿势
前
轴
基本的冠状面
基本的水平面
基本的矢状面
重力中心
环转运动
远侧
近侧
背屈
伸展
外旋
屈曲
冠状水平轴
冠状面
基本运动
预备姿势
水平面
下
内旋
倒置
中间
外翻
掌
平面
跖
跖屈
后
旋前
旋转
矢状水平轴
矢状面
上
旋后
垂直（纵向）轴

思考题

1. 解剖学姿势站立。

a. 弯曲膝关节。运动在什么平面上产生？围绕哪个轴产生？

b. 外展髋关节。运动在什么平面上产生？围绕哪个轴产生？

c. 转动头部，使下巴接触左肩膀。运动在什么平面上产生？围绕哪个轴产生？

2. 身体的重力中心是身体的三个基本平面的交点。

a. 当肩膀上背着一个装满书的双肩背包时，重力中心会移向哪个方向？

b. 双手在腰部的前下方抱着一本大书时，重力中心会移向哪个方向？

c. 左臂在身体的一侧完全伸展，左手提一个沉重的手提箱，这时重力中心会移向哪个方向？

单选题

1. 在冠状面上朝向身体中线的方向进行的运动是（ ）

a. 外展

b. 内收

c. 屈曲

d. 伸展

2. 发生在冠状面上的肩关节运动是（ ）

a. 内旋

b. 环转运动

c. 屈曲

d. 外展

3. 在水平面（横切面）上绕着垂直轴产生的运动是（ ）

a. 外展

b. 旋转

c. 内收

4. 产生于冠状面上的运动所绕的轴是（ ）

a. 冠状水平轴

b. 矢状水平轴

c. 垂直轴

d. 水平轴

填空题

1. 当关节形成的角度不断减小，产生于矢状面上的运动称为__________

2. 关节运动很典型地被描述为绕一个轴在__________内发生。

3. 水平地从身体的前面穿到后面的轴称为________轴。

4. 当描述四肢中的一个结构比另一个更加靠近躯干时，我们说它在另一个结构的_______。

上肢

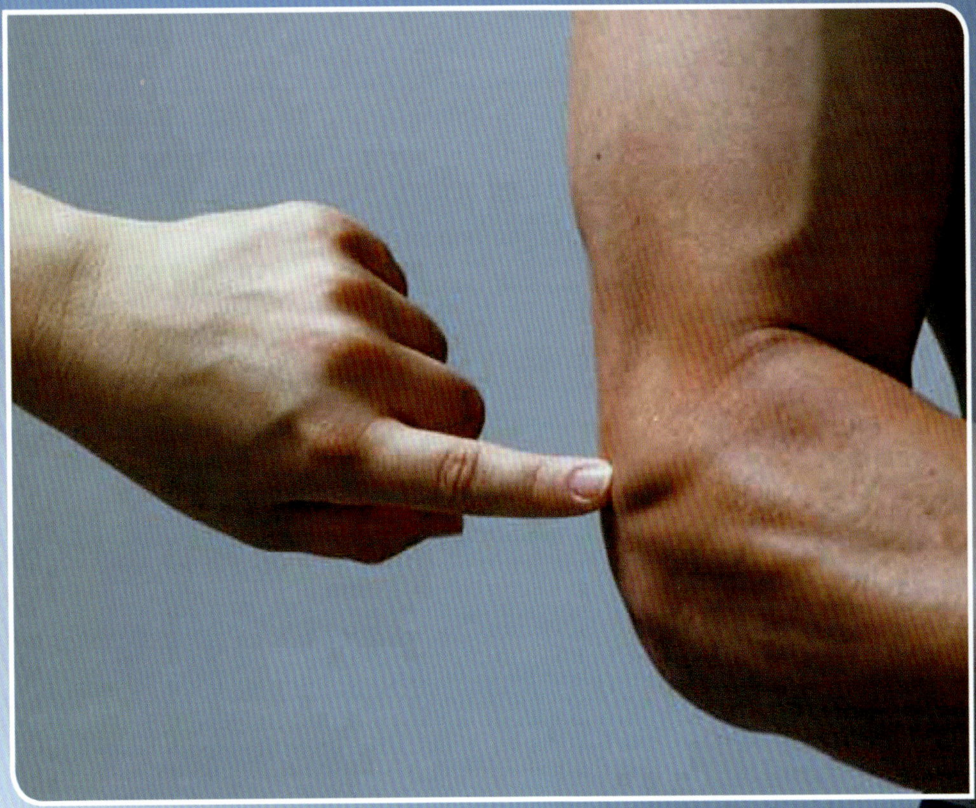

第 3 章

肩

肩由上肢带骨和肩关节两种不同的解剖结构构成。上肢带骨由锁骨和肩胛骨构成，肩关节由肩胛骨和肱骨构成（图 3.1）。上肢带骨的主要功能是自我定位以适应肩关节的运动。

上肢带骨

上肢带骨由两块骨构成：锁骨和肩胛骨。锁骨长、细，是附着于胸骨内侧端与肩胛骨外侧端的“S”形骨。锁骨是唯一将上肢连接到躯干的骨。由于它的形状和两端都是强壮的韧带，以及它几乎没有什么来自外部力量的保护（除了皮肤），所以锁骨易骨折。

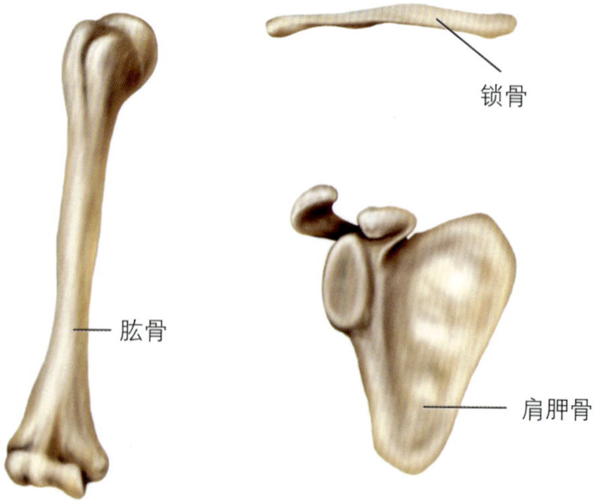

图3.1 构成肩的骨：前面观

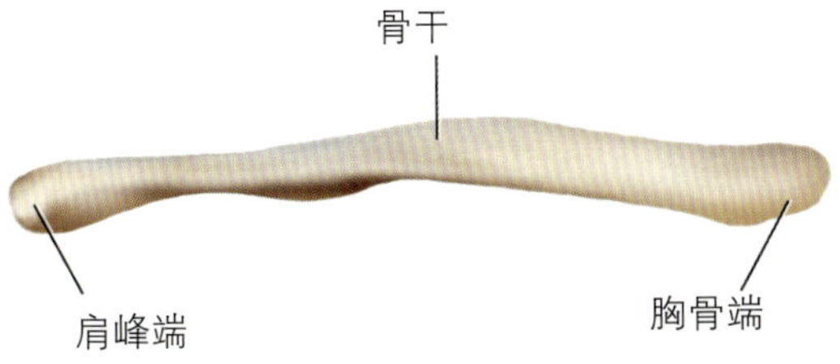

图3.2　锁骨的胸骨端和肩峰端

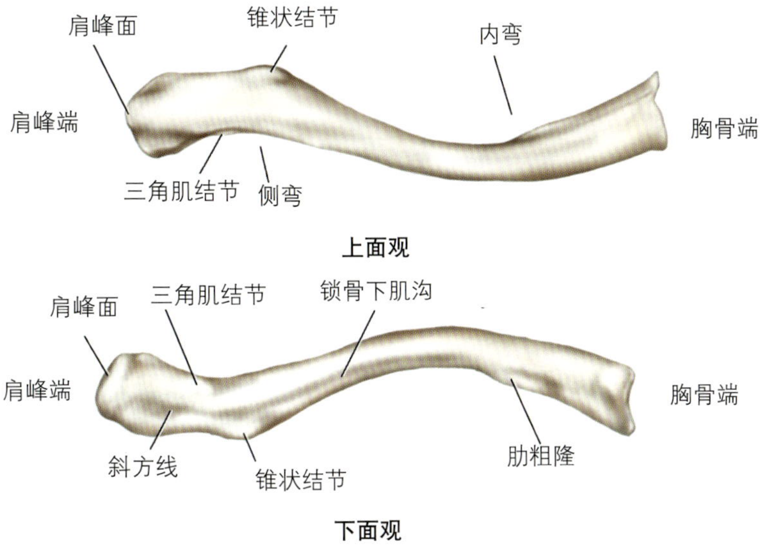

图3.3　锁骨显著骨性标志　上面观和下面观

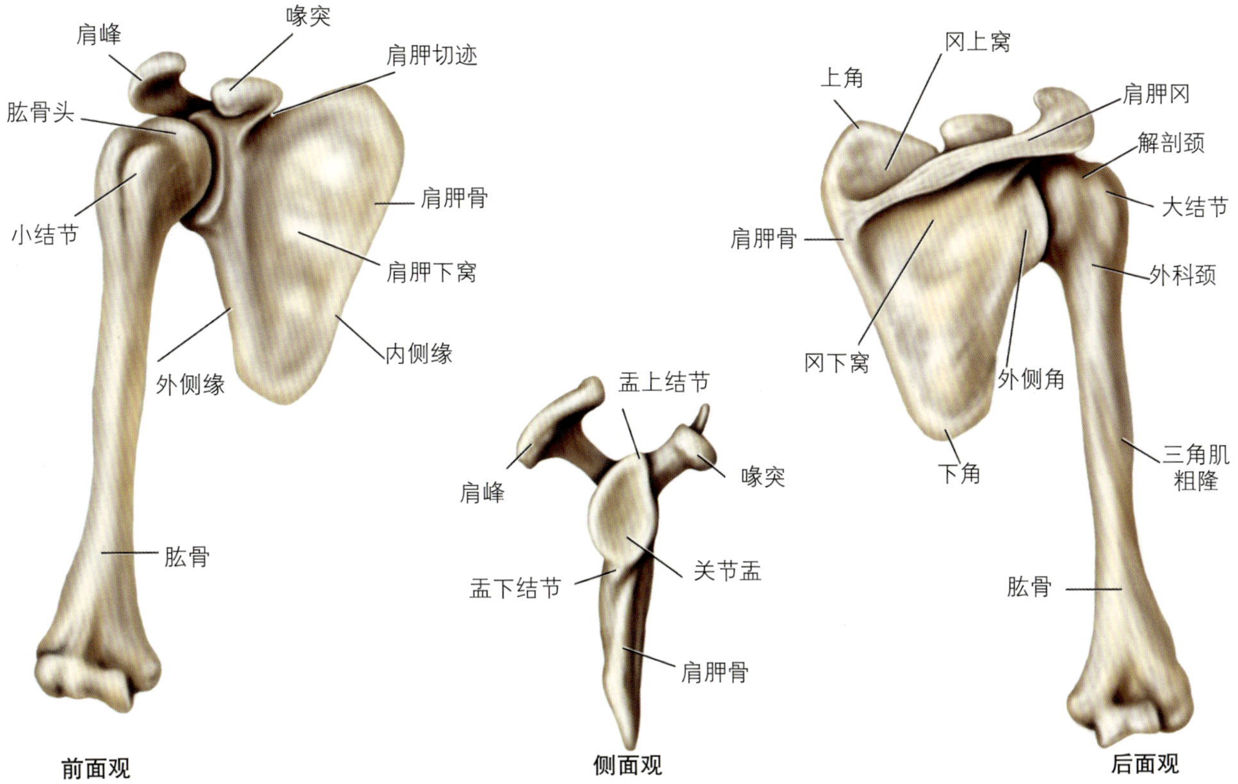

图3.4　肩胛骨骨性标志　前面观、侧面观和后面观

锁骨的外侧端称为肩峰端，内侧端称为胸骨端（图 3.2）。突出的骨性标志（图 3.3）包括三角肌结节、锥状结节、斜方线、肋粗隆和锁骨下肌沟。这些结构是软组织附着的重要的地方。

肩胛骨是位于躯干后上方的体积较大的三角形翼状骨。它是上肢带骨与肩关节共同的骨。图 3.4 展示了肩胛骨的许多骨性标志，包括外侧缘、内侧缘，以及两侧缘会合的下角。

动手做一做

您可以在搭档身上寻找下图结构（图 3.5）。

而且，肩胛骨内侧缘与上缘会合处称为上角，肩胛骨上缘外侧有一被称为肩胛切迹的缺口。位于肩胛骨的上外侧部的两大骨突起称为喙突（前）和肩峰（后）。

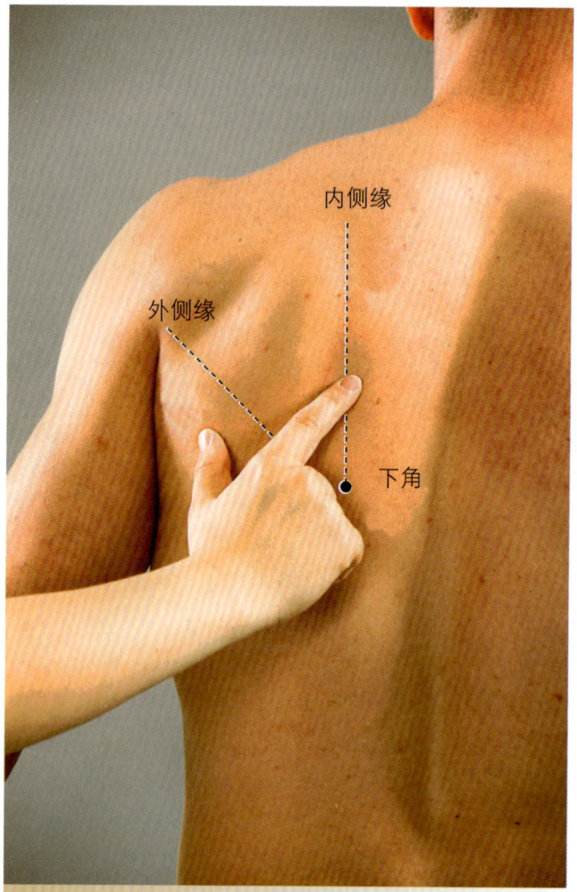

图3.5 定位肩胛骨内、外侧缘和下角

动手做一做

在自己或搭档身上寻找喙突和肩峰（图 3.6 和图 3.7）。

肩胛骨背面横嵴称为肩胛冈。肩胛冈向外侧延伸的 1/3 部突起是肩峰。

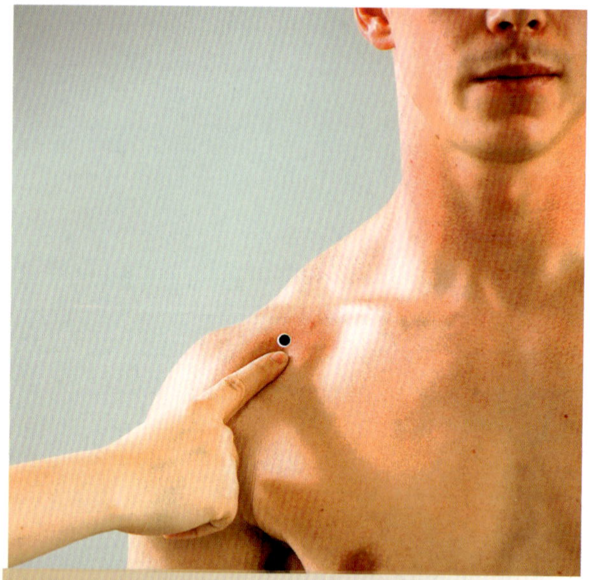

图3.6 定位喙突

图3.7 定位肩峰

动手做一做

用示指和中指沿搭档的肩胛骨上 1/3 处按压，并感觉肩胛骨的肩胛冈（图 3.8）。

稍外侧，肩胛骨形成一个光滑的、圆形、稍凹陷的表面——关节盂。这个凹陷是形成肩关节的窝。关节盂的上、下是两块骨突起，分别为盂上、下结节。在前表面肩胛骨外侧和内侧边界之间的光滑骨区域为肩胛下窝。在肩胛骨的后表面由肩胛冈分成上、下两个光滑的骨表面，分别为冈上窝和冈下窝（图 3.4）。

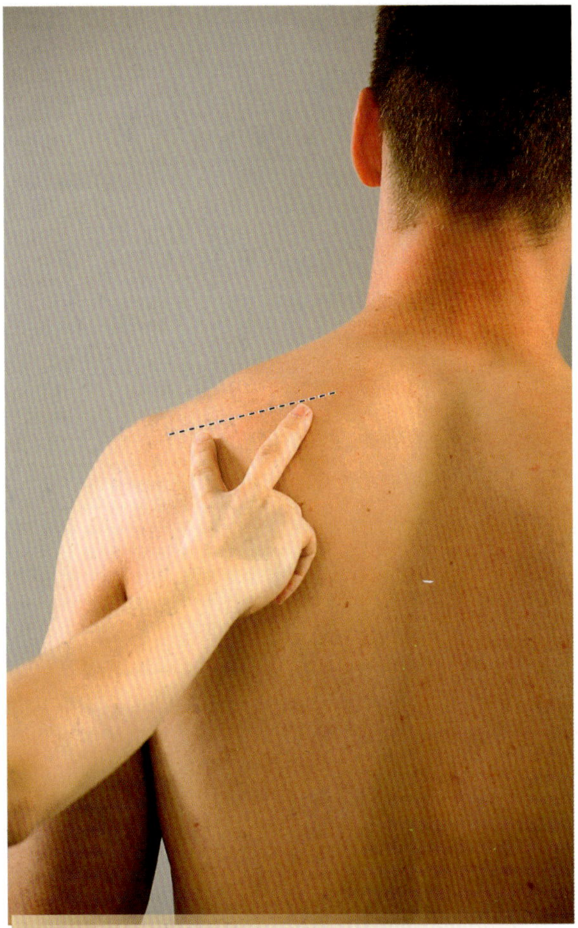

图3.8 定位肩胛冈

构成肩关节的骨

肩关节由肩胛骨和肱骨构成，因此又称盂肱关节。肩胛骨相对于肩关节的隆凸结构是解剖区域标记的关节盂。虽然关节盂有点浅，但肩关节依然被分类为球窝关节。

肩关节的“球”是肱骨头。本章讨论肱骨仅仅因为它是肩关节的一部分（图 3.9）。肩关节远端的肱骨将在肘关节的章节中进一步讨论。

肱骨头由肱骨干的两个“颈”分离而来。解剖颈位于肱骨头和被称为大、小结节两个骨突之间。外科颈（图 3.4）实际是肱骨干的上部。大、小结节间有一纵沟，称为结节间（二头）沟。大、小结节有四个面。小结节有一个面，大结节有近、中、远三个面。在肱骨干下部的侧面是被称为三角肌粗隆的骨性突起（见图 3.4）。

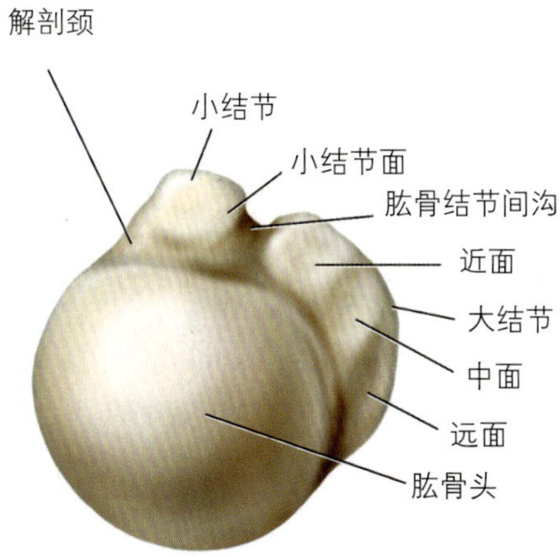

图3.9 肱骨近端标志物

操作

用合适的力度按压自己或搭档的肱骨，约在肱骨头和位于远端的肘关节之间的 1/2 处的侧面可以感觉到三角肌粗隆（图 3.10）。

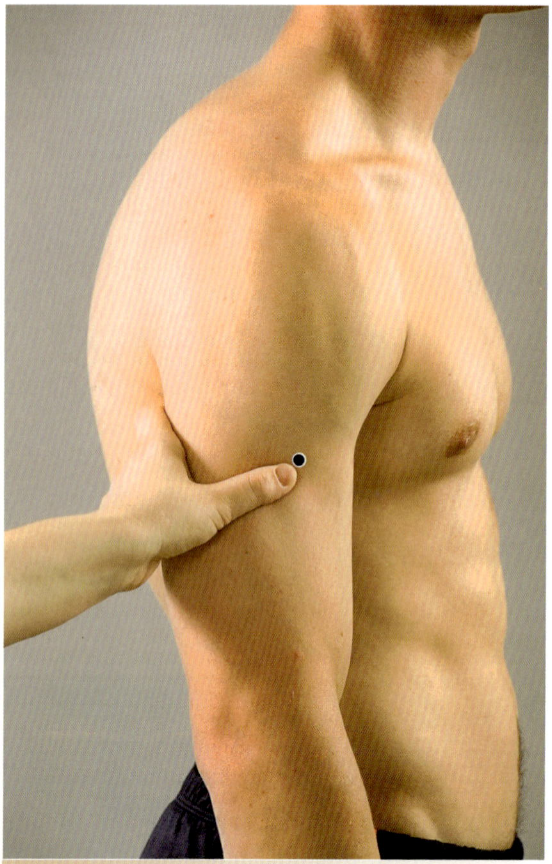

图3.10 定位三角肌粗隆

上肢带骨的关节与韧带

上肢带骨参与构成两个关节，即位于锁骨两端的肩锁关节和胸锁关节。胸锁关节可以产生朝向所有方向的滑动、旋转类型的轻微运动，因为锁骨的胸骨端位于胸骨柄的锁切迹（见第9章），所以胸锁关节不仅从连接锁骨和胸骨的韧带获得稳定性，也从构成其的骨性结构获得稳定性。

有三个主要的韧带负责胸锁关节的稳定性（图3.11）。①胸锁韧带：分为胸锁前韧带、胸锁上韧带和胸锁后韧带；②肋锁韧带：固定锁骨的胸骨端到第1肋；③锁间韧带：固定双侧锁骨的胸骨端及胸骨柄的锁骨切迹。关节盘位于锁骨的胸骨端与胸骨柄的锁骨切迹之间。

操作

把示指放在两锁骨之间，感觉两胸锁关节之间形成的锁骨切迹（图 3.12）。

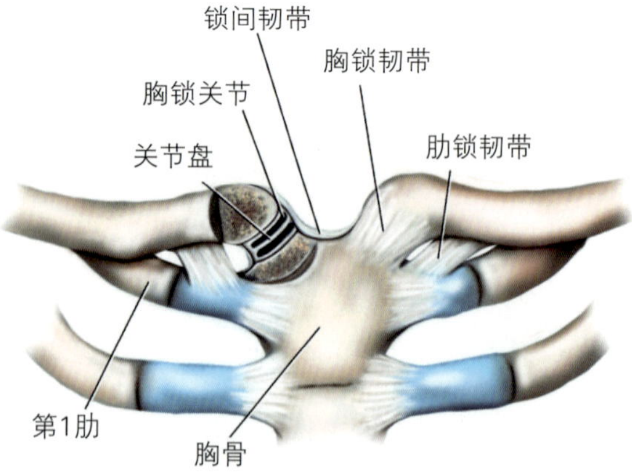

图3.11 胸锁韧带、肋锁韧带、锁间韧带及关节盘

锁骨侧面和肩胛骨之间的关节被分为两个独立的领域：肩锁关节和喙锁关节。简单地说，锁骨的侧面与肩峰及肩胛骨喙突分别形成关节（图 3.13）。

操作

在锁骨外侧区域（图 3.14）可以看到并摸到的突起是肩锁关节。

肩锁关节是肩胛骨的肩峰和锁骨的肩峰端之间的连接。当锁骨的肩峰端和肩胛骨的肩峰上下运动时，肩锁关节有轻微的滑动。肩锁韧带作为关节囊连接和环绕锁骨外侧端与肩胛骨的肩峰。

图3.12 定位胸锁关节

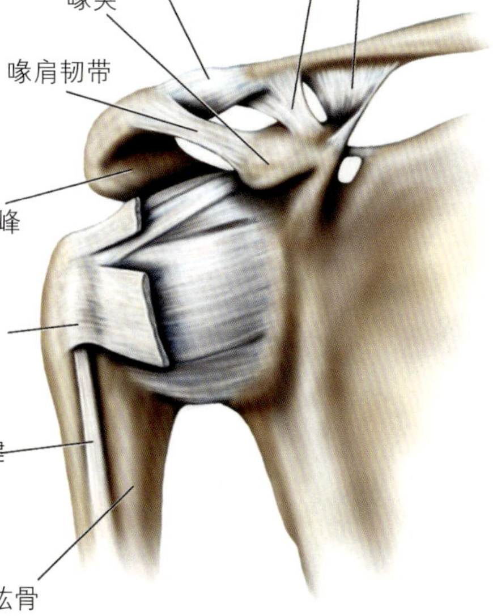

图3.13 肩锁关节和喙锁关节的韧带 前面观

另一个肩带关节是喙锁关节。喙锁关节有时被认为是肩锁关节的一部分，有时也被当作独立的关节。喙锁关节是锁骨侧面（肩峰）末端和肩胛骨的喙突的连接。两条韧带分布在肩胛骨喙突和锁骨的下表面之间。这两条韧带分别是锥状韧带和斜方韧带，它们经常被认为是一条韧带，即喙锁韧带。虽然有些人不认为喙锁关节是一个真正的关节，但是其在所有的方向都有很小的运动。斜方韧带位于喙锁韧带的侧面，它从肩胛骨喙突表面延伸到锁骨前下方，它对抗锁骨外侧的向前、向上和横向的运动。锥状韧带位于喙锁韧带的内侧，它从肩胛骨喙突上方延伸至锁骨后下方，它对抗锁骨外侧向后、向上和中间的运动。喙锁韧带是肩锁韧带结实的支撑。这些韧带的缺失会导致上肢和躯干分离。

图3.14 定位肩锁关节

知识拓展

肩分离

肩锁韧带和喙锁韧带扭伤（部分或完全撕裂）会在锁骨和肩胛骨之间形成可见的间隙，图 3.15 是典型的肩分离的插图。肩分离实际是锁骨外侧端和肩胛骨肩峰之间间距的扩大。正常肩和患肩相比较时，通过上肢的重量可显示患处间隙。当提到肩分离时，应知道其指的是肩胛带的肩锁关节。

从树上摔下来、在足球比赛中抢球受伤、在摔跤比赛中被摔到垫子上，以及在冰上滑倒摔到肩膀都可以导致扭伤肩锁关节。若想进一步了解扭伤，可以查阅体育训练或运动医学文章，咨询运动教练和专门从事运动医学的医生。基本的肩部解剖学知识有助于理解损伤和增强与专家沟通的能力。

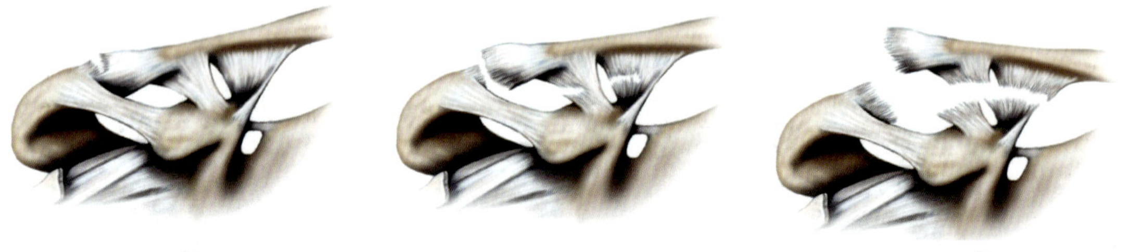

图3.15 肩分离。1级（轻度），2级（中度），3级（重度）由关节创伤引起的肩锁关节的韧带扭伤。

肩关节韧带

肩关节由肱骨头和肩胛骨关节盂构成。肩关节的韧带（图 3.16）包括囊韧带、盂肱韧带（包括上韧带、中韧带和下韧带）和喙肱韧带。

囊韧带附着于肱骨解剖颈和肩胛骨关节盂的周缘。盂肱韧带在关节囊前表面的下面，起加固关节囊的作用。盂肱上韧带走行于肱骨小结节上表面和肩胛骨关节盂的上边缘之间。盂肱中韧带走行于肱骨小结节前表面和肩胛骨关节盂的前边缘之间。盂肱下韧带走行于肱骨小结节较低的前表面和肩胛骨关节盂的前下缘之间。喙肱韧带分布于肱骨解剖颈（即大结节周围）和肩胛骨喙突外侧之间。

肩关节的其他韧带

除了肩关节和上肢带骨的韧带，肩部韧带还包括一些特殊的肩胛骨韧带和肱骨韧带。

肩胛骨的韧带

虽然我们通常认为韧带的作用是把骨连接起来形成关节，但也有一些韧带从骨的一个面走行到另一个面，其作用不是形成关节。在肩胛骨有四个像这样的韧带（图 3.17）。肩胛上横韧带穿过肩胛切迹，与切迹围成一个小孔，肩胛上神经

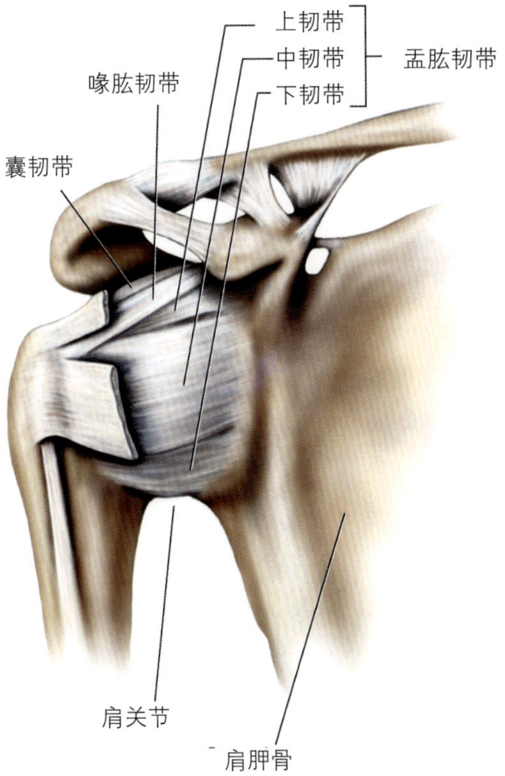

图3.16　囊韧带、喙肱韧带和盂肱韧带

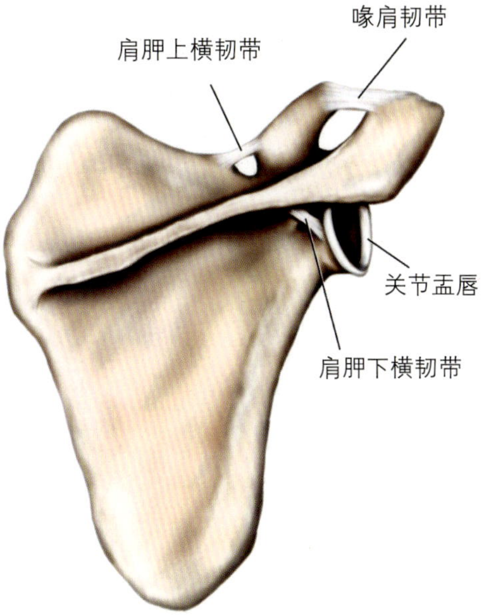

图3.17　肩胛上横韧带、肩胛下横韧带、喙肩韧带和关节盂唇

通过这个小孔。肩胛下横韧带从大肩胛切迹的一个边缘穿到另一个边缘。这个韧带形成了一条通道，有向冈下肌提供刺激的肩胛上神经通过，和向冈下肌供血的旋肩胛动脉通过。喙肩韧带穿过肩胛骨的喙突和肩峰。虽然它属于肩胛骨的韧带，但它限制了肱骨头的向上运动。关节盂唇（图3.18）是在整个肩胛骨的关节盂外围形成边缘的韧带。关节盂唇帮助肱骨头加深关节盂来增强肩关节的稳定性。

肱骨的韧带

在肱骨近端的前表面有两种结构：大结节和小结节。在这两个结构之间存在结节间沟。肱横韧带是越过结节间沟的韧带（图3.19）。这个韧带有一个作用：它把结节间沟变成一管道，肱二头肌长头腱就位于此沟。

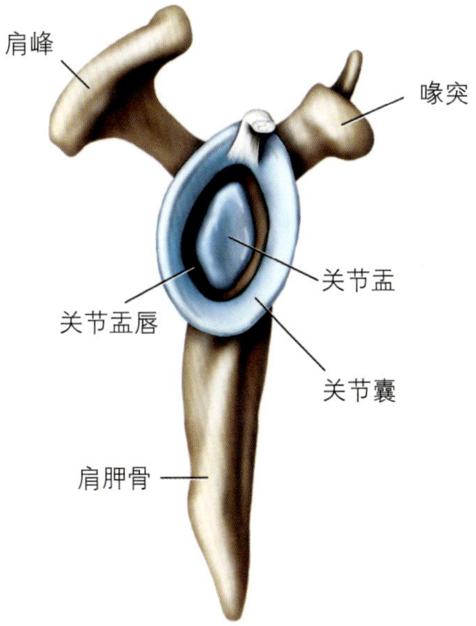

图3.18　关节盂唇

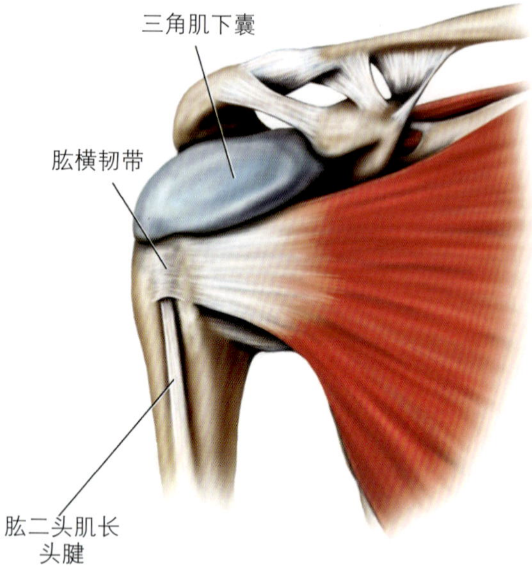

图3.19 肱横韧带

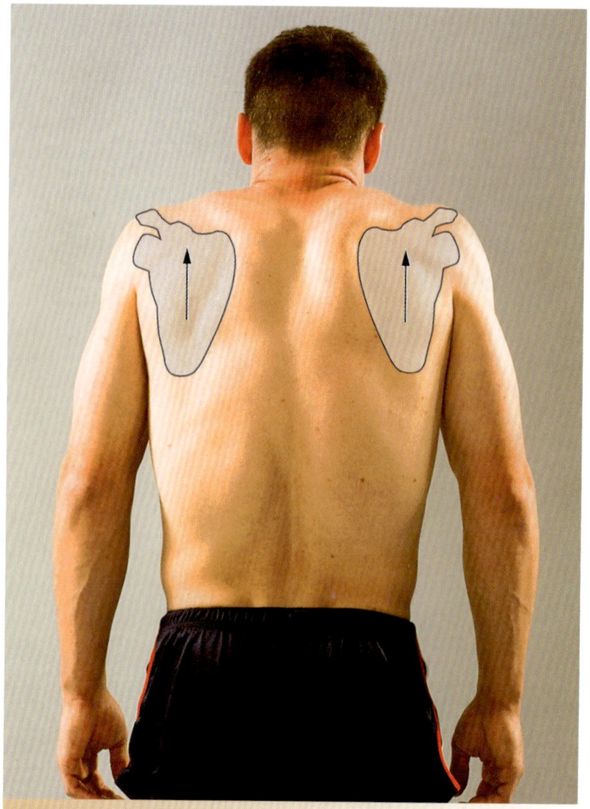

图3.20 肩胛骨上升

上肢带骨的基本运动和肌肉

在本章和随后的几章中，首先介绍涉及解剖方面的基本动作。之后介绍与这些动作相关的肌肉。

上肢带骨的运动

上肢带骨主要通过改变肩胛骨关节盂的位置来调整肩关节的运动。虽然之前提到过基本动作限制在关于一个轴的平面上，但是上肢带骨是例外。记住，描述任何关节的所有基本动作的起始位置都是解剖学姿势。上肢带骨有四个基本动作：上提，下压，外展和内收。由于锁骨和肩胛骨的关系，以及肩胛骨和胸的关系，所以运动不可能总是只在一个轴的平面上。上肢带骨的基本动作是相对于肩胛骨的运动方向描述的。

上肢带骨上升指的是肩胛骨在冠状面向上的运动（图 3.20）。

上肢带骨下降指的是肩胛骨在冠状面向下的运动（图 3.21），但是更正确的说法是上升的返程。由于解剖的起始位置，上肢带骨下降是不可能的。使上肢带骨上升的向心收缩的（缩短）肌肉离心收缩（伸长）带动上肢带骨下降（回到解剖学姿势）。

上肢带骨外展不能简单地定义为肩胛骨从身体中线向外运动。因为肩胛骨通过韧带与锁骨相连（肩锁关节），并且通过肌肉组织与胸相连，肩胛骨不能完全地从身体中线向外横向移动。当肩胛骨沿胸滑过，它一定要绕着锁骨末端（肩锁关节）转动并倾斜。因此，上肢带骨外展应该更准确地定义为肩胛骨的向上旋转和横向倾斜（图 3.22）。向上旋转是指提供肩关节运动的肩胛骨关节盂向上移动。另外，当肩胛骨沿胸的弯曲部

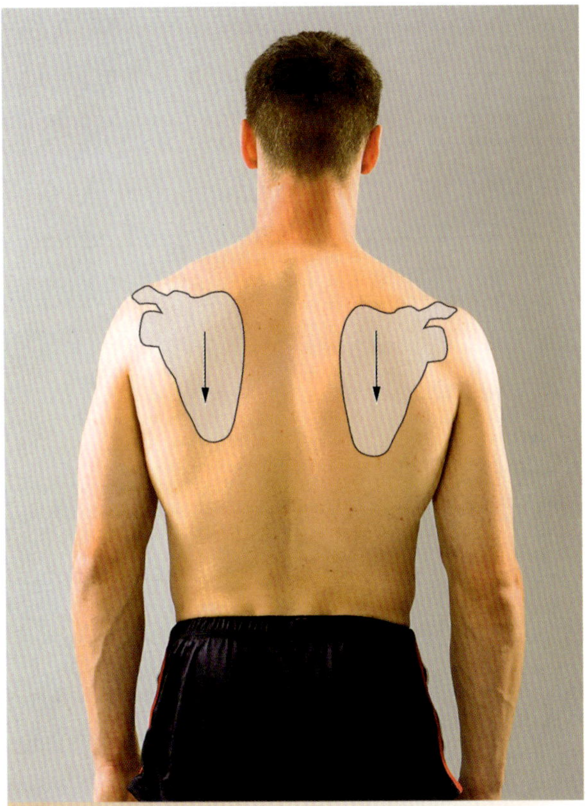
图3.21　肩胛骨下沉

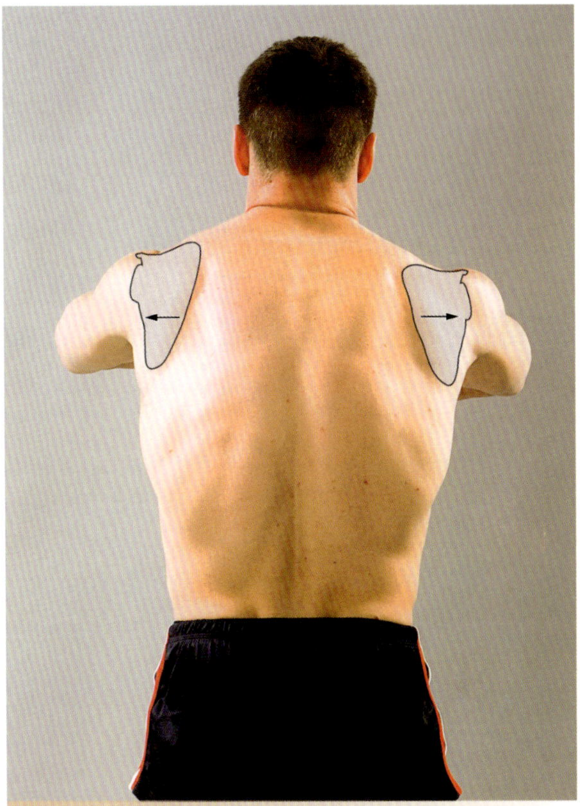
图3.22　肩胛骨外展

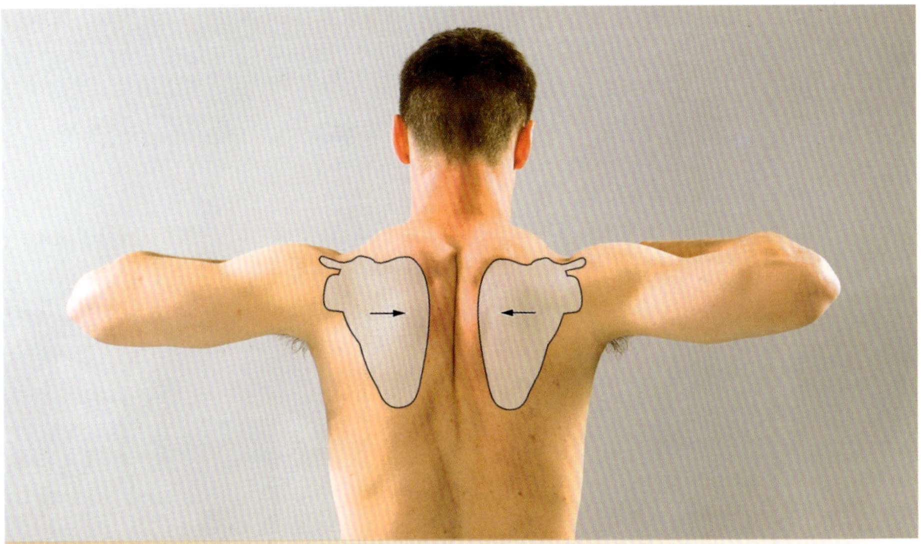
图3.23　肩胛骨内收

分滑过时，它会横向倾斜。两侧肩胛骨外展也称拉长（protraction）。用双臂拥抱别人时需要拉长两侧上肢带骨。

上肢带骨内收不能简单地定义为肩胛骨向身体中线移动的运动。同样，由于肩胛骨由韧带与锁骨相连（肩锁关节），并且由肌肉组织与胸相连，肩胛骨不能完全地向内朝身体中线移动。当肩胛骨沿胸滑过，它绕着锁骨远端（肩锁关节）转动并且倾斜。因此，上肢带骨内收应该更准确地定义为肩胛骨向下旋转和向内倾斜（图 3.23）。向下旋转是指提供肩关节运动的肩胛骨关节盂向下移动。另外，当肩胛骨沿胸的弯曲部分滑过时，它会向内侧倾斜。两侧肩胛骨的内收也称收回（retraction）。立正站立时，需要收缩两侧上肢带骨。

上肢带骨前部肌肉

上肢带骨的基本运动主要由六块肌肉完成。从解剖学位置来看，三块肌肉位于上肢带骨前，三块位于上肢带骨后。上肢带骨前部肌肉包括胸小肌、前锯肌和锁骨下肌。

· **胸小肌：**胸小肌起于第 3、第 4 和第 5 肋，止于肩胛骨喙突（图 3.24）。由于肋骨是更稳定的连接物，胸小肌收缩使肩胛骨喙突被拉向肋骨（上肢带骨向下旋转或内收）。

· **前锯肌：**前锯肌起于上 9 个肋骨的前外侧，止于肩胛骨内侧缘和下角（图 3.24）。前锯肌稳定地附着于肋骨，肌肉收缩可使上肢带骨外展（向上旋转和横向倾斜）。

操作

手臂上举高于头，手位于头后方（图 3.25），前锯肌可以很明显地沿着肋骨横向呈现出来。

· **锁骨下肌：**锁骨下肌起于第 1 肋，止于锁骨的锁骨下沟。锁骨下肌的主要作用是协助肩关节韧带稳定关节（图 3.24）。

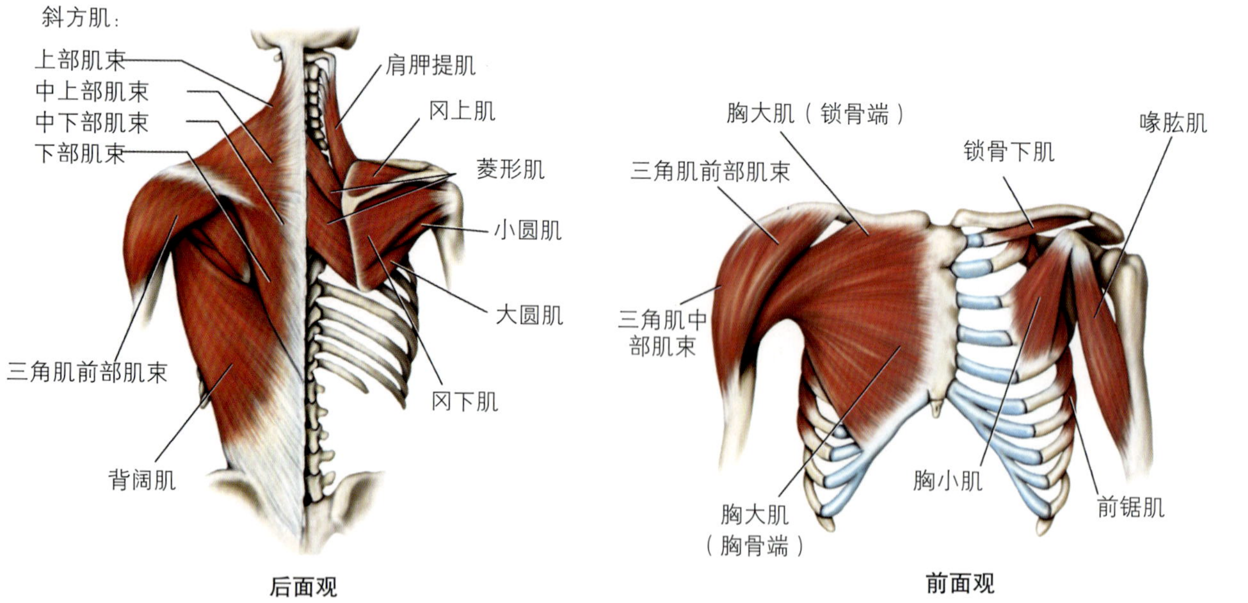

图3.24 作用于肩胛骨和肱骨的肌肉

上肢带骨后部肌肉

上肢带骨后部肌肉包括肩胛提肌、菱形肌和斜方肌（图 3.24）。

- **肩胛提肌：**如其名，此肌的作用是上提肩胛骨。肩胛提肌起于上 4 个颈椎的横突，止于肩胛骨上角。肩胛提肌末端稳固地附着于颈椎，其收缩可上提上肢带骨（向下旋转和内收）。
- **菱形肌：**菱形肌实际上有两块肌肉（块大的和块小的），但是它们通常被当作是一块肌肉，因为它们的作用一样。它们起于第 7 颈椎棘突至第 5 胸椎，止于肩胛骨内侧缘。因为棘突附着是最稳固的，菱形肌收缩可使上肢带骨升高和内收（向下旋转）。
- **斜方肌：**这块大的、三角形的肌肉起于颅底的枕外隆凸和所有颈椎和胸椎的棘突，止于肩胛冈和锁骨后表面。根据肌肉的大小、肌纤维的角度和功能，通常斜方肌分为四部分（上部肌束、中上部肌束、中下部肌束和下部肌束）。斜方肌的上部肌束很大程度上类似于肩胛提肌，因此有相似的功能：上提和内收（向下旋转）上肢带骨。斜方肌的中上部间肌束也可协助上抬上肢带骨，但主要作用是内收上肢带骨。斜方肌的中下部肌束几乎只有内收上肢带骨的作用。由于斜方肌下部肌束从胸椎走行到肩胛冈，因此其作用是外展上肢带骨（向上旋转）。

操作

在你伙伴的身上指出斜方肌的四个部分（图 3.26）。

图3.25　定位前锯肌

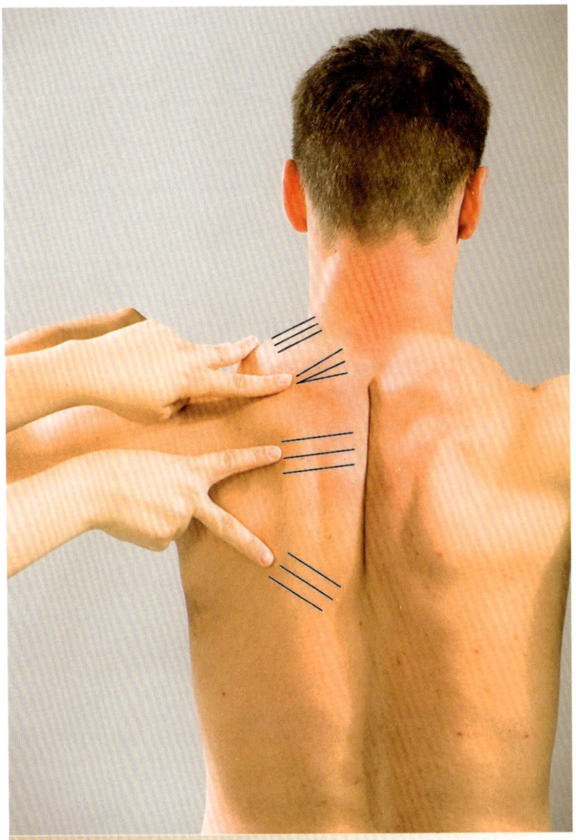

图3.26　定位斜方肌的四个部分

基本运动和肌肉

我们首先学习肩关节的基本运动，然后学习与这些运动相关的肌肉。

肩关节运动

肩关节（图 3.27），也称盂肱关节，属于三轴关节，因为它能在三个基本平面内运动：在矢状面沿冠状水平轴的屈曲（手臂向前动）和伸展（屈曲的逆运动），在冠状面沿矢状水平轴的外展（离开身体中线的运动）和内收（朝向身体中线的运动），在水平面沿垂直轴的旋内和旋外运动。超伸是指超过解剖位置的伸展。因为肩关节是三轴关节，所以它可以融合基本的动作从而形成环转运动。六种肩关节基本运动由十一块主要肌肉（肩关节前部四块、上部两块、后部两块、下部三块肌肉）完成。

肩关节前部肌肉

· **胸大肌**：胸大肌起自第 2~6 肋、胸骨和锁骨内半侧，止于肱骨外科颈前部的大结节远端（图 3.24）。肌肉的上部通常被称为锁骨部，肌肉的下部通常被称为胸骨部。胸大肌的收缩引起肩关节的屈曲、内收和内旋。

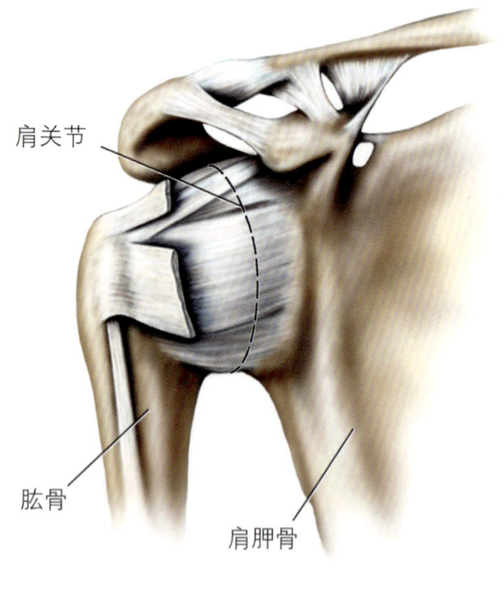

图3.27 肩关节前面观

操作

用图 3.28 作为参考，指出你搭档的胸大肌。

图3.28 定位胸肌

· **喙肱肌**：喙肱肌起于肩胛骨喙突（肱二头肌短头也起于此处），止于肱骨体中部的内侧，与三角肌粗隆外侧缘相对（图 3.24 和图 3.29）。喙肱肌可使肩关节屈曲，并且由于喙肱肌的牵引角度，它还可协助肩关节内收。

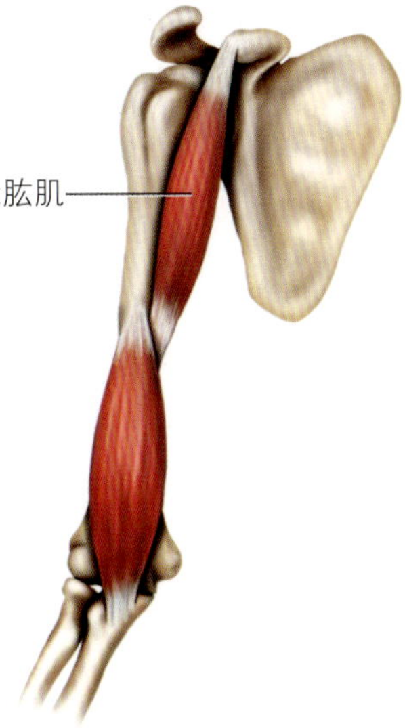

图3.29 喙肱肌前面观

操作

手臂与身体成直角（外展）（图 3.30）便于触摸喙肱肌。

· **肱二头肌**：虽然肱二头肌常被当作肘屈肌（图 3.31），但是肱二头肌长头腱和短头腱均通过肩关节。肱二头肌长头起于肩胛骨关节盂上缘的盂上结节，肱二头肌短头起于肩胛骨喙突（与喙肱肌腱的起点连在一起）。两个头合成肌腹，止于桡骨粗隆。桡骨是组成前臂的两骨之一。肱二头肌长头腱收缩可使肩关节屈曲和外展，短头腱收缩可使肩关节屈曲、内收和内旋。

· **肩胛下肌**：肩胛下肌（图 3.31）位于肩胛骨和胸部之间，在肩胛骨的前表面。它起于肩胛骨前表面的肩胛下窝，止于肱骨小结节。肩胛下肌收缩可使肩关节内旋和内收。肩胛下肌腱是组成肩袖（rotator cuff）的四个腱性结构之一。肩袖在本章稍后会有讲述。

肩关节上部肌肉

· **三角肌**：三角肌是一块很大的肌肉，它由三部分组成：前部肌束、中部肌束和后部肌束（图 3.24）。三角肌覆盖了肩关节，因此它也常被称为肩盖肌。前部（锁骨）肌束起于锁骨前面的外侧段，中部（肩峰）肌束起于肩胛骨肩峰的外侧缘，后外部（肩胛骨）肌束起于肩胛冈下缘。这三部分一起止于肱骨中段外侧面的三角肌粗隆。整个

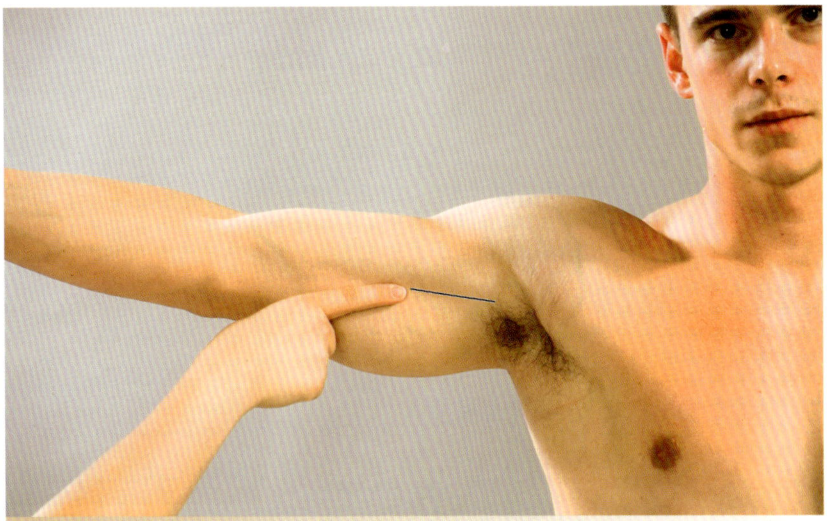

图3.30 定位喙肱肌

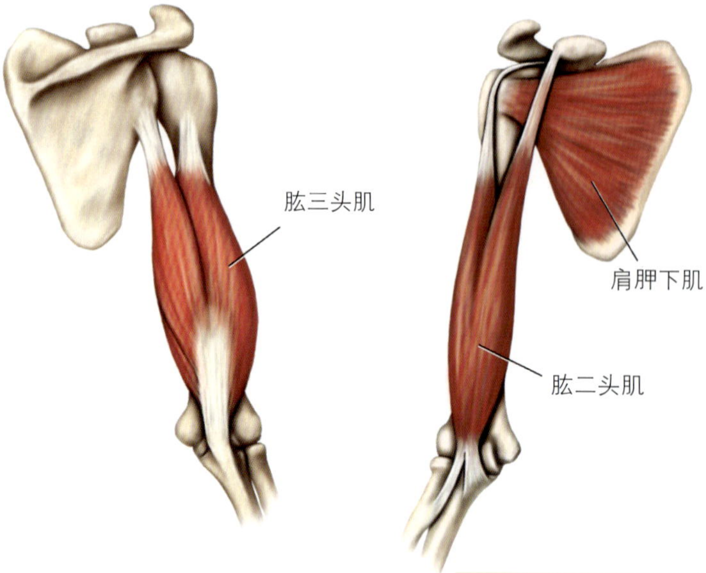

图3.31 两块表浅肩关节肌肉和肩胛下肌的前、后面观

三角肌收缩可使肩关节外展；后部肌束收缩可使肩关节内收、伸展和外旋；前部肌束收缩可使肩关节内收、屈曲和内旋。通常认为，中部肌束只参与肩关节外展。当手臂从解剖位置伸展到水平位置时，三角肌的三部分都是肩关节外展肌。

操作

寻找三角肌的三个部分时，可让搭档外展手臂，最好承受一些阻力，如拿一本书或一个重物（图 3.32）。

·冈上肌：冈上肌（图 3.33）位于三角肌下方，起于肩胛冈的冈上窝，止于肱骨大结节近端。冈上肌可使肩关节外展。虽然冈上肌可以在所有的外展方向上收缩，但它只对 30° 以内的外展起主要作用，臂伸展超过 30° 时，三角肌是主要的外展肌。冈上肌也是肩袖的一部分。

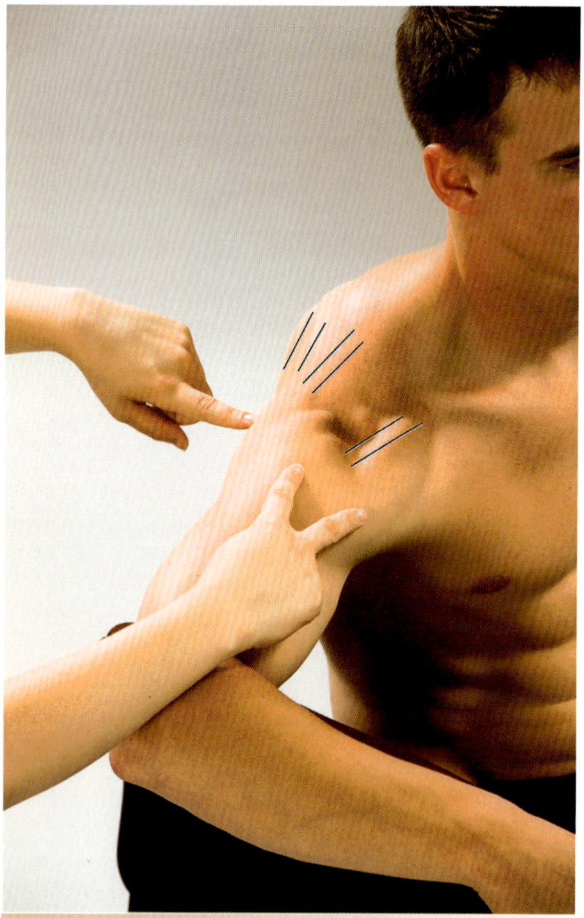

图3.32 定位三角肌

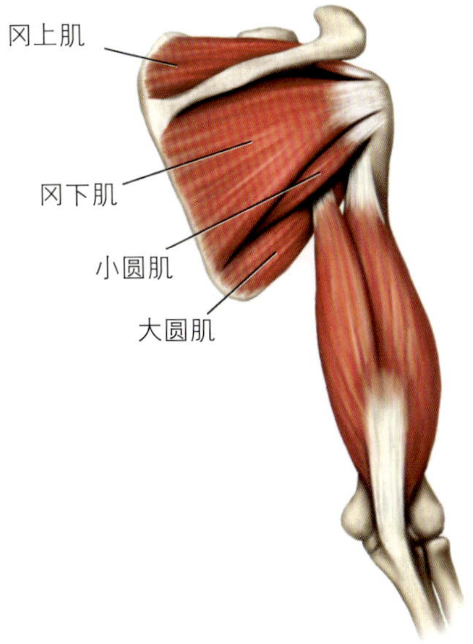

图3.33　冈上肌、冈下肌、小圆肌和大圆肌的后面观

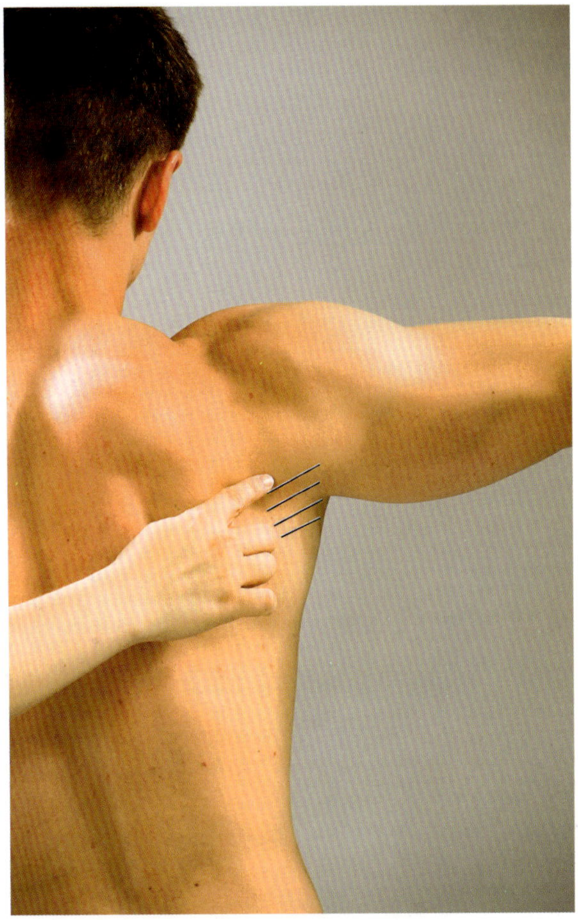

图3.34　定位冈下肌和小圆肌

肩关节后部肌肉

· **冈下肌**：冈下肌（图 3.33）由它起点位置的解剖学结构得名：肩胛冈下方的冈下窝。冈下肌止于肱骨大结节的中部。冈下肌收缩可使肩关节外旋和伸展。冈下肌也是肩袖的一部分。

操作

使肩关节外展、外旋和伸展，指出冈下肌（图 3.34）。

· **小圆肌**：小圆肌与冈下肌功能相同，因此常放在一起讨论。小圆肌（图 3.33）起于肩胛骨外侧缘的上部和中部，止于肱骨大结节的远端。同冈下肌一样，小圆肌收缩可使肩关节外旋和伸展。小圆肌也是肩袖的一部分。

操作

使肩关节外展、外旋和伸展，然后指出小圆肌（图 3.34）。

肩袖

肩关节的四块肌肉（肩胛下肌、冈上肌、冈下肌、小圆肌）止于肱骨大、小结节之间的腱性结构。这个腱性结构被称为肩袖（图 3.35）。除前文介绍的作用，这四块肌肉还可保持肩关节稳定。因为肩关节窝非常浅，不够稳定，所以肩袖保持肩关节稳定的功能非常重要。例如，在投掷时，肩袖肌不仅产生必要的力，而且可使产生的力减速。换句话说，肩袖的作用实际上是在整个上肢极力地投掷物体时，保持肱骨头固定于关节盂。

> **知识拓展**
>
> ## 肩袖
>
> 了解了肩袖的运动就容易理解为什么有些重复投掷动作的人（投手、四分卫）会有肩袖问题。这些肌肉不仅通过向心收缩（缩短）产生需要投掷的力，而且通过离心收缩（拉长）来分散产生的力以防止上肢甩离身体。

肩关节下部肌肉

· **背阔肌**：背阔肌（图 3.24）是位于背部的大肌肉，起于下 6 个胸椎的棘突、5 个腰椎的棘突、髂骨后部（第 8 章）、下 3 个肋骨和肩胛骨下角；通过腋窝（腋）下；止于肱骨前侧面的结节间沟的边缘。背阔肌收缩可使肩关节内旋、伸展和内收。

> **知识拓展**
>
> ## 背阔肌
>
> 爬泳时，手臂在水中移动使肩关节内旋、伸展和内收的肌肉是背阔肌。任何游泳队举重室的拉力器都是用来增强所谓的“游泳肌肉”的力量。

操作

使搭档的手臂放在外旋和外展的位置，指出背阔肌（图 3.36）。

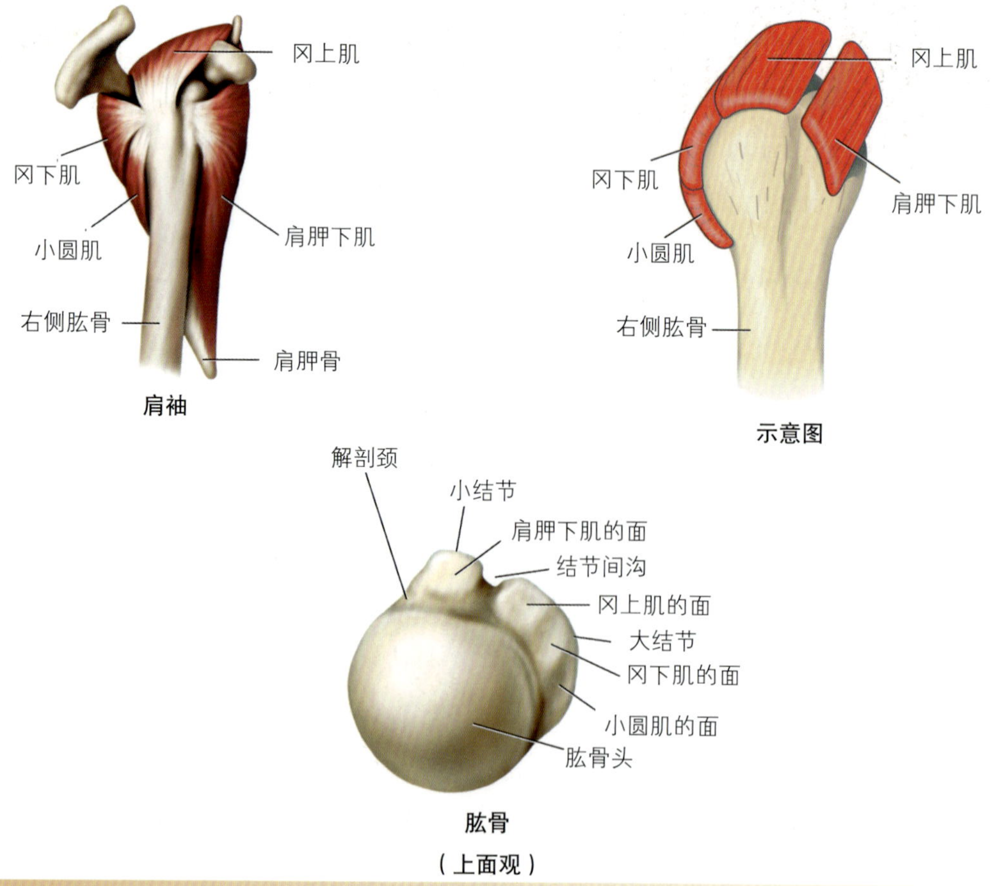

图3.35 肩袖

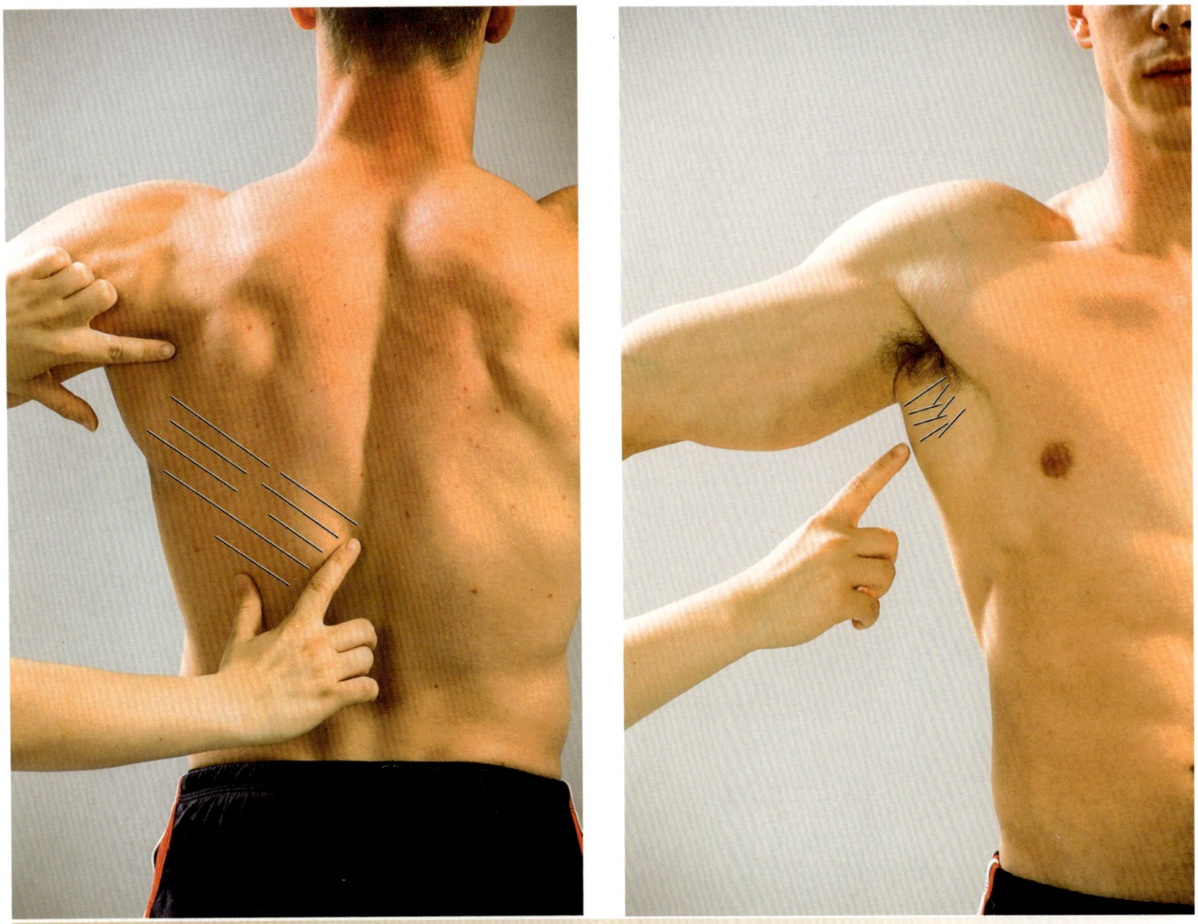

图3.36　定位背阔肌

· **大圆肌**：大圆肌（图 3.33）起于肩胛骨外侧缘和下角的背面，穿过腋窝下部（腋下），止于肱骨小结节下方。大圆肌收缩可产生和背阔肌收缩一样的功能：使肩关节内旋、伸展和内收。因为这两块肌肉的功能是一样的，大圆肌常被称为“背阔肌的小帮手”。

操作

把搭档的手臂放在外展的位置，观察肩关节后部，并指出大圆肌（图 3.37）。

· **肱三头肌**：虽然肱三头肌通常与肘关节的运动有关，肱三头肌的三个头之一却是穿过肩关节并且协助肩关节运动的（图 3.31）。肱三头肌的长头起于肩胛骨关节盂唇的盂下结节，并且与外侧头和内侧头向下以同一肌腱止于尺骨鹰嘴，尺骨是组成前臂的两根骨中的一根。肱三头肌长头的收缩可使肩关节后伸和内收。

操作

在搭档身上指出肱三头肌的三个头（图 3.38）。

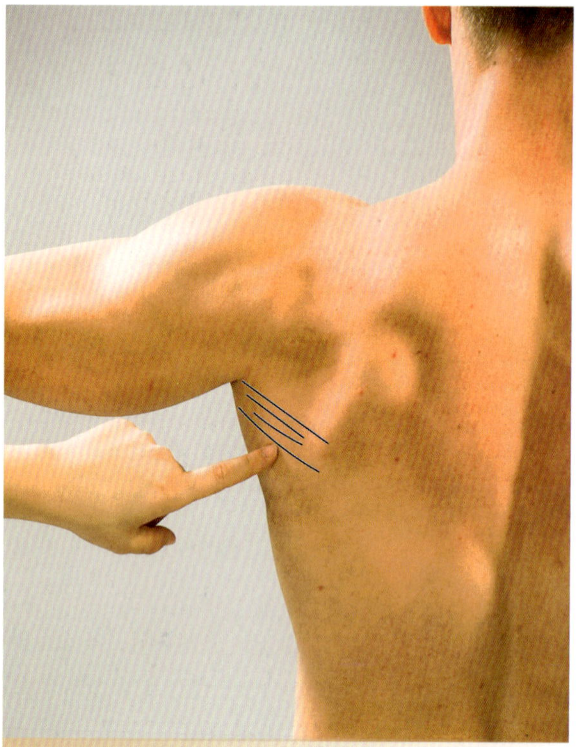

图3.37 定位大圆肌

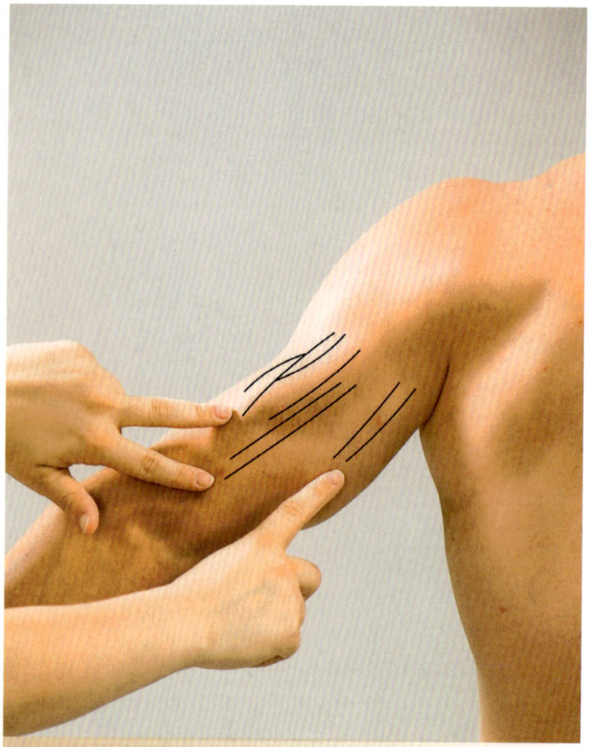

图3.38 定位肱三头肌的三个头

知识拓展

肩关节

关节的脱位通常都会导致严重的韧带扭伤和穿过关节的肌肉紧张。以下是三种常见的肩关节脱位。

任何关节的过度运动都可能导致关节处连接骨的韧带紧张。正如之前提及的上肢带骨的肩锁关节，韧带的拉伤是部分或完整的韧带撕裂。如果关节的韧带被破坏，关节的骨发生了错位，就是脱位。肩关节脱位很常见。三个最常见的肩关节脱位形式是肩关节前（喙突下）脱位、肩关节后（冈下）脱位和肩关节下（关节盂下）脱位（图 3.39）。

肩关节前脱位是最常见的肩关节脱位形式，通常由肩关节过度外展和外旋造成。肱骨头由肩胛骨关节盂向前脱出至肩胛骨喙突下方的关节盂前部（因此又称喙突下脱位）。肩关节后脱位是由肩关节的过度内旋和内收造成的。肱骨头从关节盂向后脱位至肩胛冈的下方（因此又称冈下脱位）。肩关节下脱位是指肩关节过度外展，肱骨对抗肩峰，肱骨头被迫向下脱至关节盂的下缘以下。

知识拓展

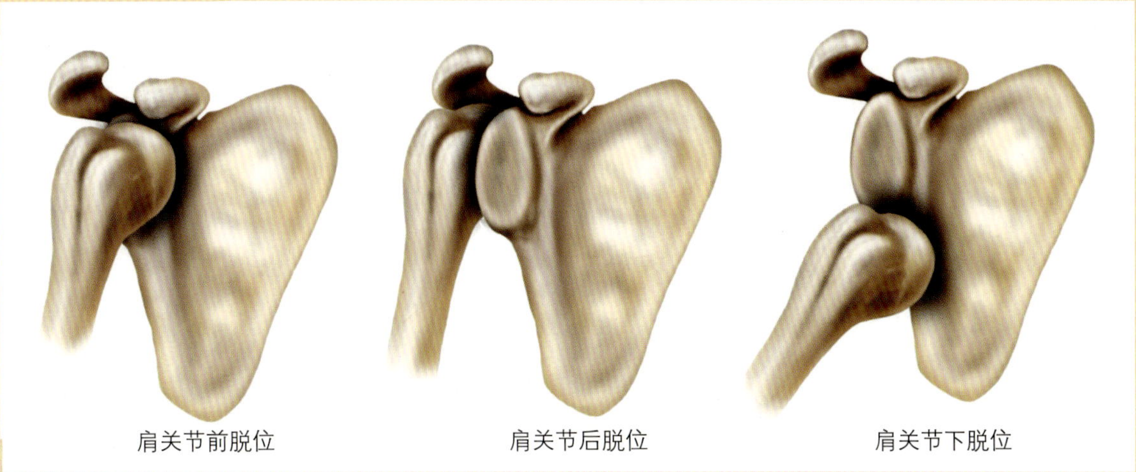

图3.39　肩关节前脱位、肩关节后脱位和肩关节下脱位

上肢带骨和肩关节的混合运动

肩关节的每种动作（弯曲、伸展、外展、内收、内旋和外旋）都具有一定程度的移动。当肩关节的一种运动到达了终点，肩胛骨关节盂一定要改变它的位置来调节肱骨的附加运动才能在原来的运动方向上继续运动。上肢带骨通过改变关节盂的位置来帮助肩关节在更大范围内运动，即由在胸部的肩胛骨通过肩锁关节和胸锁关节的运动（沿肋骨运动）完成，如肩肱节律（scapulo humeral rhythm）。只是肩关节外展可使肩关节外展约 120°，如果肩关节外展和肩胛骨旋转结合可使肩关节外展约 180°。通常可接受的肩关节和肩胛骨（肩胸运动）的运动比例是肩关节每外展 2°，肩胛骨旋转 1°。

当肩关节外展时，通过肩胛骨运动来改变关节盂的位置以适应肩关节其他的基本运动。

学习助手

术语回顾

以下术语均出自本章，请对其进行解释，并在自己身上或插图中找到这些结构。

外展	胸锁韧带	肱骨外科颈
菱形肌	胸骨	大圆肌
肋骨	锁骨下沟	小圆肌
肌腱套	锁骨下肌	胸椎

肩胛骨
肩胛切迹
肩肱节律
前锯肌
上肢带骨
肩关节
肩胛骨脊柱缘
锁骨的胸骨端
胸锁关节
上升
肩峰端
肩锁关节
肩锁韧带
肩峰
内收
肱骨解剖颈
关节盘
肱二头肌
囊韧带
环转运动
锁骨
锁骨切迹
锥状韧带
锥状结节
喙肩韧带
喙肱肌
喙锁关节
喙锁韧带
喙肱韧带
肩胛下窝
肩胛下肌
上角
肩胛骨上缘
盂肱上韧带
肩胛上横韧带
盂上结节
冈上肌
冈上窝
喙突
肋粗隆
肋锁韧带
三角肌
三角肌结节
肱骨三角肌粗隆
凹陷
脱位
向下旋转
盂肱关节
盂肱韧带
关节窝
关节盂唇（盂唇）
大肩胛切迹
大结节
肱骨头
肱骨
髂骨
肱横韧带
斜方肌
斜方韧带
肱三头肌
尺骨
向上旋转
下角
盂肱下韧带
肩胛下横韧带
盂下结节
冈下肌
冈下窝
锁骨间韧带
结节间沟
肩胛骨外侧缘
横向倾斜
背阔肌
小结节
肩胛提肌
腰椎
肩胛骨内侧缘
内侧倾斜
中面
盂肱中韧带
胸大肌
胸小肌
拉长

思考题

1. 把手放在搭档的肩胛骨上，请搭档慢慢外展肩关节。从肱骨移动开始评定肩胛骨开始移动的时间。当肩关节外展时，肩胛骨是不是自始至终都在移动？肩胛骨从什么时候开始移动？它为什么会移动？哪块肌肉产生了这种运动？在肩关节屈曲、伸展、过伸、内旋和外旋的过程中，观察肩胛骨的活动，并且回答同样的问题。

2. 把手放在搭档的两个肩胛骨上，请其在解剖学姿势外展两个肩关节到其手可触摸到的点。肩胛骨执行了什么运动？搭档仅通过外展到达终点，还是搭档不得不旋转肩关节？如果是这样，为什么这个动作有必要？这个动作发生在哪个方向？

3. 屈曲搭档的肘部至 90°。被动外展和外旋肩关节到感到抵抗。哪块肌肉产生了这种抵抗？（过度的力会损害关节结构，因此动作要轻柔。）

4. 屈曲搭档的肘部至 90°。被动内收和内旋肩关节到感到抵抗。哪块肌肉产生了这种抵抗？（过度的力会损害关节结构，因此动作要轻柔。）

5. 把手放在搭档的肩膀上（手放在锁骨和肩胛骨上），在其上抬肩膀（耸肩）的时候向下压。哪块肌肉产生了抬肩的动作？哪块肌肉对抗下压的力？

单选题

1. 在解剖位置，上肢带骨下降被定义为（　）
a. 主动的
b. 被动的
c. 等长的
d. 不可能的

2. 肱三头肌唯一穿过肩关节的部分是（　）
a. 内侧头肌腱
b. 外侧头肌腱
c. 短头腱
d. 长头腱

3. 参与肩关节外展的是三角肌的（　）
a. 中部肌束
b. 后部肌束
c. 前部肌束
d. 下部肌束

4. 除了上提肩胛骨，肩胛提肌还可使上肢带骨（　）
a. 向上旋转
b. 弯曲
c. 向下旋转
d. 扩展

5. 由锁骨和肩胛骨形成的关节通常被称为（　）
a. 肩锁关节
b. 胸锁关节
c. 盂肱关节
d. 胸肱关节

6. 肩胛骨从身体中线向外的运动被称为（　）
a. 向上旋转
b. 内收
c. 向下旋转
d. 上升

7. 稳定和产生肩关节运动，但不是肩袖的肌肉是（　）
a. 冈上肌
b. 肩胛下肌
c. 冈下肌
d. 大圆肌

8. 肩关节是（　）
a. 非轴关节
b. 单轴关节
c. 二轴关节
d. 三轴关节

9. 伸展、内收和内旋肩关节，被称为“背阔肌的小帮手”的肌肉是（　）
a. 冈上肌
b. 冈下肌
c. 小圆肌
d. 大圆肌

10. 由菱形肌收缩引起的上肢带骨的基本运动是（　）

a. 外展
b. 内收
c. 向上旋转
d. 下沉

11. 下面是肩关节前部肌肉的是（ ）
a. 胸大肌
b. 胸小肌
c. 肩胛下肌
d. 喙肱肌

12. 肱二头肌短头起于（ ）
a. 肩峰
b. 关节盂
c. 喙突
d. 大结节

13. 当肱部外展到手臂直立在头上的时候，肩胛骨是（ ）
a. 外展的
b. 内收的
c. 弯曲的
d. 延伸的

14. 与下角、内侧缘、外侧缘和肩胛冈等骨性标志有关的骨是（ ）
a. 胸骨
b. 锁骨
c. 肩胛骨
d. 肱骨

15. 不在肩锁关节的韧带是（ ）
a. 肩锁韧带
b. 斜方韧带
c. 锥状韧带
d. 肋锁韧带

16. 起于肩胛骨喙突的有喙肱肌和（ ）
a. 肱二头肌长头
b. 肱桡肌
c. 肱肌
d. 肱二头肌短头

17. 不是上肢带骨后部肌肉的是（ ）
a. 菱形肌
b. 背阔肌
c. 斜方肌
d. 肩胛提肌

18. 肱二头肌长头腱除可使肩关节屈曲外，还可使肩关节（ ）
a. 外展
b. 内收
c. 伸展
d. 外旋

19. 前锯肌主要参与上肢带骨的（ ）
a. 外展
b. 内收
c. 上升
d. 下降

20. 肩关节的主要外旋肌是冈下肌和（ ）
a. 冈上肌
b. 肩胛下肌
c. 大圆肌
d. 小圆肌

21. 菱形肌帮助肩胛骨上升和向下旋转产生的肩胛骨运动是（ ）
a. 外展
b. 内收
c. 屈曲
d. 伸展

22. 止于肱骨小结节的是（ ）
a. 冈下肌
b. 肩胛下肌
c. 冈上肌
d. 小圆肌

23. 胸大肌收缩可使肩关节（ ）
a. 向上旋转
b. 内收
c. 上升

d. 以上都不是

24. 斜方肌下部肌束可使上肢带骨（　）

a. 上升

b. 下沉

c. 向下旋转

d. 向上旋转

25. 肩关节在冠状面运动会发生的运动是（　）

a. 向内旋转

b. 环形运动

c. 弯曲

d. 外展

26. 肋锁韧带在上肢带骨的（　）

a. 胸锁关节

b. 肱锁关节

c. 肩锁关节

d. 盂肱关节

27. 有一个肌腱的起点位于结节间沟的是（　）

a. 肱二头肌

b. 喙肱肌

c. 三角肌

d. 冈上肌

填空题

1. 锥状韧带和斜方韧带把肩胛骨和锁骨连接在一起，它们通常被认为是一条韧带，即____________________。

2. 起于颅底的枕外隆凸到胸椎末端约在背部下 2/3 处的肌肉是__________ 。

3. __________是肩袖之一，穿过肩关节的前部，是肩关节的主要内旋肌之一。

4. 对肩关节 30° 以内外展起主要作用的肌肉是__________。

5. 在肩胛冈外侧端，有一个宽的骨性突起是__________。

6. 走行于肩胛骨喙突和肱骨体中部的内侧，与三角肌粗隆外侧缘相对的是__________肌。

7. 关节盂（肩关节窝）位于__________的外侧面上。

8. 当三角肌的三个部分一起收缩时，肩关节__________。

9. 胸大肌有两个完全分开的部分：下部为胸骨部，上部为__________。

10. 喙突在__________上。

11. __________是位于腰背部、斜方肌下方，具有内旋肩关节作用的背浅肌。

功能性运动锻炼

外展是指从身体中线向外运动。右图显示了手臂外展 90°（解剖学姿势）。为了完成这个动作，肩关节和上肢带骨都要运动。请在下表中列出手臂外展的原动肌、拮抗肌、固定肌和辅助肌（各一块）。

	肩关节	上肢带骨
原动肌		
拮抗肌		
固定肌		
辅助肌		

第 4 章

肘和前臂

肘和前臂由肱骨、尺骨和桡骨组成。这三块骨参与形成四个关节：位于前臂近端的肱桡关节、肱尺关节和桡尺近侧关节，以及位于前臂远端的桡尺远侧关节。

肘和前臂的骨

肱骨、尺骨和桡骨构成肘，尺骨和桡骨形成前臂（图 4.1）。肱骨近端在第 3 章已详细介绍。肱骨远端为连接上臂和前臂形成肘关节的软组织提供了骨性附着处。在肱骨远端，骨干增宽形成外上髁和内上髁两个骨突。

操作

在自己或搭档肘上，找到图 4.2 中的结构。大多数人的外上髁和内上髁肉眼可见，很容易摸到。

骨干与外上髁和内上髁之间增宽的肱骨是外侧髁上嵴和内侧髁上嵴。肱骨远端有三个窝，在肘关节活动时可以为其他骨性结构提供活动区域。在肱骨前面，外上髁和内上髁之间是冠突窝。肘关节屈曲时，尺骨的冠突移至此处。冠突窝的侧面是桡窝。肘关节屈曲时，桡骨头移动到这个窝。外上髁的远端是光滑的肱骨小头，呈圆形。前臂活动时，桡骨头在这个表面旋转。再远端一点是轴状的肱骨滑车，尺骨鹰嘴附在这个结构上。

肱骨远端的后面观图也显示了前面所讨论的一些结构：内侧髁上嵴、内上髁、外上髁和肱骨

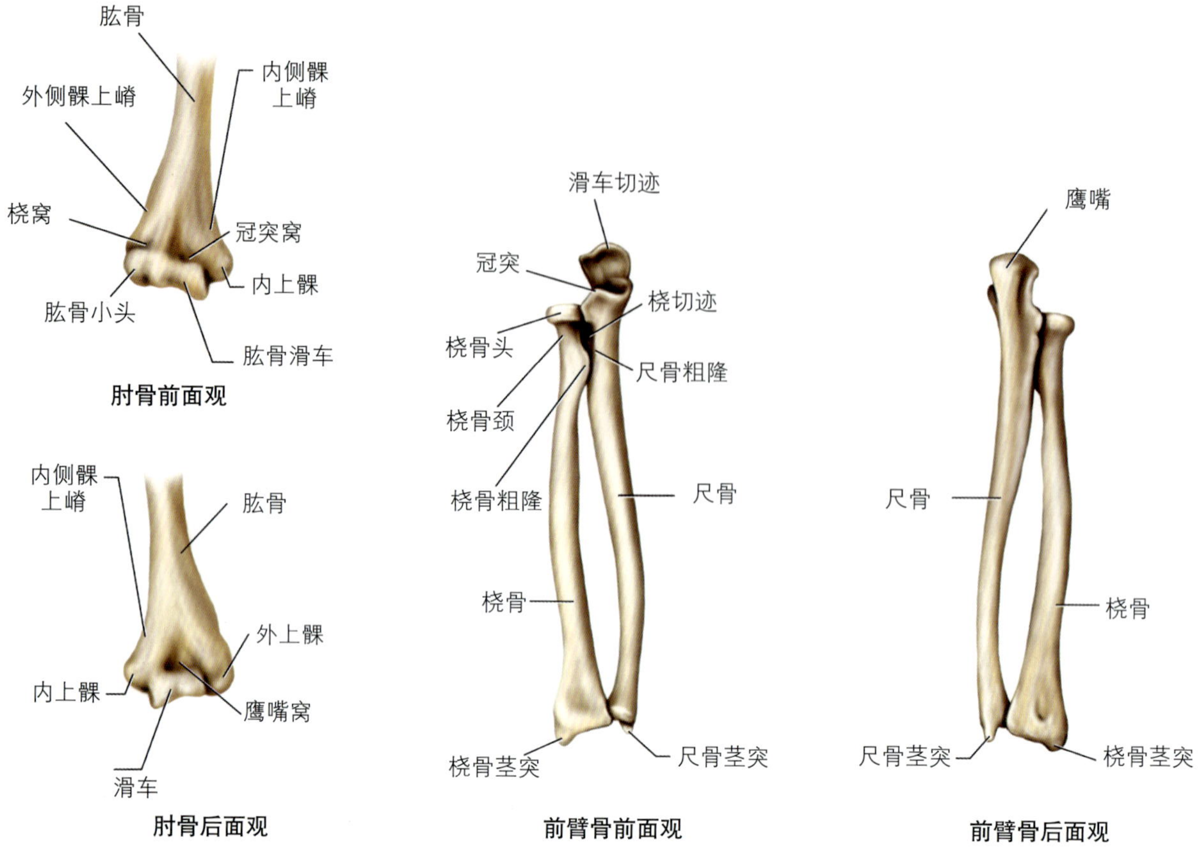

图4.1 肘和前臂的骨

滑车。此外，在两个髁之间形成的鹰嘴窝也在图上有显现。当伸展肘关节时，尺骨的鹰嘴会陷在鹰嘴窝。

在正常情况下，充分伸展肘关节，便可以看到外上髁、鹰嘴和内上髁在一条直线上。当肘关节成 90° 弯曲时，这三种结构在外上髁和内上髁 的远端与鹰嘴一起形成等腰三角形（图 4.2）。

前臂由桡骨和尺骨两块骨构成。从解剖学视角看，桡骨在前臂的外侧，尺骨在前臂的内侧。尺骨连接肱骨，在构成肘关节中扮演主要角色；而桡骨主要与构成腕关节的骨相连，主要参与构成腕关节。桡骨的近端由桡骨头、桡骨颈，以及位于桡骨干上部、桡骨颈远端内侧的桡骨粗隆组成。

操作

在肘侧面可以很容易地摸到桡骨头（图 4.3）。桡骨干远端侧是非常突出的桡骨茎突。

操作

可以用拇指很容易地摸到手和前臂连接处（即手腕）（图 4.4）。

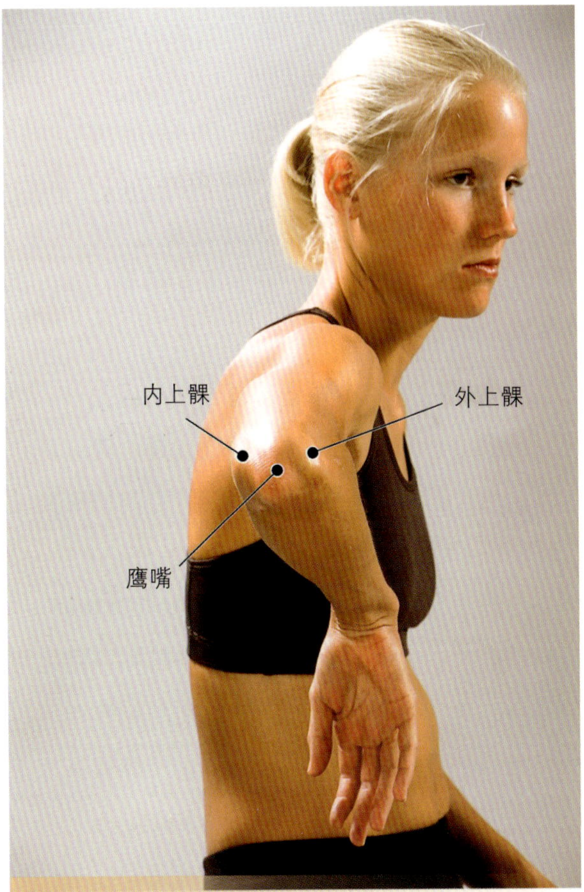

图4.2 内上髁和外上髁

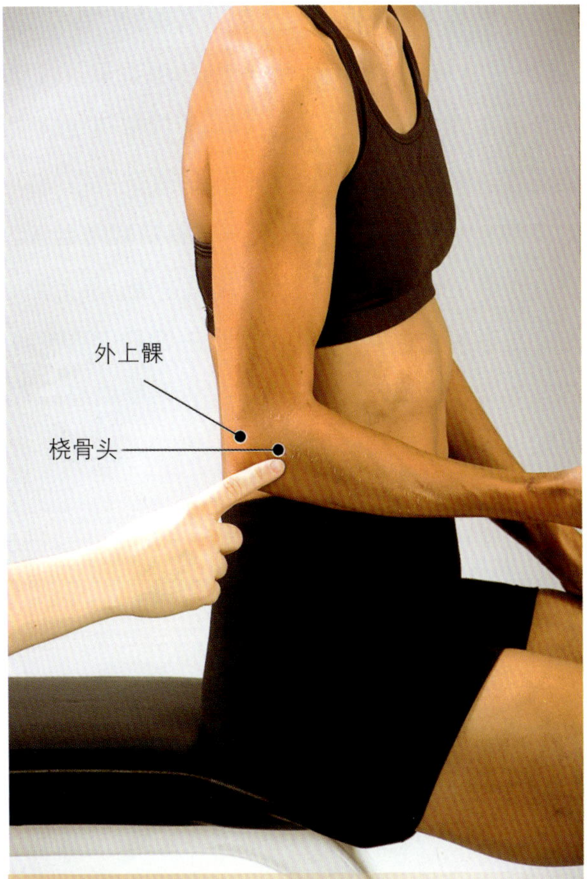

图4.3 定位桡骨头

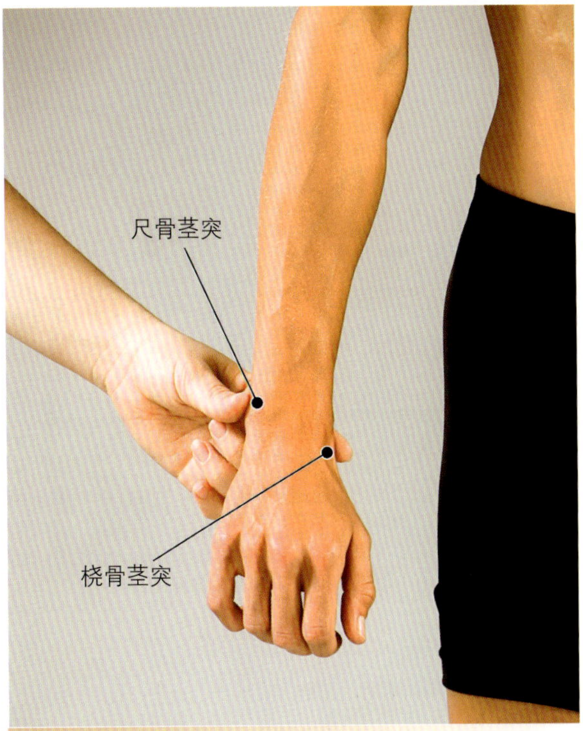

图4.4 定位尺骨茎突和桡骨茎突

桡骨末远端内侧是尺切迹。桡骨远端的表面有两个明显的面与腕相关节（图4.5）。

位于前臂内侧的尺骨在近端有一个明显的突起——鹰嘴（图4.1）。鹰嘴表面似杯状，叫作滑车切迹。滑车切迹与肱骨滑车相关节，可绕肱骨滑车旋转。在滑车切迹最前端有一个小突起——冠突。冠突外侧是尺骨的桡切迹。桡骨头与尺骨在尺骨的桡切迹处相关节（桡尺近侧关节）。

尺骨远端内侧有一个非常容易摸到的突起——尺骨茎突（也称内茎突；图4.1，图4.4）。

肘和前臂的关节及韧带

因为肘关节是由肱骨、尺骨和桡骨这三块骨构成（图4.6），所以在上臂和前臂之间有三个关节，分别是：肱骨和尺骨之间“真正的”肘关节（肱尺关节），桡骨和肱骨之间的肱桡关节，以及桡骨和尺骨之间桡尺近侧关节。囊韧带环绕这三个关节。囊韧带前方从肱骨前面的冠突窝近端到冠突和环状韧带的前面，侧面与侧副韧带延续，后方附着于肱三头肌腱止点、鹰嘴边缘、外上髁、肱骨滑车和肱骨小头后表面，远端附着于鹰嘴窝的外上缘、环状韧带后表面、尺骨的桡切迹后方桡侧（外侧）副韧带和尺侧（内侧）副韧带的前部相连。桡侧副韧带走行于肱骨外上髁的下缘与环状韧带和尺骨桡切迹之间。

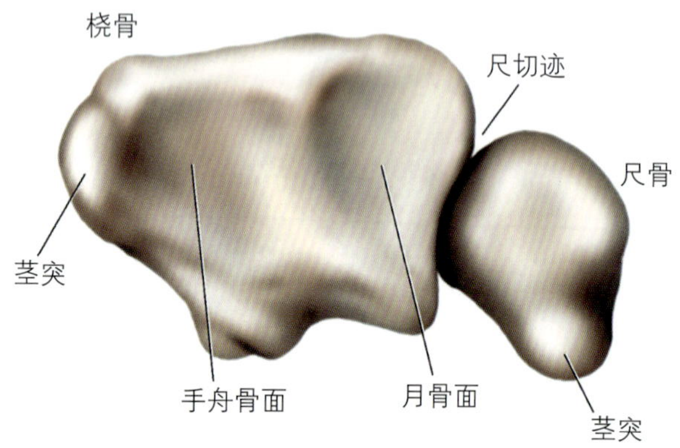

图4.5 桡骨远端与腕相关节的面

尺侧副韧带分为三部分（图 4.6）：走行于肱骨内上髁的前下部和尺骨冠突内侧之间的前束；走行于肱骨内上髁和尺骨鹰嘴内缘之间的后束；不穿过肘关节，走行于尺骨冠突前束和尺鹰嘴后束之间的横束。

桡尺近侧关节实际是前臂骨之间的关节。桡尺近侧关节位于桡骨头和尺骨桡切迹之间。环状韧带走行于尺骨桡切迹的前、后缘之间，形成一个环绕桡骨头的骨纤维环。

走行于尺骨干和桡骨干之间的结缔组织是骨间膜。前臂受力时，它可以分配尺骨和桡骨之间的压力，骨间膜也是一些前臂肌肉的附着点。斜形韧带位于骨间膜近端末端，防止尺骨和桡骨分离。

在尺骨和桡骨的远端末端、腕关节近端，是桡尺远侧关节。桡尺远侧关节是车轴关节，在桡骨的尺切迹凹，尺骨的圆头可做旋转运动。桡尺远侧关节的韧带有桡尺背侧韧带和桡尺掌侧韧带（图 4.7）。

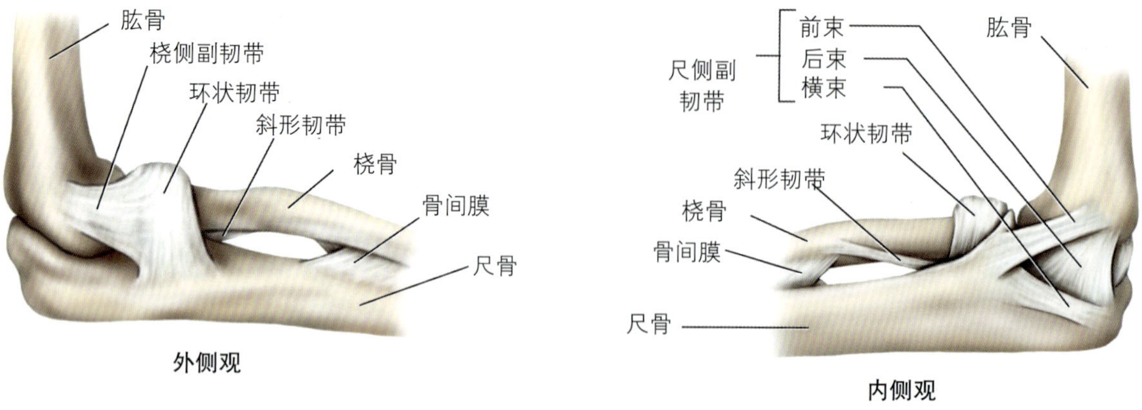

图4.6 肘关节主要韧带的外侧观和内侧观

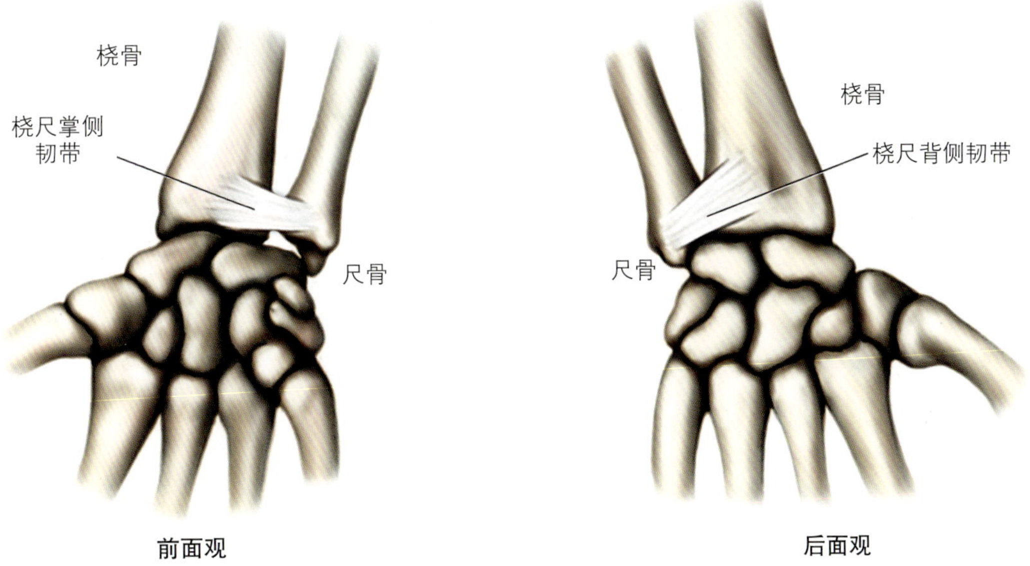

图4.7 桡尺背侧韧带和桡尺掌侧韧带

肘和前臂的基本运动和肌肉组织

任何关节基本运动的起始位置都是解剖位置。肘关节（肱骨滑车及尺骨鹰嘴之间的关节）能够在矢状面沿冠状水平轴进行屈伸运动。使肘关节产生屈伸运动的肌肉主要有5块。它们是肱肌（屈曲），肱桡肌（屈曲），肱二头肌（屈曲），肱三头肌（伸展）和肘肌（伸展）。肱肌、肱桡肌和肱二头肌位于肘关节的前部；肱三头肌和肘肌位于肘关节的后部。使前臂产生旋后和旋前运动的肌肉有4块（图4.8）：肱二头肌（旋后）和旋后肌（旋后），旋前方肌（旋前）和旋前圆肌（旋前）。

肘前部肌肉

肘前部肌肉有肱肌、肱桡肌和肱二头肌。使肘关节产生屈曲运动的是肱肌和肱桡肌；肱三头肌不仅与肘关节运动有关，还与前臂运动有关。

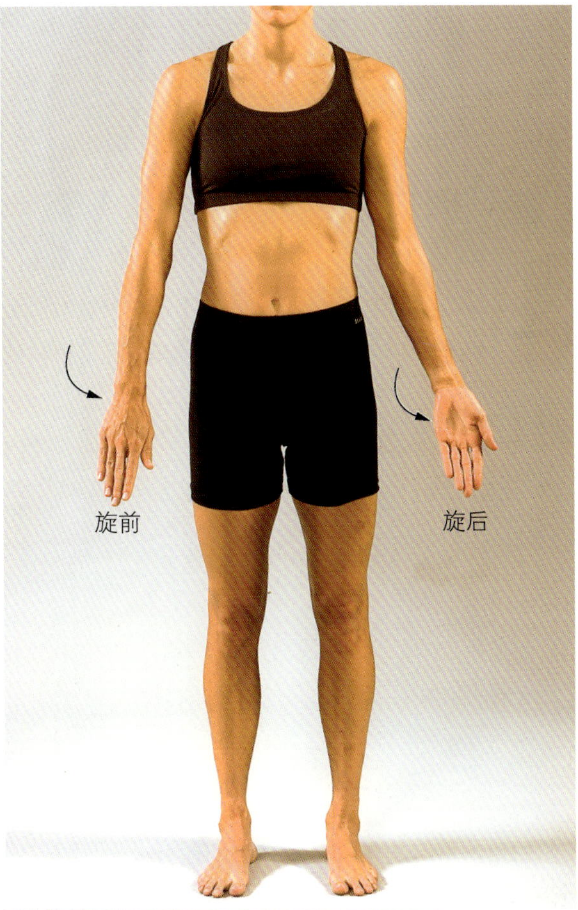

图4.8 桡尺关节的旋前和旋后

肱肌：肱肌起于肱骨干中部的前面，止于尺骨冠突。由于起止点的缘故，肱肌仅可屈曲肘关节。肱肌位于肱二头肌深面（图4.9，图4.10）。

操作

让搭档伸展、外旋肩关节，以便找到肱肌（图4.11）。

肱桡肌：肱桡肌起于肱骨外上髁，止于桡骨茎突。肌肉穿过肘关节的前面，所以肱桡肌是肘关节屈肌（图4.9）。

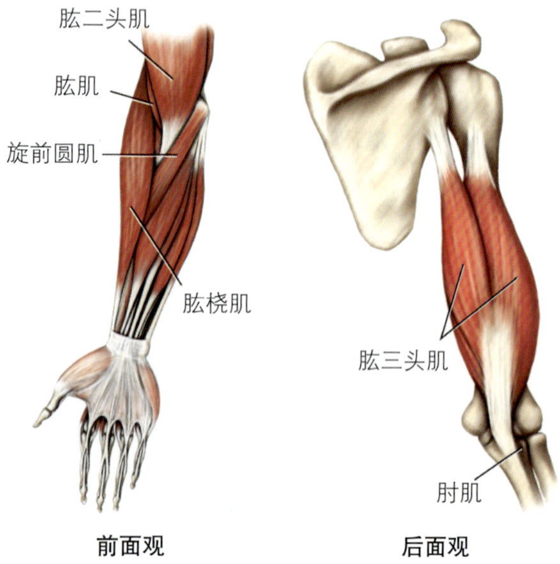

图4.9 肘和前臂的表面肌肉

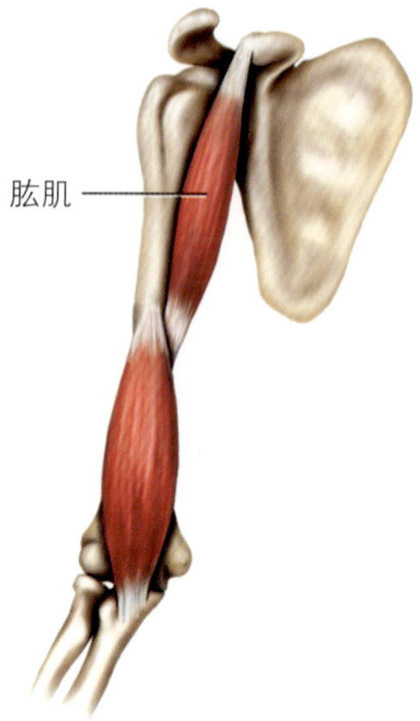

图4.10 肱肌前面观

操作

让搭档屈曲肘关节，对抗另一手施加的力，以便找到肱桡肌（图4.12）。

肱二头肌：人们通常认为肱二头肌（图4.9，图4.13）是肘关节屈肌，但是肱二头肌的长头腱和短头腱都穿过肩关节，可协助肩关节运动。肱二头肌长头起于肩胛骨关节盂上缘的盂上结节，短头起于肩胛骨的喙突，并且与喙肱肌腱的起点

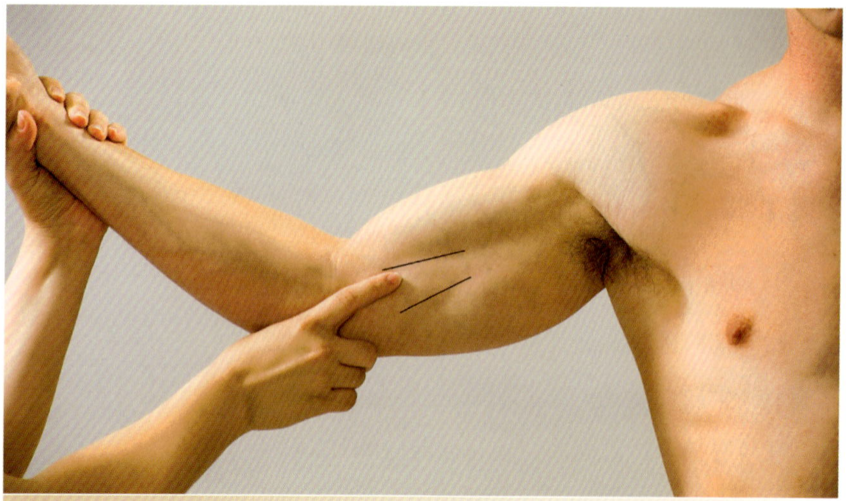

图4.11 定位肱肌

相连接。长头和短头合成一个肌腹，止于桡骨粗隆。肱二头肌收缩可屈曲肘关节，使前臂旋后。

肘后部肌肉

肘后部肌肉包括肘肌和肱三头肌。

肱三头肌：肱三头肌在肘关节伸展时最常用到（图4.9），它有一个头穿过肩关节，辅助肩关节运动。肱三头肌长头起于肩胛骨关节盂的盂下结节，并与外侧头和内侧头以一个共同的肌腱止于尺骨鹰嘴。肱三头肌收缩伸展肘关节。

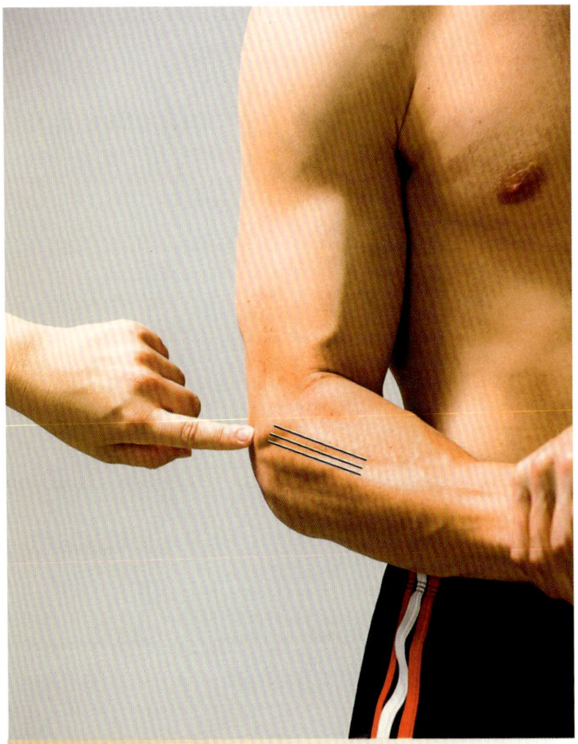

图4.12 定位肱桡肌

图4.13 肱二头肌

操作

让搭档伸展肘关节，同时抗阻力伸展肘关节，这样便可以摸到肱三头肌的三个头（外侧头、长头和内侧头）（图 4.14）。

肘肌：肘肌起于肱骨外上髁，止于尺骨鹰嘴。肘肌可辅助肱三头肌（图4.9，图4.14）伸展肘关节。人们通常会错误地认为，肘肌也参与前臂运动。但是如果仔细观察，不难发现在肌肉收缩时，肘肌的起点和止点只允许其伸展肘关节。

操作

指出自己或搭档肘后部的肘肌（图 4.15）。

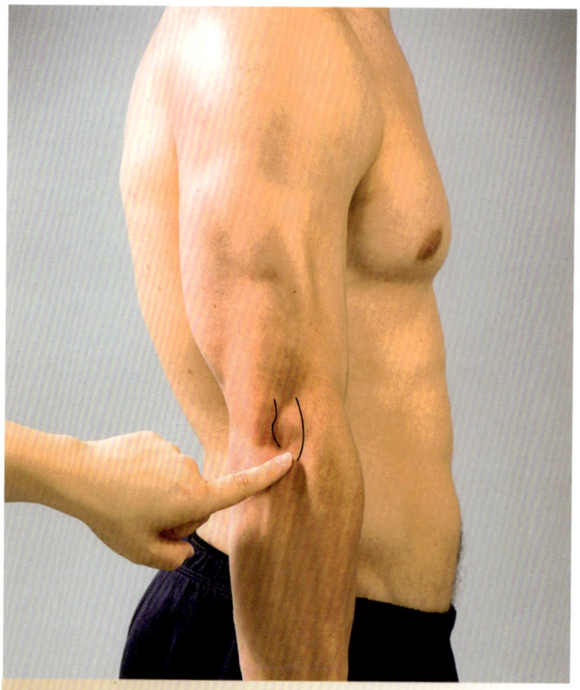

图4.15 定位肘肌

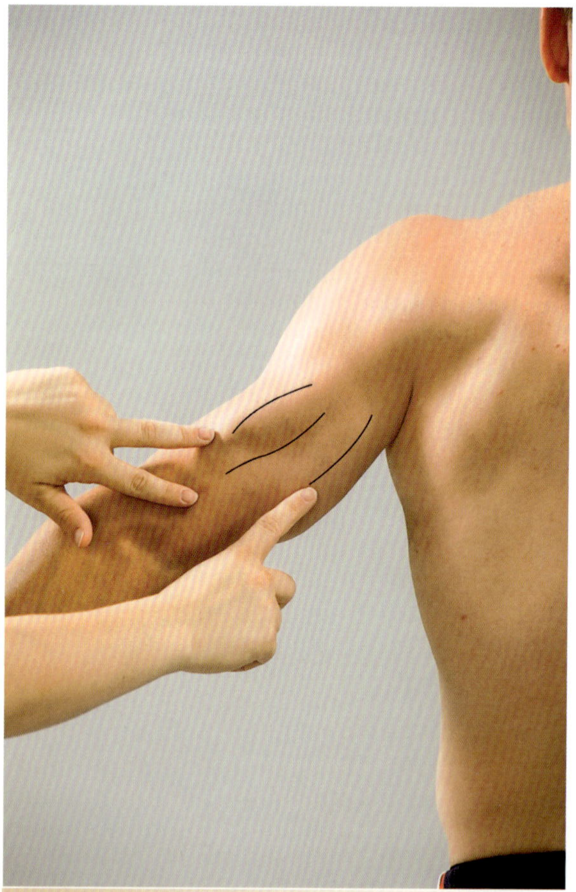

图4.14 定位肱三头肌的三个头

前臂肌肉

前臂肌肉包括两块旋前肌和两块旋后肌。它们对于前臂运动至关重要。如前所述，屈肘肌肱二头肌也参与前臂运动。

旋前圆肌：旋前圆肌起于肱骨内上髁，止于桡骨外侧面。如其名，旋前圆肌主要负责前臂的旋前（图 4.9）。

操作

使搭档的腕关节旋前，并给其试图屈曲的肘关节以阻力，这样便能找到旋前圆肌（图 4.16）。

旋前方肌：旋前方肌起于桡骨，止于腕关节近端的尺骨（图 4.17）。它的名字刚好反映了它的作用和形状。由于尺骨是桡尺远侧关节的稳定骨，所以当旋前方肌收缩时，桡骨靠向尺骨，前臂旋前。

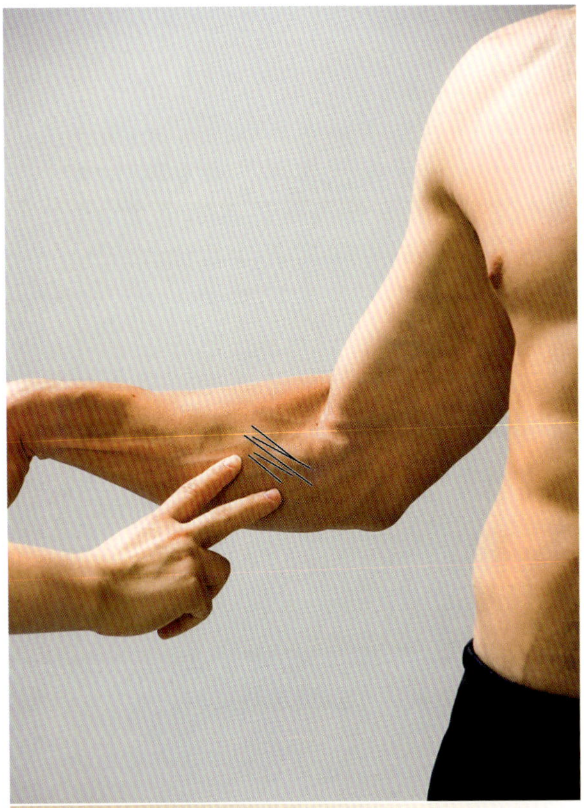

图4.16　定位旋前圆肌

旋后肌：旋后肌起于肱骨外上髁、尺骨上端，止于桡骨近端的后部（图 4.17）。这块肌肉的名字提示了它的作用——前臂旋后。

肱二头肌：由于肱二头肌附着到桡骨粗隆，当前臂旋前时，肱二头肌的收缩使得桡骨外旋，从而使前臂旋后（图 3.31，图 4.9）。

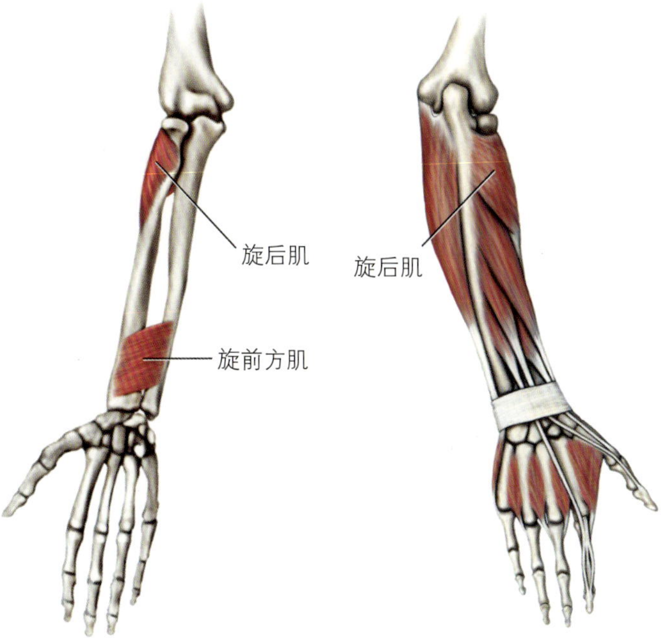

图4.17　旋前方肌和旋后肌

知识拓展

投掷动作

旋前圆肌和第 5 章将讲到的一组起于共同屈肌腱的肌肉，在过顶掷球动作中，特别是在投掷结束时，肌肉会处在巨大的压力下。这种旋前肌－屈肌群在棒球投手投掷弧线球的释放阶段也会紧张。旋前肌－屈肌群在肱骨内上髁的起点部位形成的炎症，通常被称为投手肘或棒球肘。

投掷动作导致的更严重的并发症还有扭伤，甚至是肘关节尺侧副韧带完全断裂。1974 年，洛杉矶骨科医生弗兰克·乔布（Frank Jobe）博士重建了美国职业棒球大联盟的投手托米·约翰（Tommy John）撕裂的尺侧副韧带。乔布博士使用前臂前群肌掌长肌起点腱的一部分，将它编制穿过预先在肱骨和尺骨上钻的两个孔，替代撕裂的韧带。现如今，体育界将这种重建技术称为“托米·约翰手术”。

为了避免肘关节和肩关节出现问题，要正确理解投掷力学。对运动学、生物力学、运动训练和运动医学等诸多领域的研究都有助于理解投掷力学。

知识拓展

网球肘

网球肘是困扰网球运动员的疾病。在打网球时，当反手击球时，尤其是当您想打上旋球时，前臂会从旋前到旋后，腕关节从屈曲到伸展，旋后肌和源于共同伸肌腱(详见第5章)的其他肌肉一起收缩。如果击中网球位置偏离中心(在所谓的最佳击点之外)，转矩(旋转力)便会被施加到球拍上，对抗旋后－伸展肌群。这可导致网球肘——起于肱骨外上髁的旋后－伸展肌群的炎症。正确的击球技巧对于预防网球肘十分必要。

思考：双手反手击球为何有助于预防网球肘？提示：前臂的生物力学在单手和双手反手击球中有什么不同，压力是如何减少的？

学习助手

术语回顾

以下术语均出自本章，请对其进行解释，并在自己身上或者插图中找到这些结构。

肘肌	骨间膜	桡切迹
环状韧带	外上髁	桡骨茎突
前束	外上髁上嵴	桡骨粗隆
肱二头肌	内上髁	肱桡关节
肱肌	内上髁上嵴	桡骨
肱桡肌	斜形韧带	旋后肌
肱骨小头	鹰嘴窝	横束
囊韧带	鹰嘴	肱三头肌
侧副韧带	后束	滑车
冠突窝	旋前方肌	尺骨
冠突	旋前圆肌	尺侧副韧带
桡尺远侧关节	桡尺近侧关节	尺切迹
桡尺背侧韧带	桡侧副韧带	尺骨茎突
肘	桡窝	肱尺关节
前臂	桡骨头	桡尺掌侧韧带
肱骨	桡骨颈	

思考题

1. 无论是用人体骨骼模型还是与搭档合作，在解剖学姿势，将肘屈曲至90°，观察肱骨外上髁和内上髁，以及尺骨鹰嘴之间的关系。在哪个位置这三个点形成一条直线？在哪个位置它们形成一个等腰三角形？

2. 用双手抓住扫帚柄、棍子、杠铃等类似物，先掌心向上（前臂旋后），再掌心向下（前臂内旋）弯曲肱二头肌（从伸展肘的解剖学姿势完全屈肘）。在前臂旋后和前臂内旋时，注意前臂、腕和掌不同的感受。导致不同感受的原因是什么？

3. 用一只手对屈肘的搭档施加阻力。另一只手的手指放到其肱二头肌两侧。在肱二头肌下方收缩的是哪块肌肉？

4.手握网球拍或类似物体，慢慢进行反手击球。注意前臂（旋前或旋后）和手腕（屈曲或伸展）的位置。当感觉球拍要击到球时，停下动作。当球拍上缘击中球时，做标记，并对照球拍中间的位置（即俗称的最佳击球点）。当紧握球拍击球时，球拍以何种方式旋转？手腕是否会随着击球而屈曲或伸展？前臂是否会旋前或旋后？当反手击球时，前臂和手腕的哪块肌肉会收缩？如果击球点偏离中心，导致球拍和前臂旋转（转矩），这些肌肉有什么样的变化？如果每次反手击球都是这样的动作，可造成什么样的伤病？拍头的尺寸、拍柄的粗细、击球力学，以及双手反手击球会积极或消极地影响这种状况吗？

单选题

1. 参与前臂旋后的肌肉是（　）

a. 旋前圆肌

b. 肱桡肌

c. 肱二头肌

d. 肱肌

2. 辅助肱三头肌伸展肘关节的肌肉是（　）

a. 指伸肌

b. 桡侧伸腕肌

c. 肘肌

d. 旋后肌

3. 尺骨（内侧）茎突与桡骨（外侧）茎突相比，桡骨（外侧）茎突位于（　）

a. 近端

b. 末端

c. 前面

d. 后面

4. 尺骨和桡骨干的中间是（　）

a. 尺侧副韧带

b. 桡侧副韧带

c. 环状韧带

d. 骨间膜

5. 桡骨头在（　）的表面旋转

a. 冠突窝

b. 肱骨小头

c. 鹰嘴窝

d. 桡切迹

6. 髁上嵴位于上髁的（　）

a. 近端

b. 远端

c. 外侧

d. 内侧

7. 参与前臂旋前－旋后且穿过肘关节的是（　）

a. 旋后肌

b. 肱二头肌

c. 旋前圆肌

d. 旋前方肌

8. 肘关节的外侧副韧带也称（　）

a. 尺侧副韧带

b. 桡侧副韧带

c. 环状韧带

d. 骨间膜

9. 肘关节的鹰嘴位于（　）

a. 肱骨末端

b. 肱骨近端

c. 桡骨近端

d. 尺骨近端

10. 肘关节的内侧副韧带也称（　）

a. 尺侧副韧带

b. 桡侧副韧带

c. 环状韧带

d. 骨间膜

11. 前臂的旋前肌 – 屈肌群起于（　）

a. 肱骨外上髁

b. 冠突

c. 肱骨内上髁

d. 鹰嘴

12. 前臂的旋后肌 – 伸肌群起于（　）

a. 肱骨外上髁

b. 冠突

c. 肱骨内上髁

d. 鹰嘴

填空题

1. 鹰嘴位于________________________。

2. 环绕桡骨头与尺骨的韧带是________________________。

3. 肘关节的冠突位于________________________的前面。

4. 肱肌的功能是________________________。

5. 肱骨末端的轴状结构是________________________。

6. 当肘关节充分伸展时，鹰嘴和内、外上髁________________________。

7. 从解剖学姿势看，前臂向内旋叫作________________________。

8. 主要负责肘关节伸展的肌肉是________________________。

9. 腕关节近端辅助前臂旋转使掌心向下的肌肉是________________________。

功能性运动锻炼

前臂旋前是指桡骨越过尺骨的运动。右图显示的是解剖学姿势下，肘关节屈曲到90°及前臂旋前。为了完成这个动作，肘关节和前臂都发生了运动。列出肘关节屈曲和前臂旋前的原动肌、拮抗肌、固定肌和辅助肌（各一块）。

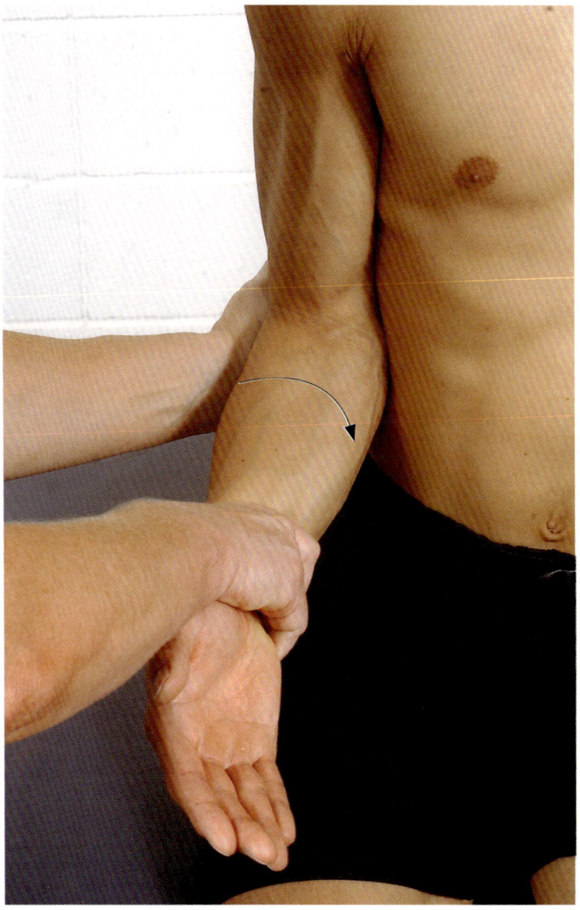

	肘关节屈曲	前臂旋前
原动肌		
拮抗肌		
固定肌		
辅助肌		

第 5 章

腕和手

腕和手的结构复杂，骨骼多样，还包含韧带、关节、肌肉等（图 5.1）。由于手部动作复杂，所以该部分内容复杂难懂，较前文相比，需花费更多时间与精力来深入学习。拇指虽属 5 根手指之一，但其运动独特，须单独讨论。人体双手可握拳，是拇指反作用的直接结果，此内容将在介绍拇指运动时详细阐述。拇指关节结构及鱼际（狭义地讲指的是小指的小鱼际）协助灵长类动物（哺乳类动物由低级到高级的顺序一般为猴类、猿类、人类）双手握拳。

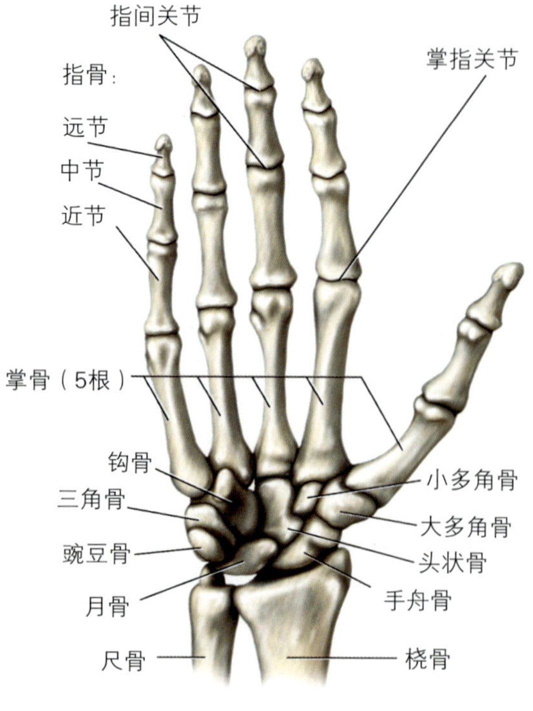

图5.1　腕骨及手骨

腕骨与手骨

腕骨包括排成两列的8块骨。近列腕骨前臂（桡骨与尺骨）相关节，远列腕骨与手部长骨（掌骨）相关节。由外到内，近列腕骨分别为手舟骨（也称舟骨）、月骨、三角骨、豌豆骨。其中，近列腕骨中的手舟骨及豌豆骨很容易触摸到。

操作

将示指分别放于如图 5.2 与图 5.3 圆点所示处，可朝下压感受这些骨的位置。

手舟骨呈花生状，是腕骨中最易骨折的部分，尤其当腕关节伸展，手舟骨挤入桡骨远端时，该情况最易出现。月骨近端呈圆顶形，表面光滑，是腕骨中最易脱位的部分，尤其当手腕弯曲，月骨挤入桡骨远端时，该情况最易出现。远列腕骨与手骨相关节，由外到内分别为大多角骨、小多角骨、头状骨、钩骨。

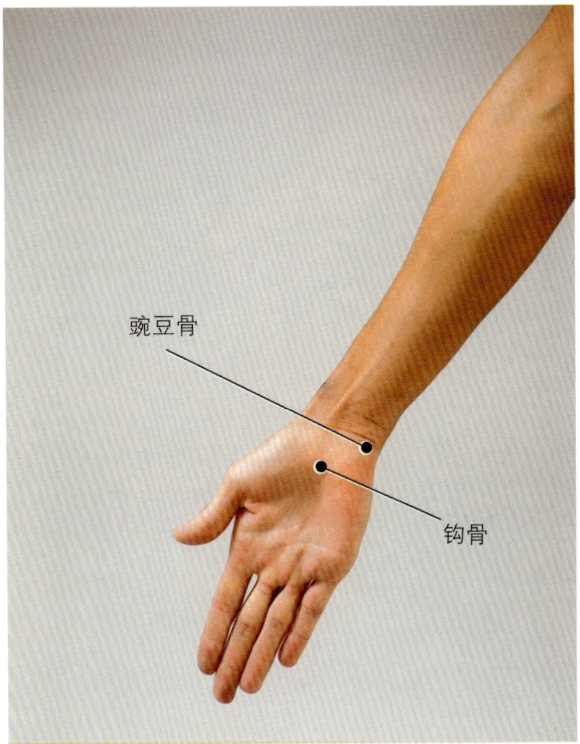

图5.2　定位豌豆骨与钩骨

操作

朝下压如图 5.2 所示的圆点处，可找到钩骨。

手有 5 根掌骨。拇指掌骨称为第 1 掌骨；第 2 掌骨为示指掌骨；第 3 掌骨为中指掌骨；第 4 掌骨为环指掌骨；第 5 掌骨为小指掌骨。指骨均位于掌骨远端，拇指有 2 根指骨，分别称为近节指骨与远节指骨，其他手指均有 3 根指骨，分别为近节指骨、中节指骨和远节指骨。

腕与手的关节及韧带

腕由多块骨（尺骨、桡骨、8块腕骨、5块掌骨）构成，所以腕关节形态多样（图5.4）。前臂骨与近列腕骨组成桡腕关节，近列腕骨与远列腕骨组成腕中关节，远列腕骨与5块掌骨组成腕掌关节，相邻腕骨组成腕骨间关节。

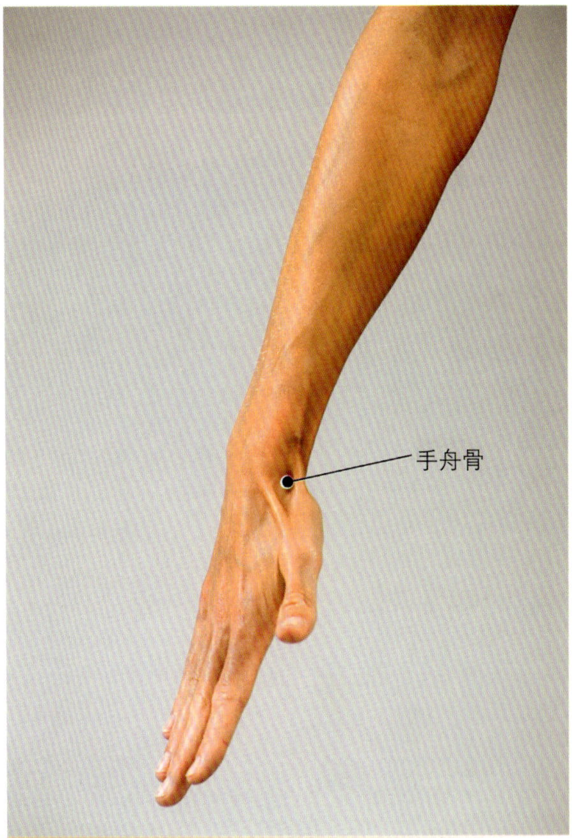

图5.3　定位手舟骨

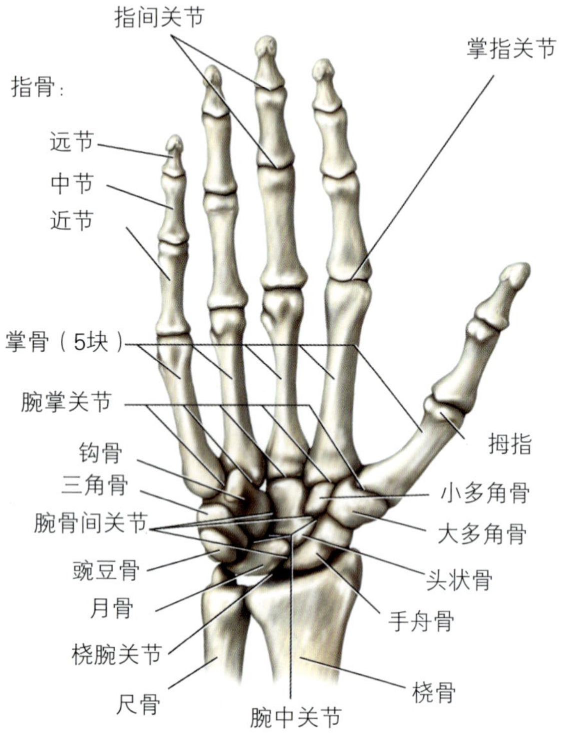

图5.4 腕与腕骨间关节

桡腕关节是指由桡骨远端与腕骨近列的手舟骨与月骨组成的关节。组成桡腕关节的骨可旋转滑动。桡腕关节属髁状关节。

桡腕关节有5条主要韧带（图5.5）。①囊韧带走行于尺、桡骨远端和近列腕骨之间；②桡腕掌侧韧带位于桡骨及桡骨茎突的前面与近列腕骨之间；③桡腕背侧韧带位于桡骨远端及近列腕骨之间；④桡（外）侧副韧带走行于桡骨茎突与手舟骨之间；⑤尺（内）侧副韧带走行于尺骨茎突与豌豆骨及三角骨内侧之间。

腕骨间关节有 3 种腕骨间韧带：一种连接近列的 4 块腕骨，一种连接远列的 4 块腕骨，另一种连接近列腕骨与远列腕骨。腕骨间韧带可进一步分为以下几种：腕骨间掌侧韧带、腕骨间背侧韧带（图 5.5）、桡侧副韧带、尺侧副韧带、豆钩韧带、豆掌韧带。在本文中，以上韧带统称为腕

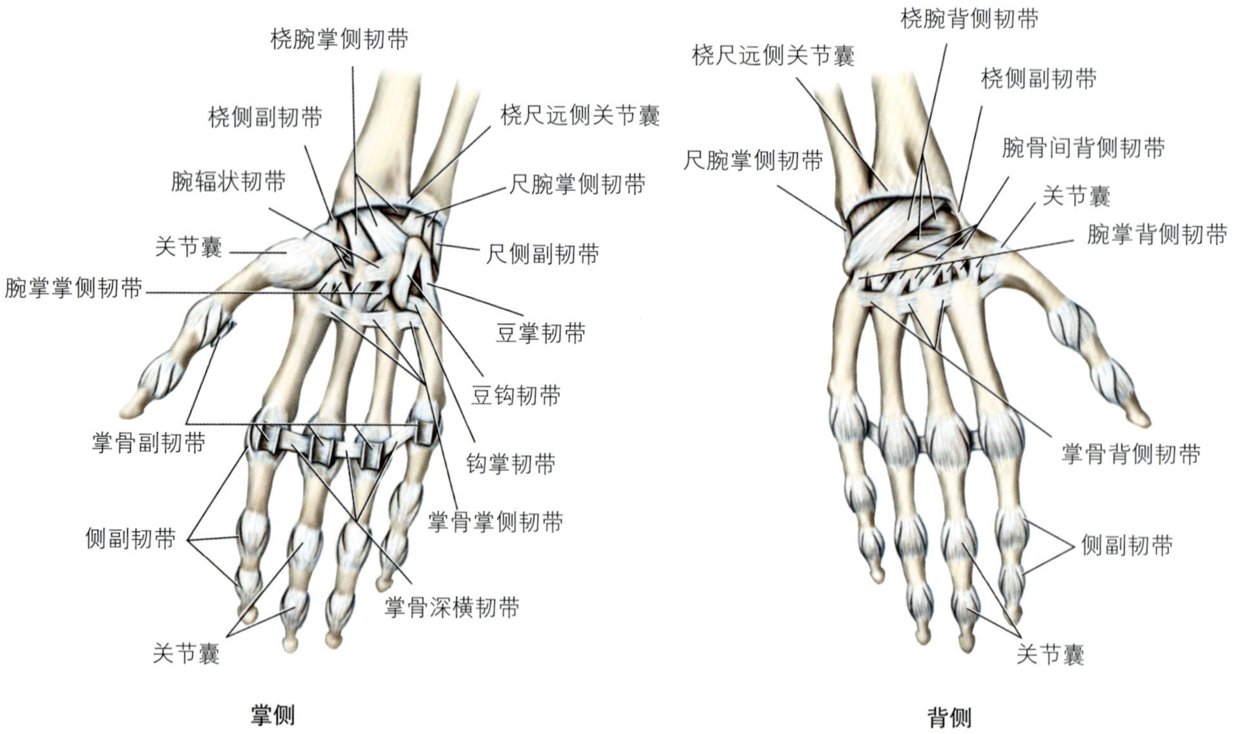

图5.5 尺骨与桡骨远端间的囊韧带；桡腕掌侧韧带；桡腕背侧韧带；腕部的桡侧副韧带与尺侧副韧带；指骨间关节的囊韧带与侧副韧带

骨间韧带。腕骨间关节可滑动。

最后介绍的一组腕部关节群是腕掌关节。腕掌关节有 5 个，其中 4 个是由 4 块远列腕骨与 4 块掌骨底构成，1 个是由大多角骨与第 1 掌骨（拇指掌骨）底构成。这些关节可滑动，腕掌关节韧带有腕掌背侧韧带、腕掌掌侧韧带、腕掌骨间韧带、腕掌囊韧带。腕掌背侧韧带与腕掌掌侧韧带（图 5.5）位于远列腕骨背面及掌面与掌骨底部；腕掌骨间韧带位于钩骨及头状骨与第 3 掌骨和第 4 掌骨之间；腕掌囊韧带位于腕骨远列与 4 块掌骨底之间。与其他 4 个腕掌关节相比，第 1 腕掌（拇指）关节较独特，其囊韧带结构松弛，位于大多角骨与第 1 掌骨（拇指）之间。根据形状，第 1 腕掌关节又称鞍状关节。

屈肌（掌面）支持带与伸肌（背面）支持带（图5.6）也属于腕部韧带，它们为掌面（屈肌支持带）与背面（伸肌支持带）的连接组织。屈肌支持带在腕骨上形成一座桥，构成腕管，腕部与手部屈肌腱从此经过。腕骨与伸肌之间存在一小块空隙，腕部与手部的伸肌腱从此经过。

掌指关节有 5 个，由 5 块掌骨与 5 块近节指骨底构成。4 根含有 3 节指骨的手指的关节包括近端指间关节与远端指间关节；拇指仅有 2 块指骨，只有 1 个指间关节。以上所有关节均包括囊韧带、尺侧副韧带及桡侧副韧带（图 5.5）。

腕与手的基本运动

所有腕部关节的基本运动都是滑动。这些

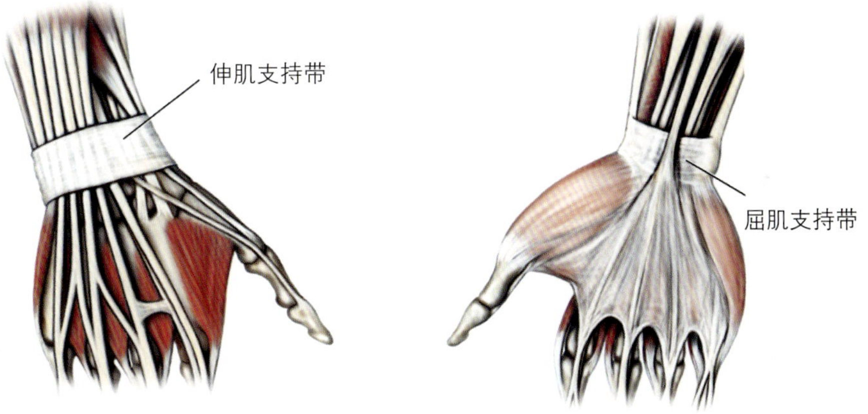

图5.6　伸肌支持带与屈肌支持带

知识拓展

腕管综合征

除了肌腱以外，血管及神经也经过腕管。腕管内组织的炎症可引起腕管肿胀。例如，经过腕管的肌腱受到直接创伤或过度使用，均易发生该情况。肌腱、血管与神经受压迫时，可引起疼痛、削弱组织功能，称腕管综合征。腕管综合征易发生于反复运动使腕管受压紧张者，如整日敲打电脑键盘的工作者。为减轻腕管压力，设计工程师与生物力学家运用解剖学知识，推出一款全新、安全可靠的键盘。这种致力于研究从人体生物力学角度改善工作条件的研究称工效学。

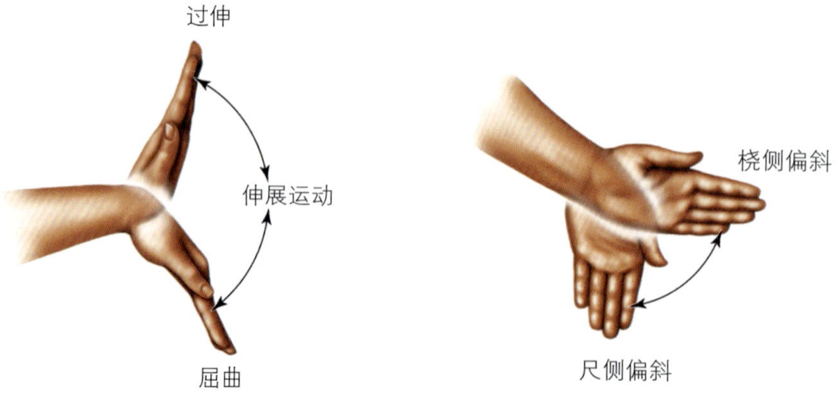

图5.7 腕部运动

滑动关节的结合可产生4种基本运动（图5.7，图5.8）：屈曲（主要发生于桡腕关节）、伸展（主要发生于腕中关节）、尺侧偏斜（内收）、桡侧偏斜（外展）。

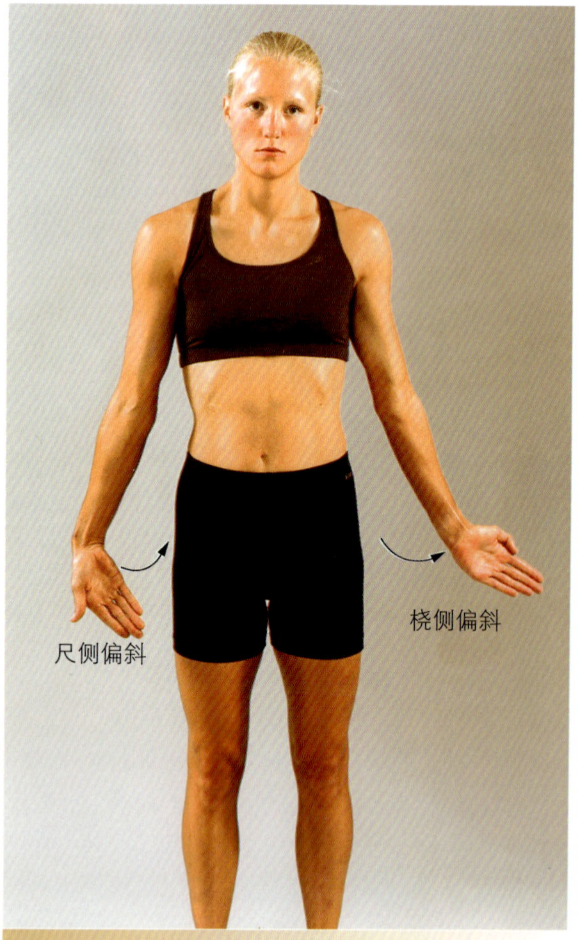

图5.8 尺侧偏斜与桡侧偏斜

手部偏向身体中线的动作称内收，也称尺侧偏斜。手偏离身体中线的动作称外展，也称桡侧偏斜。腕部为双轴关节（它可围绕2个轴在2个平面运动），可产生环转运动。环转运动是双轴或三轴关节基本运动的结合。掌指关节、近端指间关节、远端指间关节与指间关节均可屈伸运动，掌指关节也可产生尺侧偏斜及桡侧偏斜。拇指还可完成其他动作，此内容将在介绍拇指肌肉时探讨。

腕与手的非固有肌

实际上，支配手腕运动的一些肌肉起于肘关节上方的肱骨外上髁或肱骨内上髁。这些肌肉虽然穿过肘关节，但并不是产生肘关节运动的典型肌肉，而属于腕与手的肌肉。手非固有肌起于腕与手以外的部位（肱骨、尺骨或桡骨）止于手。

前部肌肉

有5块主要的手及腕的肌肉起于前臂前（掌）面，其中起于位于肱骨内上髁的屈肌总腱的有4块肌肉：桡侧腕屈肌、尺侧腕屈肌、指浅屈肌、掌长肌。第5块肌肉是指深屈肌。

桡侧腕屈肌：部分肌肉群起于位于肱骨内上髁的屈肌总腱，止于第 2 掌骨与第 3 掌骨的底部（图 5.9），桡侧腕屈肌收缩可产生屈腕及桡侧偏斜。

操作

单手握拳，手腕屈曲，找准桡侧腕屈肌腱，手指沿此上移，直至触摸到该肌的肌腹（图 5.10）。

尺侧腕屈肌：该肌起于屈肌总腱，止于腕骨中的豌豆骨、钩骨，以及第5掌骨的底部（图 5.9），该肌可产生屈腕及尺侧偏斜。

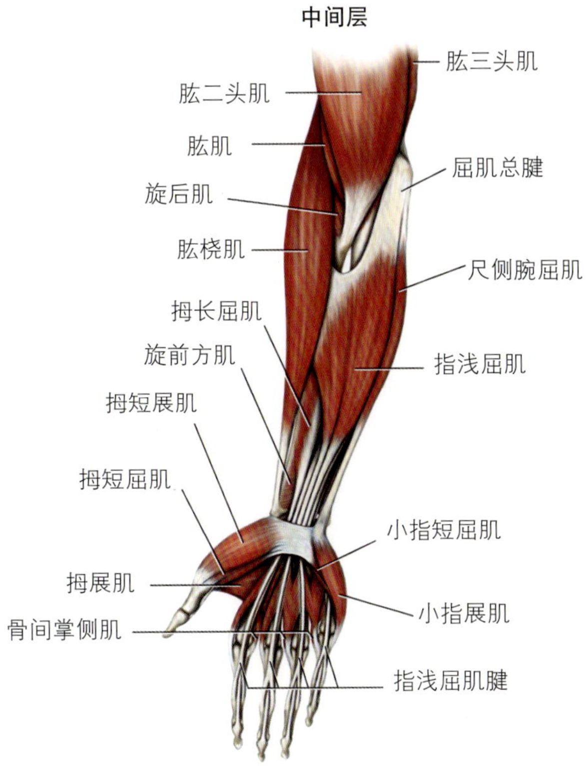

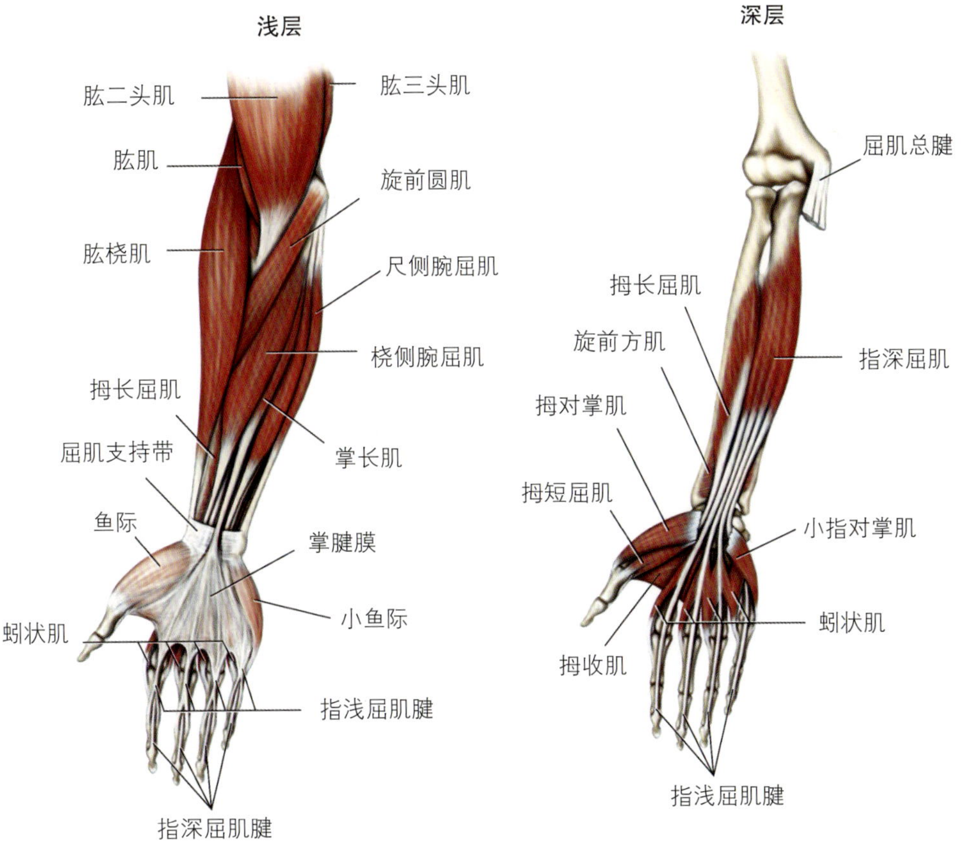

图5.9　腕与手的浅层、中间层及深层肌正面观

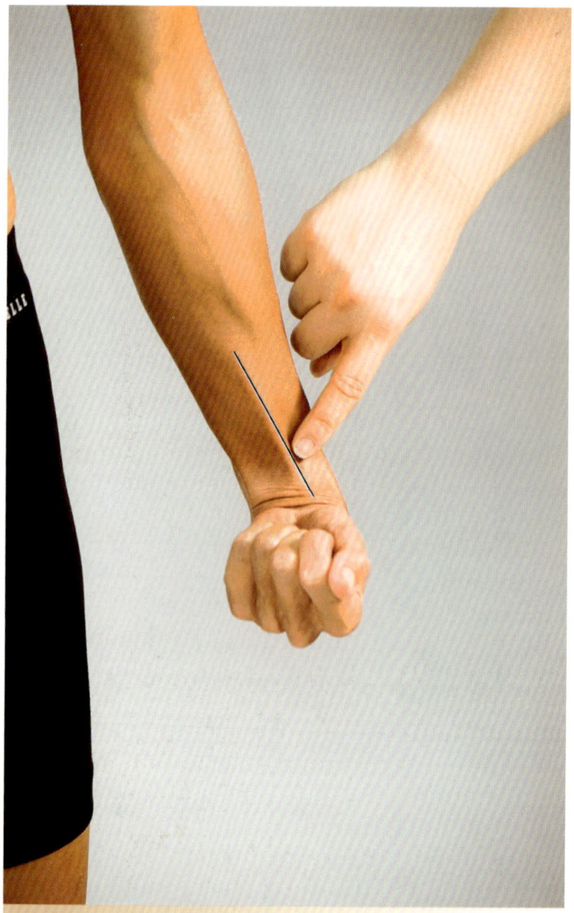

图5.10 定位桡侧腕屈肌

图5.11 定位尺侧腕屈肌

操作

抗阻屈腕，注意观察尺侧腕屈肌腱（图 5.11）。

指浅屈肌：该肌起于屈肌总腱，远端分为4个腱，每个腱再次分为2个该腱，分别止于第2~5指中节指骨两侧（图5.9）。该肌可屈腕、屈掌指关节和近端指骨间关节。

操作

施压于含有指浅屈肌腱的前臂区域，被压侧手指做屈伸运动，感受指浅屈肌（图 5.12）。

掌长肌：起于屈肌总腱，止于掌腱膜（图5.9），其长腱经过屈肌支持带上方，而其他起于屈肌总腱的肌腱经过屈肌支持带下方与腕管。该肌收缩可屈腕，使掌筋膜紧张。约有20%的人没有掌长肌，但这并不是问题，因为其作用是协助其他屈肌运动，而非主要的屈肌，该肌腱常用于需要外科手术重建肘关节韧带。

操作

拇指与其他手指相互挤压，屈曲手腕时感受前臂前面下 1/3 处的运动（图 5.13），该运动由掌长肌引起。

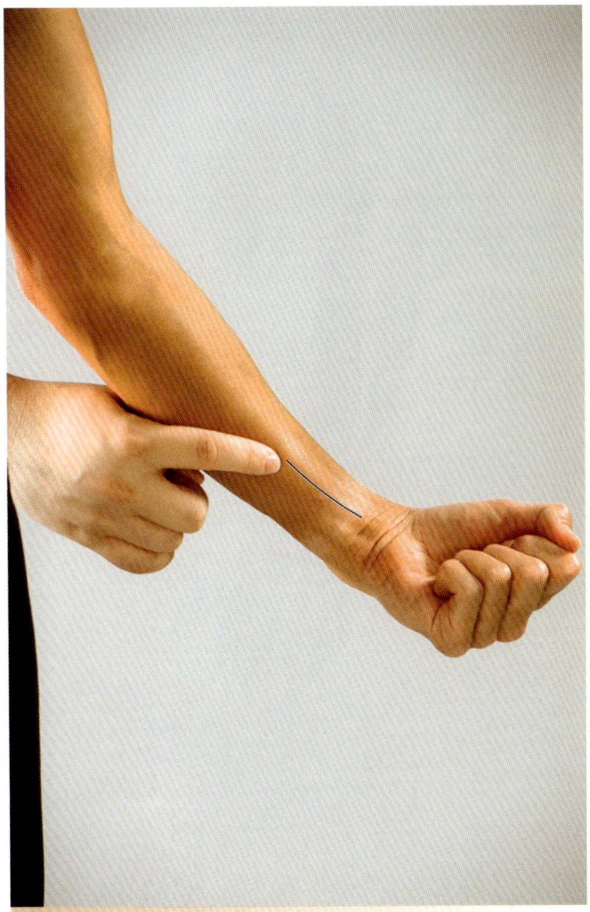

图5.12　寻找指浅屈肌

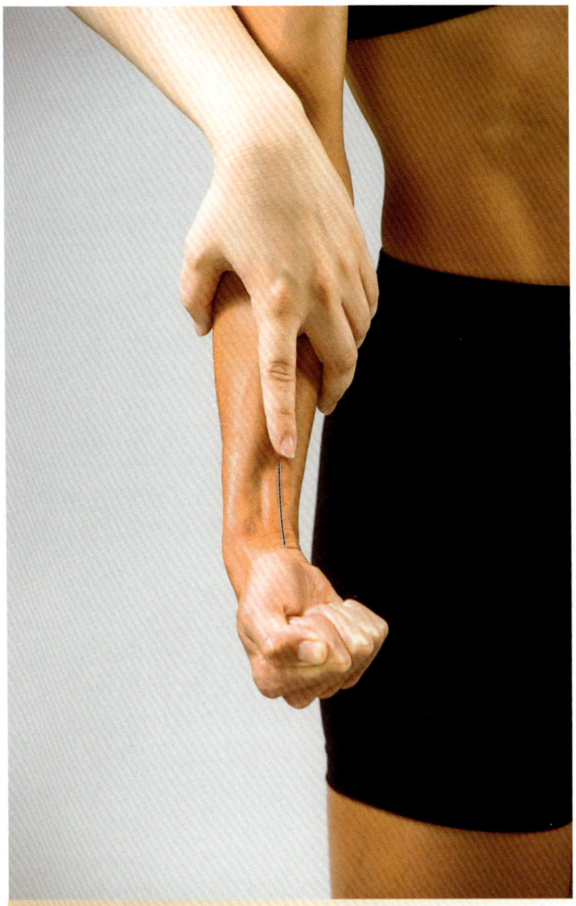

图5.13　寻找掌长肌

指深屈肌：该肌肉不起于屈肌总腱，起于尺骨掌面的近端，有4个腱，它们穿过腕管，分裂后止于第2~5指远节指骨底（图5.9）。该肌参与腕、4个掌指关节、4个近端指骨间关节与远端指骨间关节的屈曲运动。

后部肌肉

有6块手与腕的主要肌肉位于前臂背侧面（图5.14），其中有4块起于位于肱骨外上髁伸肌总腱：桡侧腕短伸肌，尺侧腕伸肌，指伸肌，小指伸肌。桡侧腕长伸肌与示指伸肌不起于伸肌总腱。

桡侧腕短伸肌：该肌（图5.14）起于伸肌总腱，止于第3掌骨底背面，该肌可产生伸腕与桡侧偏斜。

操作

抗阻式伸腕，在前臂下 1/3 处背面的桡侧，找准桡侧腕长伸肌与桡侧腕短伸肌的位置并仔细观察其运动（图 5.15）。

尺侧腕伸肌：该肌起于伸肌总腱，止于第5掌骨底背面，可产生腕伸展及尺侧偏斜（图5.14）。

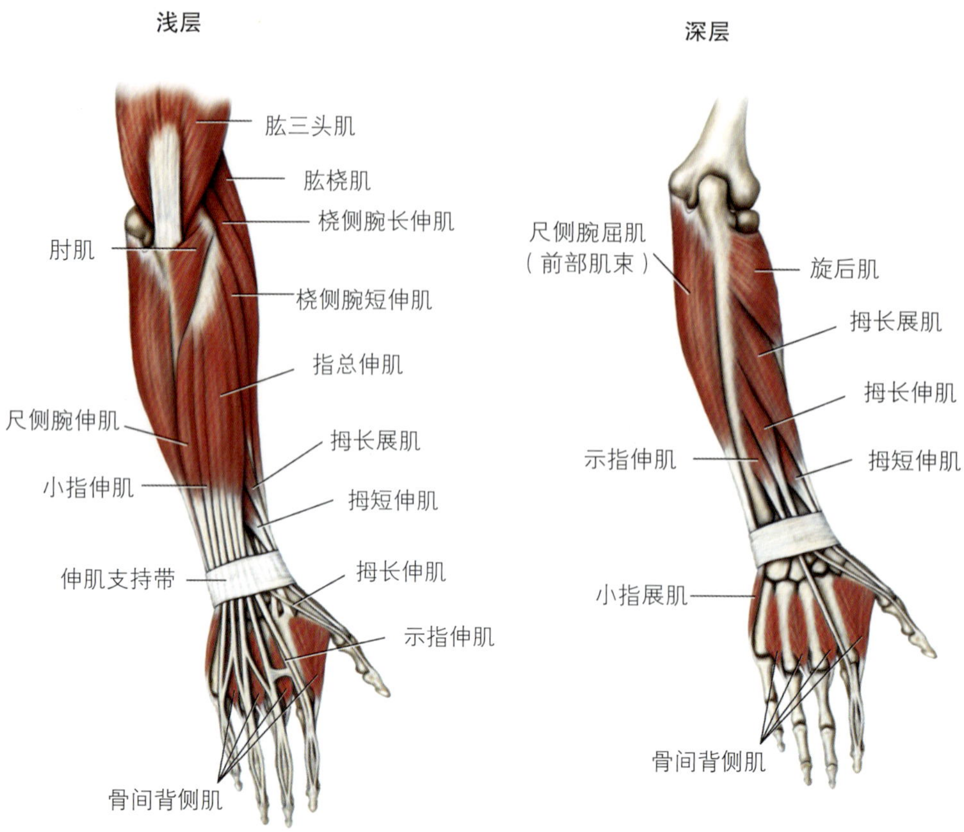

图5.14 腕与手的浅层肌与深层肌

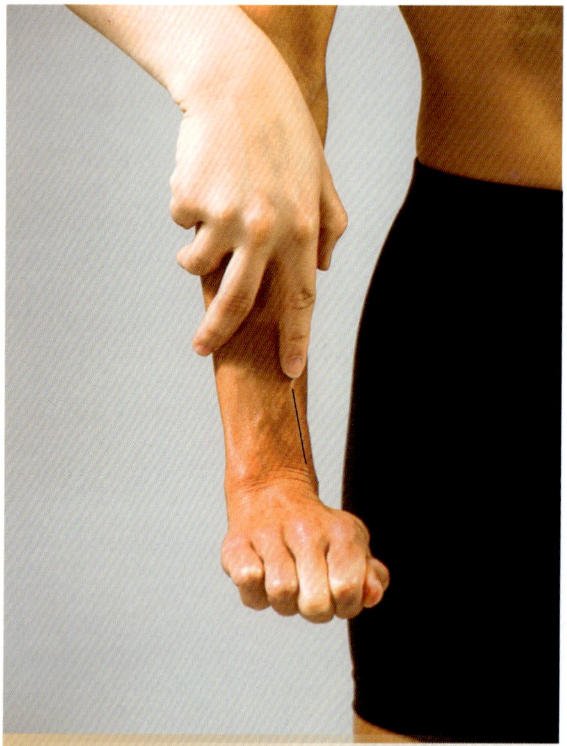

图5.15 寻找桡侧腕长伸肌与桡侧腕短伸肌

操作

手尺侧偏斜时伸腕，感受尺侧腕伸肌的位置（图 5.16）。

指总伸肌：起于伸肌总腱，有4个腱，止于第2~5指中节、远节指骨底（图5.14），该肌肉参与腕，第2~5掌指关节，第2~5近端指骨间关节与远端指骨间关节的伸展运动。

操作

伸腕，手指做屈伸运动，观察位于手背的 4 个指伸肌腱的运动（图 5.17）。

小指伸肌：起于伸肌总腱，止于小指中节、远节指骨底背面，可伸小指、伸腕及第5指的掌指关节（图5.14）。

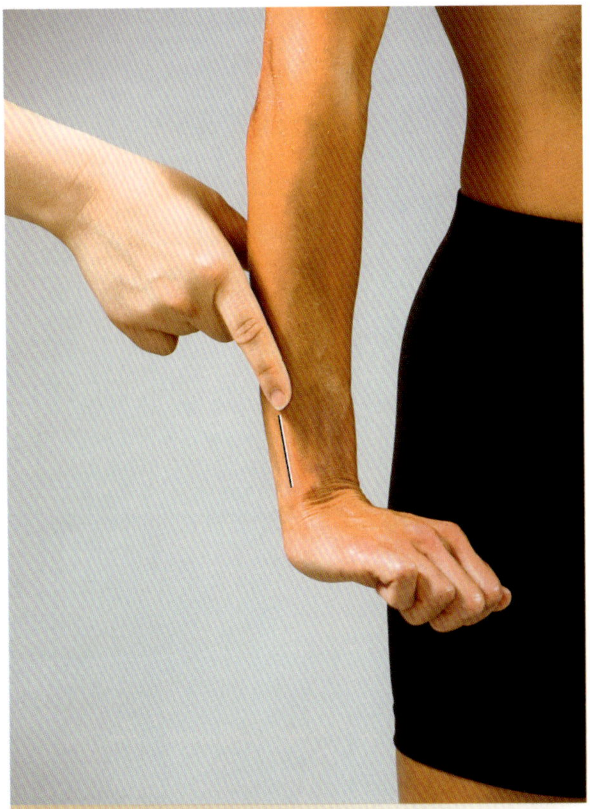

图5.16　寻找尺侧腕伸肌

操作

一手放于另一手的第 5 掌指关节，伸另一手的小指，感受小指的运动。该运动由小指伸肌产生（图 5.18）。

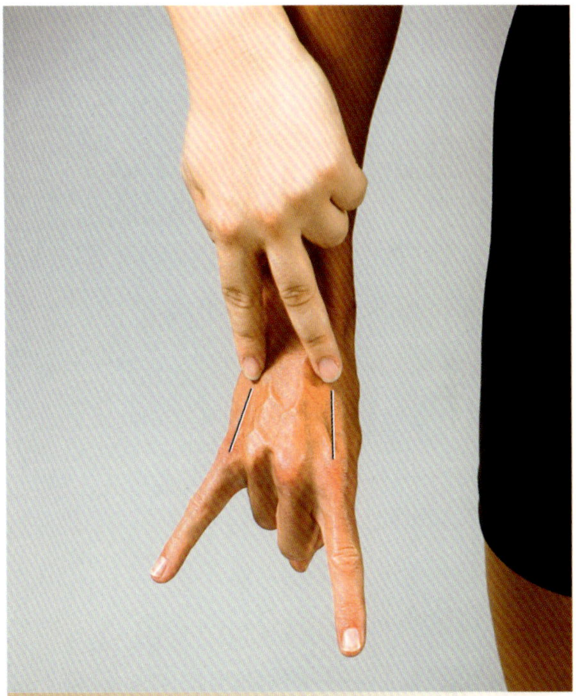

图5.18　寻找示指伸肌与小指伸肌

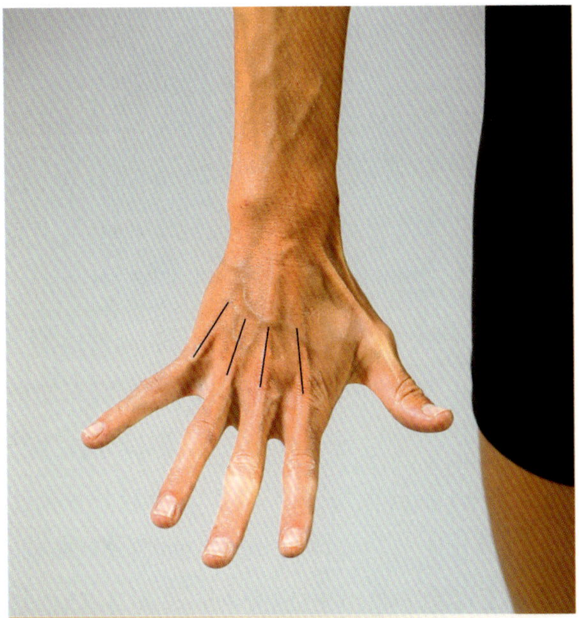

图5.17　观察指伸肌

桡侧腕长伸肌：该肌肉不起于伸肌总腱，起于肱骨外侧髁上嵴，止于第 2 掌骨底背面，该肌可使腕伸展和桡侧偏斜。

操作

抗压式伸腕，桡侧腕长伸肌与桡侧腕短伸肌位于前臂下 1/3 处背面的桡侧（图 5.15）。

示指伸肌：该肌起于尺骨远端的背面，止于示指近节指骨的底部（图5.14），其主要作用是伸展示指掌指关节，协助腕伸展。

操作

施压于第 2 掌指关节，做示指屈伸的动作。该动作由指伸肌腱及其内侧的示指伸肌产生（图 5.18）。

手固有肌

手非固有肌起于手外，止于手内。手固有肌起点与止点均位于手内。在解剖学结构中，小鱼际由3块肌肉（图5.9）构成：小指展肌、小指短屈肌、小指对掌肌。小鱼际的“小”提示其是一组与小指运动相关的肌肉。

小指展肌：参与构成小鱼际。它起于豌豆骨，止于小指近节指骨，可使第5掌指关节外展及屈曲。

小指短屈肌：参与构成小鱼际。它起于钩骨，止于小指近节指骨，可使第5掌指关节屈曲。

小指对掌肌：参与构成小鱼际。它起于钩骨，止于第5掌骨与小指近节指骨，参与第5掌指关节屈曲与内收。小指对掌肌可使小指与拇指对掌产生抓握运动，称对掌运动。

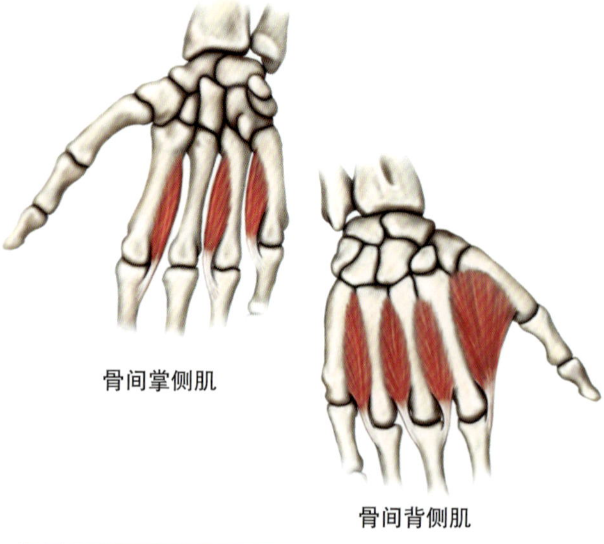

图5.19 手部骨间掌侧肌与手部骨间背侧肌

许多不参与小指运动的手肌参与其他手指的运动。其中比较有代表性的肌肉为骨间背侧肌、骨间掌侧肌（图5.19）与蚓状肌。其中2块肌肉位于第2指骨与第3指骨外侧，2块肌肉位于第3指骨与第4指骨内侧。这种骨间肌在手部背面很容易找到（图5.20）。

骨间背侧肌：该肌有 4 块，起于第 1~5 掌骨的对缘，止于第 2~4 指近节指骨。

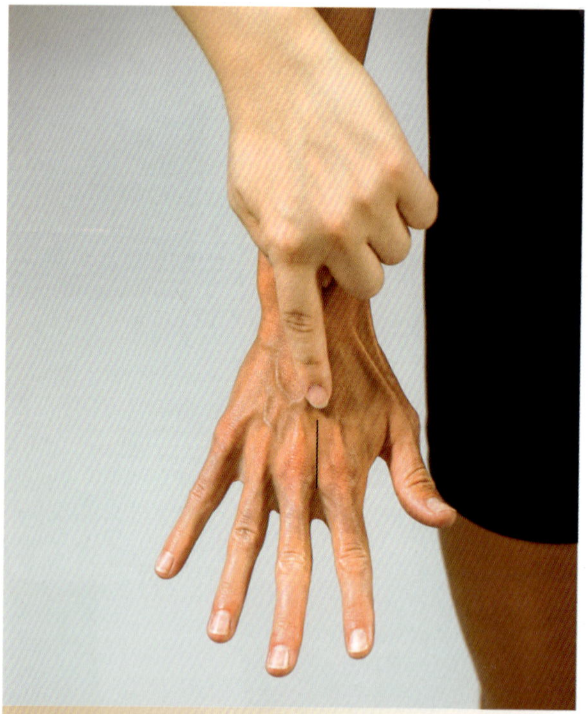
图5.20 定位骨间背侧肌

操作

伸展手指，观察第 2、第 3、第 4 掌指关节的运动。思考为什么骨间背侧肌可使第 2 掌指关节外展（从手部中线向外运动），第 4 掌指关节向内收（从手部中线向内运动），与第 3 掌指关节保持静止不动。这些肌肉根据掌指关节的角度，辅助参与关节的屈伸运动。

骨间掌侧肌：该肌有3块，分别起于第2掌骨的内侧和第4、5掌骨的外侧，止于第2、第4、第5近节指骨。其中2块肌肉位于第4与第5指骨内侧，1块肌肉则位于第2指骨外侧。

操作

伸展手指，手指朝中指运动时，观察第 2、第 4、第 5 掌指关节的运动。思考为什么骨间掌侧肌可使第 2 掌指关节内收（朝向手部中线），使第 4 及第 5 掌指关节外展（从手部中线向外运动），使第 3 掌指关节保持静止不动。这些肌肉根据掌指关节间的角度，辅助参与关节的屈伸运动。

蚓状肌：该肌有4块，起于指深屈肌腱，止于位于近节指骨的指总伸肌腱（图5.9）。该肌参与掌指关节的屈曲运动与近端指骨间关节及远端指骨间关节的伸展运动（图5.21）。

拇指肌肉

参与拇指运动的肌肉可分为非固有肌（起于手部以外并止于手部）与固有肌（起于并插入手部）。

非固有肌

这些肌起于手部以外，邻近拇指，止于拇指，注意其所有相关英文术语中均含pollicis一词（源于拉丁语pollex，意为拇指）。

拇长伸肌：起于尺骨，止于拇指远节指骨，可伸展拇指指骨间关节与掌指关节（图5.14），该肌也参与桡侧偏斜与前臂旋后。

拇短伸肌：起于桡骨，止于拇指近节指骨（图5.14），可伸展掌指关节，并参与桡侧偏斜运动。

拇短伸肌腱与拇长展肌腱通过手腕时，在手舟骨上方形成的凹称鼻烟窝（如图5.22）。因过去人们曾将烟草放于此处，并通过鼻子吸入而得名。

拇长展肌：起于尺骨，止于第1掌骨（图5.14），可使第1掌骨外展，也参与桡侧偏斜与腕屈曲。

操作

拇指外展，施压于两腱指间的拇指根部（图 5.22）。有些人的拇长展肌（图 5.23）不易找到，可找多个人试验。

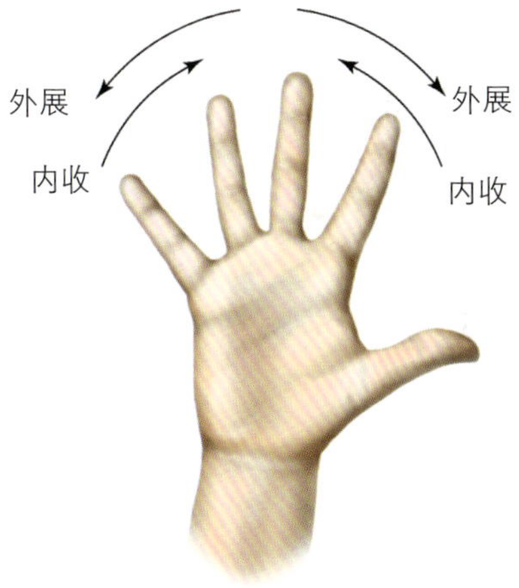

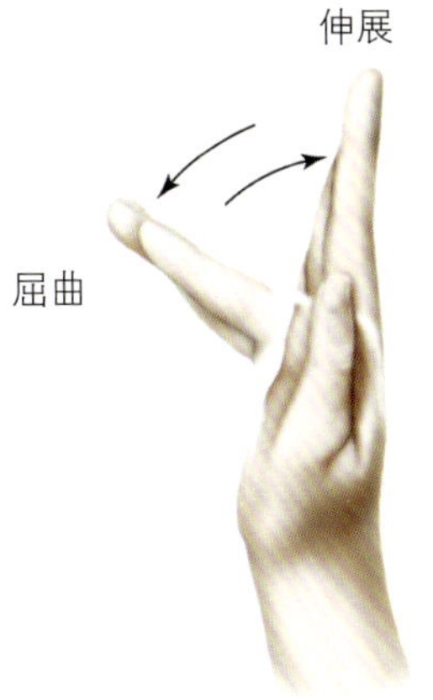

图5.21　掌指关节的运动

拇长屈肌：起于桡骨，止于拇指远节指骨（图5.9）。可屈曲拇指指骨间关节与掌指关节，也参与腕屈曲（图5.24）。

固有肌

固有肌起于并止于手部，这些肌的肌腹位于拇指近端的厚组织，即鱼际（图5.9）。请再次注意，4块拇指固有肌的英文术语中均含pollicis一词，意为拇指。

拇短展肌：起于大多角骨与手舟骨，止于拇指近节指骨底，参与拇指外展。

操作

外展拇指，观察鱼际外侧的运动，该运动由拇短展肌完成。

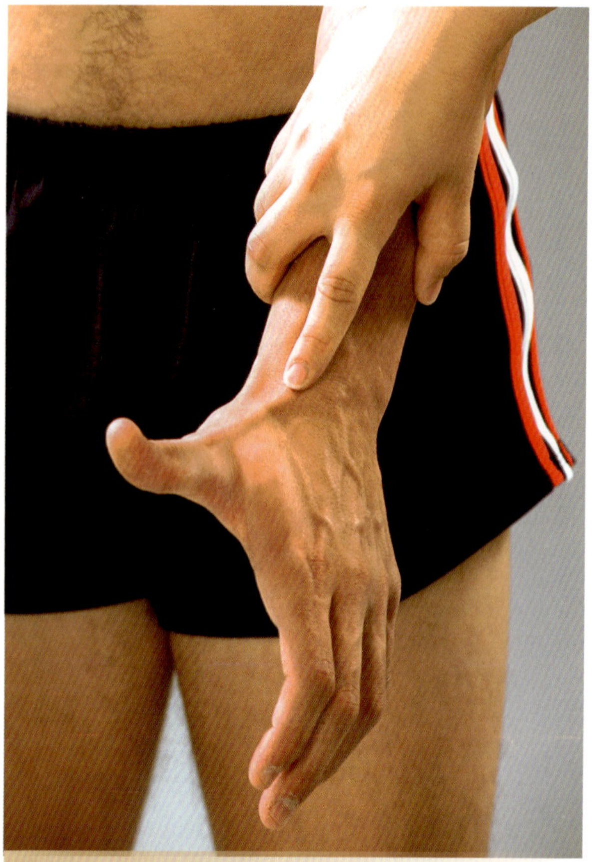

图5.23 定位拇长展肌

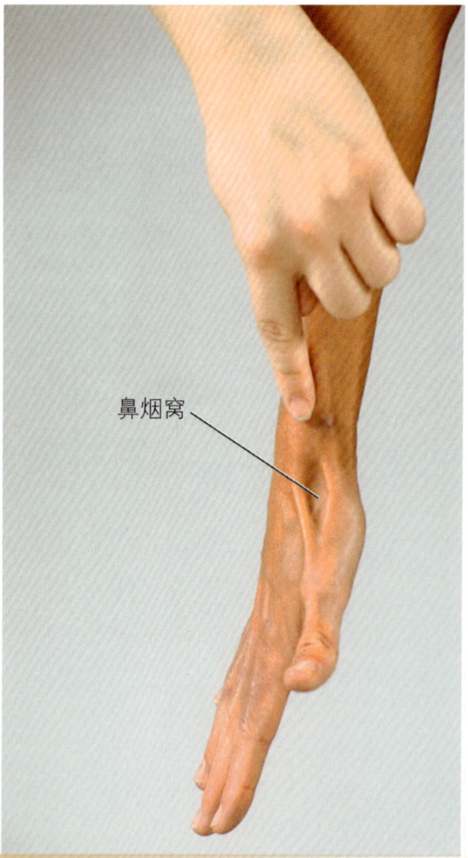

图5.22 定位拇短伸肌、拇长展肌与鼻烟窝

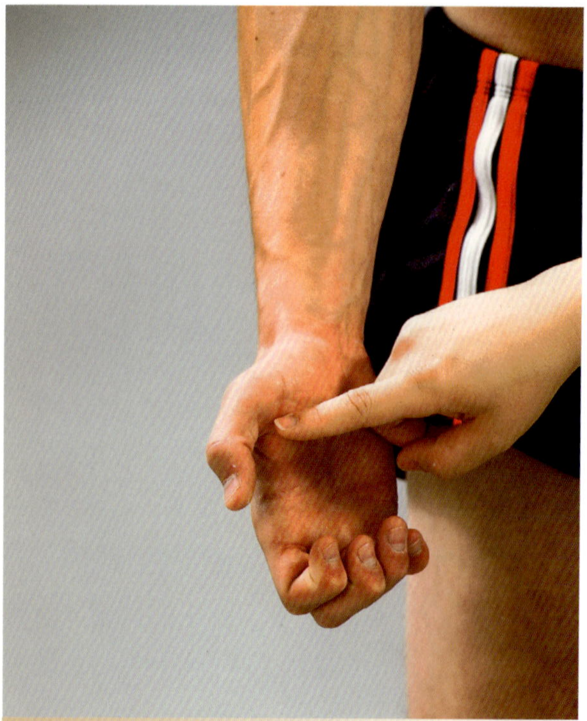

图5.24 定位拇长屈肌

拇短屈肌：起于大多角骨，止于拇指近节指骨，辅助拇长屈肌屈曲拇指掌指关节（图5.9）。

操作

拇指弯向示指，感受拇短屈肌的运动（图5.25）。

拇对掌肌：起于大多角骨，止于第1掌骨，可内收拇指（图5.9）。

操作

拇指朝向其他四指运动，并沿着拇指掌指关节外侧触摸，可感受到的运动由拇对掌肌完成（图5.26）。

拇收肌：该肌有2个头，其中一个头（斜头）起于头状骨、第2及第3掌骨，另一个头（横头）起于第3掌骨。两个头结合后止于拇指近节指骨底。拇收肌可内收拇指。

操作

将一手的拇指与示指放于另一手的拇指与示指之间的空隙处，感受拇收肌腱。

图5.27至图5.29展示了拇指固有肌与非固有肌可产生的拇指运动。拇指可屈曲、伸展（图5.27），可外展、内收（图5.28），可对掌（图5.29）。请注意在解剖学姿势中描述拇指运动时，会出现一些例外。例如，拇指屈曲与伸展一般发生于冠状面，拇指外展与内收则发生于矢状面。

图5.25　定位拇短屈肌

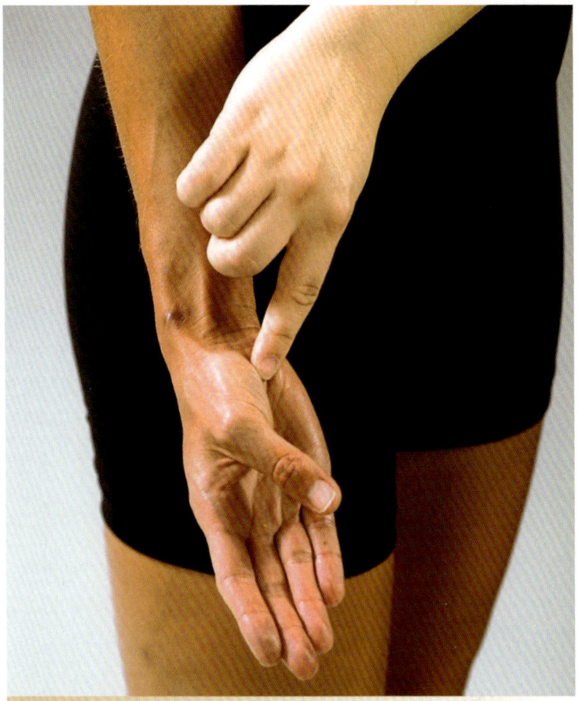

图5.26　定位拇对掌肌

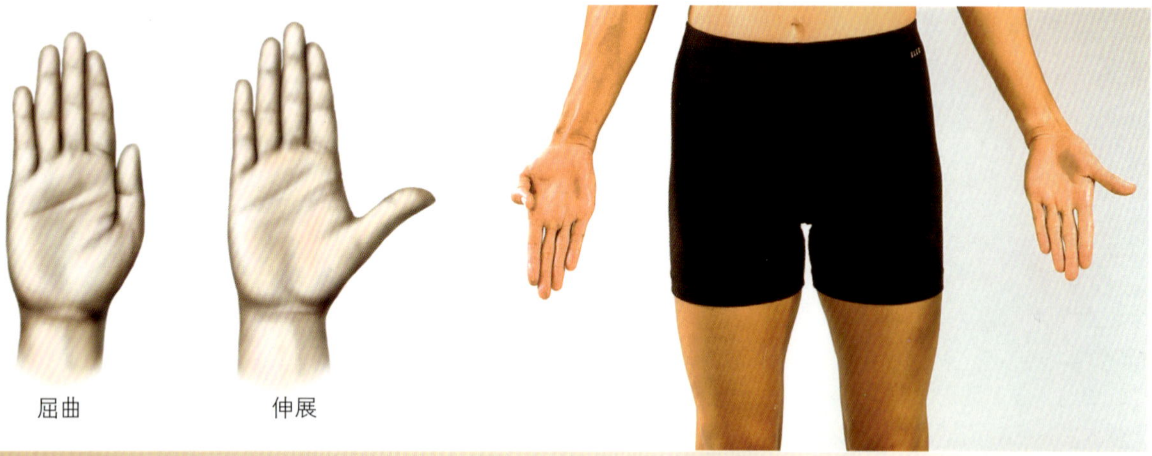

图5.27 拇指的屈曲与伸展

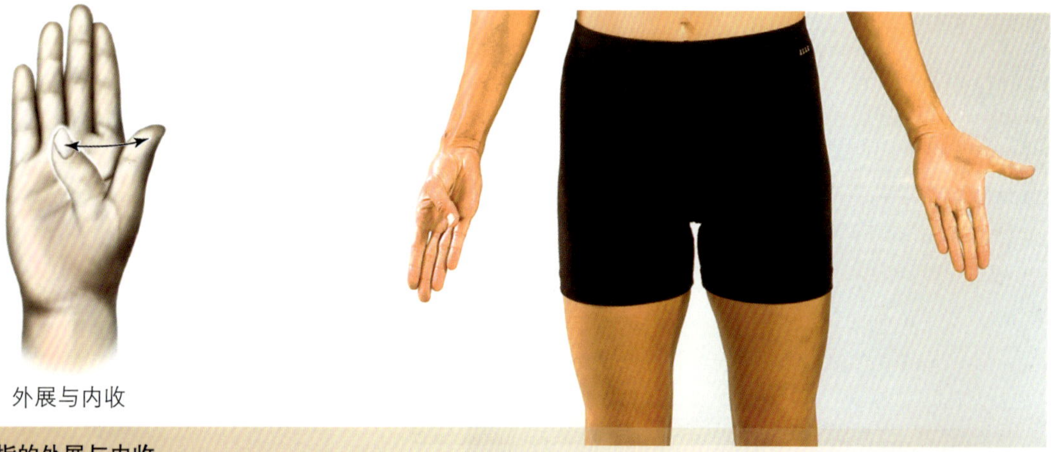

图5.28 拇指的外展与内收

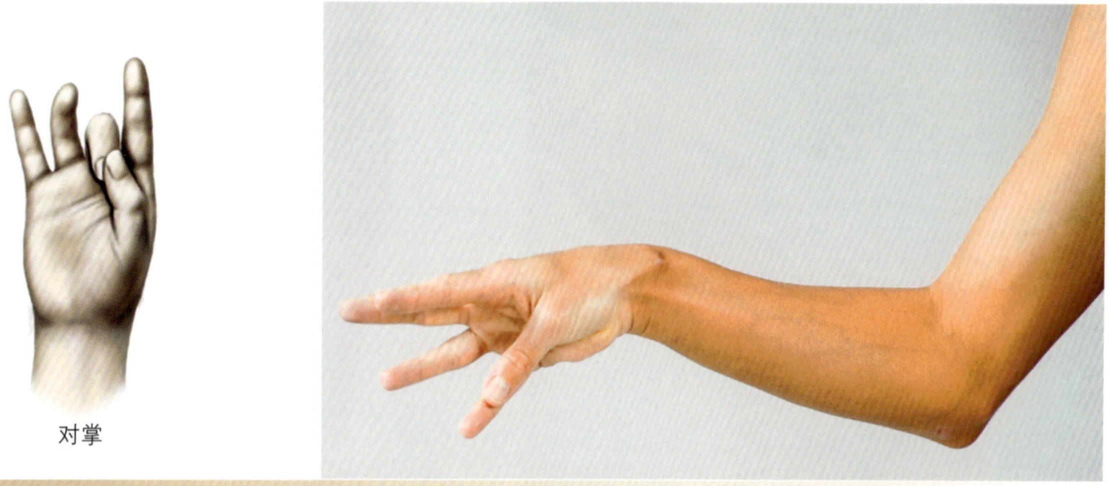

图5.29 拇指的对掌

学习助手

术语回顾

以下术语均出自本章，请对其进行解释，并在自己身上或插图中找到这些结构。

小指展肌
拇短展肌
拇长展肌
拇收肌
鼻烟窝
头状骨
腕掌囊韧带
囊韧带
腕骨
腕掌关节
伸肌总腱
屈肌总腱
远端指间关节
腕掌背侧韧带
骨间背侧肌
桡腕背侧韧带
桡侧腕短伸肌
桡侧腕长伸肌
尺侧腕伸肌
小指伸肌
指总伸肌
示指伸肌
拇短伸肌
拇长伸肌
伸肌支持带
非固有肌
桡侧腕屈肌
尺侧腕屈肌
小指短屈肌
指深屈肌
指浅屈肌
拇短屈肌
拇长屈肌
屈肌支持带
钩骨
小鱼际
指骨间关节
指骨间韧带
腕掌骨间韧带
韧带
蚓状肌
月骨
掌骨
掌指关节
腕中关节
手舟骨
小指对掌肌
拇对掌肌
对掌运动
骨间掌侧肌
掌长肌
指骨
豌豆骨
近端指间关节
桡侧副韧带
桡侧偏斜
桡腕关节
鱼际
大多角骨
小多角骨
三角骨
尺侧副韧带
尺侧偏斜
腕掌掌侧韧带
桡腕掌侧韧带

思考题

1. 伸展并外展一手拇指，注意在手腕结合处拇指近端突起的 2 个腱。另一手拇指向下施压于两腱之间。

a. 分别说出两腱的名字。

b. 说出按压处的常用名。

c. 哪块腕骨位于施压处正下方？

2. 在解剖学姿势，尽量先屈曲然后伸展手腕。双手重复多次该动作，最后一次握紧拳头。

a. 从解剖学姿势考虑，手腕屈曲与伸展相比，哪种动作幅度更大？

b. 握拳时，手腕屈曲与伸展的幅度会发生什么变化？握拳时，若中立位的手腕动作幅度发生改变，是何种解剖学结构引起的？

3. 双手保持在解剖学姿势，然后手指分开，以下关节发生了何种运动？

a. 示指掌指关节（何种肌肉参与）。

b. 中指掌指关节（何种肌肉参与）。

c. 环指掌指关节（何种肌肉参与）。

d. 小指掌指关节（何种肌肉参与）。

4. 分开的手指回至解剖学姿势，以下关节发生了何种运动？

a. 示指掌指关节（何种肌肉参与）。

b. 中指掌指关节（何种肌肉参与）。

c. 环指掌指关节（何种肌肉参与）。

d. 小指掌指关节（何种肌肉参与）。

5. 拇指顶端与小指顶端接触。

a. 拇指关节发生了何种运动？

b. 哪些肌肉参与了这些运动？

单选题

1. 不能做环绕运动的关节是（　）

a. 远端指骨间关节

b. 掌指关节

c. 腕关节

d. 肩关节

2. 腕外展的解剖术语为（　）

a. 尺侧偏斜

b. 桡侧偏斜

c. 屈曲

d. 伸展

3. 位于腕骨远列的是（　）

a. 钩骨

b. 手舟骨

c. 豌豆骨

d. 月骨

4. 鼻烟窝由拇短伸肌腱与（　）构成

a. 拇长屈肌腱

b. 拇长展肌腱

c. 拇长伸肌腱

d. 拇短展肌腱

5. 蚓状肌位于手部深处，可伸展指骨间关节与屈曲（　）

a. 掌指关节

b. 腕骨间关节

c. 腕掌关节

d. 腕中关节

6. 不起于伸肌总腱的是（　）

a. 尺侧腕伸肌

b. 桡侧腕长伸肌

c. 指伸肌

d. 桡侧腕短伸肌

7. 可伸展与屈曲腕关节的前臂肌，止于腕骨或（　）

a. 掌骨

b. 近节指骨

c. 中节指骨

d. 远节指骨

8. 小鱼际由使（　）运动的肌肉组成

a. 拇指

b. 示指

c. 小指

d. 环指

9. 不起于屈肌总腱的是（　）

a. 尺侧腕屈肌

b. 指浅屈肌

c. 指深屈肌

d. 桡侧腕屈肌

10. 属于小指非固有肌的是（　）

a. 小指伸肌

b. 小指短屈肌

c. 小指展肌

d. 小指对掌肌

11. 属于双轴关节的是（ ）

a. 指骨间关节

b. 近端指骨间关节

c. 掌指关节

d. 远端指骨间关节

12. 不属于拇指固有肌（鱼际）的是（ ）

a. 拇短屈肌

b. 拇短展肌

c. 拇长屈肌

d. 拇收肌

13. 拇对掌肌使拇指（ ）

a. 朝向小指运动

b. 朝向桡骨运动

c. 屈曲

d. 伸展

14. 下列不是腕关节基本运动的是（ ）

a. 屈曲

b. 尺侧偏斜

c. 桡侧偏斜

d. 环绕

填空题

1. 唯一不经过屈肌（掌侧）支持带下方的腕屈肌是__________。

2. 腕伸展主要发生于__________关节。

3. 穿过腕管的肌腱主要为手与腕的__________。

4. 鱼际由__________的固有肌构成。

5. 腕屈曲主要发生于__________关节。

6. 发生于冠状面的尺侧偏斜也称腕__________。

7. 示指伸肌可伸展__________的掌指关节、远端指骨间关节和近端指骨间关节。

8. 近列腕骨的最外侧为__________。

9. 手可抓握东西的运动称__________。

10. 桡腕关节是由桡骨、月骨及__________构成的。

11. 位于腕部，可防止手及腕屈肌在压力下上升的是__________。

12. 桡骨与尺骨的__________韧带可在内侧与外侧稳定腕关节。

13. 腕骨与手骨之间的关节为__________。

14. 位于鼻烟窝下方的腕骨为__________。

功能性运动锻炼

如右图所示，反手击网球时，腕伸展与手指屈曲一定角度才可握住网球拍，腕关节（桡腕关节、腕中关节、腕掌关节、腕骨间关节）与指关节（掌指关节、近端指骨间关节、远端指骨间关节）相互协作发生该动作。列举腕伸展和手指屈曲的原动肌、拮抗肌、固定肌、辅助肌（各列举一种）。

	腕关节	手指关节（掌指关节、近端指骨间关节、远端指骨间关节）
原动肌		
拮抗肌		
固定肌		
辅助肌		

第6章

上肢神经和血管

神经系统、动脉系统和静脉系统都在第1章提到了。这些系统对于运动很重要，因为它们可发出信号使肌肉收缩（神经），它们可提供具有营养的血液供应（动脉），它们也带走肌肉产生的副产品（静脉）。神经系统和血管系统非常复杂，也具有多种功能。本书会在相应部分（上肢，头、脊柱、胸和骨盆、下肢）讲述完骨、韧带和肌肉之后讲述神经和血管。

支配上肢的神经来自于颈1至胸1节段的脊神经，分为运动神经、感觉神经或混合神经（具有运动神经纤维和感觉神经纤维）。当自发产生或者受到刺激时，运动神经支配肌肉，引起肌纤维收缩，产生相应肌纤维支配关节的运动。详见本章后的汇总表里。

主要的上肢动脉供应肌肉收缩所必需的燃料，主要静脉带走肌肉收缩产生的废物。肌肉的主要动脉血供见本章后的汇总表。

本文主要讲述神经系统和人体肌肉功能必需的血管系统的解剖。图6.1展示了一些在本文提到的神经。

促使肌肉组织活动的脊神经形成神经丛或网络。上肢的神经来自于臂丛（颈5、颈6、颈7、颈8和胸1神经根，也常见于颈4至胸2神经根）（图6.2）。虽然颈椎只有7块，但是颈神经根却有8个。这是因为第1颈神经根起于第1颈椎之上，第8颈神经根起于第7颈椎之下。

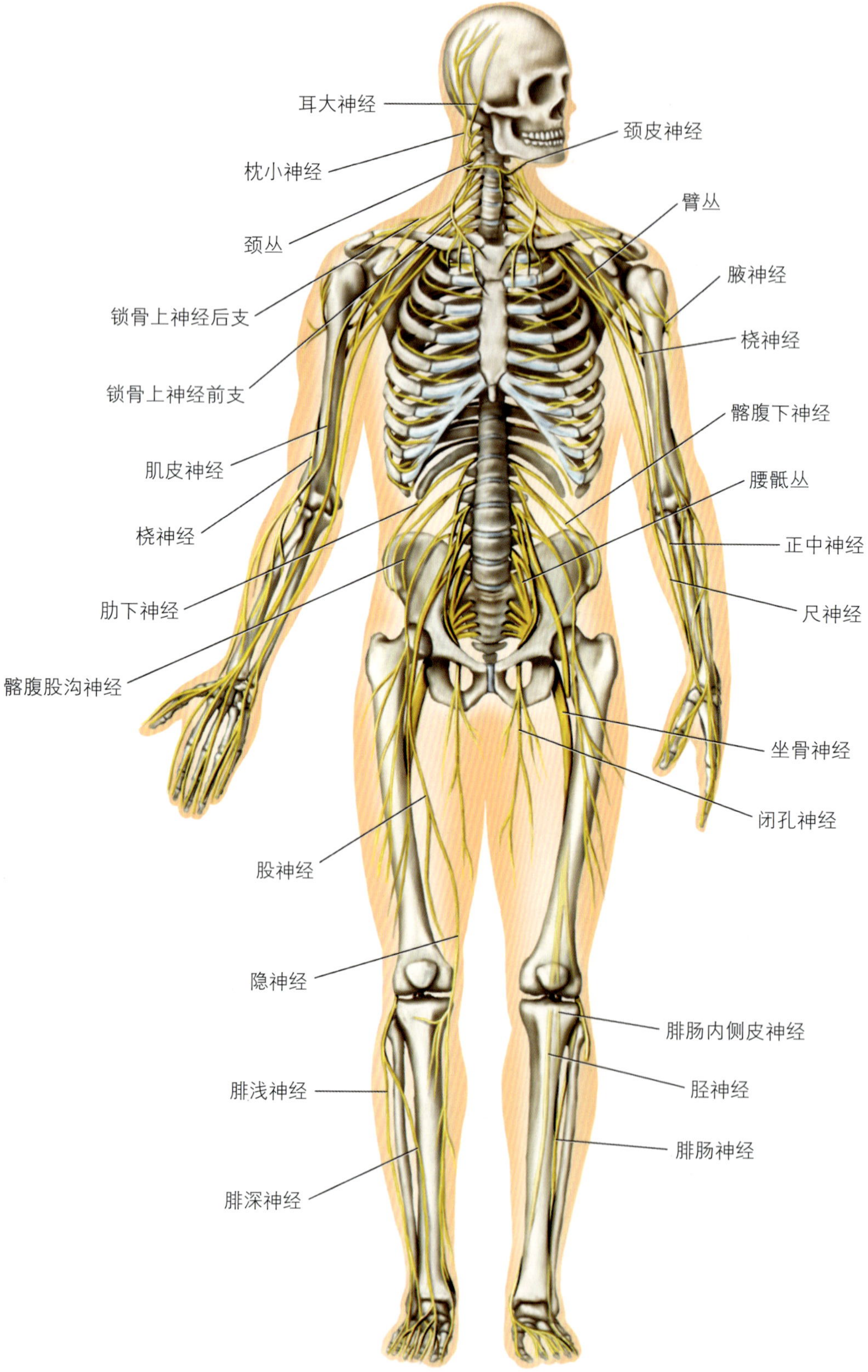

图6.1 分布于骨骼的神经

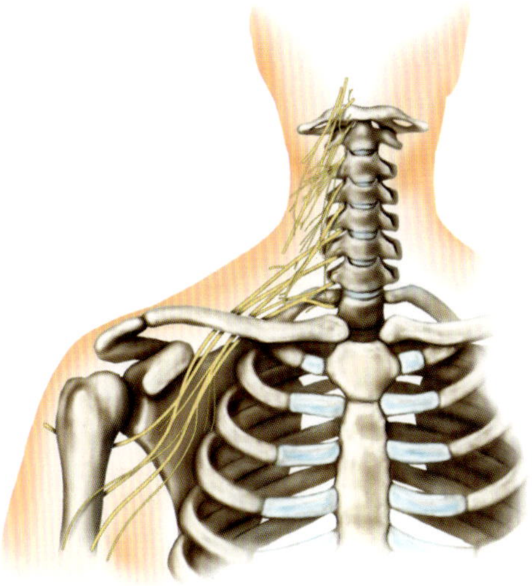

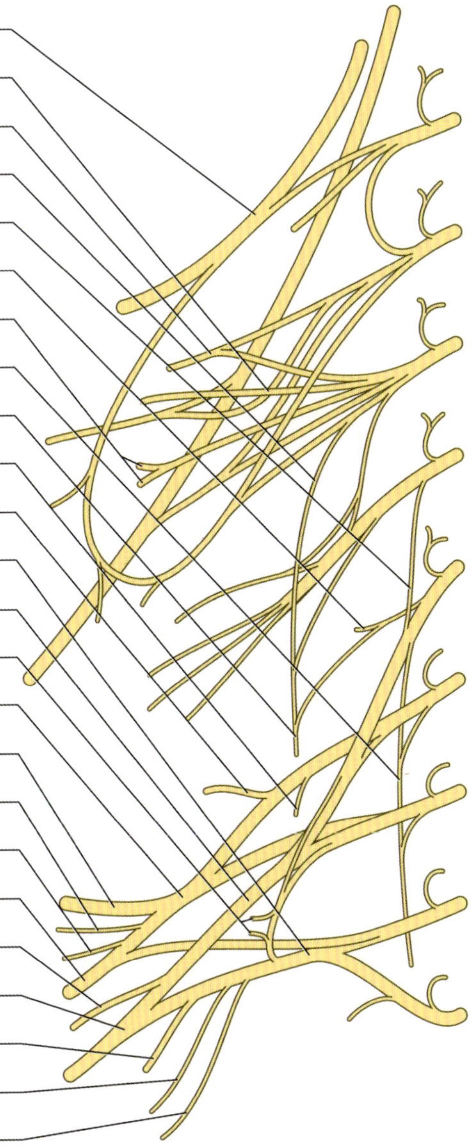

图6.2 颈1至胸1的神经根

臂丛

脊神经分为脊神经前支和脊神经后支。脊神经前支形成臂丛（图6.3），锁骨把脊神经分为两部分：锁骨上分支（位于锁骨之上）和锁骨下分支（位于锁骨之下）。

锁骨上分支

肩胛背神经（颈5前支和后支）支配肩胛提肌、大菱形肌和小菱形肌运动（图6.3）。胸长神经（颈5、颈6，颈7前支和后支）（图6.2和图6.3）支配前锯肌运动。颈椎的斜角肌和颈长肌的神经（颈2至颈8）和颈丛的膈神经交通支（颈5）没有在图6.3上显示出，这些将在第10章讲述。支配锁骨下肌的锁骨下神经（颈4、颈5、颈6）和支配肩袖的冈上肌和冈下肌的肩胛上神经（颈4、颈5、颈6）（图6.2，图6.3）由臂丛的上、中、下干发出。

锁骨下分支

来自于脊神经的上、中、下干的臂丛分支组成有3个神经束（内侧束、外侧束和后束）（图6.3）。起源于外侧束的锁骨下分支包括支配胸大肌的胸外侧神经（颈5、颈6、颈7）；支配大多数前臂肌肉和一些在手部肌肉的正中神经外侧束（颈5、颈6、颈7）；支配前臂肌肉的肌皮神经（颈4、颈5、颈6）（图6.4）。

操作

在手臂内侧，于肱三头肌和肱二头肌之间施加压力可使手产生麻痛的感觉，这是因为压迫了正中神经（图 6.5）。

来自臂丛内侧束的有五大神经（图 6.3）。①胸内侧神经（C8、T1）支配胸大肌和胸小肌（图 6.3）。②与正中神经外侧束会合的正中神经内侧束（C8、T1），它支配大多数前臂前肌和一些手部肌肉（图6.4，图6.5）。③前臂内侧皮神经（T1）不是运动神经，支配前臂内侧的皮肤和筋膜。④尺神经（C8、T1）支配尺侧腕屈肌和不受正中神经支配的手内侧肌肉（图

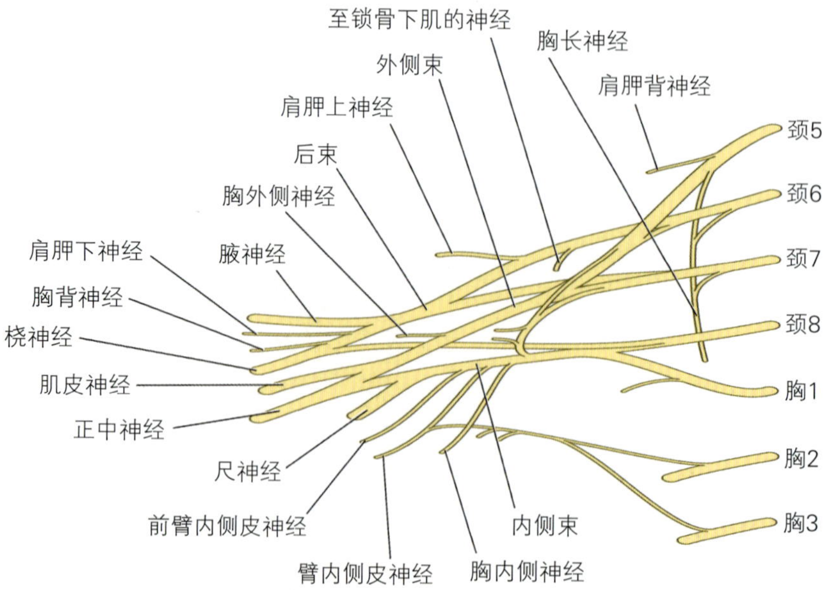

图6.3 臂丛

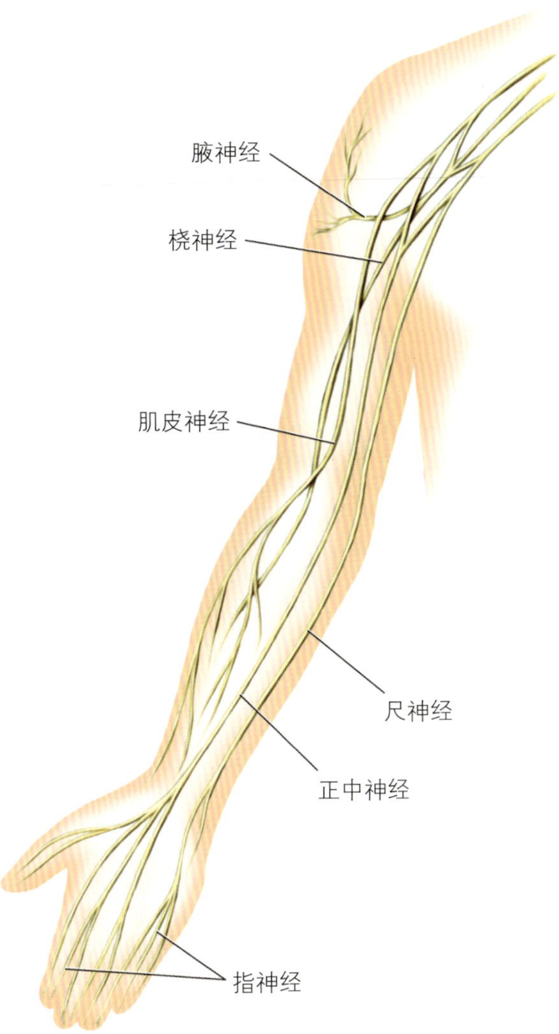

图6.4 上肢的主要神经

6.4）。⑤臂内侧皮神经也不是运动神经，支配上臂内侧（下至内上髁和鹰嘴）的皮肤和筋膜。

操作

尺神经位于肱骨内上髁和尺骨鹰嘴之间（图6.6），很容易找到。快速地按压这个位置通常会在前臂产生一种麻痛的感觉。

臂丛后束由4支神经构成（图 6.3）。①腋神经（C5、C6）（图 6.4）支配三角肌和小圆肌。②桡神经（C5、C6、C7、C8、T1）支配上臂和前臂的后部肌肉（图6.4）。③肩胛下神经（C5、C6）包括上肩胛下神经和下肩胛下神经，支配肩胛下肌和大圆肌（图 6.3）。④胸背神经（C6、C7、C8）支配背阔肌（图 6.3）。

上肢的主要动脉

人体的血管分为动脉、小动脉、毛细血管、小静脉和静脉。把血液从心脏运出的动脉（图1.26）和一些较大的小动脉很容易观察到，较小的小动脉和毛细血管在显微镜下可见。动脉壁充满增加泵作用的平滑肌纤维；静脉少有或没有平

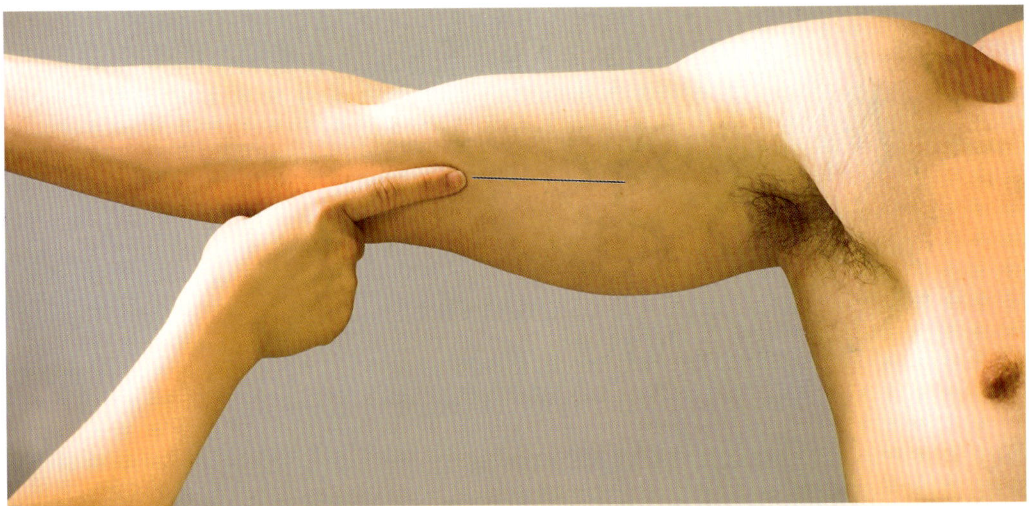

图6.5 定位正中神经

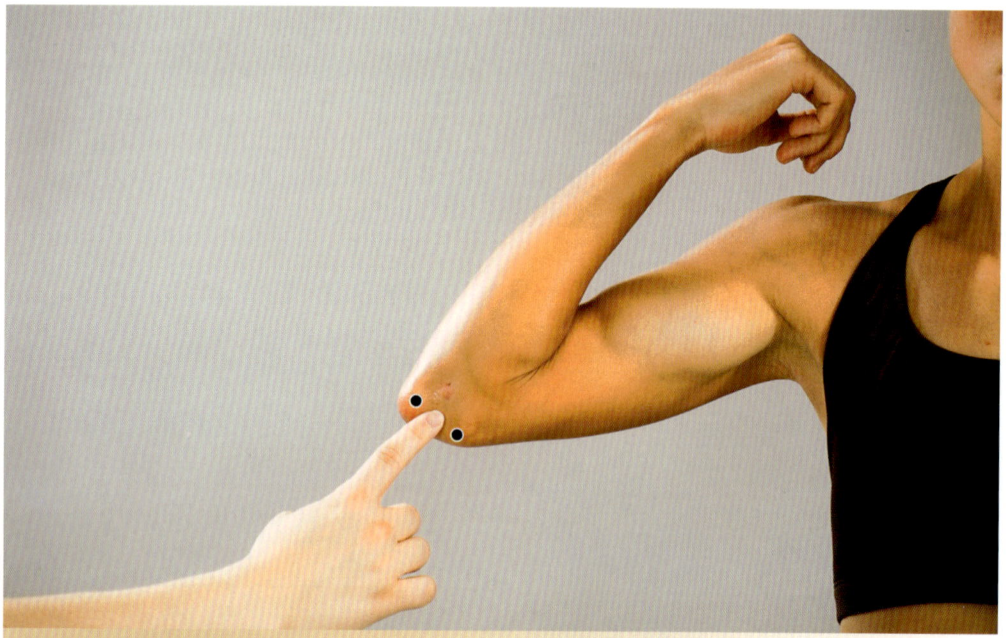

图6.6 定位尺神经

知识拓展

脊椎外伤

颈椎或上肢的挤压伤或刺伤，可导致臂丛被撞击或拉伸。这类损伤常发生于违规动作上，如对接拦截和拦截摔人（如果是足球运动，则不为犯规动作）。对接拦截是一种进攻球员的技术，它出现在当一个拦截者通过用他的头盔（脸、头部、额头、鼻子）打击对手的胸部（数次）来与对手进行初始接触。这会导致拦截者颈椎受到压缩，对臂丛造成冲击（来自于头部的直接撞击）或导致拦截者的颈椎过度侧弯。此外，一侧颈椎撞击可导致另一侧颈椎的臂丛被拉伸（如果撞击位于中心以外可引起颈椎侧弯）。拦截摔人是防守球员的技术，它是带球进攻的球员被对手的头撞击，作为与对手接触的初始点。由对接拦截导致的结果和拦截摔人的结果相同或相似。除了这些足球的例子，任何可能引起颈椎压缩或颈椎过度侧弯的力都可以导致创伤，撞击或拉伸臂丛，甚至是两者皆有。

为了避免运动员损伤臂丛，教练需要学习适当的辅助技术。在臂丛受伤的情况下，教练和运动训练员必须有充足的急救经历，以尽量减少进一步的伤害。掌握解剖特点是预防和治疗神经痛的关键。

滑肌纤维，但有允许血液只向一个方向流动的静脉瓣。通过关闭这些静脉瓣可以阻止血液逆流。把血液运送到心脏的静脉和一些较大的小静脉很容易看到，较小的小静脉和毛细血管在显微镜下可见。细胞接受它们带来的营养物质，并通过毛细血管释放代谢废物。

上肢的大动脉包括锁骨下动脉、腋动脉、肱动脉、桡动脉、掌深弓和尺动脉（图 6.7）。锁骨下动脉起于心脏附近，运行至锁骨后，有3个主要部分：肋颈干、胸廓内动脉和甲状颈干。这

3个部分中均有分支分布于胸腔和上肢。

操作

用手指按压锁骨中上方（测脉搏）可触及锁骨下动脉（图 6.8）。请注意，不要用拇指测脉搏。一些专家认为，拇指也有动脉，如果用拇指测脉搏会影响所测结果的准确性。

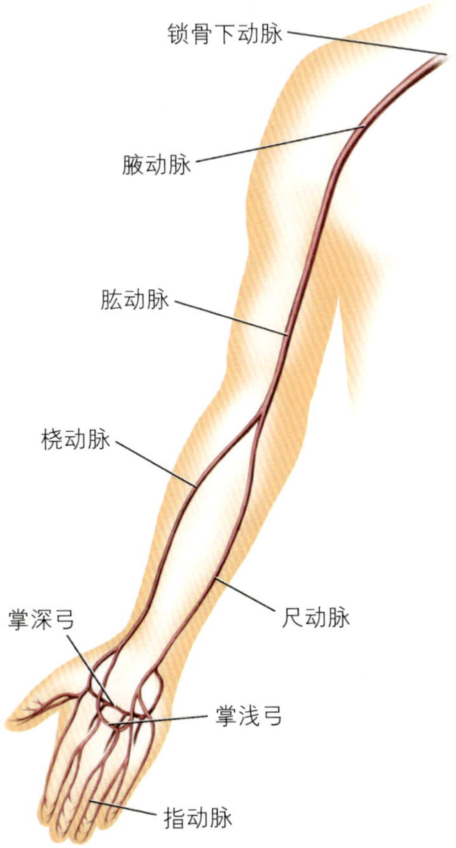

图6.7 上肢的主要动脉

腋动脉起于第1肋外侧缘并且运行至大圆肌下部移行为肱动脉。

操作

触摸喙肱肌下的腋区来测脉搏（图 6.9）。这是来自腋动脉的脉搏。

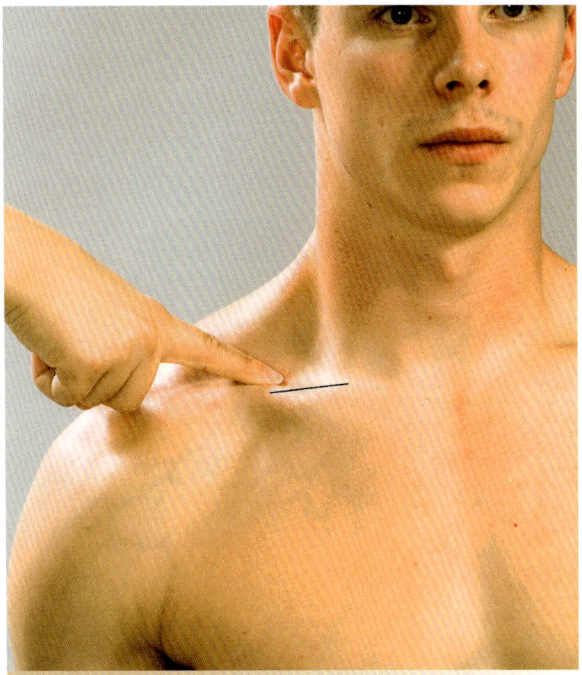

图6.8 定位锁骨下动脉

肱动脉从腋下延伸到肘部，在肘部它分为桡动脉和尺动脉。肱动脉的分支营养上臂组织（肩到肘部）。

操作

在肱二头肌与肱三头肌之间的上臂内侧可触及肱动脉的搏动（测脉搏）（图 6.9）。当前臂或手部出血时，可按压此处暂时止血。

桡动脉（肱动脉的外侧支）及其分支营养肘部前外侧、前臂、腕和手。因为桡动脉在桡骨远端的位置表浅，所以是临床常用的测脉搏部位（图6.7和6.10）。肱动脉的内侧支是尺动脉（图6.7和图6.11）。尺动脉及其分支营养前臂和手的后内侧与前内侧。在腕部，尺动脉的一个分支（尺动脉腕背支）加入桡动脉的一个分支（桡动脉腕背支），形成腕背支（图6.12）。在手心（掌面），桡动脉加入尺动脉分支形成掌浅弓和掌深弓（图6.7，图6.12）。来自

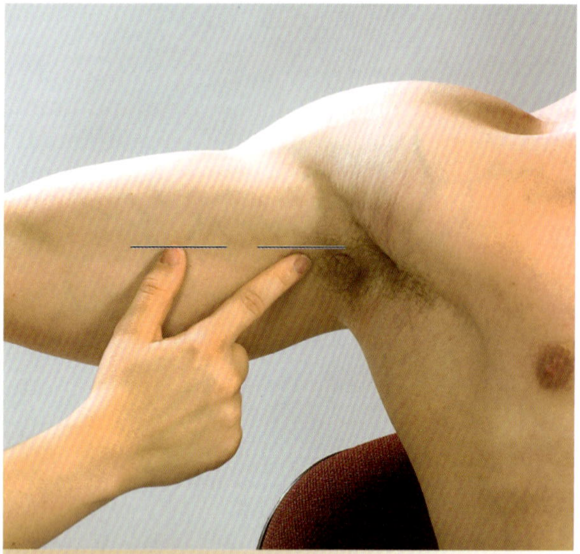

图6.9 定位腋动脉和肱动脉

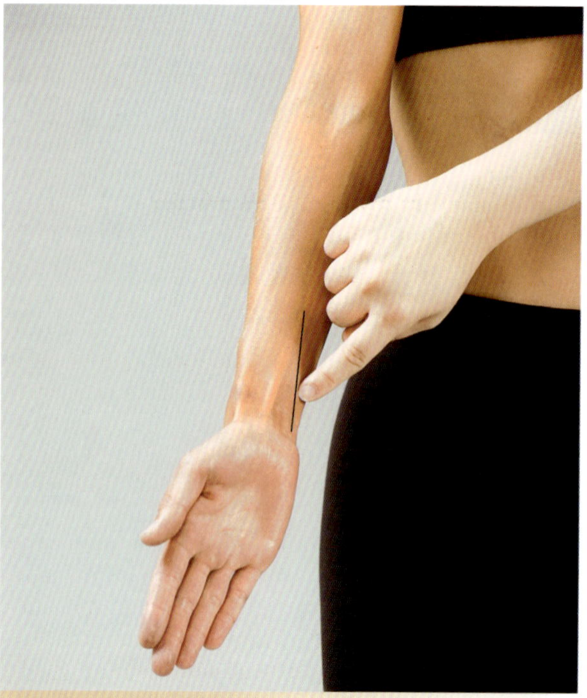

图6.11 定位尺动脉

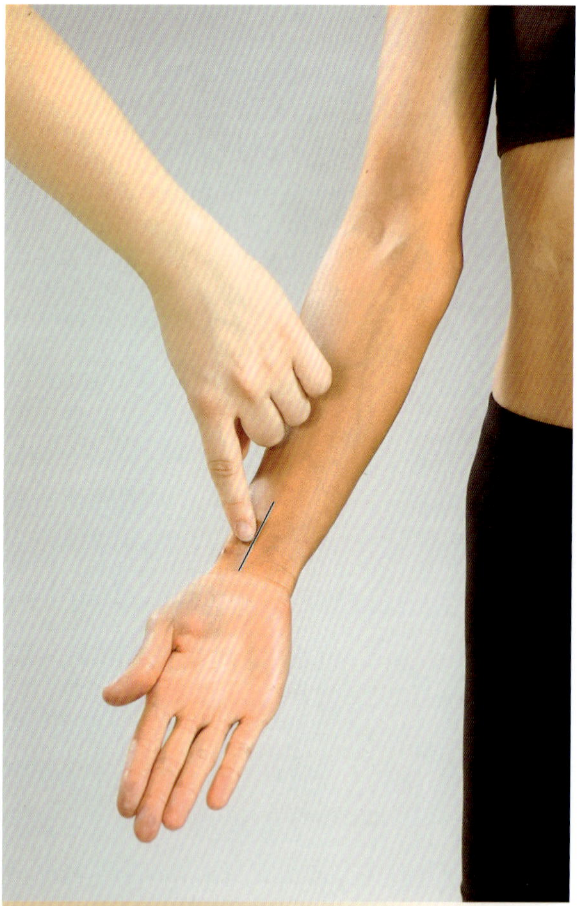

图6.10 定位桡动脉

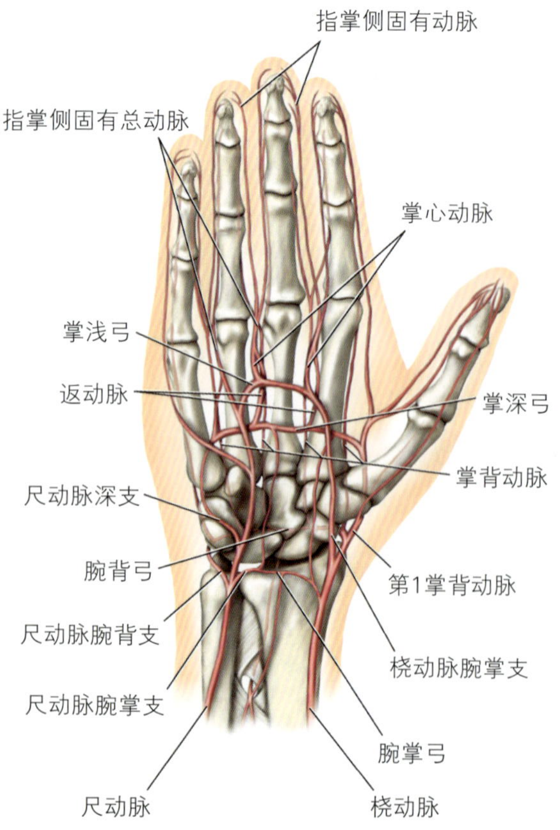

图6.12 尺动脉腕背支、腕背侧弓、掌浅弓和掌深弓

于这些掌弓的分支，包括在手指两侧的指掌侧固有动脉，其营养拇指和其他四指（图6.7，图6.12）。

上肢的主要静脉

将血液输送回心脏的静脉（图1.27）分为深静脉和浅静脉。深静脉有和它们伴行的动脉一样的名字，但也有例外，如锁骨下静脉和腋静脉。浅静脉有特定的名称，位于皮下。不像动脉，静脉位置多变异且往往存在缺失的可能。

上肢的主要深静脉（图 6.13）包括锁骨下静脉和腋静脉。腋静脉收集上肢的血液注入锁骨下静脉。锁骨下静脉与颈内静脉会合形成头臂静脉（图 6.14）。与上肢主要动脉伴行，注入腋静脉的有肱静脉、桡静脉、尺静脉、静脉弓和指静脉（图 6.13）。

上肢的主要浅静脉（图6.13）包括贵要静脉、头静脉和肘正中静脉。肘正中静脉从外向内穿过肘关节前部（肘窝），头静脉可于肱桡肌前部、肱二头肌的稍外侧观察到（图6.15）。贵要静脉起于手背静脉网尺侧。肘正中静脉在肘部注入贵要静脉，贵要静脉在大圆肌下部注入腋静脉（图6.16）。贵要静脉收集手、前臂和上臂尺侧的静脉血。头静脉起于手背静脉网的桡侧；在肘部，它通过肘正中静脉连接贵要静脉，然后注入腋静脉。另外，在肘部，头静脉连接副头静脉（图6.17）。头静脉收集手、前臂和上臂桡侧浅层结构的静脉血。前臂正中静脉起于手掌静脉丛，也连接到肘贵要静脉。在肘部，前臂正中静脉注入肘正中静脉，它收集前臂前部和手掌侧结构的静脉血（图6.18）。肘正中静脉经常用于无偿献血或化验时收集血标本。

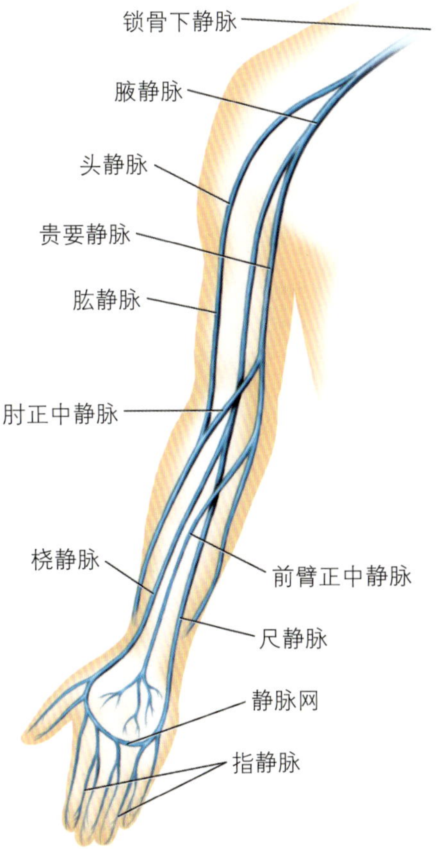

图6.13　上肢的主要静脉

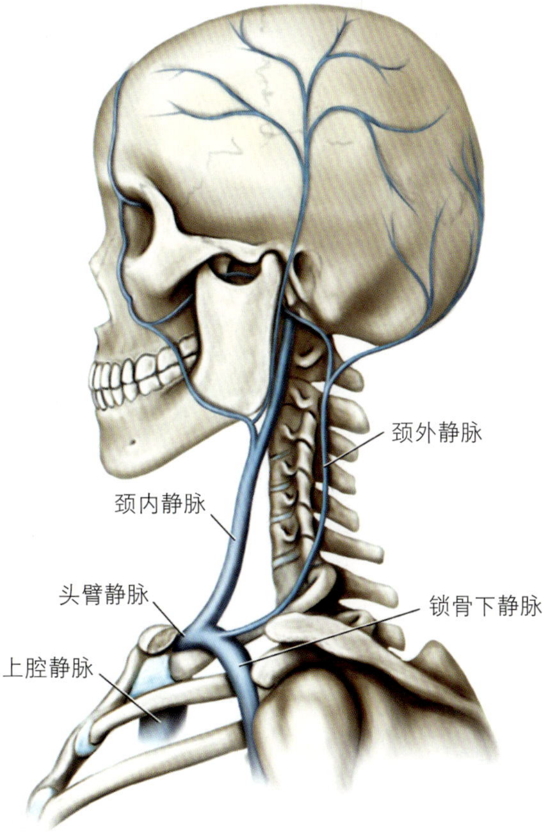

图6.14　头臂静脉和颈内静脉

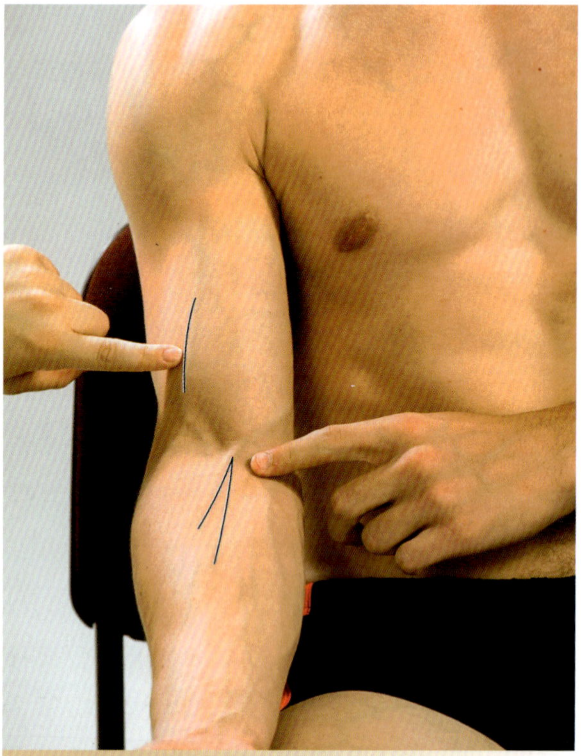

图6.15 指出肘正中静脉和头静脉

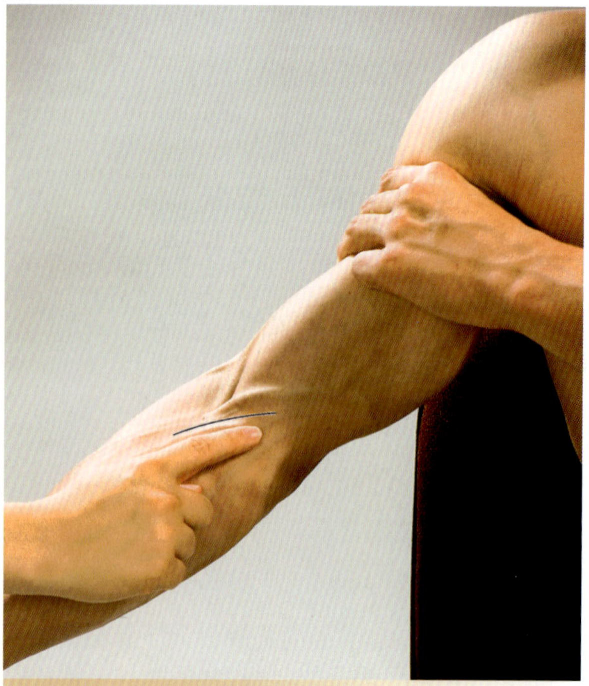

图6.16 指出贵要静脉

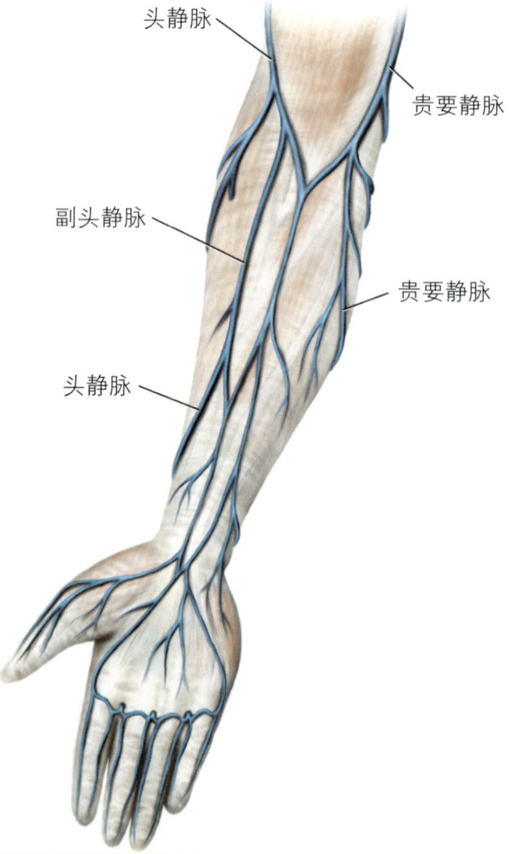

图6.17 头静脉和副头静脉

图6.18　前臂正中静脉的静脉网络

学习助手

术语回顾

以下术语均出自本章，请对其进行解释，并在自己身上或插图中找到这些结构。

副头静脉
小动脉
动脉
腋动脉
腋神经
腋静脉
肘贵要静脉
贵要静脉
肱动脉
臂丛
肱静脉
头臂静脉
毛细血管
头静脉
深静脉
掌深弓
指动脉
指静脉
腕背支
桡动脉腕背支
尺动脉腕背支
肩胛背神经
胸背神经
锁骨下分支
颈内静脉
胸外侧神经
正中神经外侧束
外侧束
胸长神经
下肩胛下神经
胸内侧神经
正中神经内侧束
臂内侧皮神经
内侧束
前臂内侧皮神经
肘正中静脉
正中神经
正中静脉
肌皮神经
桡神经
神经
手掌静脉丛
后束
桡动脉
桡静脉
平滑肌纤维
锁骨下动脉
锁骨下静脉
肩胛下神经
浅静脉
掌浅弓
锁骨上分支
肩胛上分支
胸背
尺动脉
尺神经
尺静脉

上肩胛下神经　　　　静脉弓

静脉　　　　　　　　小静脉

思考题

1. 把手放在身体前方，手指向上，握拳、松拳 4~6 次。最后一次时，保持握拳。用另一只手的示指和拇指尽力按压握拳手腕的掌面的两侧。松开拳头（另一只手仍然按压手腕掌面的两侧）。注意观察手掌面的颜色。

a. 松开按压的拇指，观察手的颜色发生了什么变化？手的哪一侧先改变？哪根血管被按压和被减压了？

b. 松开按压的示指，观察手的颜色发生了什么变化？手的哪一侧先改变？哪根血管被按压和被减压了？

2. 让搭档用手环绕你腋窝下方的上臂。让搭档握紧你的手臂，等长屈曲肘和腕几秒。

a. 如果有的话，你能识别手臂和前臂的浅静脉吗？

b. 你和搭档交换，进行相同的操作。是相同的可辨认的静脉吗，它们在同一位置吗？

单选题

1. 尺动脉和桡动脉是（　）的分支

a. 腕背

b. 肱动脉

c. 腕掌侧动脉

d. 正中动脉

2. 组成臂丛的神经束有（　）

a. 1 条

b. 2 条

c. 3 条

d. 4 条

3. 肌肉组织产生的废物通过（　）排泄。

a. 动脉

b. 平衡器

c. 静脉

d. 肾

4. 直接注入锁骨下静脉的是（　）

a. 腋静脉

b. 尺静脉

c. 肱静脉

d. 桡静脉

填空题

1. 常用于无偿献血或化验时采集血标本的是____________静脉。

2. 肩胛提肌和菱形肌由____________神经支配。

3. ____________的血管壁充满平滑肌纤维。

汇总表

上肢的关节

关节	类型	骨	韧带	活动形式
肩带				
胸锁关节	鞍状关节（滑动关节）	胸骨、锁骨	· 胸锁韧带、胸锁前韧带、胸锁上韧带、胸锁后韧带 · 肋锁韧带 · 锁间韧带 ·（关节盘）	上提，下压，旋转，拉长，收回
肩锁关节	平面关节（滑动关节）	锁骨、肩胛骨	· 肩锁韧带 · 喙锁韧带（锥状韧带、斜方韧带） · 喙肩韧带（保护盂肱关节） ·（关节盘）	上提，下压，旋转，拉长，收回，摆动（肩胛外展状态下后移肩胛骨，使其靠近胸部），倾斜（肩胛上提状态下旋转肩胛骨，使其靠近胸部）
肩关节				
盂肱关节	球窝关节	肱骨、肩胛骨	· 盂肱韧带（上韧带、中韧带、下韧带） · 喙肱韧带 · 肱横韧带（把结节间沟变成一管道，肱二头肌长头腱位于此） · 关节盂唇（加深关节窝） · 囊韧带	屈曲，伸展，过伸，外展，内收，内旋，外旋
肩胸关节	假关节	肩胛骨、胸部	· 无韧带（前锯肌筋膜和胸部筋膜）	上提，下压，肩胛骨在胸部的向上旋转、横向倾斜（外展，伸长）、向下旋转、内侧倾斜（内收，收回）
肘关节				
肱尺关节	铰链关节	肱骨、尺骨	· 囊韧带 · 尺侧副韧带（前束、后束、横束）	屈曲，伸展
肱桡关节	不规则关节（滑动关节）	肱骨、桡骨	· 桡侧副韧带 · 环状韧带	屈曲，伸展，旋转（旋前、旋后）
桡尺近侧关节	车轴关节	桡骨、尺骨	· 环状韧带	旋前，旋后
前臂				
桡尺中间关节	韧带联合关节	桡骨、尺骨	· 斜形韧带 · 骨间膜	轻微活动
桡尺远侧关节	车轴关节	桡骨、尺骨（和关节盘）	· 关节囊韧带 · 尺桡背侧韧带 · 尺桡掌侧韧带	旋前、旋后

续表

关节	类型	骨头	韧带	活动形式
腕关节				
桡腕关节	髁状关节（滑动关节）	桡骨、手舟骨、月骨、三角骨	· 囊韧带 · 桡侧副韧带 · 尺侧副韧带 · 桡腕背侧韧带 · 桡腕掌侧韧带	屈曲，伸展，外展（桡侧偏斜），内收（尺侧偏斜）
尺腕关节（不属于腕关节）	不规则关节（滑动关节）	尺骨、豌豆骨、三角骨	· 囊韧带 · 尺侧副韧带 · 关节盘	滑行
腕骨间关节				
近列	滑动关节	桡骨、手舟骨、月骨、三角骨	· 囊韧带 · 屈肌支持带 · 伸肌支持带 · 桡侧副韧带 · 尺侧副韧带 · 腕骨间掌侧韧带 · 腕骨间背侧韧带	滑行
中间	铰链关节（滑动关节）	近列和远列腕骨	· 囊韧带 · 腕骨间掌侧韧带 · 腕骨间背侧韧带 · 腕骨间韧带 · 桡侧副韧带 · 尺侧副韧带 · 豆钩韧带 · 豆掌韧带	滑行
远列	不规则关节（滑动关节）	大多角骨、小多角骨、头状骨、钩骨	· 囊韧带 · 腕骨间掌侧韧带 · 腕骨间背侧韧带 · 腕骨间韧带	滑行
手和手指（不包括拇指关节）				
腕掌关节	改良鞍状关节	大多角骨、小多角骨、头状骨、钩骨、掌骨（4）	· 囊韧带 · 腕掌掌侧韧带 · 腕掌背侧韧带 · 腕掌骨间韧带 · 掌侧副韧带	屈曲、伸展、外展、内收、第 5 腕掌关节轻微对掌运动
掌指关节	髁状关节	掌骨（4）、近节指骨（4）	· 掌骨横韧带 · 囊韧带 · 桡侧副韧带 · 尺侧副韧带 · 掌侧副韧带	屈曲，伸展，外展，内收
近端指骨间关节	铰链关节	近节指骨（4）和中节指骨（4）	· 囊韧带 · 桡侧副韧带 · 尺侧副韧带 · 掌侧副韧带	屈曲，伸展
远端指骨间关节	铰链关节	中节指骨（4）和远节指骨（4）	· 囊韧带 · 桡侧副韧带 · 尺侧副韧带 · 掌侧副韧带	屈曲，伸展

续表

关节	类型	骨头	韧带	活动形式
拇指				
腕掌关节	鞍状关节	大多角骨、第 1 掌骨	· 囊韧带	屈曲，伸展，外展，内收，对掌运动
掌指关节	铰链关节	第 1 掌骨、近节指骨	· 桡侧副韧带 · 尺侧副韧带 · 背侧副韧带	屈曲，伸展
指骨间关节	铰链关节	近节指骨、远节指骨	· 桡侧副韧带 · 尺侧副韧带 · 掌侧副韧带	屈曲，伸展

上肢肌肉、神经和血液供应

肌肉	起点	止点	作用	神经	血液供应
上肢带骨（前部）					
胸小肌	第 3~5 肋	肩胛骨喙突	肩胛骨向下旋转	胸内侧神经	腋动脉的胸外侧动脉和胸肩峰动脉
前锯肌	上 9 个肋骨	肩胛骨内侧缘	肩胛骨向上旋转	胸长神经	腋动脉的胸外侧动脉和肩胛下动脉，颈横动脉［甲状颈干（锁骨下动脉的分支）的分支］
锁骨下肌	第 1 肋	锁骨下沟	协助肩关节韧带稳定关节	胸内侧神经	锁骨支［胸肩峰动脉（锁骨下动脉的分支）的分支］
上肢带骨（后部）					
肩胛提肌	上 4 个颈椎的横突	肩胛骨上角	上提肩胛骨和使其向下旋转	肩胛背神经	颈横动脉和肋间动脉
菱形肌（大菱形肌和小菱形肌）	第 7 颈椎棘突至第 5 胸椎	肩胛骨内侧缘	上提肩胛骨和使其向下旋转	肩胛背神经	颈横动脉
斜方肌	枕外隆凸，所有颈椎和胸椎的棘突	肩胛冈和锁骨后表面	肩胛骨的上提、向上旋转、下旋转（内收）	颈 2，颈 3，颈 4，副神经（第 11 对脑神经）	颈横动脉
肩关节（前部）					
胸大肌	第 2~6 肋，胸骨，锁骨内侧半	肱骨外科颈前部的大结节远端	屈曲，内收，内旋	胸前外侧神经和胸前内侧神经	胸外侧动脉和胸肩峰动脉
喙肱肌	肩胛骨喙突	肱骨体中部的内侧	肩关节屈曲和内收	肌皮神经	肱动脉
肩关节（前部）					
肱二头肌（长头）	盂上结节	桡骨粗隆	肩关节外展和屈曲，肘关节屈曲，前臂旋后	肌皮神经	肱动脉

续表

肌肉	起点	止点	作用	神经	血液供应
肱二头肌（短头）	肩胛骨喙突	桡骨粗隆	肩关节内收和屈曲，肘关节屈曲，前臂旋后	肌皮神经	肱动脉
肩胛下肌	肩胛下窝	肱骨小结节	肩关节的内旋和屈曲，肩关节稳定性	臂丛的肩胛下神经	肩胛下动脉，颈横动脉，肩胛上动脉
肩关节（上部）					
三角肌（前部肌束）	锁骨前面的外侧段	三角肌粗隆	肩关节屈曲、内收、内旋（水平外展时）	腋神经	旋肱前动脉，旋肱后动脉，肱动脉，胸肩峰动脉
三角肌（中部肌束）	肩峰外侧缘	三角肌粗隆	肩关节外展		
三角肌（后部肌束）	肩胛冈下缘	三角肌粗隆	肩关节伸展、内收、外旋（水平外展时）		
冈上肌	肩胛冈的冈上窝	肱骨大结节近端	肩关节外展，维持肩关节稳定性	来自C5的肩胛上神经	颈横动脉，肩胛上动脉，肩胛下动脉
肩关节（后部）					
冈下肌	肩胛冈下方的冈下窝	肱骨大结节的中部	肩关节外旋和伸展，维持盂肱关节稳定性	肩胛上神经	颈横动脉和肩胛上动脉
小圆肌	肩胛骨外侧缘的上部和中部	肱骨大结节的远端	肩关节外旋、伸展和内收，维持肩关节稳定性	腋窝下臂丛神经	旋肱后动脉和肩胛下动脉
肩关节（下部）					
背阔肌	下6个胸椎的棘突，5个腰椎的棘突，髂骨后部，下3个肋骨，肩胛下角	肱骨前侧面的结节间沟的边缘	肩关节内旋、伸展和内收	胸背神经，下6个胸椎神经和腰椎神经的后支	肩胛下动脉，颈横动脉
大圆肌	肩胛骨外侧缘和下角的背面	肱骨小结节下方	肩关节内旋、伸展和内收	臂丛的肩胛下神经	肩胛下动脉
肱三头肌（长头）	盂下结节	尺骨鹰嘴	肩关节后伸和内收	桡神经	旋肱后动脉，肱动脉深支

续表

肌肉	起点	止点	作用	神经	血液供应
肘关节（前部）					
肱肌	肱骨干中部的前面	尺骨冠突	肘关节屈曲	肌皮神经	肱动脉
肱桡肌	肱骨外上髁	桡骨茎突	肘关节屈曲，前臂旋后	桡神经	桡动脉
肱二头肌（长头）	盂上结节	桡骨粗隆	肩关节外展和屈曲，肘关节屈曲，前臂旋后	肌皮神经	肱动脉
肱二头肌（短头）	喙突	桡骨粗隆	肩关节内收和屈曲，肘关节屈曲，前臂旋后	肌皮神经	肱动脉
肘关节（后部）					
肱三头肌（外侧头）	肱骨后外侧近端 1/3	尺骨鹰嘴	肘关节伸展	桡神经	旋肱后动脉，肱动脉深支
肘关节（后部）					
肱三头肌（长头）	盂下结节	尺骨鹰嘴	肘关节伸展，肩关节伸展和内收	桡神经	旋肱后动脉，肱动脉深支
肱三头肌（内侧头）	肱骨后内侧远端 2/3	尺骨鹰嘴	肘关节伸展	桡神经	旋肱后动脉，肱动脉深支
肘肌	肱骨外上髁	尺骨鹰嘴	肘关节伸展	桡神经	肱动脉深支，骨间背侧动脉
前臂（旋后肌群）					
旋后肌	肱骨外上髁、尺骨上端	桡骨近端的后部	前臂旋后	桡神经	骨间背侧动脉和桡动脉
肱二头肌（长头）	盂上结节	桡骨粗隆	肩关节外展和屈曲，肘关节屈曲，前臂旋后	肌皮神经	肱动脉
肱二头肌（短头）	喙突	桡骨粗隆	肩关节内收和屈曲，肘关节屈曲，前臂旋后	肌皮神经	肱动脉
前臂（旋前肌群）					
旋前圆肌	肱骨内上髁	桡骨外侧面	前臂旋前	正中神经	桡动脉
旋前方肌	桡骨	腕关节近端的尺骨	前臂旋前	正中神经	尺动脉，桡动脉

续表

肌肉	起点	止点	作用	神经	血液供应
腕和手（腕前部和手非固有肌）					
桡侧腕屈肌	屈肌总腱	第 2、第 3 掌骨的底部	腕关节屈曲和桡侧偏斜，肘关节屈曲，前臂旋前	正中神经	桡动脉
尺侧腕屈肌	屈肌总腱	豌豆骨、钩骨、第 5 掌骨的底部	腕关节屈曲和尺侧偏斜，肘关节屈曲，前臂旋后	尺神经	尺动脉
指浅屈肌	屈肌总腱	第 2~5 指中节指骨两侧	近端指骨间关节、掌指关节和腕关节的屈曲	正中神经	尺动脉
掌长肌	屈肌总腱	掌腱膜	腕关节屈曲	正中神经	桡动脉
指深屈肌	尺骨掌面的近端	第 2~5 指远节指骨底	远端指骨间关节、近端指骨间关节、掌指关节和腕关节的屈曲	正中神经，尺神经	尺动脉和骨间掌侧动脉
腕和手（腕后部和手非固有肌）					
桡侧腕长伸肌	肱骨外侧髁上嵴	第 2 掌骨底背面	腕关节伸展和桡侧偏斜，前臂旋后	桡神经	桡动脉
桡侧腕短伸肌	伸肌总腱	第 3 掌骨底背面	腕关节伸展和桡侧偏斜，前臂旋后	桡神经	桡动脉
尺侧腕伸肌	伸肌总腱	第 5 掌骨底背面	腕关节伸展和尺侧偏斜	桡神经	尺动脉
指伸肌	伸肌总腱	第 2~5 指中节、远节指骨底	第 2~5 指远端指骨间关节、近端指骨间关节和掌指间关节的伸展，腕关节伸展	桡神经	尺动脉
小指伸肌（固有的）	伸肌总腱	小指中节、远节指骨底背面	第 5 掌指关节和腕关节伸展	桡神经	尺动脉
示指伸肌	尺骨远端的背面	示指近节指骨底	第 2 掌指关节伸展和桡侧偏斜，腕关节伸展	桡神经	尺动脉
腕和手（手固有肌）					

续表

肌肉	起点	止点	作用	神经	血液供应
小指展肌	豌豆骨	小指近节指骨	第 5 掌指关节外展与屈曲	尺神经	尺动脉
小指短屈肌	钩骨	小指近节指骨	第 5 掌指关节屈曲	尺神经	尺动脉
小指对掌肌	钩骨	第 2 掌骨与小指近节指骨	第 5 掌指关节屈曲和内收	尺神经	尺动脉
骨间背侧肌（有 4 块）	第 1~5 掌骨的对缘	第 2~4 指近节指骨	第 2 和第 4 掌指关节外展	尺神经	桡动脉的掌骨分支
骨间掌侧肌（有 3 块）	第 2 掌骨内侧，第 4、第 5 掌骨外侧	第 4 和第 5 指骨外侧，第 2 近节指骨内侧	第 2，第 4 和第 5 掌指关节内收和屈曲	尺神经	掌深弓的掌骨分支
蚓状肌	指深屈肌腱	指总伸肌腱	第 2~5 掌指关节屈曲，第 2~5 近端指骨间关节和远端指骨间关节伸展	正中神经，尺神经	掌深弓的掌支
拇指（非固有肌）					
拇长伸肌	尺骨	拇指远节指骨	拇指的指骨间和掌指关节伸展，腕关节伸展和桡侧偏斜	桡神经	通过骨间背侧的尺动脉
拇短伸肌	桡骨	拇指近节指骨	拇指掌指关节伸展，第 1 掌骨外展，腕关节桡侧偏斜	桡神经	通过骨间背侧的尺动脉
拇长展肌	尺骨	第 1 掌骨基底	第 1 掌骨外展，腕关节屈曲	桡神经	尺动脉的骨间背侧分支
拇长屈肌	桡骨	拇指远节指骨	拇指指骨间关节和掌指关节屈曲，内收拇指	正中神经	桡动脉和骨间掌侧动脉
拇指（固有肌）					
拇短展肌	大多角骨，手舟骨	拇指近节指骨底	拇指掌指关节外展	正中神经	桡动脉
拇短屈肌	大多角骨	拇指近节指骨	拇指掌指关节屈曲和内收	正中神经	桡动脉
拇对掌肌	大多角骨	第 1 掌骨	拇指掌指关节屈曲和内收	正中神经	桡动脉
拇收肌	斜头：头状骨，第 2、第 3 掌骨；横头：第 3 掌骨	拇指近节指骨底	拇指掌指关节内收	正中神经	掌深弓

第Ⅲ部分

头、胸、脊柱和骨盆

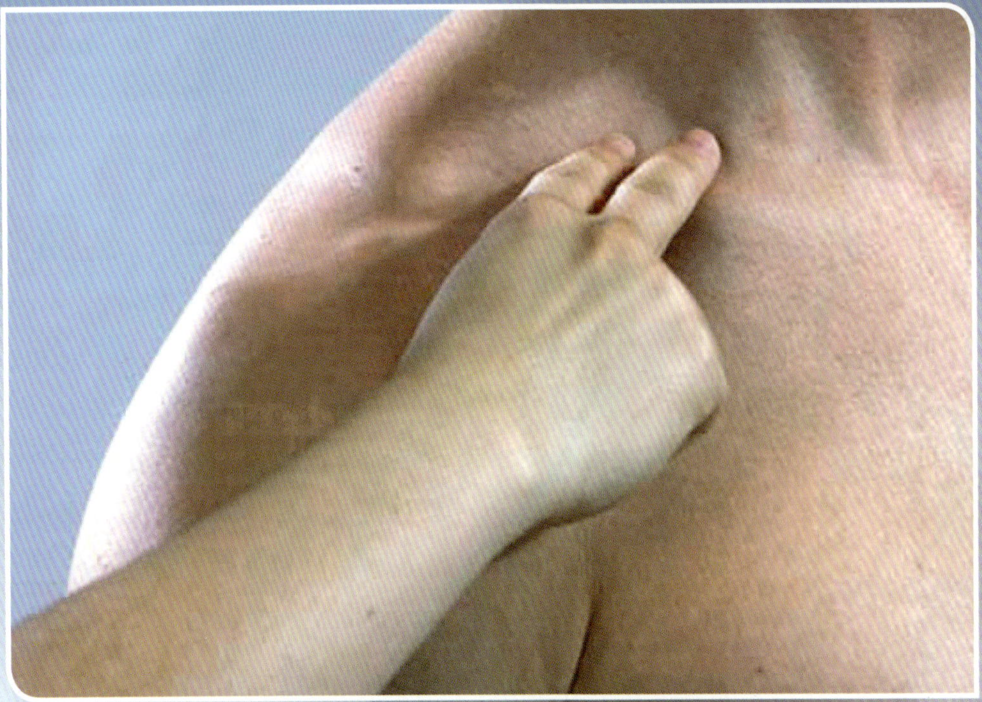

第 7 章

头

虽然头骨（颅骨）参与的人体运动比较少（颞下颌关节是头部唯一可以移动的关节），但是颅内的一些结构几乎参与所有的运动。当学习人体解剖学的时候，尤其是学习参与运动的结构时，了解头部的骨、韧带、肌肉和血管，以及头内部与神经系统有关的内容就很有必要。本章主要讲述头的骨、韧带和肌肉，第 10 章主要讲述头和脊柱的血管和神经。

颅骨

颅骨由 28 块骨组成，其中脑颅骨 8 块，面颅骨 14 块，听小骨 6 块。虽然有些学者认为舌骨也属于颅骨，但是由于它与其他骨没有任何骨性附着，这里不作为颅骨讲述。脑颅骨包括 1 块筛骨、1 块额骨、2 块颞骨、2 块顶骨、1 块蝶骨（图 7.1）、1 块枕骨（图 7.2）。面颅骨包括 2 块泪骨、1 块下颌骨、2 块上颌骨、2 块鼻骨、1 块犁骨、2 块颧骨和 2 块腭骨（图 7.3）。另外，2 块鼻甲的上、中和下部形成了鼻腔侧壁。

颅骨的骨标志大多数是以它们的作用命名。这些骨性标志有很多非常小，也通常涉及人体解剖学上较先进的研究。颅骨骨性标志（是84块头肌的起止点）及其功能如下。

牙槽：保存牙齿的槽。

颅前窝：支持大脑额叶的区域。

下颌骨体：颊肌、二腹肌、三角肌、颏肌、颈阔肌、下颌舌骨肌、下唇方肌、颏舌骨肌和颏舌肌的起点。

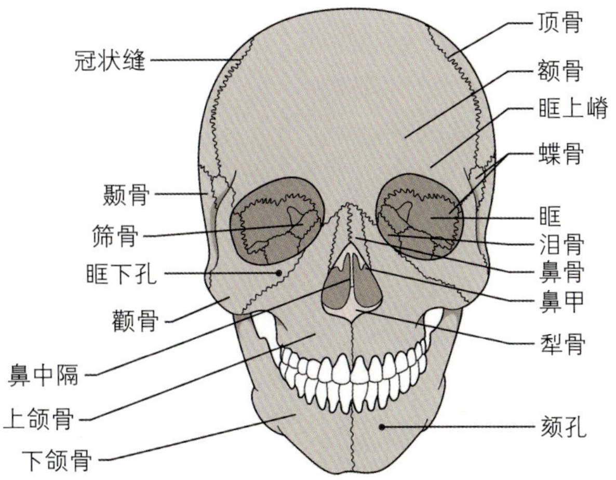

图 7.1　颅骨前面观

图片来源：Watkins，2010。已授权。

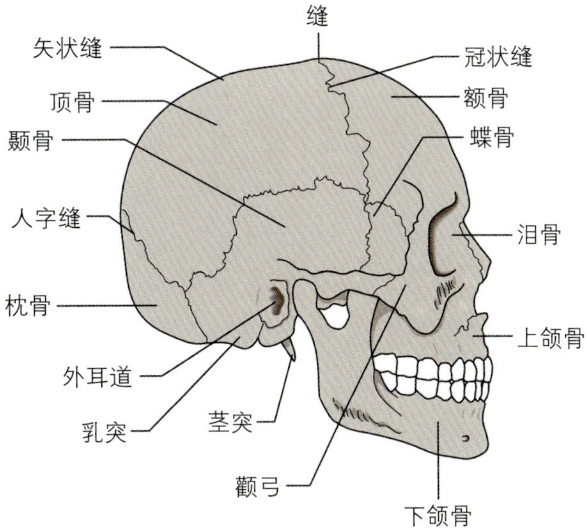

图 7.2　颅骨侧面观

图片来源：Cartwright，Pitney，2011。已授权。

尖牙窝：犬牙肌肉的起点。

颈动脉管：颈内动脉的颞骨结构。

小脑窝：小脑表面。

髁窝：来自横窦的静脉经过的区域。

冠突：颞肌的止点。

筛板：鼻腔和嗅球（负责嗅觉）之间有嗅神经通过的骨板。

鸡冠：大脑镰前端的附着部。

外耳道：引导声音穿过颞骨到达鼓膜的通道。

枕外隆凸：斜方肌和项韧带的附着部。

破裂孔：岩浅神经和颈内动脉由此处经过。

枕骨大孔：位于枕骨、前后径大。有延髓、寰枕韧带、椎动脉、脊神经前后支和副神经通过。

卵圆孔：位于蝶骨，有下颌神经、脑膜副动脉、

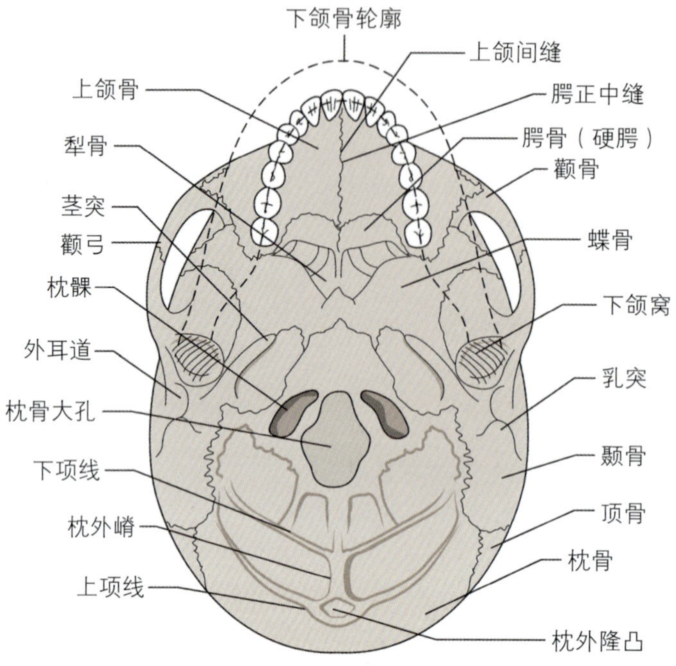

图 7.3 颅骨的下结构

图片来源：Watkins，2010。已授权。

导静脉和淋巴管通过。

圆孔：上颌神经的通路。

棘孔：脑膜血管和下颌神经的一个分支的通路。

硬腭（口腔顶部）：由腭骨水平部分和上颌骨腭突形成。

舌下神经管：位于枕骨，脑膜动脉和舌下神经经此出颅。

垂体窝：脑下垂体所在的区域。

切牙管：鼻腭神经和腭大动脉的通路。

下项线：头半棘肌附着的位置。

眶下裂：眶下血管、上颌神经颧支和蝶腭神经分支的通路。

下鼓室小管：舌咽神经的分支——鼓室神经的通路。

眶下孔：开口于上颌骨，上颌神经眶下支（眶下神经）和上颌动脉眶下支（眶下动脉）的通路。

枕内嵴：硬膜（大脑覆盖物之一）内层的一部分附着处。

颈静脉孔：开口于颞骨，岩下窦、横窦（颈内静脉）、咽枕动脉的脑膜支，以及第9、第10和第11对脑神经。

颈突：寰枕外侧韧带和头外侧直肌的附着处。

泪囊窝：容纳泪囊的长圆形窝。

下颌孔：开口于下颌管，下牙槽动脉和神经由此通过。

下颌窝：下颌头连接颞骨的地方。

下颌头：形成下颌窝在颞骨上的颞下颌关节。

乳突小管：迷走神经耳支的通道。

乳突孔：导静脉和动脉的通道。

乳突：头夹肌和胸锁乳突肌的附着处。

颏孔：颏神经和血管的下颌骨通道。

下颌舌骨沟：位于下颌骨，下颌舌骨肌神经和动脉的通道。

下颌颈：翼外肌附着处。

枕髁：颅骨和寰椎上关节突相关节处。

视神经孔：视神经的通道。

眶：储藏眼睛的眼窝。

下颌骨的下颌支：翼内肌和咬肌的附着处。

茎突：茎突舌骨肌、茎突舌肌、茎突咽肌和茎突下颌韧带的附着处。

茎乳孔：面神经和茎乳动脉穿过颞骨的孔。

上项线：斜方肌、胸锁乳突肌、枕肌和头夹肌的附着处。

眶上裂：滑车神经、动眼神经、三叉神经眼支和展神经的通道。

眶上切迹：位于额骨，眼动脉眶上支和眼神经的通道。

颞窝：颞肌的附着处。

颧弓：连接颞骨乳突和颞骨颧突，咬肌附着处，并为颞肌附着于冠突提供空间。

听小骨包括锤骨、砧骨和镫骨（图7.4）。锤骨与鼓膜相连，由一个头、一个颈、一个锤骨柄、锤骨前突和锤骨外侧突组成。锤骨柄和锤骨外侧突连接鼓膜，锤骨前突是韧带纤维的附着处。锤骨头连接砧骨体。砧骨由体和长、短脚组成。砧骨长脚附着于镫骨头。镫骨由头、颈、体，以及前、后脚组成。这3块骨通过韧带悬浮在中耳的鼓室中，它们把声音从鼓膜传递到内耳的耳蜗。

耳由3部分组成：外耳、中耳和内耳。外耳包括耳郭、外耳道和鼓膜。中耳包括3块听小骨、咽鼓管的上端和分隔内耳与中耳的蜗窗（圆窗）和前庭窗（卵圆窗）。3块听小骨不与任何一块颅骨相关节。内耳（图 7.5）包括耳蜗和前庭（由椭圆囊、球囊和半规管组成，是构成整体平衡机制所必需的部分）。

以下是听觉形成的机制。声波通过外耳收集并通过外耳道到鼓膜。鼓膜把声波传递到中耳（锤骨、砧骨和镫骨），中耳通过前庭窗引导声波到内耳的耳蜗。蜗神经和前庭神经结合形成前庭蜗神经（第8对脑神经）传递冲动到延髓（见第10章）。

舌骨不与其他颅骨相关节，悬浮在喉和下颌骨之间。舌骨是颈部肌肉和舌肌的连接处（图7.6）。

下颌骨形成颌下部，与颅骨的颞骨相关节（图 7.7）。最初在出生前，它由两部分组成，在出生以后，这两部分在一个叫下颌骨颏部的区域结合。

颅骨关节

颅骨关节分为颅内关节（脑颅骨之间的连接）、面部关节（面颅骨之间的连接）和颅面关节（面颅骨和脑颅骨之间的连接）。颅骨和颈椎之间有寰枕关节（见第8章）。颅骨之间不可活动的关节通过缝连接。这些缝合在婴儿的颅骨上很容易看到，但一旦骨骼成熟，缝将进行融合。大多数颅缝由它们连接的骨命名。颅骨有34个缝。以下带有“*”的缝可在图7.1、图7.2或图7.3中看到。

冠状缝：在额骨和顶骨之间。

筛骨上颌缝：位于筛骨和上颌骨之间。

额缝：在额骨之间，6~10岁消失。

额筛缝：位于额骨及筛骨之间。

额上颌缝：位于额骨和上颌骨之间。

上颌缝：位于上颌骨之间。

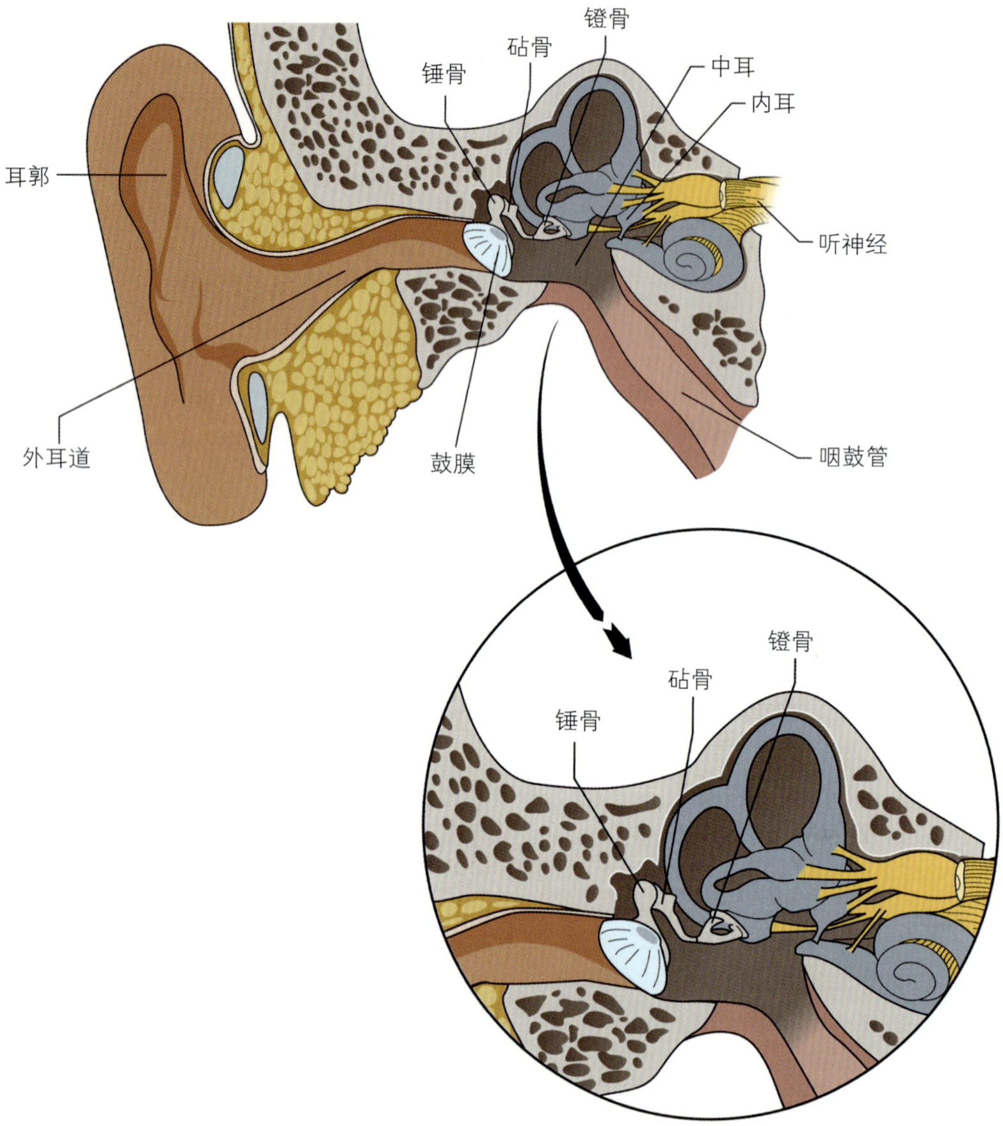

图 7.4 耳的结构和骨

图片来源：Cartwright和Pitney，2011。已授权。

鼻骨间缝：位于鼻骨之间。

泪筛缝：位于泪骨和筛骨之间。

额泪缝：位于泪骨和额骨之间。

泪上颌缝：位于泪骨和上颌骨之间。

*人字缝：位于枕骨和顶骨之间。

乳突颞骨鳞状缝：位于乳突和颞骨鳞部之间。

上颌颧缝：位于上颌骨和颧骨之间。

腭正中缝：位于上颌骨的腭突和腭骨之间。

额鼻缝：位于鼻和额骨之间。

鼻上颌缝：位于鼻骨和上颌骨之间。

枕乳突缝：位于枕骨和乳突之间。

腭筛缝：位于腭骨眶突和筛骨之间。

腭上颌缝：位于腭骨眶和上颌骨之间。

顶乳突缝：位于顶骨和乳突之间。

岩枕裂：位于颞骨岩部和枕骨之间。

岩鳞裂：位于颞骨的岩部和鳞部之间。

*矢状缝：位于顶骨之间。

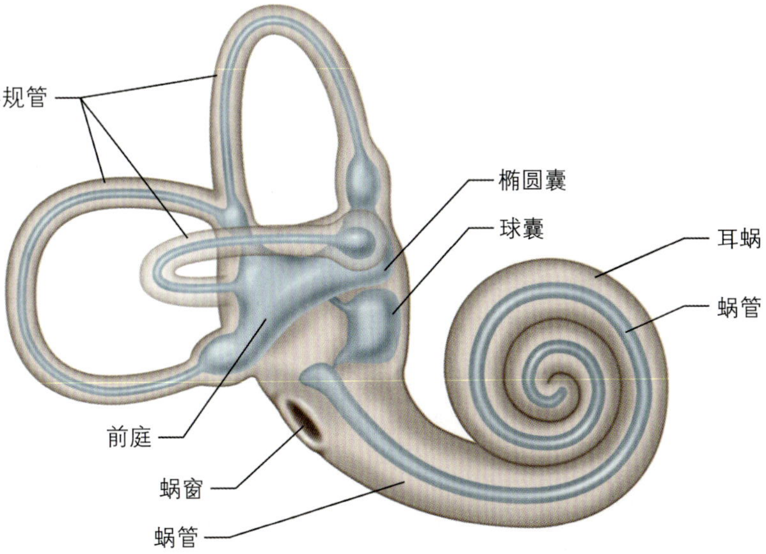

图 7.5 内耳结构

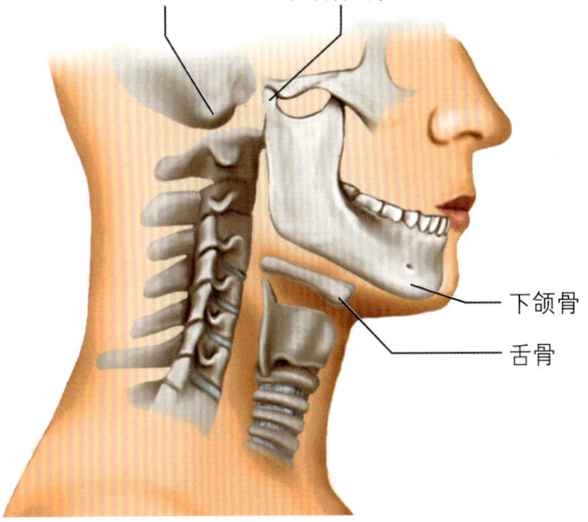

图 7.6 舌骨

图片来源：Loudon, Swift和Bell，2008。已授权。

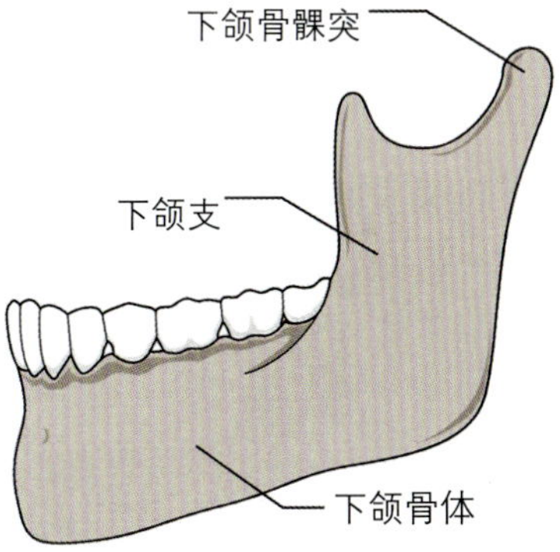

图 7.7 下颌骨

图片来源：Watkins，2010，已授权。

蝶筛缝：位于蝶骨翼和筛骨之间。

蝶额缝：位于蝶骨翼和额骨之间。

蝶眶缝：位于蝶骨体和腭骨眶突之间。

蝶顶缝：位于蝶骨翼和顶骨之间。

蝶岩裂：位于蝶骨和颞骨岩部之间。

蝶鳞缝：位于蝶骨大翼和颞骨鳞部之间。

颧蝶缝：位于蝶骨大翼和颧骨之间。

鳞缝：位于顶骨下部和颞骨鳞部之间。

颞颧缝：位于颞骨颧突和颧骨颞突之间。

腭横缝：位于上颌骨腭突和腭骨之间。

额颧缝：位于颧骨和额骨之间。

所有的缝（接头）都被认为是不动的关节，但是颅骨确实有一个可移动的关节，即颞下颌关节——由下颌骨的下颌头和颞骨下颌窝之间形成的关节。

知识拓展

囟门

婴儿有四个突出的颅骨还没有生长在一起的地方，骨之间的软点称为囟。最大的囟门是前囟（额囟），即冠状缝和矢状缝之间。此处可以感觉到婴儿的脉搏，并易观察到。后囟（枕囟）是人字缝和矢状缝相接处。翼点（横囟或蝶囟）是蝶骨大翼和顶骨蝶角交汇的地方。星点（乳突囟）是人字缝、枕乳缝和顶乳缝交汇处。在正常生长情况下，到2岁的时候，这些囟门会“关闭”，或缝完全形成。

头部韧带

颞下颌关节由一个关节盘、一个关节囊和一个颞下颌韧带组成（图 7.8a）。关节的支撑由茎突下颌韧带和蝶下颌韧带提供（图 7.8b）。关节可进行滚动运动和滑行运动，这些运动引起上升、下沉、伸出，以及下颌骨的内侧和外侧运动。

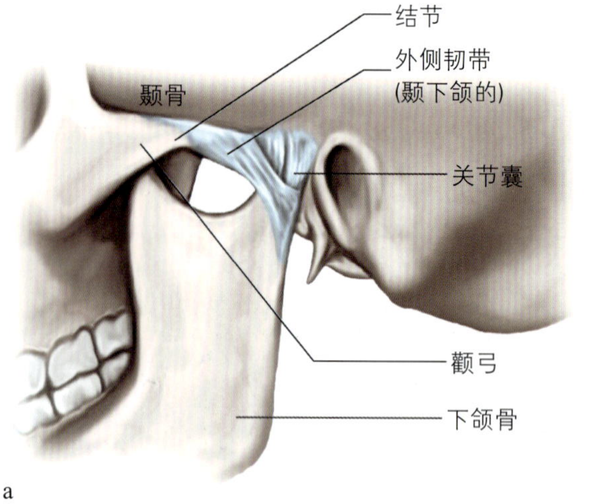

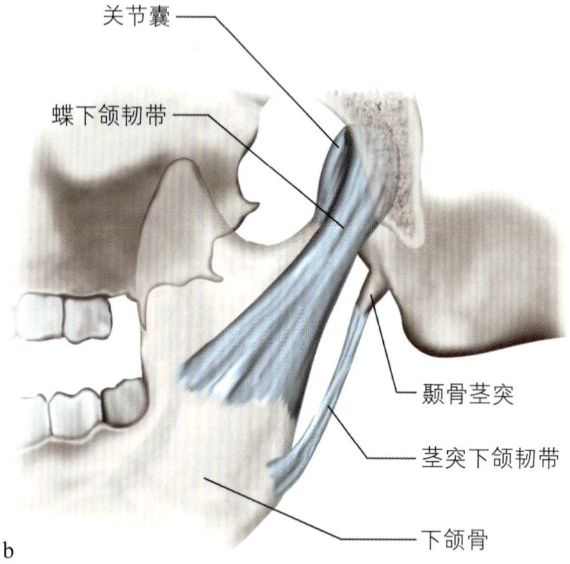

图7.8　颞下颌关节的韧带　a.外侧；b.内侧

图片来源：Loudon, Swift和Bell，2008。已授权。

鼻旁窦

在骨和骨性标志中，有一些被称为鼻旁窦的充满空气的腔（图 7.9）。这些腔沿着黏膜排列，直接或间接地连接鼻腔，并被认为是声音的共振空腔。任何鼻旁窦黏膜炎症都称为鼻窦炎。主要的鼻旁窦有 4 个：

·筛窦：位于在眼睛和中鼻甲间的筛骨上（鼻腔的鼻墙形成四对突出，称为鼻甲：最上鼻甲、上鼻甲、中鼻甲和下鼻甲），筛窦也和鼻腔相通。一个极薄的骨（筛骨纸板）将这些鼻旁窦与眼内容物分开。

·额窦：是2个三角形腔（左和右），位于额骨底部；额窦直接和间接地与鼻腔相通。

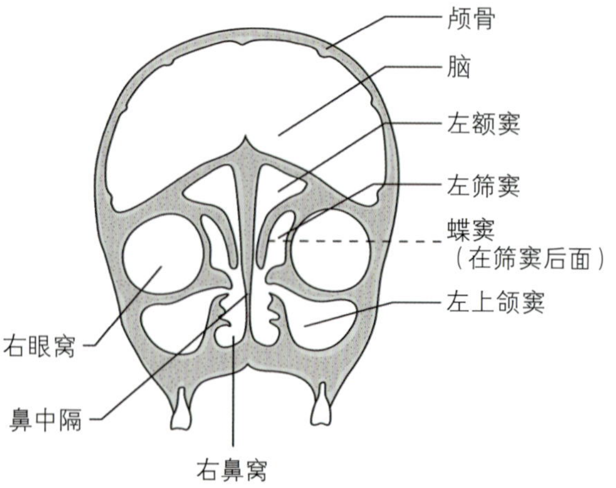

图7.9　鼻旁窦

图片来源：Watkins，2010。已授权。

·上颌窦：位于面颊、体积大，是上颌骨内的腔，和鼻腔的中鼻道相通。

·蝶窦：位于筛窦后的蝶骨前方，开口于上鼻甲上方的鼻腔。颈动脉和视神经位于这一区域。

头部肌肉和基本运动

你可能认为由于颞下颌关节是唯一可移动的头部关节，因此头部肌肉数量很少。然而，头部不仅有很多肌肉与面部运动有关，还有很多附着于头部促进颈椎（颈部）运动的肌肉。头部肌肉分为六组：颅肌、面肌、眼肌、舌、软腭和咽（图7.10和图 7.11）。

·颅肌：颅肌分为三组：①颅顶肌，由额腹和枕腹组成；②外耳，由耳前肌、耳后肌和耳上肌组成；③中耳，由镫骨肌和鼓膜张肌组成。

·面肌：面肌（表情肌）分为四组：①眼部肌群，由皱眉肌、上睑提肌和眼轮匝肌组成；②鼻部肌群，由内眦头、降鼻中隔肌、鼻肌横部、鼻肌翼部和降眉间肌组成；③口部肌群，由颊肌、尖牙肌、颏肌、口轮匝肌、上唇方肌、下唇方肌、内眦头、眶下头、颧头、笑肌、口三角肌和颧肌组成；④咀嚼肌，由翼内肌、翼外肌、咬肌和颞肌组成。

操作

面朝搭档或面朝镜子，做以下动作，考虑用了哪一块面部肌肉：①扬起眉毛；②皱鼻子；③用你的嘴唇做吻的动作。把手指放在颞下颌关节区域之上，张嘴再闭嘴，感受咀嚼肌收缩。哪些面部肌肉促成了这个动作？

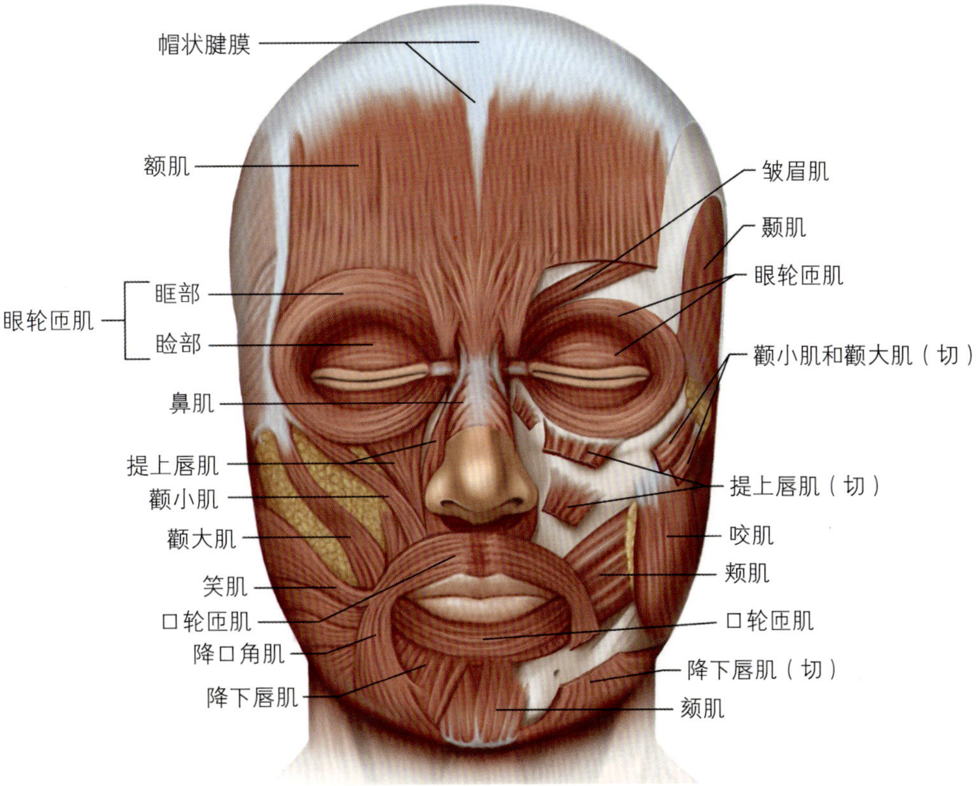

图 7.10 头部浅层和深层肌肉

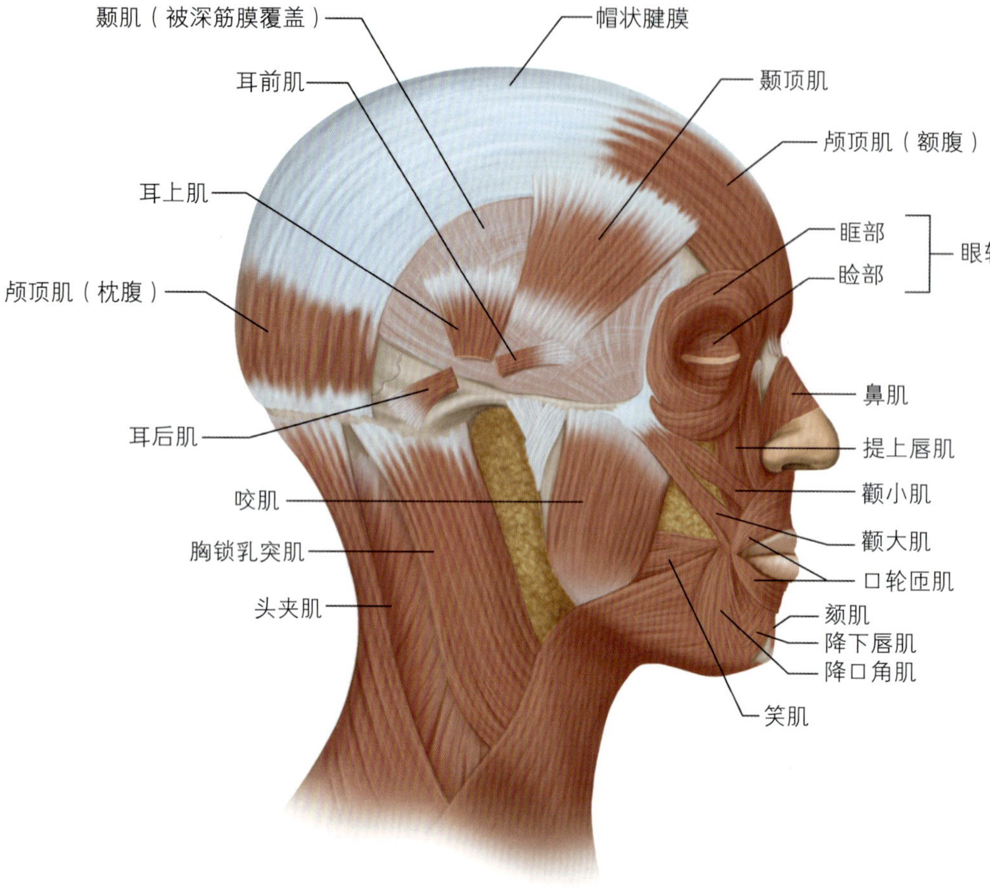

图 7.11　侧面和后面肌肉

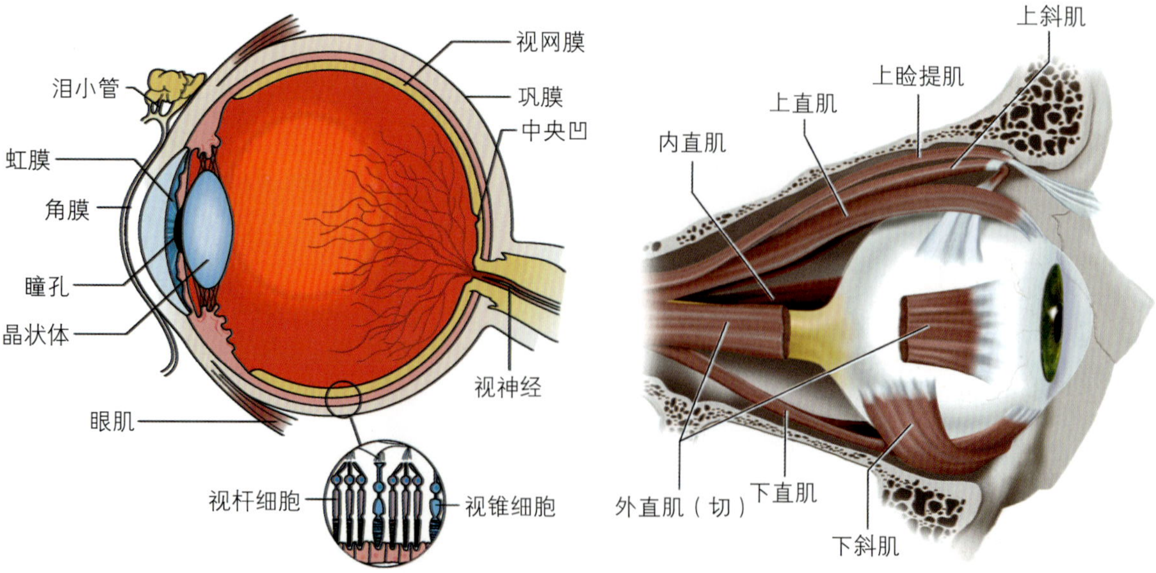

图 7.12　眼部结构和肌肉

图片来源：Cartwright和Pitney，2011。已授权。

· 眼肌：图7.12是眼的横切面图。角膜是眼睑之下的透明层，虹膜是位于角膜和晶状体之间的弹性膜。虹膜有色（如蓝色、绿色、棕色），是眼睛的一部分；虹膜中心有瞳孔。虹膜与角膜之间的空间称为前房，虹膜和晶状体之间的空间称为后房。前、后房充满了房水（无色透明的液体）。睫状小带将晶状体悬浮在眼球里。晶状体后是一个“三层的墙”，它由外层（巩膜）、内层（视网膜）和两层之间的脉络膜组成。晶状体和视网膜之间是玻璃体（无色透明的胶状物质）。眼肌分为两组：①眼球外肌包括上睑提肌、上斜肌、下斜肌、上直肌、下直肌、内直肌、外直肌；②眼球内肌，由睫状肌、两块虹膜肌（瞳孔开大肌和瞳孔括约肌）组成。

操作

面对搭档或镜子，做以下动作，思考用了哪一块眼肌：①向上看；②向下看；③从一侧看向另一侧。用手遮住一只眼睛，再很快地移开手，然后观察瞳孔。瞳孔是变大了还是变小了？

· 舌肌：舌肌（图7.13）分为两组：①舌外肌，由小角舌肌、颏舌肌、舌骨舌肌、茎突舌肌组成；②舌内肌，由纵肌（上纵肌和下纵肌）、舌横肌和舌垂直肌组成。

操作

面朝搭档或镜子，做以下动作，考虑用了哪一块舌肌：①伸出舌头；②左右摆动舌头。

· 软腭肌：软腭肌由腭舌肌、腭垂肌、腭帆提肌、腭帆张肌、腭咽肌和咽鼓管咽肌组成。

· 咽喉肌：咽部的肌肉由茎突咽肌和咽缩肌（分为上、中和下部）组成。虽然喉肌通常被认为是颈部的肌肉，但是它的运动只涉及喉部，并不涉及颈部，因此喉肌属于头部肌肉。喉肌分为两组：喉外附肌和喉内在肌。喉外附肌即舌骨肌，也分为两组：①舌骨下肌，由甲状腺提肌、胸骨舌骨肌、胸骨甲状肌、甲状舌骨肌、肩胛舌骨肌（分为前腹和后腹）构成；②舌骨上肌，由颏舌骨肌、下颌舌骨肌、茎突舌骨肌和二腹肌（分为前腹和后腹）构成（图 7.14）。喉内在肌是杓会厌肌、杓斜肌、杓横肌、环杓后肌、环杓侧肌、环甲肌、甲杓肌、甲状会厌肌、室肌和声带肌。

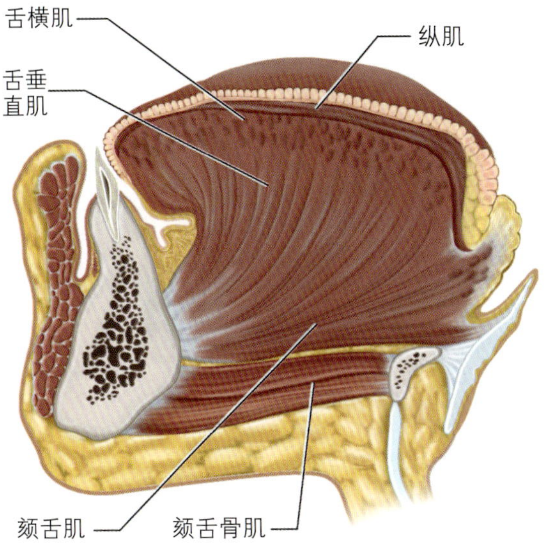

图 7.13 舌肌

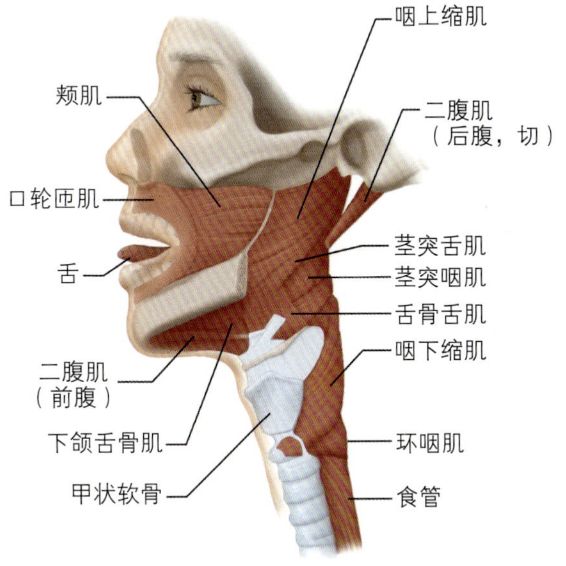

图 7.14 咽和喉的浅层肌肉

学习助手

术语回顾

以下术语均出自本章，请对其进行解释，并在自己身上或插图中找出这些结构。

前房
关节盘
房水
杓会厌肌
杓斜肌
杓横肌
星点
耳郭
前囟
颊肌
尖牙肌
内眦头
眶下头
颧头
小角舌肌
脉络膜
睫状肌
耳蜗
咽缩肌（分为上、中和下部）
角膜
皱眉肌
颅面关节
寰枕关节
脑颅骨
环杓侧肌
环杓后肌
环甲肌
降鼻中隔肌
二腹肌（分为前腹和后腹）
鼻肌翼部
瞳孔开大肌
枕额肌
平衡机制
筛骨
筛窦
咽鼓管
外耳
外耳道
蜗窗
前庭窗
额骨
额窦
额腹
颏舌肌
颏舌骨肌
腭舌肌
舌骨
砧骨
舌骨下肌
颅内关节
面部联合
内耳
虹膜
泪骨
后囟
筛骨纸板
晶状体
甲状腺提肌
腭帆提肌
上睑提肌
纵肌（上纵肌、下纵肌）
锤骨
下颌骨
颞骨下颌窝
咬肌
上颌骨
上颌窦
颏肌
中耳
下颌舌骨肌
鼻骨
鼻甲
鼻肌横部
上斜肌
下斜肌
枕骨
枕腹
肩胛舌肌（分为前腹和后腹）
眼轮匝肌
口轮匝肌
腭骨
顶骨
咽腭骨
后房
降眉间肌
翼点
翼内肌
翼外肌
瞳孔
上唇方肌
下唇方肌
上直肌
下直肌
内直肌
外直肌
视网膜
笑肌
球囊
咽鼓管咽肌
巩膜
半规管
窦
蝶骨
蝶窦

蝶下颌韧带
瞳孔括约肌
镫骨肌
镫骨
胸骨舌骨肌
胸骨甲状肌
茎突舌肌
茎突舌骨肌
茎突下颌韧带
茎突咽肌
舌骨上肌
睫状带
缝
颞骨
颞肌
颞下颌关节
颞下颌韧带
鼓膜张肌
腭帆张肌
甲杓肌
甲状会厌肌
甲状舌骨肌
舌横肌
口三角肌
鼓膜
椭圆囊
腭垂肌
室肌
舌垂直肌
前庭
前庭蜗神经
玻璃体
声带肌
犁骨
颧骨
颧肌

思考题

1. 和搭档一起尽可能多地识别并触摸第 114~117 页外部骨性标志。

2. 在搭档张嘴然后闭嘴的时候，触摸其颞下颌关节，并识别感受到的肌肉和相关的颞下颌关节运动。

3. 让搭档盯着你的示指，你先抬起示指，然后降低示指，再把示指从一侧移到另一侧。仔细观察搭档的眼球运动，并找出是哪些眼外肌完成的这些运动。

单选题

1. 婴儿颅骨上最大的囟门是（ ）

a. 前囟

b. 外侧囟

c. 后囟

d. 内侧囟

2. 面颅骨和脑颅骨之间的关节是（ ）

a. 颅内关节

b. 面部关节

c. 颅面关节

d. 寰枕关节

3. 不包含在颞下颌关节的是（ ）

a. 颞下颌韧带

b. 关节盘

c. 颧部韧带

d. 关节囊

4. 不是外耳肌肉的是（ ）

a. 耳上肌

b. 耳下肌

c. 耳前肌

d. 耳后肌

5. 位于虹膜中心的是（ ）

a. 视网膜

b. 瞳孔

c. 晶状体

d. 角膜

6. 斜方肌和项韧带的附着部是（ ）

a. 枕骨大孔

b. 乳突

c. 枕外隆凸

d. 茎突

7. 下面属于咀嚼肌的是（ ）

a. 额肌

b. 小舌

c. 颏肌

d. 咬肌

8. 连接鼓膜的是（ ）

a. 砧骨

b. 镫骨

c. 鼻道

d. 锤骨

填空题

1. 锤骨、砧骨和镫骨位于__________。

2. 除了由下颌骨和颞骨组成的颞下颌关节，其他颅骨关节属于__________关节。

3. 位于面颊的是__________窦。

4. 上斜肌和下斜肌是眼球__________。

5. __________位于头部，与其他骨没有任何骨性附着。

6. 位于骨中、充满空气、被覆黏膜的腔是__________。

7. 位于枕骨，有延髓和脊神经通过的是__________。

8. 晶状体和视网膜之间的胶状物质是__________。

第8章

骨盆和脊柱

脊柱由33块椎骨堆积而成，它们之间借由肌肉、韧带和椎间盘（主要成分是蛋白质和水）相互连接（图8.1）。33块椎骨被分成5个形态各不相同的部分，它们之间虽然有许多相似的结构特点，但不同部分的椎骨由于具体的生理功能不同，又具有许多特异的结构特色。位于脊柱最上方的7块椎骨为颈椎（俗称的颈部）；颈椎下方的12块椎骨为胸椎（俗称的胸部）；胸椎下方的5块椎骨为腰椎（俗称的腰部）；腰椎下方有5块椎骨为骶椎，5块骶椎融合成1块骶骨；位于脊柱最下端的是尾椎，它由4块相互融合的椎骨构成，尾椎也称尾骨。

脊柱的侧面观可发现有4个解剖弯曲：颈椎和腰椎向前凸，胸椎和尾骶椎向后凸。当身体重力轴线有所位移时（如妊娠、肥胖、体重过轻、外伤），这些弯曲的弧度会相应增大或减小。这个现象也反映了脊柱的一大功能：通过调整始终保持身体在竖直位时，头部位于全身的重力轴线上。身体肌肉发育不良或脊柱结构变形会导致脊柱过度前凸或后凸，其中有3种典型形态最具特点也最常见：脊柱后凸（驼背、圆肩）（图8.2）；脊柱前凸（兽背，swayback）（图8.3）；脊柱侧凸（图8.4）通常可见于胸椎，有时在颈椎和腰椎处也可见轻度侧凸。

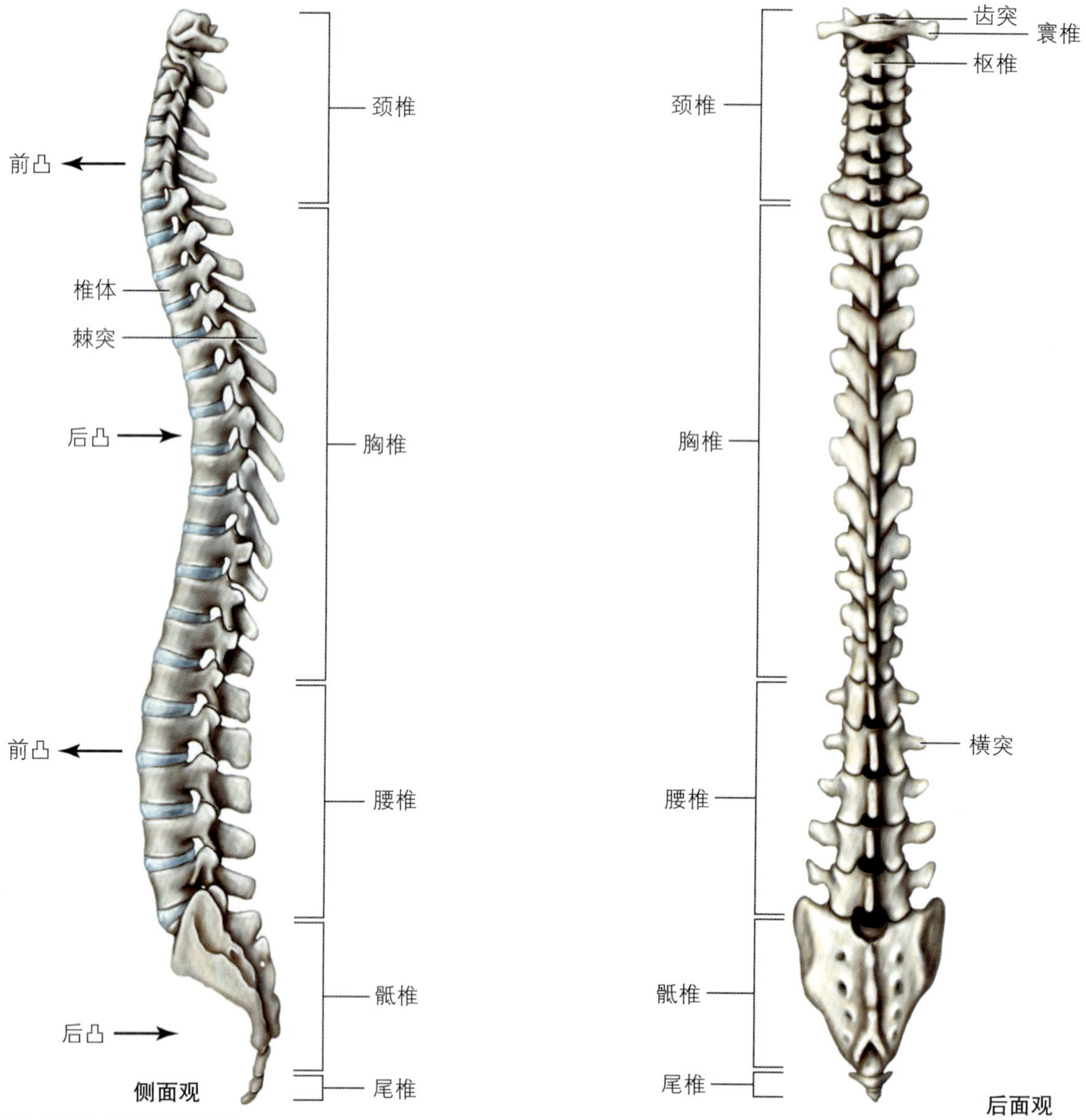

图 8.1 脊柱侧面观、后面观

脊柱的骨

尽管脊柱的5个部分结构相似，但每个部分却还是形态各异，依据其生理功能和解剖位置具有不同的结构特点。所有的椎骨都有1个椎体，侧方有2个横突（供韧带和肌肉附着），1个棘突（供韧带和肌肉附着）和一个椎孔（供脊髓和神经根穿过）（图8.5）。除此之外，所有的椎骨都有上、下关节面（供上、下椎骨相互关节）。上、下关节面位于椎孔后方的固有层，构成椎孔侧部的椎弓板。供脊髓发出的神经根穿过的椎间孔和上、下关节面间的骨性区域称为“峡部”（脊椎峡部、椎弓峡部）。

颈椎的7块骨头从上到下依次命名为颈1~颈7（C1~C7）。头端第一块颈椎又名为寰椎（C1），第二块颈椎又名为枢椎（C2），这两块椎骨为了使头自由转动，其结构与其余颈椎（C3~C7）有很大差异。

寰椎椎体很小，但两侧关节面很大，供颅

图 8.2 胸椎后凸

图 8.3 胸椎前凸

骨与脊柱相互关节（图8.6）。由于颅骨与寰椎间关节十分牢靠，当头转动时，寰椎也会随之而转动。寰椎之下的是枢椎，彼此靠枢椎上方两个大关节面相互关节，两关节面间是一巨大的骨性突，叫作齿突或齿状突（图8.6）。寰椎与枢椎间的相互位移是脖子转动时的解剖原理。同时需要注意颈椎棘突尖端呈分叉状，横突侧方有孔，供血管穿过颈椎（图8.7）。这两个特点是颈椎所特有的。另一点值得注意的是第7颈椎（C7）的棘突长而明显，易于触及。

动手体验

用自己的手指自上而下划过颈椎，直到触及一突起物，这便是C7棘突。C7棘突易于触及，可作为体表标志来定位其余颈椎或定位胸椎的起始处。

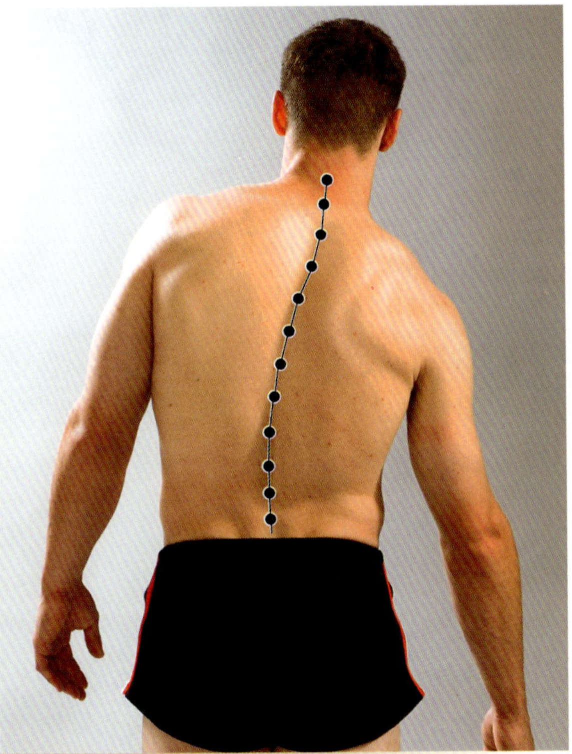

图 8.4 脊柱侧凸

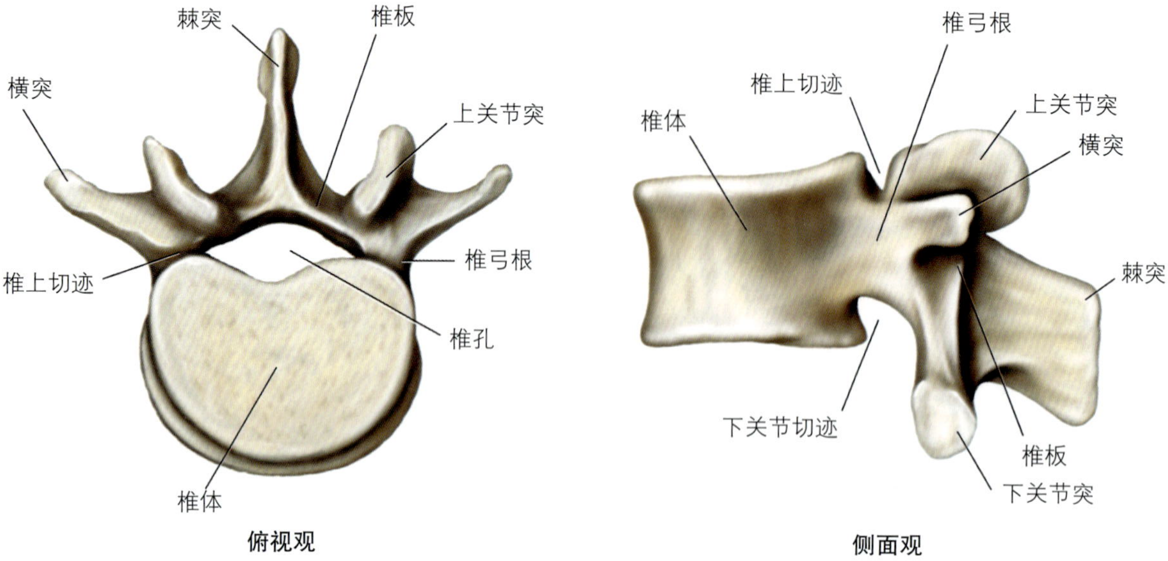

图 8.5 正常椎体俯视观和侧面观

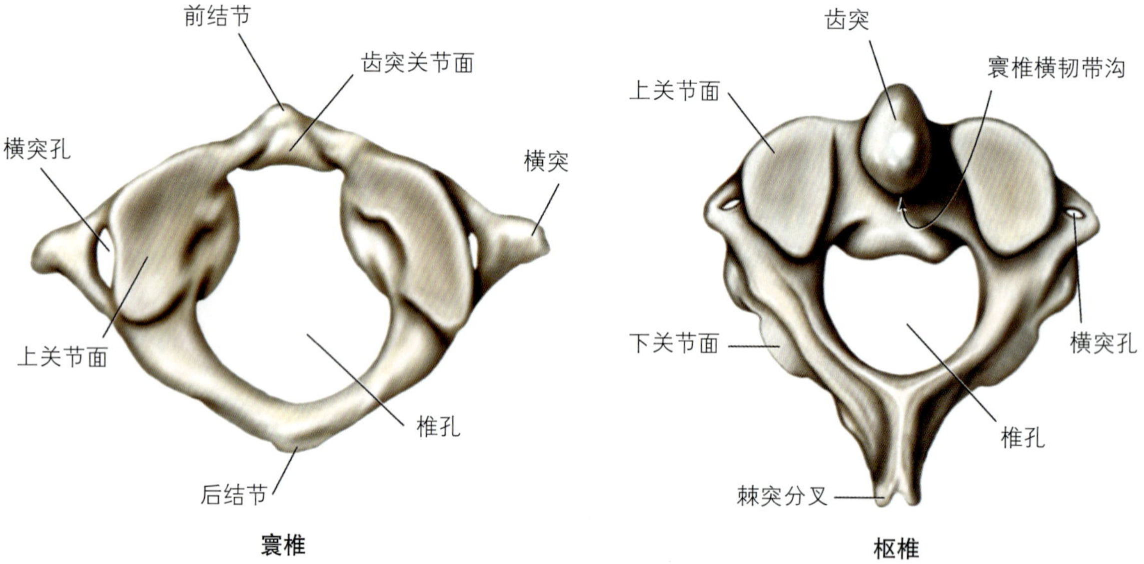

图 8.6 寰椎、枢椎俯视观

12 块胸椎的骨性特征与其余椎骨相似，少有不同，但胸椎的棘突更长且更加垂直。同时在横突的前外侧、椎体的后外侧的上下均有关节面供 12 对肋骨与 12 块椎骨相互关节。

5 块腰椎是最大的椎骨（图 8.7）。它们有横突但没有横突孔，在椎体上也没有关节面。尽管出生时 5 块骶椎（S1~S5）是相互分开的，但在生长过程中它们又相互融合形成了一块三角形的骶骨（图 8.8，图 8.9）。骶骨两侧巨大的关节面与骨盆相互关节，它们共同组成了骨盆带。

与骶骨相似，尾骨也是由最初相互分离的 4 块椎骨在生长过程中相互融合形成的（图 8.10）。其为肌肉和韧带提供了附着点。许多人将尾骨称为人类“残存的尾巴”，以此提示人类在进化最初是有尾巴的。

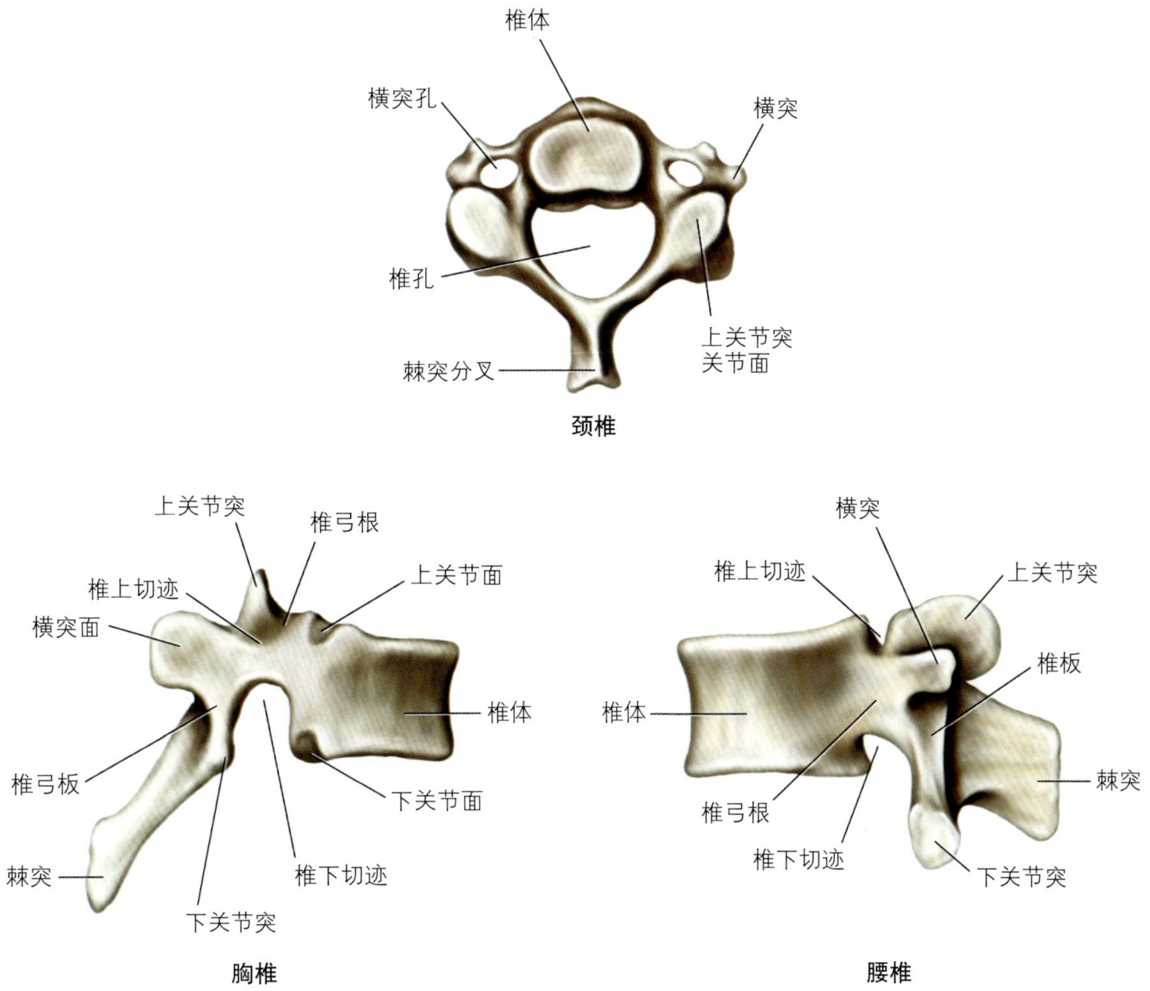

图 8.7 颈椎、胸椎和腰椎

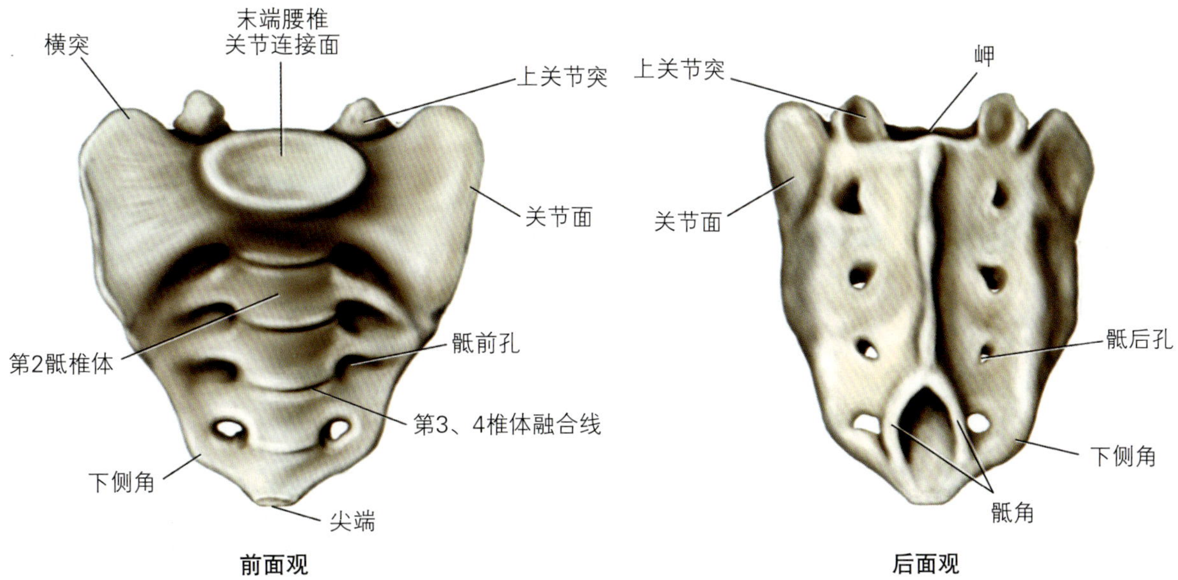

图 8.8 骶骨前、后面观

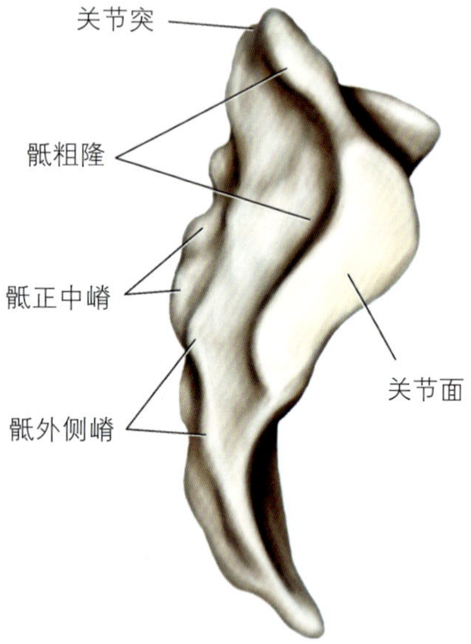

图 8.9 骶骨侧面观

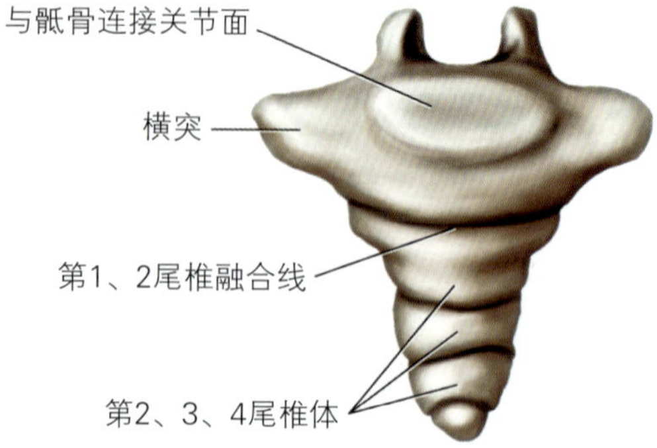

图 8.10 尾骨前面观

脊柱的韧带

在所有头部的关节中有且只有一个关节是可活动的，那就是颞下颌关节，它控制张嘴和闭嘴。一切头部的运动均发自于枕骨与第1、2颈椎之间的相对位移。在颅骨与颈椎间约有25条韧带（图8.11，图8.12）。现在通过分类的方式来讨论一下这些韧带，其中有一条特殊的韧带我们之后讨论。

寰枕韧带（寰枕膜）起于枕骨，终于寰椎（C1）。枕枢韧带起于枕骨，连接枢椎齿突，向下续于后纵韧带，也称覆膜。寰枢韧带起于寰椎，终于枢椎。肋椎韧带（每条肋骨6根）连结于12对肋骨与12节胸椎之间，但这组韧带不涉及脊柱的运动。

横韧带是寰枢韧带中的一类（图8.13），起自寰椎横突，跨过椎孔，止于对侧横突，此韧带的损伤会限制C1下C2齿突的运动，造成相应C1~C2节段的椎孔中结构损伤。许多人将这条横

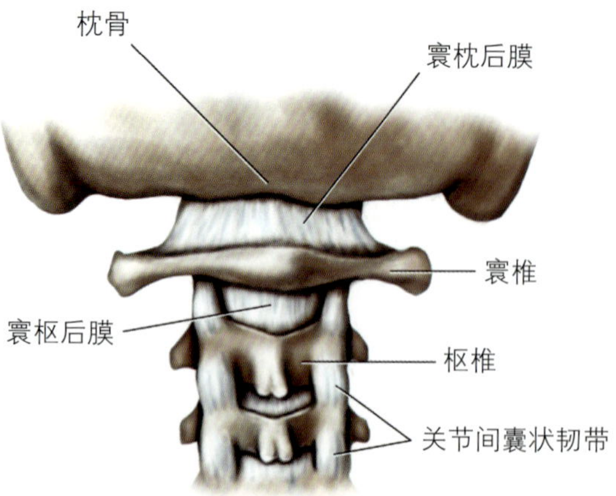

图 8.11 颈椎寰枢韧带、寰枕韧带后面观

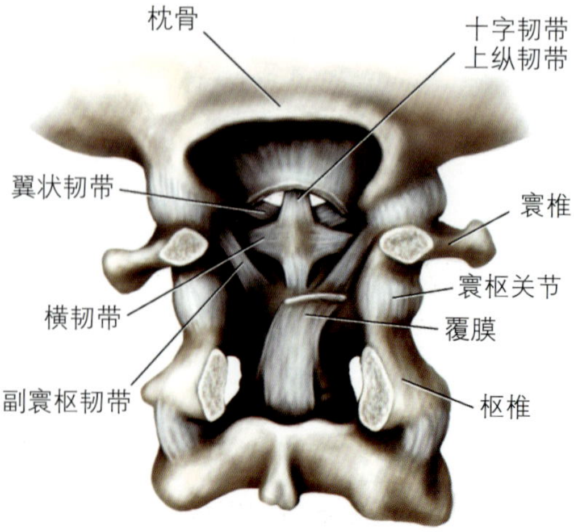

图 8.12 颈椎寰枢韧带、覆膜

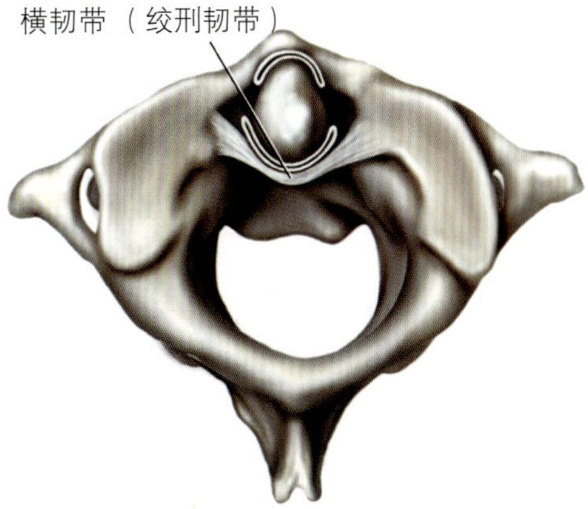

图 8.13　寰枢横韧带（绞刑韧带）

向的韧带戏称为绞刑韧带，因为实施绞刑时，绳套限制了颅骨与C1的向下运动，而身体C2以下部分在重力的作用下向下运动，C2的齿突撕裂了C1的横韧带，直接压迫椎孔中的脊髓，切断了到达心脏和肺脏的神经连接。

有许多韧带起自脊柱最上端，止于脊柱最下端，在脊柱内椎体相互运动时起到重要作用（图8.14）。其中两条椎体间韧带贯穿脊柱全程。①前纵韧带紧贴椎体前壁下行，覆盖全部33节椎体。前纵韧带在结构上是所有椎体韧带中最薄弱的。②后纵韧带紧贴椎体后壁下行，覆盖全部33节椎体。后纵韧带是组成椎管前壁的重要部分。

黄韧带连接于连续的两个椎弓板间（图8.14）。棘间韧带连接于连续的两个椎体的棘突间。棘上韧带起自枕骨外侧结节，止于尾椎，连接每节椎体棘突后侧。起自枕外隆凸止于第7颈椎棘突的棘上韧带也称项韧带（图8.15）。

髂腰韧带起自第5腰椎横突，止于骨盆髂骨（图8.16）。脊柱与骨盆间其余的韧带和关节将在本章之后的内容中介绍。

椎间盘（图8.17）也是脊柱的重要结构。这类软骨盘（主要由水和蛋白质组成）位于每块椎体之上。椎间盘一方面起填充作用，将相连的椎

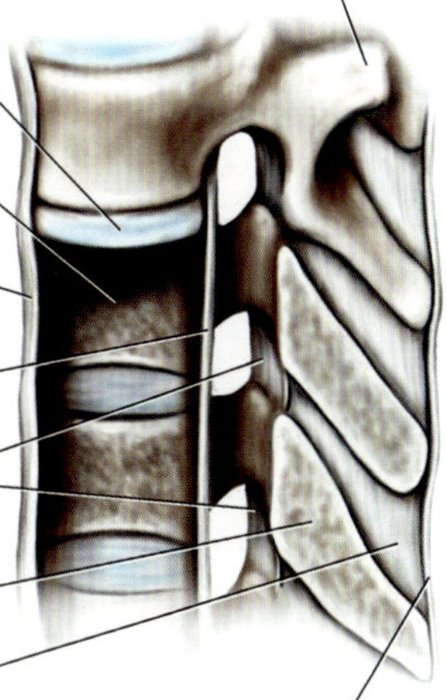

图 8.14　脊柱韧带

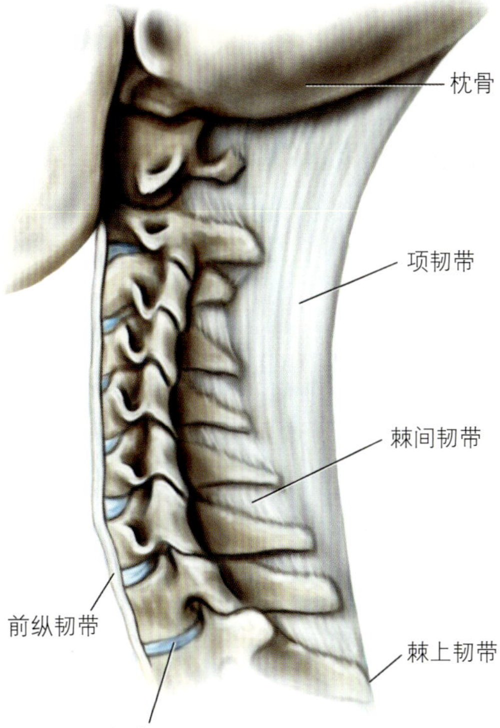

图 8.15　颈椎项韧带

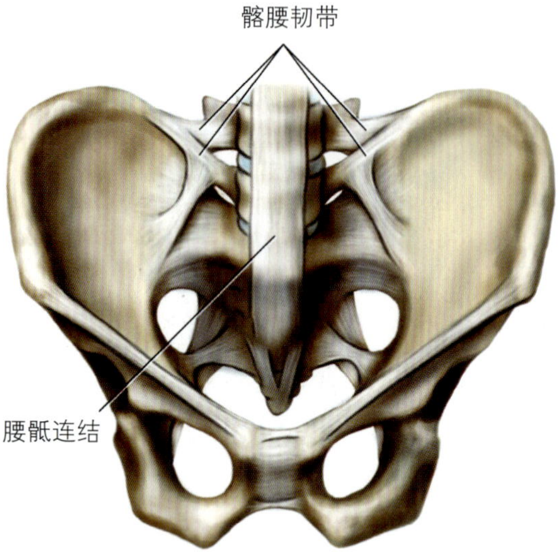

图 8.16 髂腰韧带、腰骶连结正面观

体分开，允许神经根从椎管内进出；另一方面起脊柱的减震作用。每个椎间盘由两部分组成：内侧的称为髓核，外侧的称为纤维环。纤维环由纤维组织组成，髓核由柔软的弹性组织组成。

脊柱的肌肉和基本运动

脊柱的关节可在三个轴、三个平面运动。其基本的运动（33节椎体间关节运动的总和）包括前屈、后伸、侧屈（与四肢的外展、内收相反）和旋转（图8.18，图8.19）。颈椎和腰椎承担了主要的运动功能。

由于胸椎与肋骨相连，故其运动范围受到一定限制。由于骶椎和尾椎处脊柱相互融合形成了骶骨和尾骨，故其不能运动。

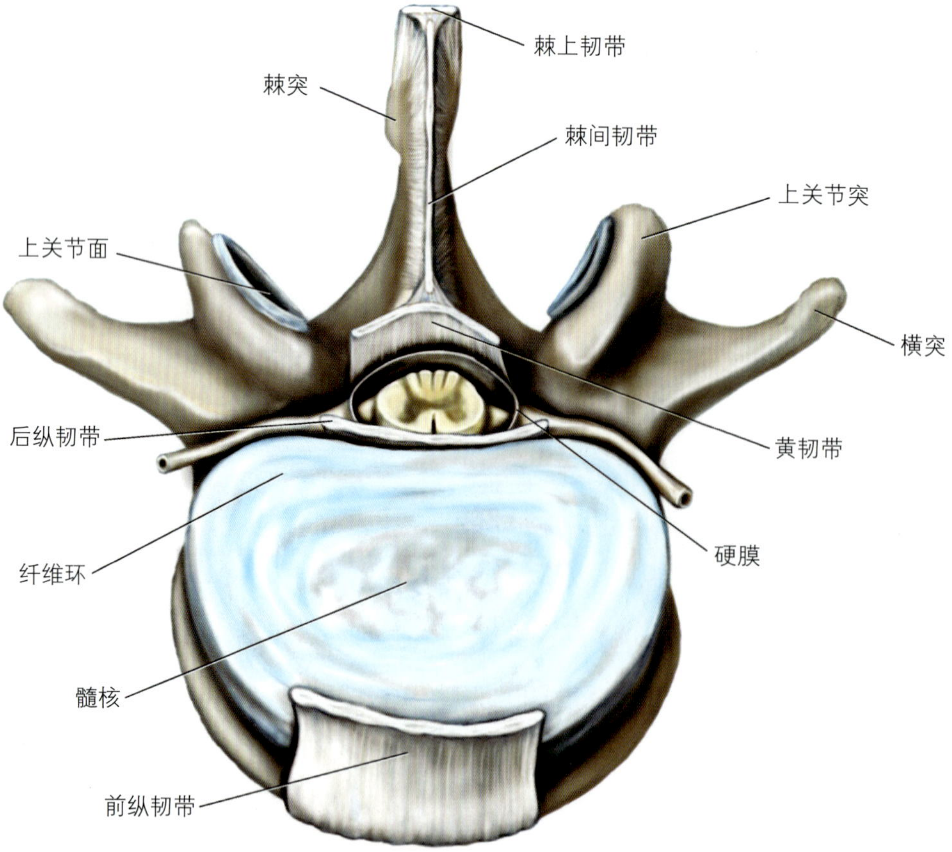

图 8.17 椎间盘

知识拓展

椎间盘

腰痛常为椎间盘脱出或椎间盘突出的症状。排除其他原因（如肌肉拉伤、韧带扭伤）后，椎间盘突出是指突出的椎间盘压迫了脊髓和神经根，并因此引起疼痛和行走困难。椎间盘脱出是指椎间盘撕裂，部分椎间盘内容物位移，压迫脊髓和神经根。腰椎间盘突出和腰椎间盘脱出的共同病因包括脊柱过度活动（过伸、过屈、侧屈和旋转）。

腰椎间盘突出可通过腰椎穿刺进行检查，突出的腰间盘会将腰部蛛网膜下腔的脑脊液（围绕脊髓）压出，形成病理形态。脑脊液中分泌性蛋白含量上升，提示椎间盘突出。椎间盘突出症需要骨科医生和神经外科医生的治疗。

图 8.18　脊柱后伸、前屈

在大多数情况下，负责脊柱运动的肌肉位于脊柱前方或后方。前方的肌肉负责屈、侧屈、旋转脊柱；后方的肌肉负责伸、侧屈、旋转脊柱。有些肌肉只位于脊柱的特定部位（颈椎、腰椎），但大多数肌肉是广泛分布的。

颈椎前群肌肉主要包括胸锁乳突肌、椎体前肌群（头前直肌、头外侧直肌、头长肌、颈长肌）和斜角肌（前斜角肌、中斜角肌、后斜角肌）（图8.20和图8.21）。胸锁乳突肌如其名，附着于胸骨、锁骨和耳后颅骨乳突。

头直肌（头前直肌、头外侧直肌），头长肌，颈长肌屈曲并旋转颈椎。三块斜角肌（前斜角肌、中斜角肌、后斜角肌）起自颈椎，终于前三根肋骨，不仅侧屈颈椎，在深呼吸时也抬高前三根肋骨，协助胸廓扩张。

图 8.19 脊柱旋转、侧屈

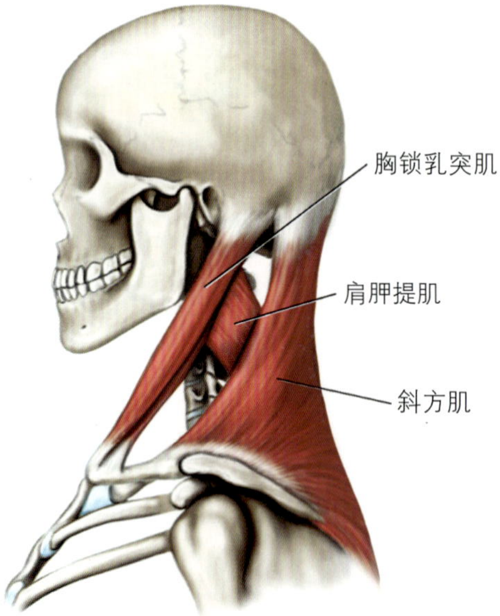

图 8.20 胸锁乳突肌

操作

参照图8.22，用手感受胸锁乳突肌胸骨头和锁骨头。鉴于胸锁乳突肌左右各一条，尝试用简单的逻辑来回答以下问题：如果胸锁乳突肌位于颈椎前方稍外侧的部位，那它能协助什么运动？（答案：屈、侧屈、旋转颈椎）

颈椎后群肌肉主要包括直肌（头后大直肌、头后小直肌），斜肌（头上斜肌、头下斜肌）和夹肌（头夹肌、颈夹肌）（图8.21）。这些肌肉主要辅助伸、侧屈和旋转颈椎。

操作

体外分辨三块斜角肌是很困难的，但当你搭档侧屈其颈椎对抗你手掌的托举力时（图8.23），你可以看见颈部的斜角肌。

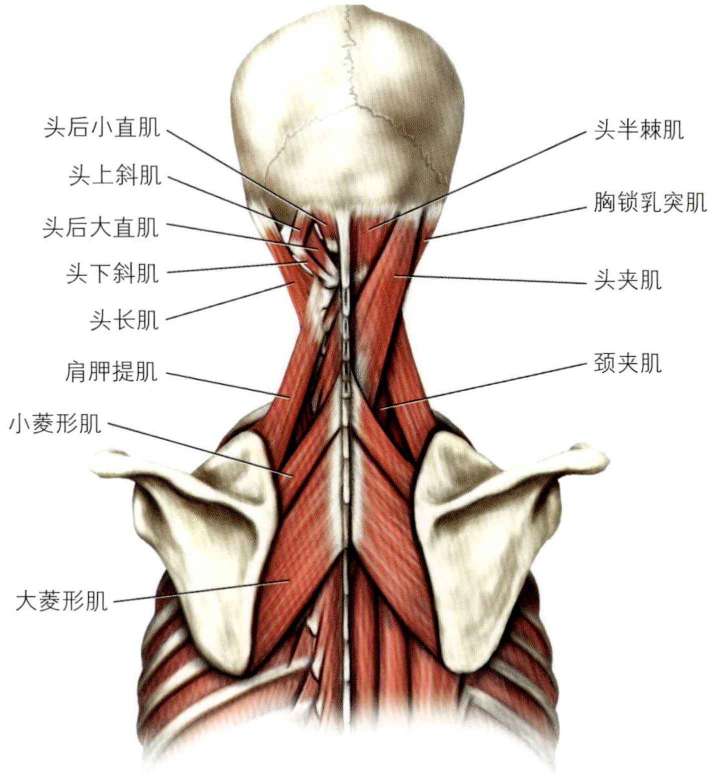
头后小直肌
头上斜肌
头后大直肌
头下斜肌
头长肌
肩胛提肌
小菱形肌
大菱形肌
头半棘肌
胸锁乳突肌
头夹肌
颈夹肌

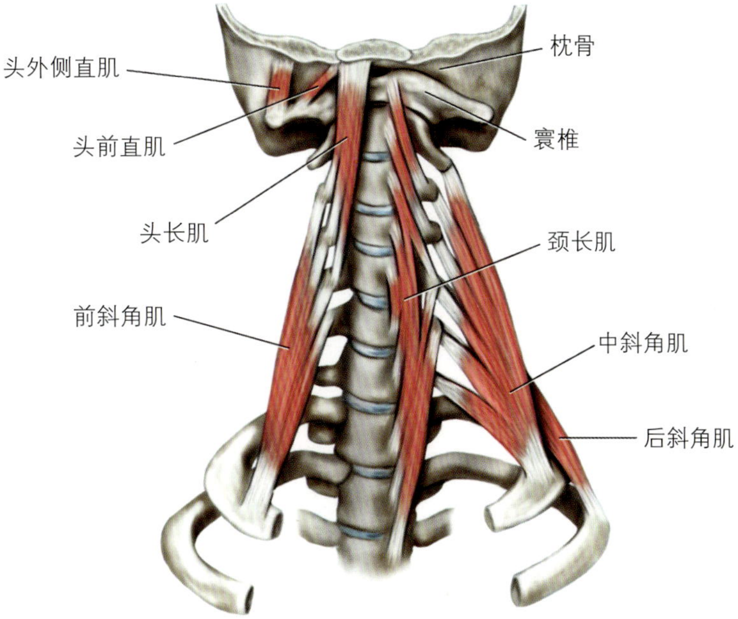
头外侧直肌
头前直肌
头长肌
前斜角肌
枕骨
寰椎
颈长肌
中斜角肌
后斜角肌

图 8.21 颈椎前后肌群

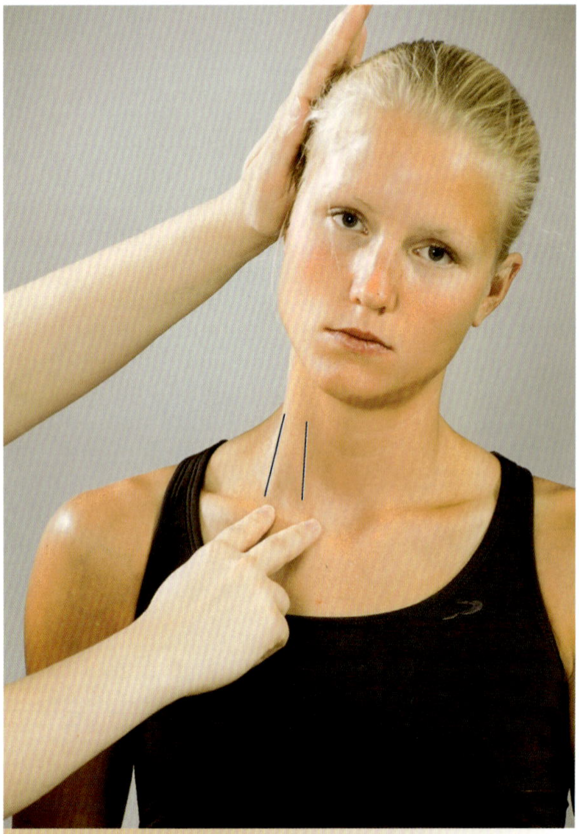

图 8.22 定位胸锁乳突肌胸段和颈段

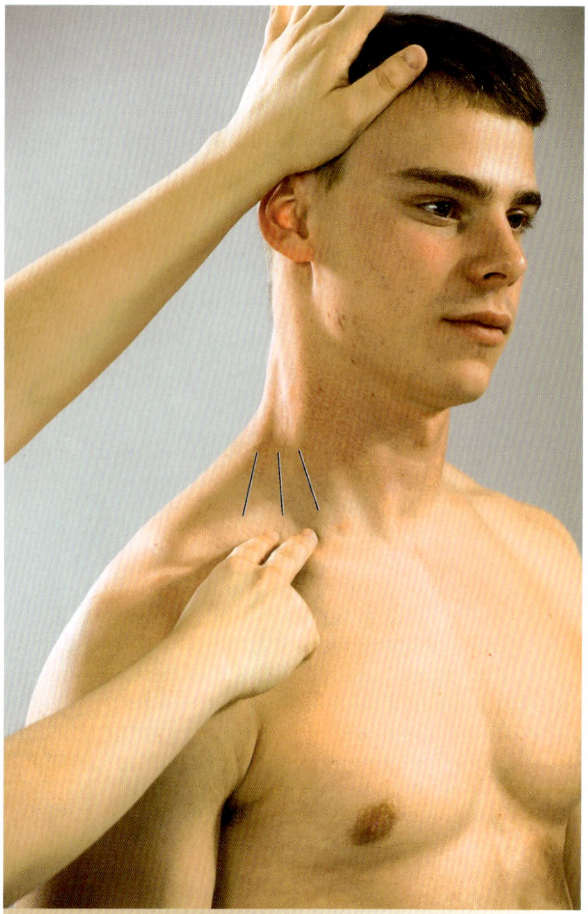

图 8.23 定位斜角肌

上肢带骨的肌肉也可辅助颈椎运动（第3章）。肩胛提肌、斜方肌和大部分菱形肌上部附着于颈椎，辅助伸展、侧屈和旋转颈椎（图8.24）。其余还有肌肉辅助颈椎运动，在后续章节讲述。

胸椎和腰椎前方的肌肉通常被划分为腹肌：腹直肌、腹外斜肌、腹内斜肌、腹横肌（图8.25）。

操作

让你的搭档保持卷腹的姿势，此时其腹部会显露腹直肌和腹外斜肌的轮廓（图8.26，图8.27）。

腹直肌起自耻骨联合（在本章稍后叙述）（图8.25），止于第5、第6、第7肋骨和胸骨剑突（第9章），屈曲胸椎和腰椎。腹外斜肌走行于下8个肋骨的下缘和髂嵴中部外缘之间。它辅助屈曲及向对侧旋转腰椎和胸椎。腹内斜肌走行于髂嵴中2/3的外侧缘和第7、8、9肋之间。它辅助屈曲并向同侧旋转腰椎和胸椎。腹横肌起自下六个肋骨下部，止于髂嵴中部内缘，并连接腹白线（由腹肌筋膜相互重叠形成）和耻骨。其主要功能是辅助胸椎、腰椎同侧旋转。

脊柱后群肌肉覆盖多个脊柱节段（图8.28）。棘肌主要包括背棘肌（也称胸棘肌）、颈棘肌和头棘肌。棘肌起自第2腰椎，跨过第7颈椎，止于胸椎、颈椎椎体和枕骨。由于其解剖位

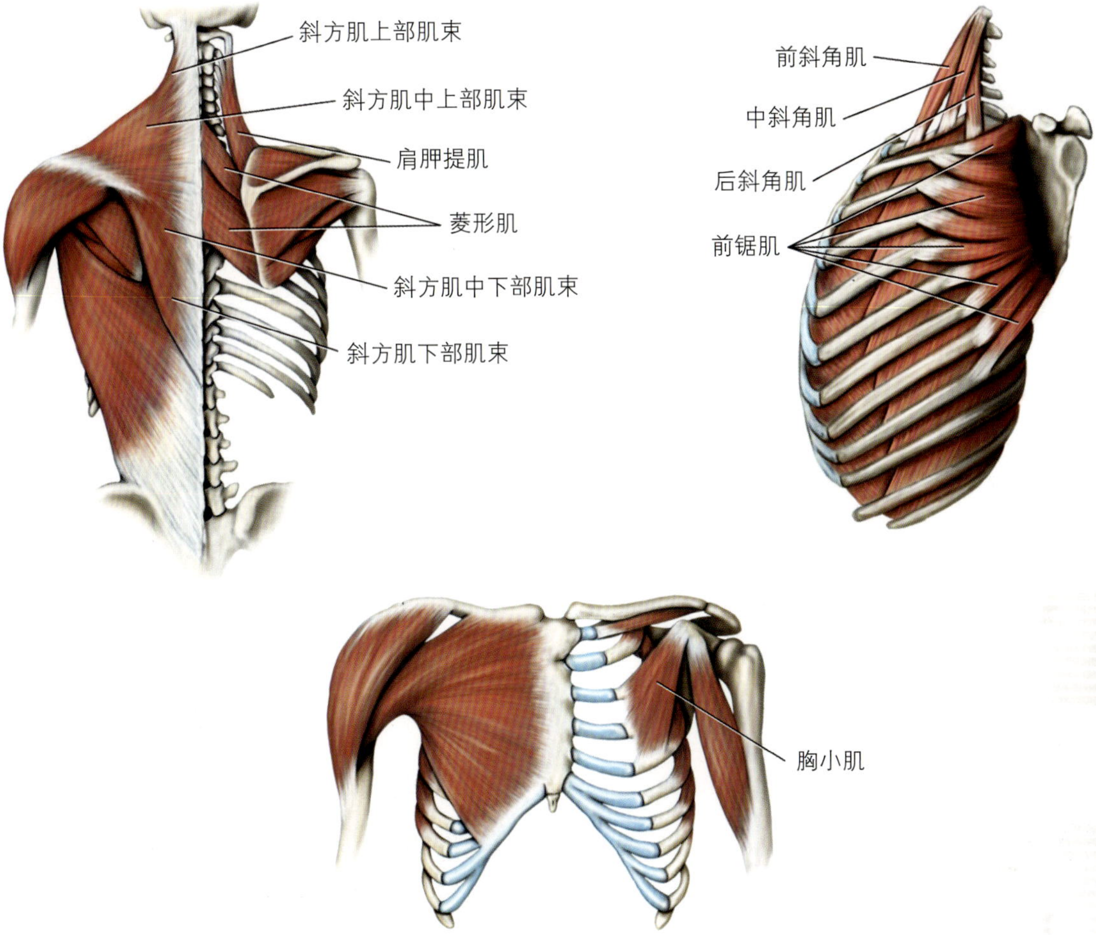

图 8.24 肩胛骨浅层肌肉

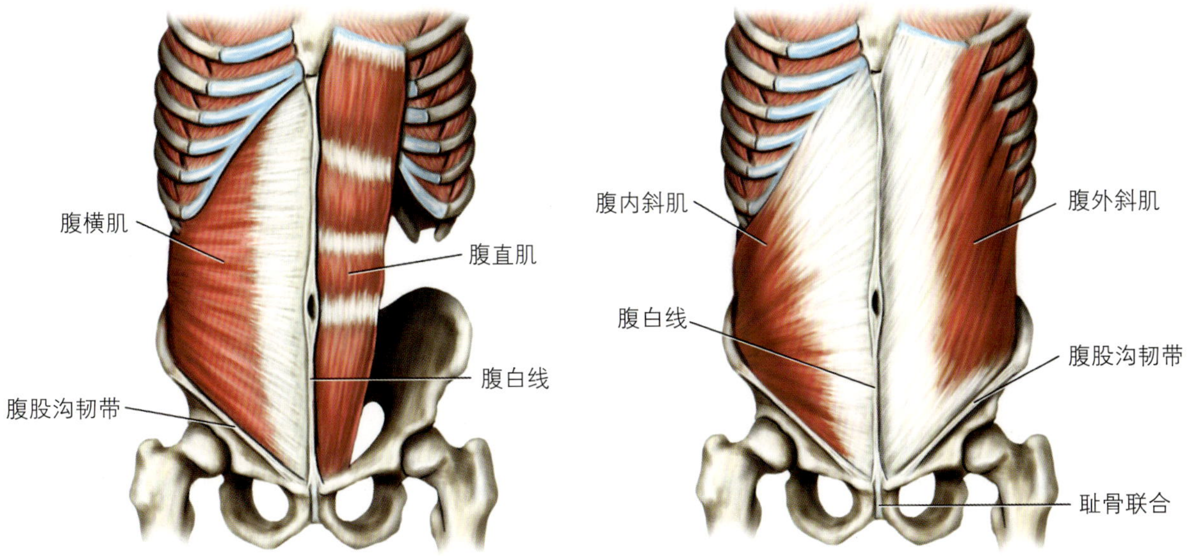

图 8.25 腹白线、腹直肌、腹内斜肌、腹外斜肌、腹横肌

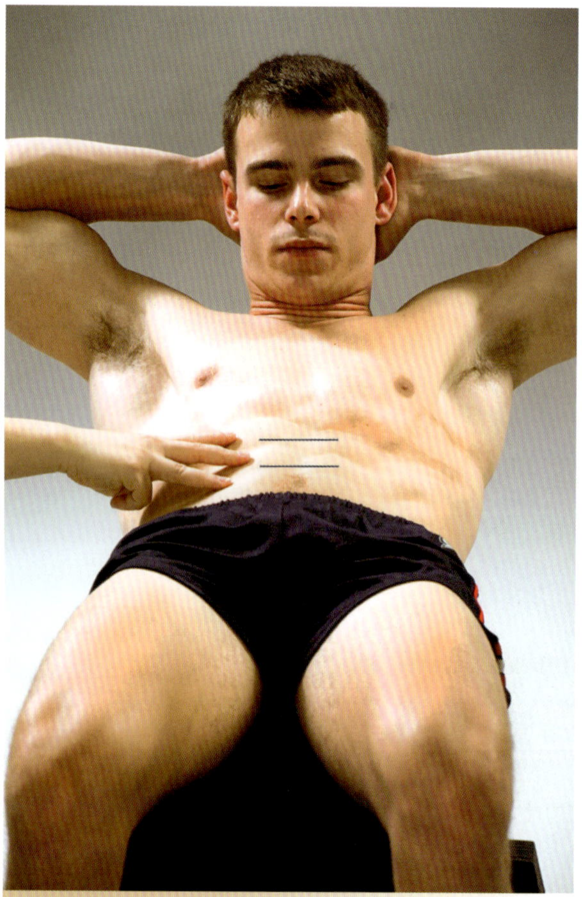

图 8.26 定位腹直肌

图 8.27 定位腹外斜肌

置十分靠近脊柱，故其主要辅助伸展脊柱。半棘肌是另一类主要的脊柱后群肌，包括背半棘肌（也称胸半棘肌）、颈半棘肌和头半棘肌。

半棘肌起自第7胸椎横突，跨过后四块颈椎椎体（C4~C7），止于上部胸椎、颈椎棘突和枕骨。尤其是在颈椎区域，半棘肌伸展颈椎和胸椎，同时侧屈和旋转脊柱。髂肋肌也是脊柱后群肌肉，包括腰髂肋肌、背髂肋肌（也称胸髂肋肌）和颈髂肋肌。这组肌肉起自髂嵴后面和第3肋，穿过第12肋（腰、背髂肋肌）和第4、第5、第6、第7颈椎横突。髂肋肌主要伸展脊柱，上两部分也负责侧屈和旋转脊柱。最长肌也是脊柱后群肌肉，包括头最长肌、背最长肌（或称胸最长肌）和颈最长肌。这组肌肉起自髂嵴后面和腰椎、胸椎和颈椎下部的横突，止于胸椎，最远可止于第2颈椎。最长肌主要伸展、侧屈和旋转脊柱。

脊柱后方还有骶棘肌（竖脊肌）、腰大肌和多裂肌三块肌肉。骶棘肌起自腰椎和骶椎棘突，有3个分支，分别属于腰髂肋肌、背最长肌和背棘肌的一部分。

操作

让搭档保持弯腰的动作，此时可见脊柱两侧的竖脊肌平行于脊柱向下行走（图8.29，图8.30）。

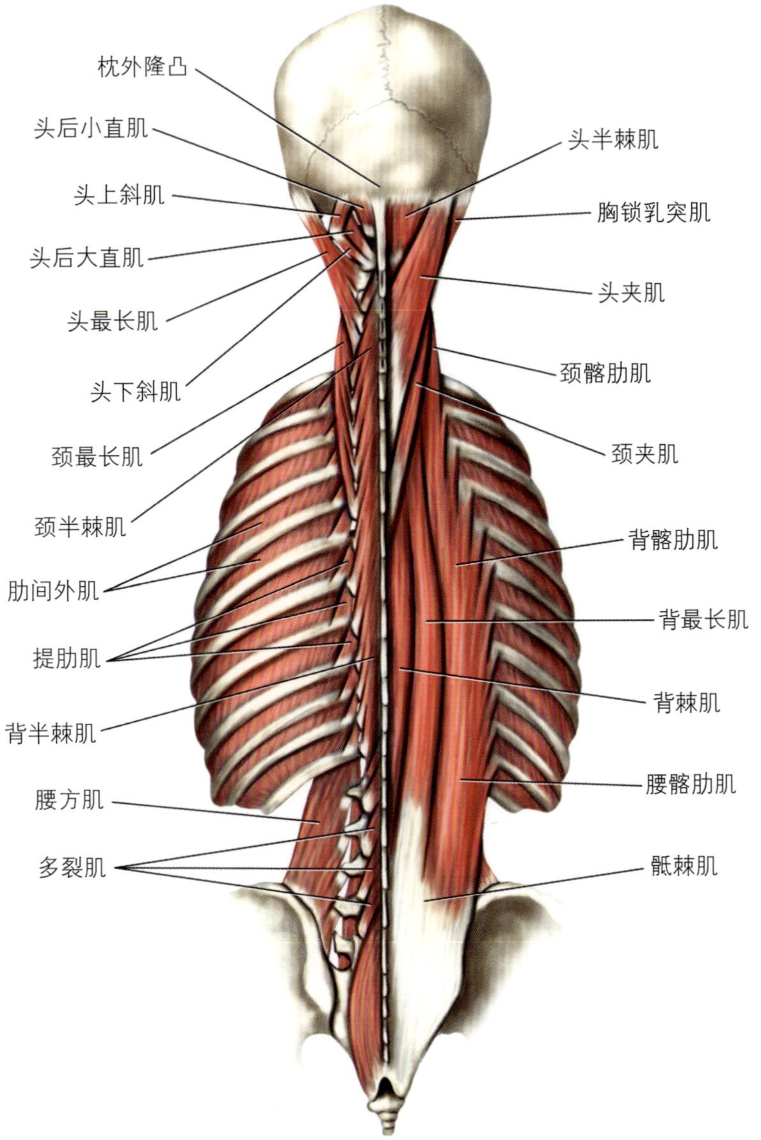

图 8.28 脊柱后肌群

这些分支（和骶棘肌）伸展、侧屈腰椎和胸椎。腰方肌起自髂嵴后面和下部腰椎横突，止于上4个腰椎横突和第12肋下面（图8.29）。腰方肌不能伸展腰椎，它的主要功能是侧屈腰椎。多裂肌位于脊柱后面，覆盖于所有脊柱可移动的节段之上，起自骶骨、髂后上棘，以及腰椎、胸椎和下4个颈椎椎体，止于除第1颈椎外所有颈椎、腰椎和胸椎的棘突（图8.28）。多裂肌伸展并旋转脊柱。

正如颈椎一样，胸椎和腰椎也有来自于肩关节和上肢带骨的肌肉附着（图8.31）。斜方肌（附着于T1~T12）、菱形肌（附着于T1~T5）和背阔肌（附着于T1~T12、L1~L5）也有侧屈、旋转和伸展脊柱的作用。

骨盆

根据观测的角度不同，骨盆分别由3、7或11块骨组成（图8.32）。骨盆后部是骶骨，其由

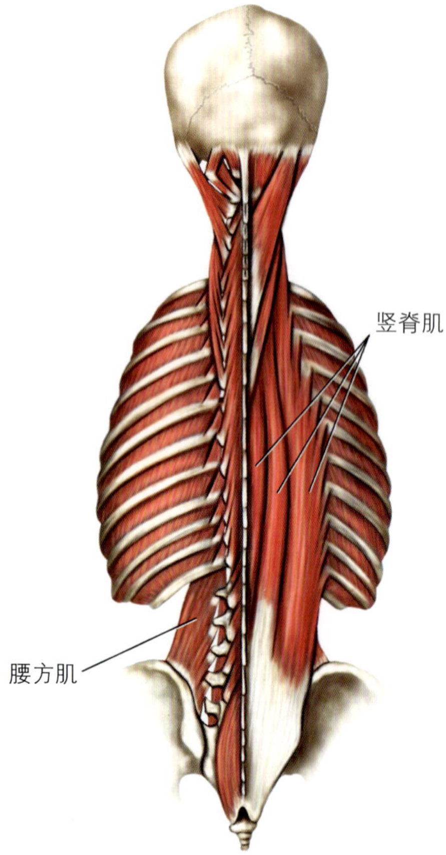

图 8.29 竖脊肌后面观

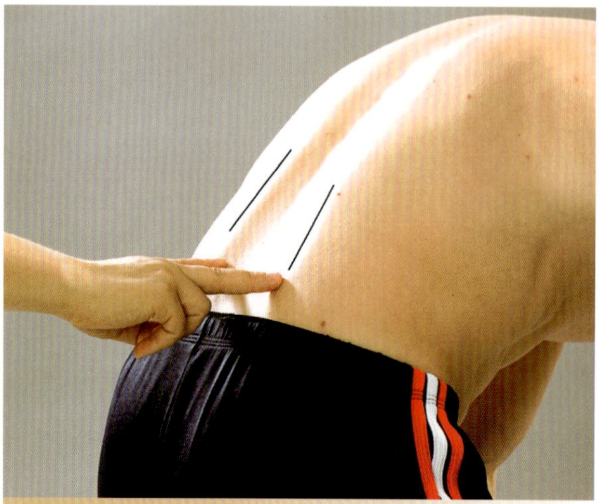

图 8.30 定位竖脊肌

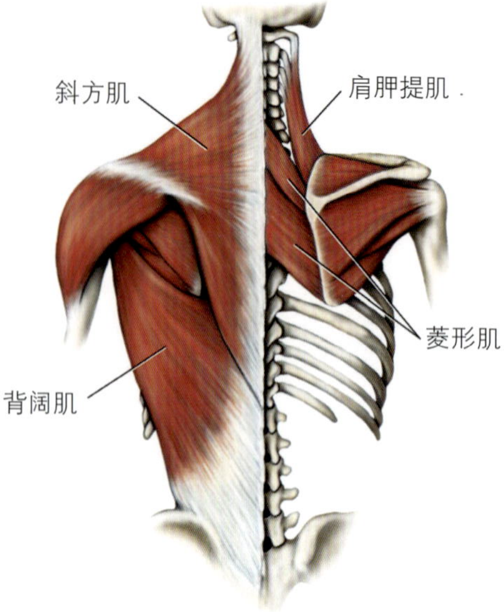

图 8.31 肩部浅层肌肉（也可支配脊柱活动）后面观

5块骶椎融合而成（图8.33），骶骨两侧的两块体积较大的骨为髋骨。每块髋骨由3块骨组成：髂骨、坐骨和耻骨。图8.32中，在髋骨侧面可见3块骨融合形成的线。髂骨与骶骨在后方相互关节，前方2块耻骨相互关节形成耻骨联合，参与构成骨盆。男女骨盆不同，女性骨盆结构利于分娩（图8.34）。女性骨盆较宽、平，并向前倾斜形成较大的角度，此结构特征有利于分娩。

髂骨是一宽大的羽翼样结构，位于髋骨的最上方，与骶骨相互关节，进而将骨盆与脊柱相互关节。

髂骨前、后各有一骨性突起，分别为髂前上棘（ASIS）和髂后上棘（PSIS）。在髂前上棘和髂后上棘之间的骨性结构是髂嵴，有很多肌肉附着于此（图8.32）。

操作

将双手放于髋部，感受髂嵴（图8.35）。感受到髂嵴后，顺着找到前端和后端，它们便是髂前上棘和髂后上棘（图8.36）。

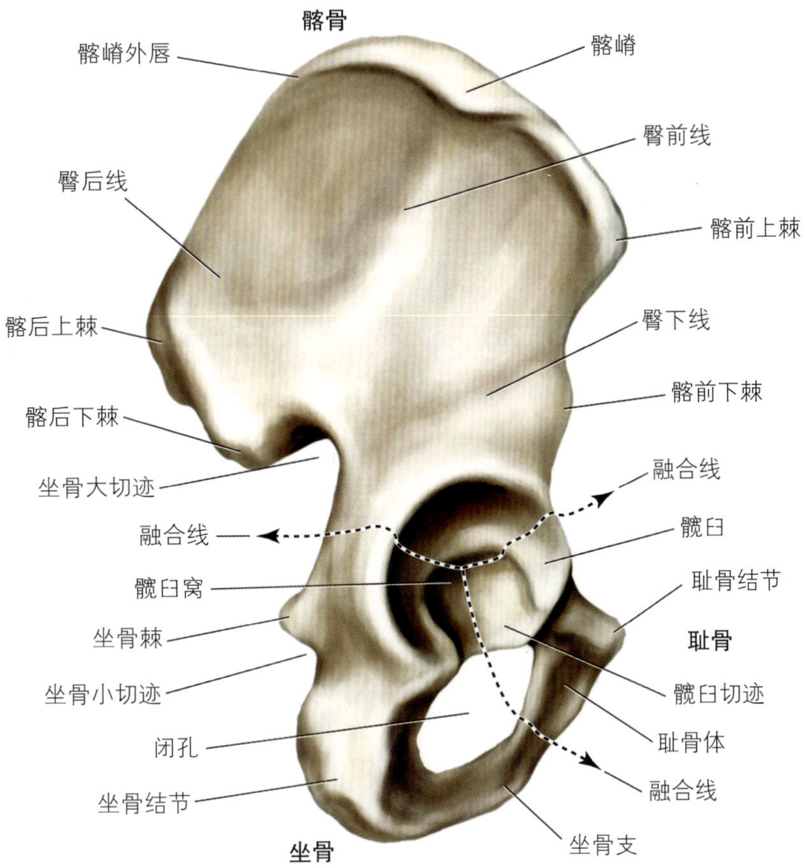

图 8.32　髋骨侧面观（髂骨、坐骨、耻骨）

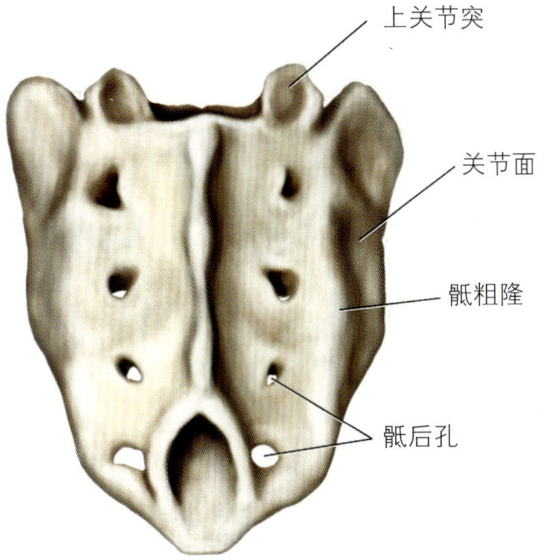

图 8.33　骶骨后面观

知识拓展

髂嵴

髂嵴是许多肌肉的附着点，既可作为起点，也可作为止点。由于有大量肌肉附着，当髂嵴挫伤时，脊柱下部和髋部的运动便变得困难，甚至呼吸都变得不适。像这样的髂嵴软组织损伤称为“髋骨隆凸挫伤”，这样的损伤多发生于对训练器械的错误使用。所有教练在训练前都应该详细讲解器械的使用方法和注意事项。如果能事前了解运动相关的解剖特点和训练器械的运动方式，能大大降低运动损伤的严重程度和发生率。

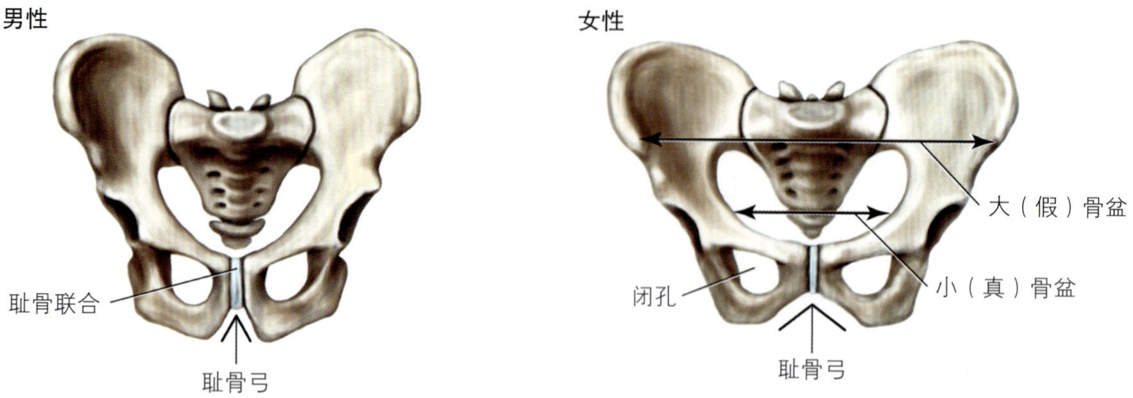

图 8.34 男性、女性骨盆差异前面观

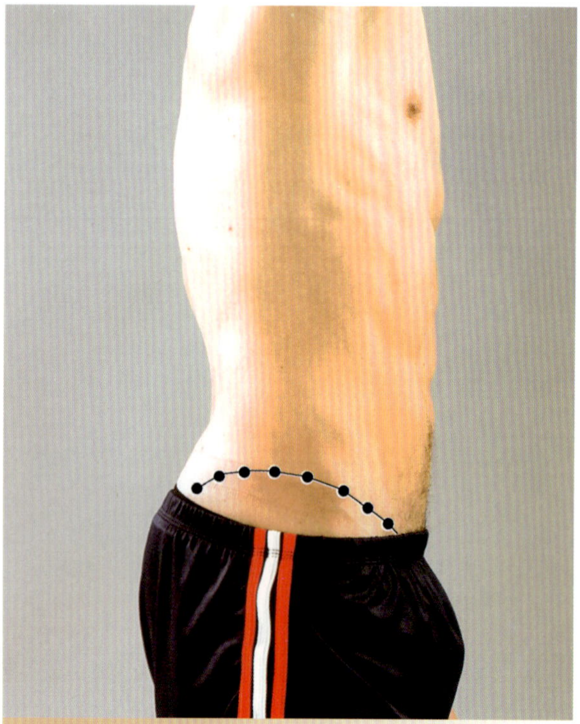

图 8.35 定位髂嵴

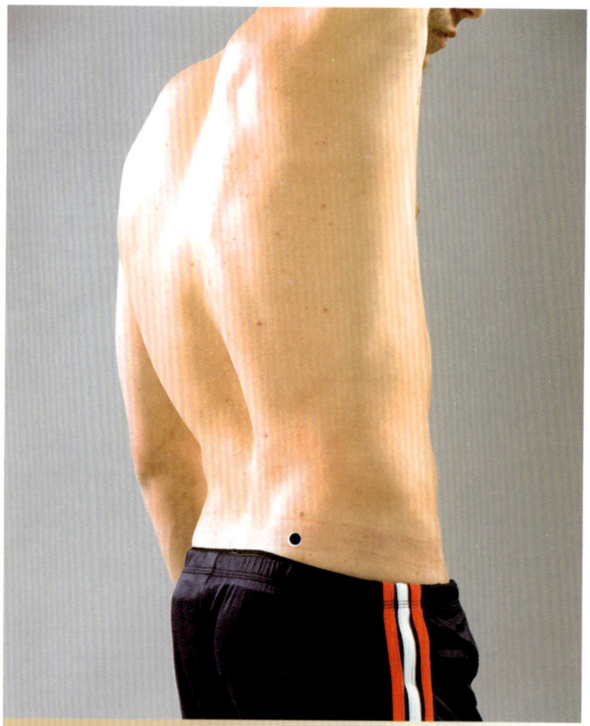

图 8.36 定位髂后上棘

位于髂前上棘和髂后上棘下方较小的骨性突起为髂前下棘和髂后下棘。髂后下棘下方的一巨大切迹是坐骨大切迹。

坐骨是3块髋骨中最后方的一块，远离髂骨。坐骨最后方有一骨性突起为坐骨棘，其下方有一切迹为坐骨小切迹。坐骨最下方的骨性突起是坐骨结节。坐骨结节常为下肢肌肉提供附着点，附着于其的肌肉是腘绳肌。

操作

坐下时，坐骨结节是与凳子接触的部位。站起来时，向臀部按压，感受坐骨结节。

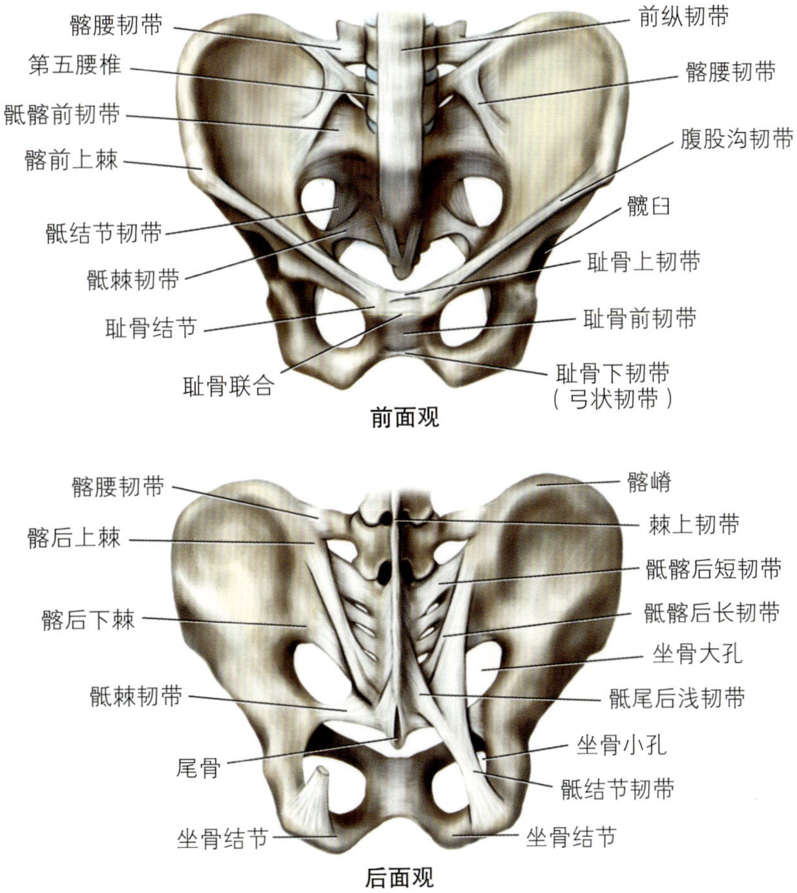

图 8.37　骨盆解剖标志和韧带

耻骨位于髋骨的最前方，通过耻骨下支与坐骨相关节，通过耻骨上支与骶骨相关节，通过耻骨体使左右耻骨相关节，两耻骨间的特殊关节称为耻骨联合（图8.34）。耻骨联合旁位于耻骨上面的骨性突起为耻骨结节。

操作

按压腹部最远端，接着向下移动感受耻骨联合。

在骨盆髋骨外侧由髂骨、坐骨和耻骨形成的凹陷即为髋臼，髋臼参与构成髋关节（球窝关节）。髋臼下方由坐骨和耻骨组成的大孔，即为闭孔。

骨盆韧带

髂腰韧带走行于第5腰椎和髂嵴之间（图8.37）。骶髂前韧带和骶髂后韧带使骶骨和髂骨相互关节。骶髂前韧带走行于骶骨前面和髂骨前面（图8.37），骶髂后韧带（图8.37）由骶髂后短韧带、骶髂后长韧带和骶髂骨间韧带组成。骶髂后短韧带走行于髂骨后面和骶骨下方之间。骶髂后长韧带走行于髂后上棘和第3、第4骶椎之间。骶髂骨间韧带由连接骶髂关节后部的短纤维构成。

耻骨联合的韧带包括耻骨前韧带、耻骨弓状韧带、耻骨后韧带和耻骨上韧带。四个韧带分别关节两耻骨的前、后、上、下，形成耻骨联合。除此之外，两耻骨间还有耻骨间盘。

腹股沟韧带走行于髂前上棘与耻骨结节之间，是肌肉的主要附着点（图8.37）。骶棘韧带和骶结节韧带（图8.37）是稳定骨盆结构的主要韧带。骶棘韧带起自骶骨和尾骨，止于坐骨棘。骶结节韧带起自髂后下棘，经过骶骨和尾骨，止于坐骨结节。

知识拓展

腹股沟疝

过度挤压附着于腹股沟韧带的软组织会形成腹股沟疝。疝是指一个器官异常地移位并突出。过度牵拉附着于腹股沟韧带的肌肉会导致部分腹腔内容物从肌肉间突出形成腹股沟疝。

姿势错误的托举运动会造成腹股沟疝，也是造成腰背疼痛的主要原因。在运动学和生物运动力学中应当传授正确的托举姿势。

骨盆肌肉的基本运动

构成骨盆的骨之间的相互运动并不常见，骶髂关节，髂骨、坐骨和耻骨间的连结十分紧密。耻骨联合间可进行微弱的滑动。

脊柱运动加上髋关节运动形成了骨盆运动：后倾、前倾、侧倾和旋转。从解剖学姿势（图8.38a）向后倾的动作包括耻骨联合向上运动和骶骨向后运动，同时伴随屈曲腰椎和伸展髋关节（图8.38b）。前倾骨盆的动作包括耻骨联合向下运动和骶骨向前运动，同时伴随伸展腰椎和屈曲髋关节（图8.38c）。侧倾骨盆的动作包括一侧髂骨抬高高于另一侧髂骨，同时伴随侧屈腰椎，外展一侧髋关节，内收对侧髋关节（图8.39）。旋转骨盆包括旋转腰椎，同时内旋一侧髋关节，外旋对侧髋关节（图8.40）。

本章详细讲解了脊柱的肌肉，而髋关节的肌肉将在第11章进一步讲解。骨盆的屈曲、伸展、侧屈和旋转都离不开骨盆肌肉，同时也有肌肉负责屈曲、伸展、内收、外展、内旋和外旋髋关节。本章您应该掌握肌肉收缩与骨盆运动和髋关节运动的对应关系。

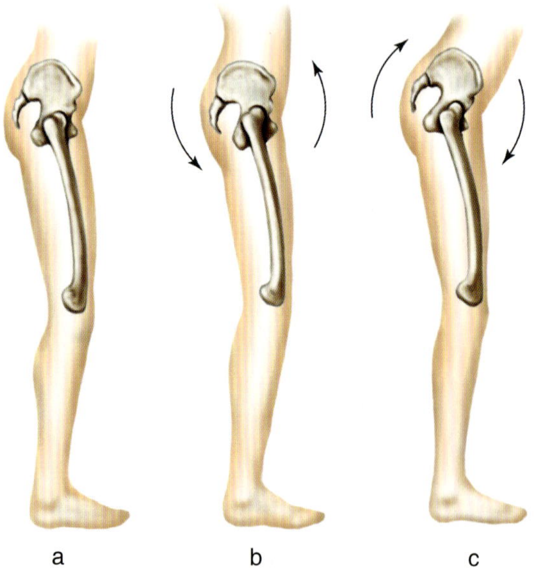

图 8.38 骨盆运动 a.解剖学姿势 b.后倾 c.前倾

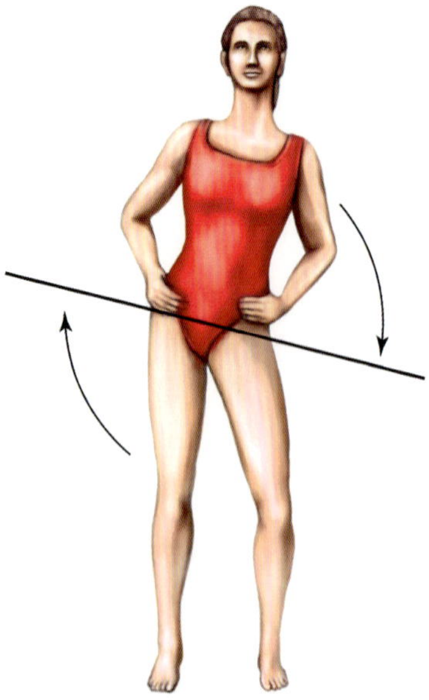

图 8.39 骨盆侧倾

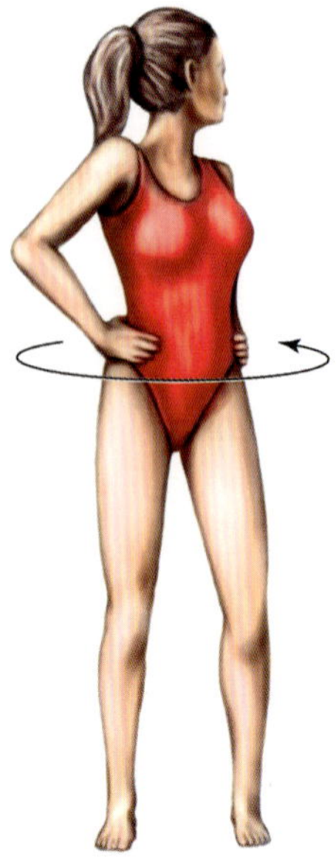

图 8.40 骨盆旋转

学习助手

术语回顾

以下术语均出自本章，请对其进行解释，并在自己身上或插图中找到这些结构。

髋臼
纤维环
髂前下棘
前纵韧带
耻骨前韧带
骶髂前韧带
髂前上棘
寰枢韧带
寰枕韧带
寰椎
枢椎
分叉
耻骨体
颈椎
尾骨
髂嵴
竖脊肌
腹外斜肌
坐骨大切迹
颈髂肋肌
背髂肋肌
腰髂肋肌
髂腰韧带
髂骨
下关节面
耻骨弓状韧带
耻骨下支
腹股沟韧带
髋骨
腹内斜肌
骶髂骨间韧带
耻骨间盘
棘间韧带
椎间盘
椎间孔
坐骨结节
坐骨
峡部
脊柱后凸
固有层
背阔肌
坐骨小切迹（坐骨）
肩胛提肌
黄韧带
项韧带
白线
骶髂后长韧带
背最长肌
头长肌
颈长肌
脊柱前凸
腰椎
覆膜
多裂肌
髓核
头上斜肌
头下斜肌
闭孔
寰枕膜
齿突
髂后下棘
后纵韧带
耻骨后韧带
骶髂后韧带
髂后上棘
椎前肌
耻骨
耻骨联合
耻骨结节
腰方肌
腹直肌
头前直肌
头外侧直肌
头后大直肌
头后小直肌
菱形肌
骶椎
骶棘肌
骶棘韧带
骶结节韧带
骶骨
前斜角肌
中斜角肌
后斜角肌
脊柱侧凸
头半棘肌
颈半棘肌
背半棘肌
骶髂后短韧带
头棘肌
颈棘肌
背棘肌
坐骨棘
棘突
头夹肌
颈夹肌
胸锁乳突肌
上关节面
耻骨上韧带
耻骨上支
棘上韧带
胸椎

横韧带　　腹横肌　　椎孔
横突　　斜方肌

思考题

1. 请想象您正穿着带有斜向口袋的大衣，口袋正好在腰部上方，将您的双手插入大衣口袋。

a. 说出您的手指指向方向。（水平、竖直、对角）

b. 哪块腹部肌肉的走行与您手指所指向的方向平行？

2. 美式足球中有一种抢断技术称为“抱颈拦截”。做这个动作时，运动员头部被阻止运动而头颈之下的身体继续运动，这会导致运动员瘫痪或者死亡。请用解剖学知识解释在此过程中颈椎的变化并解释为什么会造成如此严重的伤害。

3. 像怀孕这种会使体重快速上升的因素会让身体重力轴线前移，为了适应这种变化，腰椎会增大其弯曲角度。

a. 腰椎会向哪个方向弯曲？

b. 描述这种弯曲的术语是什么？

4. 请想象您是一个棒球投手，一个足球后卫，一个背着很重挎包的邮差，一个高尔夫运动员，一个网球运动员或一个在运动中使用一侧肌肉的机会多于另一侧的运动员。在这种情况下，您的脊椎会发生怎样的变化？

5. 请说出将您的头部自解剖学姿势转向右侧所需要用到的肌肉。

6. 平躺，收腿使大腿抵住腹部。

a. 此时您的腰椎如何运动？

b. 此时您的髋关节如何运动？

c. 此时您的骨盆如何运动？

单选题

1. 组成颈椎的椎骨有（　）

a. 4 块

b. 5 块

c. 7 块

d. 12 块

2. 组成胸椎的椎骨有（　）

a. 4 块

b. 5 块

c. 7 块

d. 12 块

3. 组成腰椎的椎骨有（　）

a. 4 块

b. 5 块

c. 7 块

d. 12 块

4. 组成尾椎的椎骨有（　）

a. 4 块

b. 5 块

c. 7 块

d. 12 块

5. 当一个人摇头说“不”时，其主要运动发生在（　）

a. 颅骨和 C1 间

b. C1 和 C2 间

c. C1 和 C7 间

d. C2 和 C7 间

6. 不参加组成髋臼的骨盆骨是（ ）

a. 髂骨

b. 坐骨

c. 骶骨

d. 耻骨

7. 前倾骨盆时耻骨联合（ ）

a. 侧向运动

b. 向下运动

c. 旋转

d. 向上运动

8. 前倾骨盆时骶骨（ ）

a. 侧向运动

b. 向下运动

c. 旋转

d. 向上运动

9. 后倾骨盆时耻骨联合（ ）

a. 侧向运动

b. 向下运动

c. 旋转

d. 向上运动

10. 后倾骨盆时骶骨（ ）

a. 侧向运动

b. 向下运动

c. 旋转

d. 向上运动

11. 以下不是脊柱基本运动方式的是（ ）

a. 屈曲

b. 外展

c. 伸展

d. 旋转

12. 以下不是胸锁乳突肌附着部位的是（ ）

a. 胸骨

b. 锁骨

c. 乳突

d. 肱骨

13. 考虑左右斜角肌，正常情况下，颈椎有（ ）块斜角肌

a. 2

b. 3

c. 4

d. 6

14. 竖脊肌固定于多段脊柱，其位于脊柱的（ ）

a. 前方

b. 后方

c. 上方

d. 下方

15. 在耻骨和肋骨间，以下不屈曲腰椎的是（ ）

a. 腹直肌

b. 腹横肌

c. 腹外斜肌

d. 腹内斜肌

16. 正常情况下颈椎向（ ）弯曲

a. 前

b. 后

c. 侧向

d. 内向

填空题

1. 正常情况下，颈椎和__________椎向前弯曲。

2. 正常情况下，尾椎和__________椎向后弯曲。

3. 构成椎管前壁的韧带包括___________。

4. 与颅骨相互关节的颈椎为___________。

5. 在椎骨间起减震作用的结构是___________。

6. 骨盆两块耻骨在前方的连接处称为___________。

7. 腘绳肌起自___________结节。

8. 腰椎过度前屈为___________。

9. 胸椎过度后屈为___________。

10. 脊柱过度侧屈为___________。

功能性运动锻炼

脊柱由33节椎骨构成，分为颈椎、胸椎、腰椎、骶椎和尾椎。脊柱的运动包括屈曲、伸展、侧屈和旋转。当您前屈、后倾、左右旋转身体时都需要相关肌肉的辅助。请列举出在摸脚尖（伸展）和脊柱从左向右转（旋转）两个动作时的原动肌，接着根据其解剖学定位列举出它的拮抗肌、固定肌和协同肌（各列举一块）。

	伸展脊柱	旋转脊柱
原动肌		
拮抗肌		
固定肌		
协同肌		

第9章

胸部

胸廓（图9.1）是由骨组成的一个巨大腔隙，也称胸腔，肺脏和心脏就定位于其中。在肺脏表面和胸廓内壁间有一负压区域，即胸膜腔。胸廓的运动会使胸膜腔内的压力随之改变，也会带动空气进出肺脏。正常情况下，肺部呼吸气体称为安静呼吸，运动时肺部呼吸气体称为用力呼吸。胸廓骨骼上附着的肌肉收缩会带动胸廓运动，胸廓关节处的相对活动使胸廓扩张和压缩成为可能。对于那些提供动力的肌肉，必须有氧气供应，其产生的二氧化碳也需要被清除。而心脏和肺脏的主要功能就是进行全身氧气供应，同时清除产生的二氧化碳。尽管呼吸系统和循环系统的很多知识是包含在生理学中的，但本章我们也会简单地讲述胸廓内这两个重要器官（心脏、肺脏）的特点。

构成胸廓的骨

胸骨（图9.2）位于胸廓前方，对其后的结构起保护作用，是胸部、颈部和腹部肌肉的附着点，同肋软骨相关节。胸骨由3部分所组成：胸骨柄、胸骨体和剑突。胸骨柄上缘有颈静脉切迹（胸骨上切迹）（图9.3），下缘与胸骨体相接形成胸骨角，两侧通过锁切迹和第1肋切迹与锁骨（胸锁关节）和肋骨相关节。

胸骨体两侧有多对肋切迹，可与肋骨相关节。剑突位于胸骨最下方，出生时是软骨，后在童年时期发育为骨。

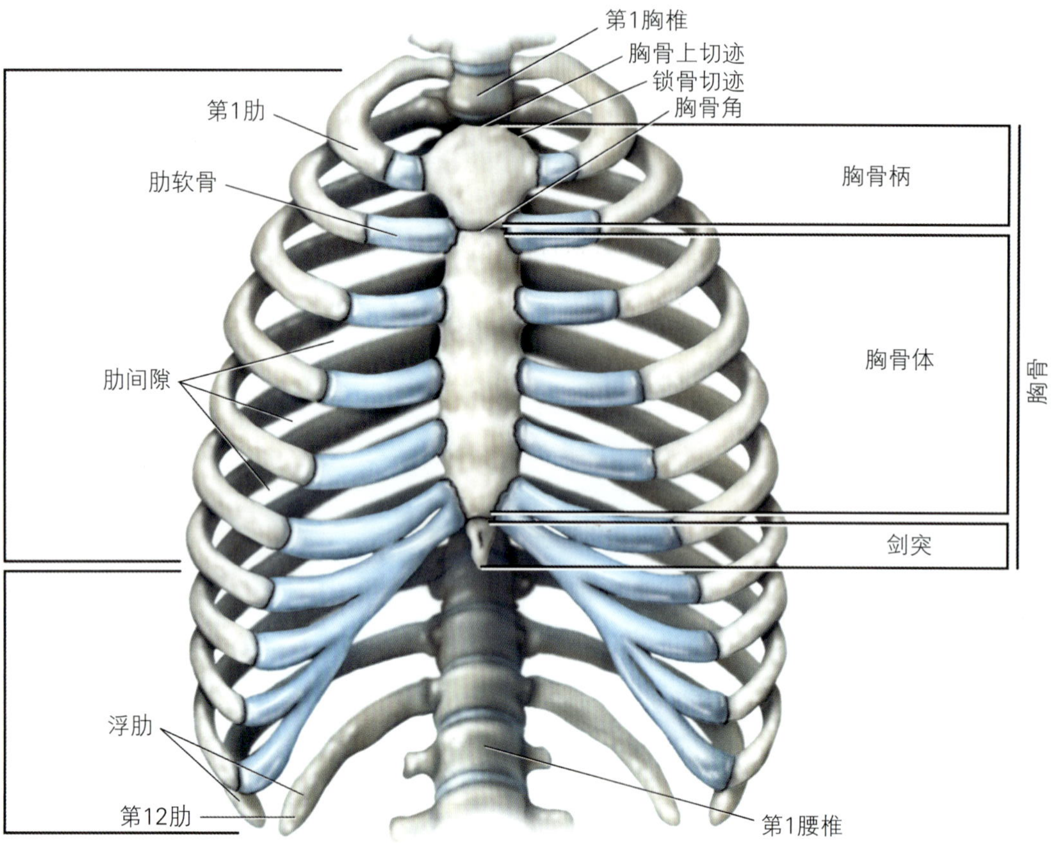

图9.1 胸廓骨骼和解剖标志，前面观

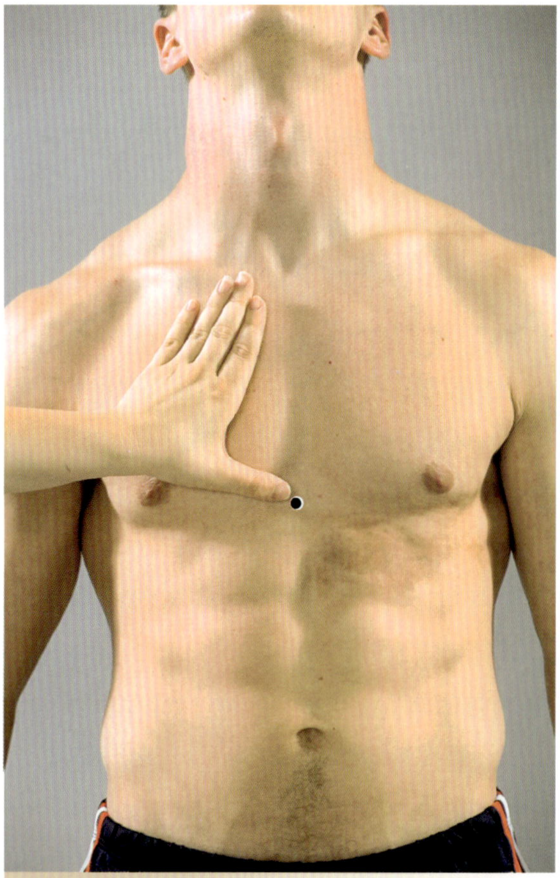

图9.2 定位胸骨

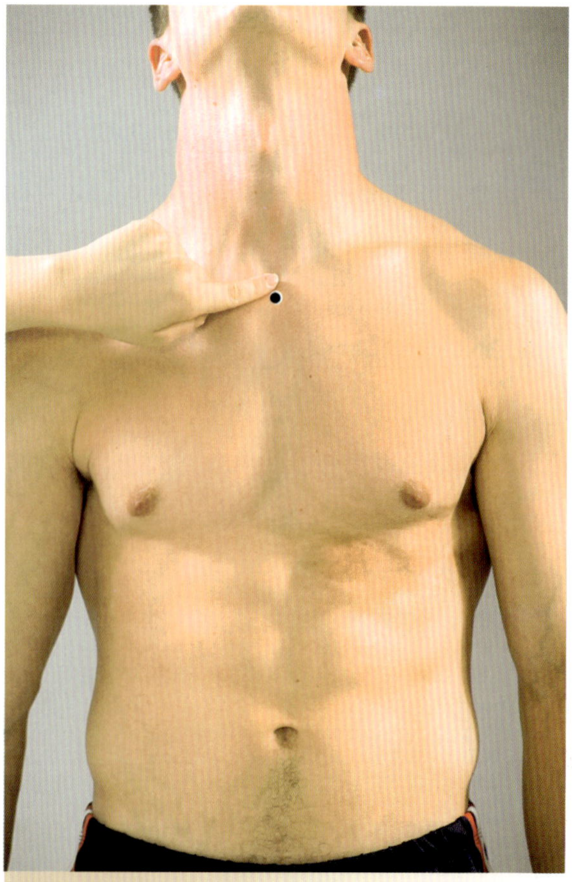

图9.3 定位胸骨上切迹

胸廓有12对肋，上方7对是真肋，下方5对是假肋。真肋通过肋软骨与胸骨相连（第1肋骨与胸骨柄相连，第2~7肋与胸骨体相连），肋软骨位于胸骨与肋骨之间，依据不同的肋骨，肋软骨长2.5~7.6 cm。最上方的3对假肋（第8~10肋）借肋软骨与上方肋软骨相连，间接地与胸骨相连。由于最后2对假肋不与上方肋骨或胸骨相连，故称为浮肋。肋头和肋颈位于肋骨的后端，与胸椎相关节，其上有关节面和结节。肋头旁是肋角，肋角使人体背部平坦，平躺时不会左右翻倒（图9.4）。

除了12对肋和胸骨，胸廓还由12块胸椎构成，其解剖特点已在第8章详述。

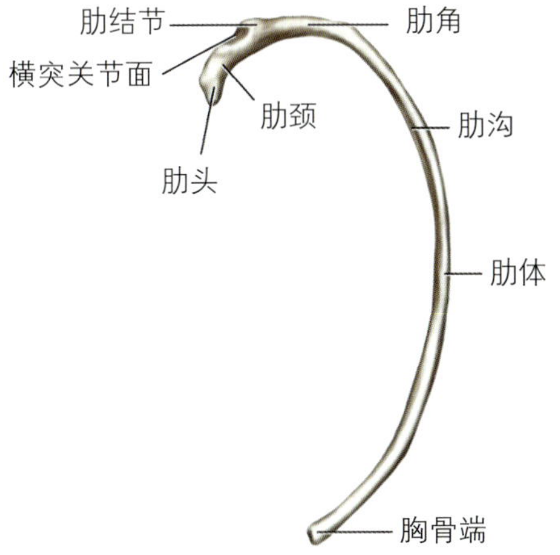

图9.4　典型肋骨的解剖标志

胸廓的关节和韧带

胸廓前部关节（图9.5）包括胸肋关节、肋软骨连结和肋软骨间关节。真肋借由胸肋关节与胸骨柄肋切迹（第1肋）和胸骨体肋切迹（第2~7肋）相连。其韧带包括肋软骨韧带（囊韧带）、胸肋辐状韧带和肋软骨间韧带（关节间韧带）。胸廓前部关节可转动或滑动，使肋骨可以外旋或抬高。肋骨软骨连结连接肋骨的胸骨缘和与之相连的肋软骨（第1~7肋）或上方的肋软骨（第8~10肋）。肋软骨连结没有真正意义上的韧带，其是由肋骨的骨膜（一层软组织）与肋软骨的骨膜（一层薄层的纤维组织包裹软骨并提供营养）相延续形成的。当运动员胸廓受到挤压超过正常活动范围时，其肋软骨连结时常会承受很大压力。肋软骨连结轻微的转动会使肋骨向上、向外运动。

> **聚焦**
>
> **CPR 和剑突**
>
> CPR即心肺复苏，是一种保障呼吸的急救技术。剑突是施救者手掌按压胸骨时用于定位的体表标志。但如若错误地按压了剑突，则不仅按压无效，还有使剑突骨折的风险。急救课程、CPR课程、急救医学或在临床医生、护理人员、运动员、理疗师的培训过程中都应该正确地讲解CPR技术。熟悉胸廓的解剖特点可让您正确地施救并防止次生伤害的发生。

12对肋分别与12块胸椎通过两个关节相连。①肋头关节位于肋头和相邻胸椎体间，韧带包括肋横突囊韧带和肋头辐状韧带（图9.6）。此关节滑动和转动能抬高或压低肋骨。②肋横突关节位于前10肋结节和相邻椎体横突间，而第11和第12肋与椎体间无关节连接，其间仅有囊韧带连接。

胸廓的肌肉和基本运动

胸廓运动带动呼吸，正如前述正常的呼吸称为安静呼吸，其所需要调动的肌肉是呼吸运动所特有的（图9.7）。用力呼吸时会用到其他章节叙述到的肌肉，它们的共同特点是都附着于胸廓。

膈肌是胸廓的肌肉，向上膨隆呈圆顶状，于走行剑突、后7肋软骨和前4位腰椎侧面和中心腱之间（图9.8）。

当膈肌收缩时，中心腱下压，使胸腔空间增大并改变其内压。当空气填充肺脏时，肋间内肌和肋间外肌（图9.9）共同作用下拉肋骨，使肺脏向外、向下扩张。

操作

举起双手高于头顶，将手指压在胸廓前外侧肋间肌（图9.10）上。肋间外肌（11对）位于肋骨前面，连接上一肋下缘和下一肋上缘。请注意肋间外肌纤维走行时所形成的角度。

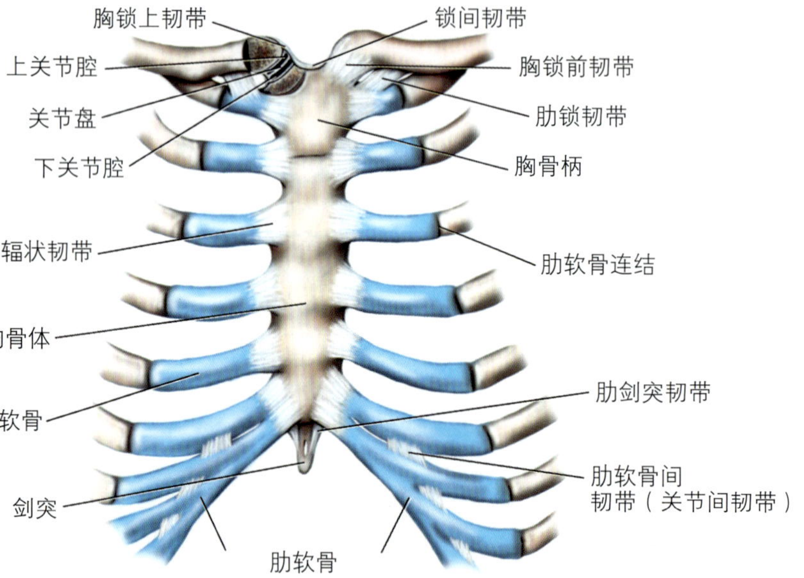

图9.5 肋软骨连结和胸廓前部韧带

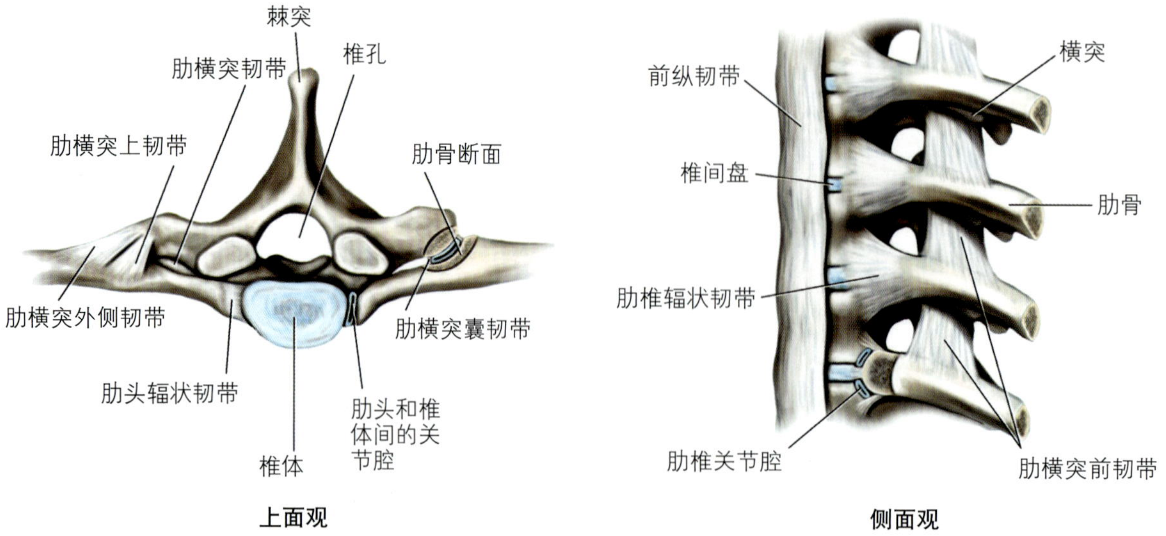

图9.6 胸廓后面、上面和侧面的关节和韧带

聚焦

肋软骨连结扭伤

与其他关节一样，肋软骨连结也有自己的运动幅度，一旦超过幅度运动扭伤就会发生。足球运动员截球时有时会挤压胸廓使肋软骨连结超过其运动幅度。与此相似，摔跤运动员被击倒时，胸廓被压在摔跤垫上会使肋骨软骨连结受伤。过去有些摔跤教练把这种损伤称为“肋骨压出伤”。肋软骨连结扭伤时，肋骨会和软骨发生分离，肋骨没有了软骨的限制运动范围增大，这样在损伤处可看到肋骨突出皮肤表面。肋软骨连结扭伤的机制也适用于其他损伤，如肋骨骨折、胸腔器官损伤。

若要识别肋软骨连结，则需要学习相关解剖知识、运动员训练知识、体育知识、医学知识和教练技巧。肋软骨连结扭伤的治疗十分重要，最理想的治疗方式是完全制动多个星期（连呼吸运动也不要有），但这显然是不可能的。因此需要肋骨保护带、肋骨板等辅助方式，尽可能减小呼吸时肋软骨连结的运动。

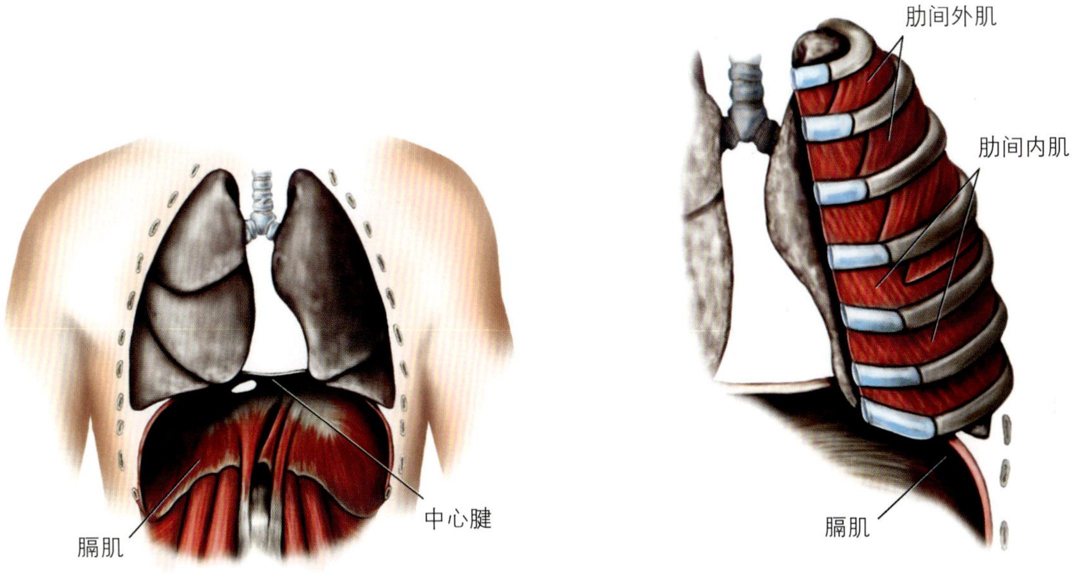

图9.7　主要呼吸肌

操作

将双手插入夹克口袋，注意此时手指所指向的方向。此时手指的方向与肋间外肌纤维走行方向是否相似?

肋间内肌（11对）位于肋骨后面，连接上一肋下缘和下一肋上缘。肋间内肌与肋间外肌收缩可下压肋骨。当颈椎斜角肌收缩固定第1肋时，肋间外肌收缩可使肋骨抬高，让更多的空气进入肺脏。当腰方肌收缩固定最后一肋时，肋间外肌收缩可使肋骨相互靠近，减少空气进入肺脏。

胸廓肌肉还包括12对肋提肌，它们起自C7横突，跨过T11，止于肋角下方（图9.11）。其收缩辅助提升肋骨。10对肋下肌起自肋角部内面，止于下方两到三肋骨内面（图9.12）。其收缩辅助提升肋骨。后锯肌分上、下两部分（图

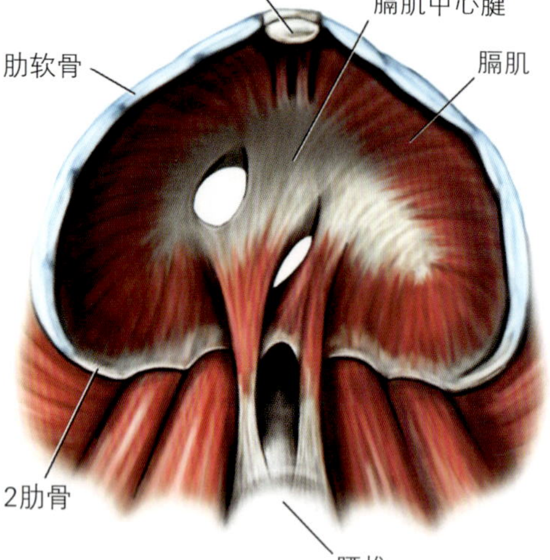

图9.8 膈肌和中心腱

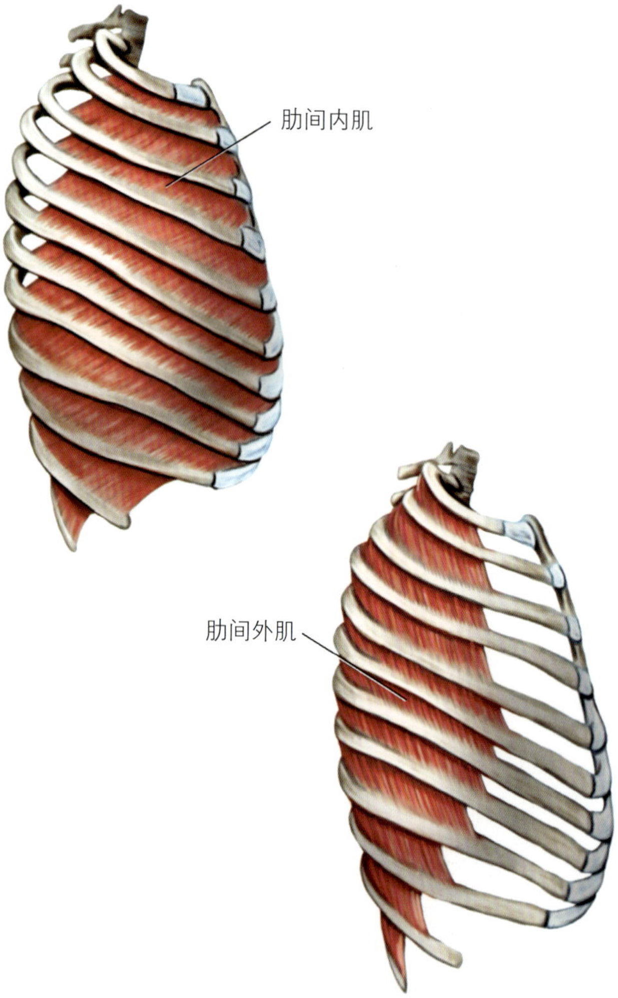

图9.9 肋间内肌、肋间外肌侧面观

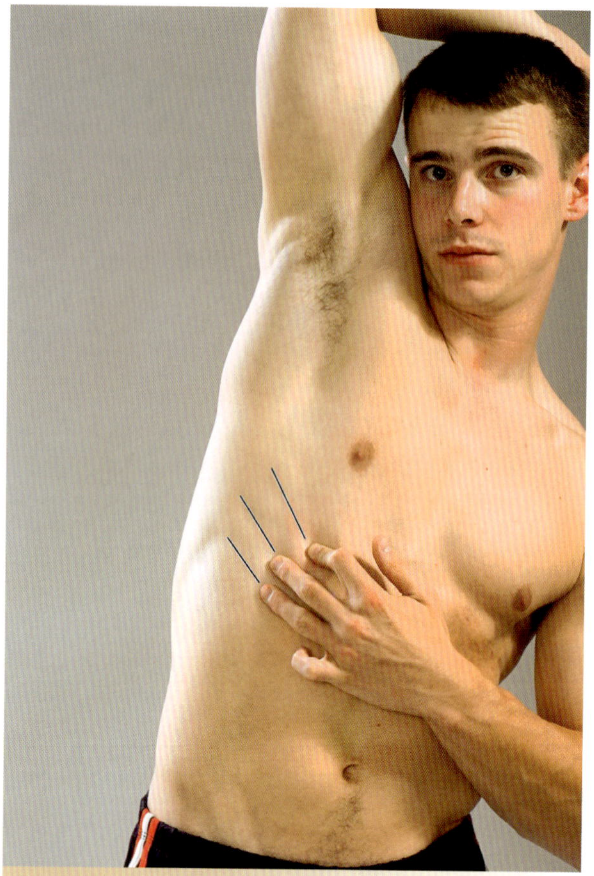

图9.10 定位肋间肌

9.13），下后锯肌起自下2位胸椎和第1腰椎棘突，止于后4肋下缘肋角侧面，其作用是下压肋骨；上后锯肌起自第7颈椎和上3位胸椎棘突，止于第2、3、4、5肋角旁，其作用是上抬肋骨。胸横肌（图9.14）起自胸骨内面下1/3、剑突和第4~7肋软骨，止于第2~6肋软骨内面，其作用是上抬肋骨。

很多一端附着于胸廓骨的肌肉不参与安静呼吸，但会辅助用力呼吸。用力呼吸时由于通气需求增加，胸腔扩张产生额外空间使通气量上升。表9.1描述了安静呼吸和用力呼吸时所需要的肌肉。

表9.1说明安静吸气需要膈肌收缩使空气进入肺脏，肋间内肌和肋间外肌收缩使肋骨上抬、肺脏扩张。安静呼气时膈肌与肋间内肌放松恢

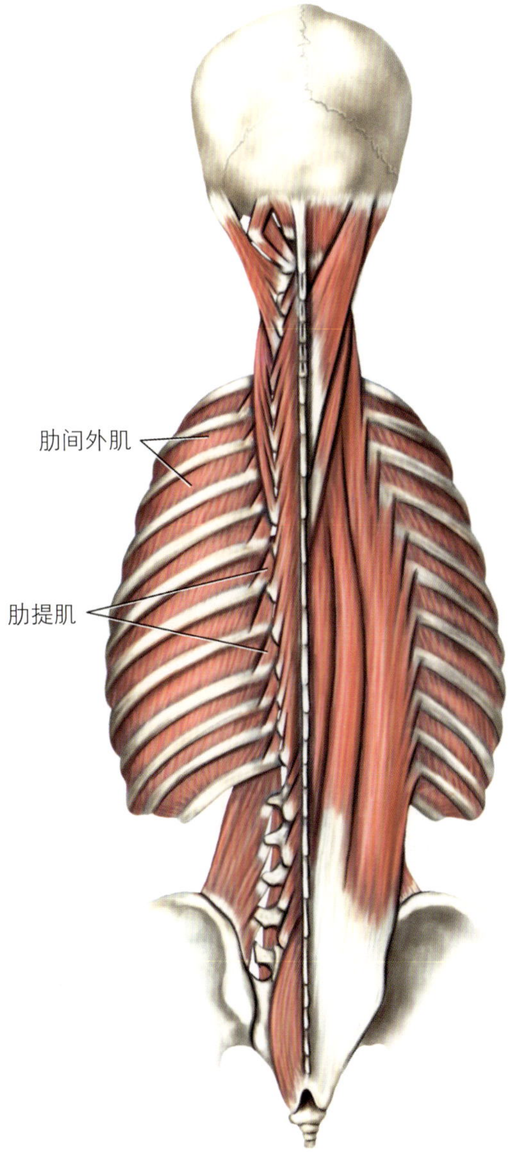

图9.11 肋提肌

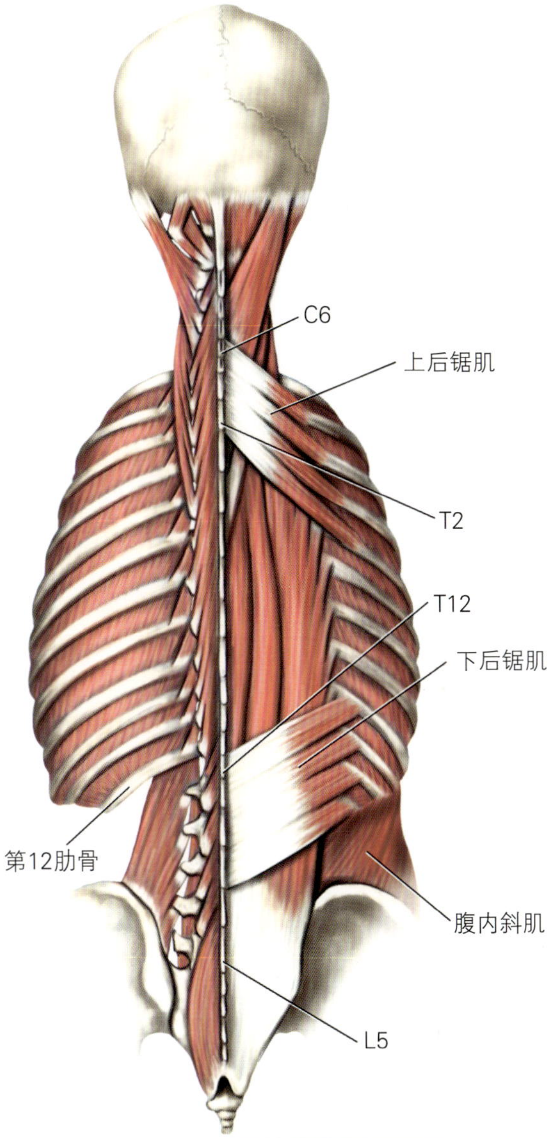

图9.13 上后锯肌和下后锯肌

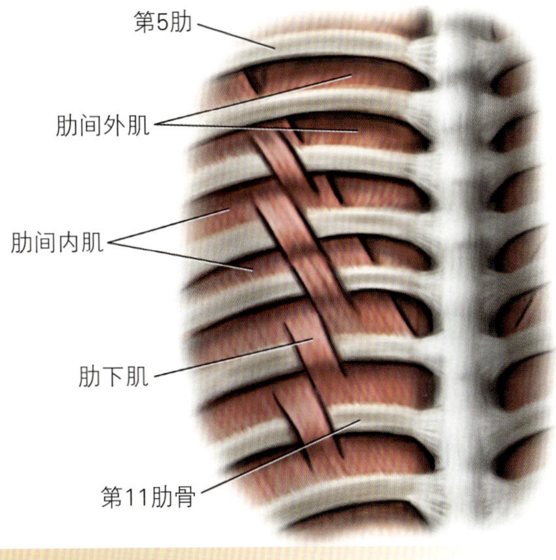

图9.12 肋下肌

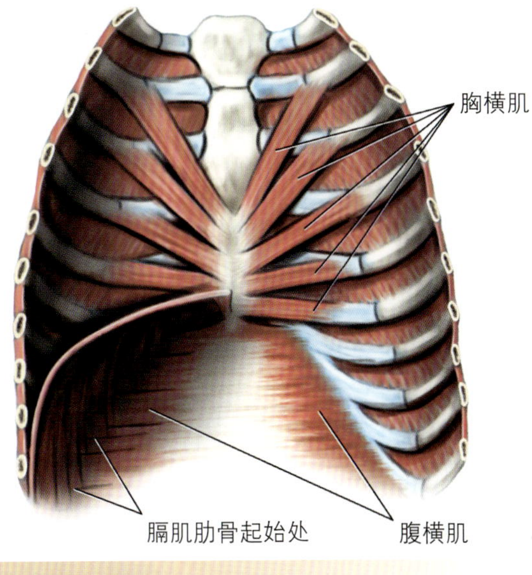

图9.14 胸横肌

复。用力吸气时由于胸腔需要更多的空间，故其余连接于胸廓的呼吸肌也参与了进来。用力呼气时，大量能挤压胸腔的肌肉也会参与。

胸腔内器官结构

在解剖学上，任何关于胸腔的讨论都绕不开心脏和肺脏这两个器官。

心脏结构

心脏是循环系统的主要器官，它从身体接收无氧合的血液将其泵入肺脏进行氧合，再将氧合的血液回收并泵入全身组织器官。完成这一过程需要有很多不同的解剖结构参与。

心脏（图9.15、图9.16）位于膈肌上，两肺

表 9.1

参与安静呼吸和用力呼吸的肌肉

	安静呼吸		用力呼吸	
肌肉	吸气	呼气	吸气	呼气
膈肌	●	被动	●	
肋间外肌	●	被动	●	●
肋间内肌	●	被动	●	●
背阔肌			●	
肋提肌			●	
胸大肌、胸小肌			●	
大、小菱形肌			●	
前、中、后斜角肌			●	
前锯肌			●	
上后锯肌			●	
胸锁乳突肌			●	
肋下肌			●	
斜方肌			●	
腹内斜肌、腹外斜肌			●	
腹直肌				●
骶棘肌				●
下后锯肌				●
腹横肌				●
胸横肌				●

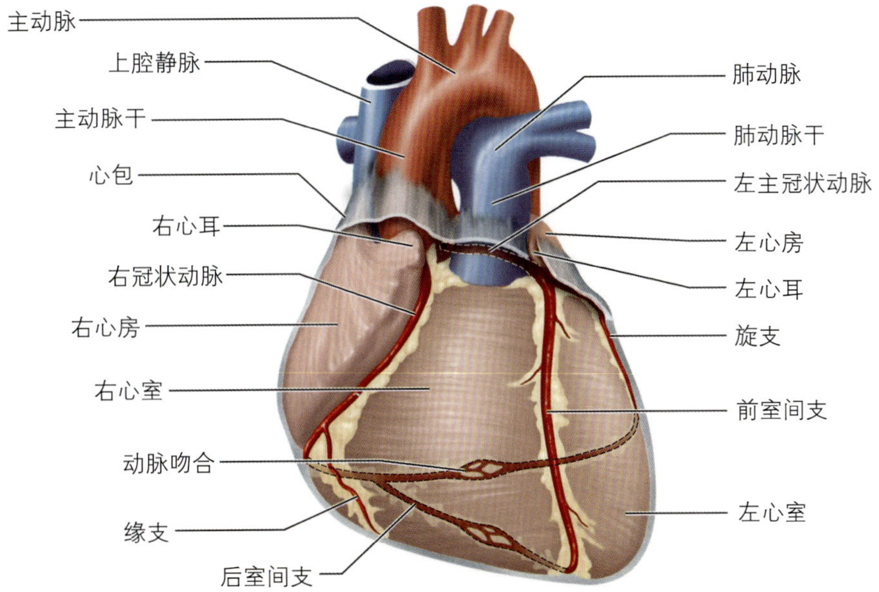

图9.15 心脏前面观

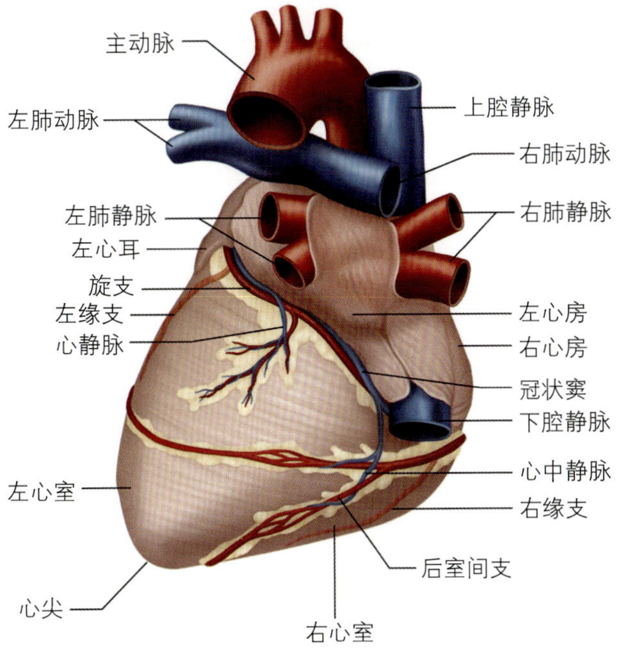

图9.16 心脏后面观

之间，纵隔内。其是一个由厚肌壁包裹的中空器官，上宽下尖，被包裹在心包内。心脏比成人拳头稍大，由4个特异的腔室组成（图9.17）。

上方两个腔为左心房和右心房，它们被房间隔分隔开来，心房向前的突出扩大部分为心耳（耳朵样结构）。下方两个比心房稍大的腔为左心室和右心室，它们被室间隔分隔开来。分隔心房和心室的间隔为房室隔。在房室隔上，左心房、左心室和右心房、右心室间各有一开口。

右心房和右心室间的开口有三片瓣叶覆盖瓣环，为三尖瓣。左心房和左心室间的开口有两片瓣叶覆盖瓣环，为二尖瓣（左房室瓣）。它们

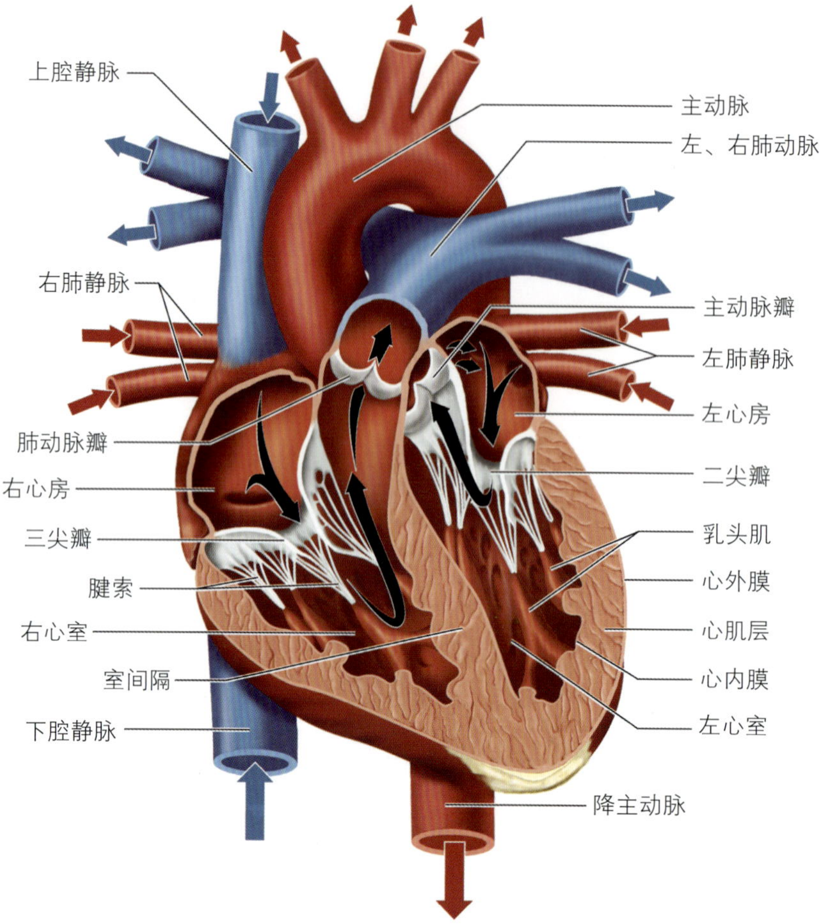

图9.17 心脏解剖

都有防止血液从心室逆流入心房的作用。锁链样的腱索附着于每一片瓣膜上。腱索另一侧通过细小的乳头肌连接于心室壁，乳头肌能保持瓣膜张力，防止血液倒流。

正常情况下，心脏瓣膜的开闭产生心音，当瓣膜病变时异常杂音便会出现（如吹风样杂音和马嘶样杂音）。常见的瓣膜病变有反流和狭窄。狭窄是指瓣膜在开放时未能全开，在产生心音时会产生额外杂音。反流是指瓣膜在闭合时不能完全闭合，在收缩期仍然有血流逆流进入上一级腔室并产生杂音。心脏听诊区是指在胸壁上最靠近各瓣膜解剖位置并且听诊效果最好的6个点（图9.18）。尽管这些听诊区并非直接覆盖于心脏之上，但在这些区域听诊效果最好。

心室壁有3层结构，最外层为心外膜；最内层的上皮细胞为心内膜；两侧上皮间的肌肉组织为心肌层。左心室做功使血液从心脏分配至循环系统，而右心室做功使血液泵入肺脏。由于左心室收缩需要将血液泵至全身，故左心室壁厚于右心室壁。

气管和肺的结构

当空气经过口鼻进入身体后，其经过的结构称为呼吸树（图9.19）。

吸气时，空气由口腔（嘴）和鼻腔（鼻）进入，经过咽部、喉部和气管（图9.19）进入气

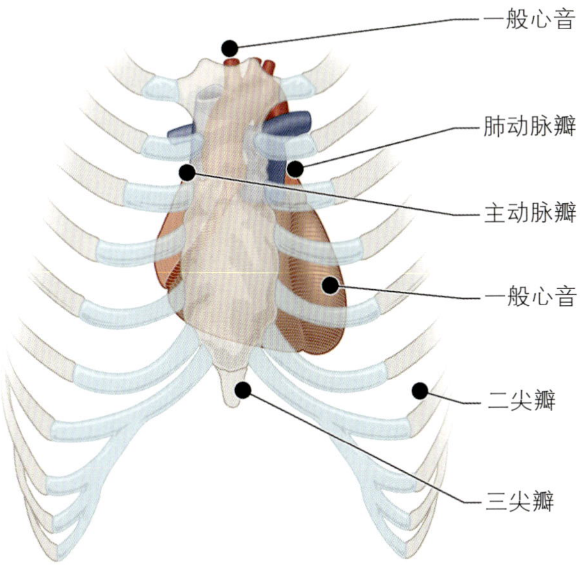

图9.18　不同心音的心脏听诊区

管。气管分为两个主支气管，每个主支气管分为很多细支气管，细支气管又分为更小的结构呼吸性支气管，最后是肺泡管。肺泡管紧接肺泡囊，气体最终进入肺泡。

胸膜为一薄层浆膜。被覆于肺表面的胸膜（脏胸膜）与贴附于胸壁内面的胸膜（壁胸膜）构成了胸膜腔。胸膜腔分为左、右胸膜腔，中间由纵隔分开（图9.20）。当气管移行为支气管时，左、右支气管分别进入胸膜腔形成肺泡。胸膜腔内含有少量液体，有润滑作用。在呼吸过程中使肺脏和胸壁间的相对运动更加顺畅。

左、右肺尽管在解剖上十分相似，但也稍有不同。其相似处在于上方都有细尖的肺尖，下方都有宽大的肺底，肋面与肋骨相连，肋沟由

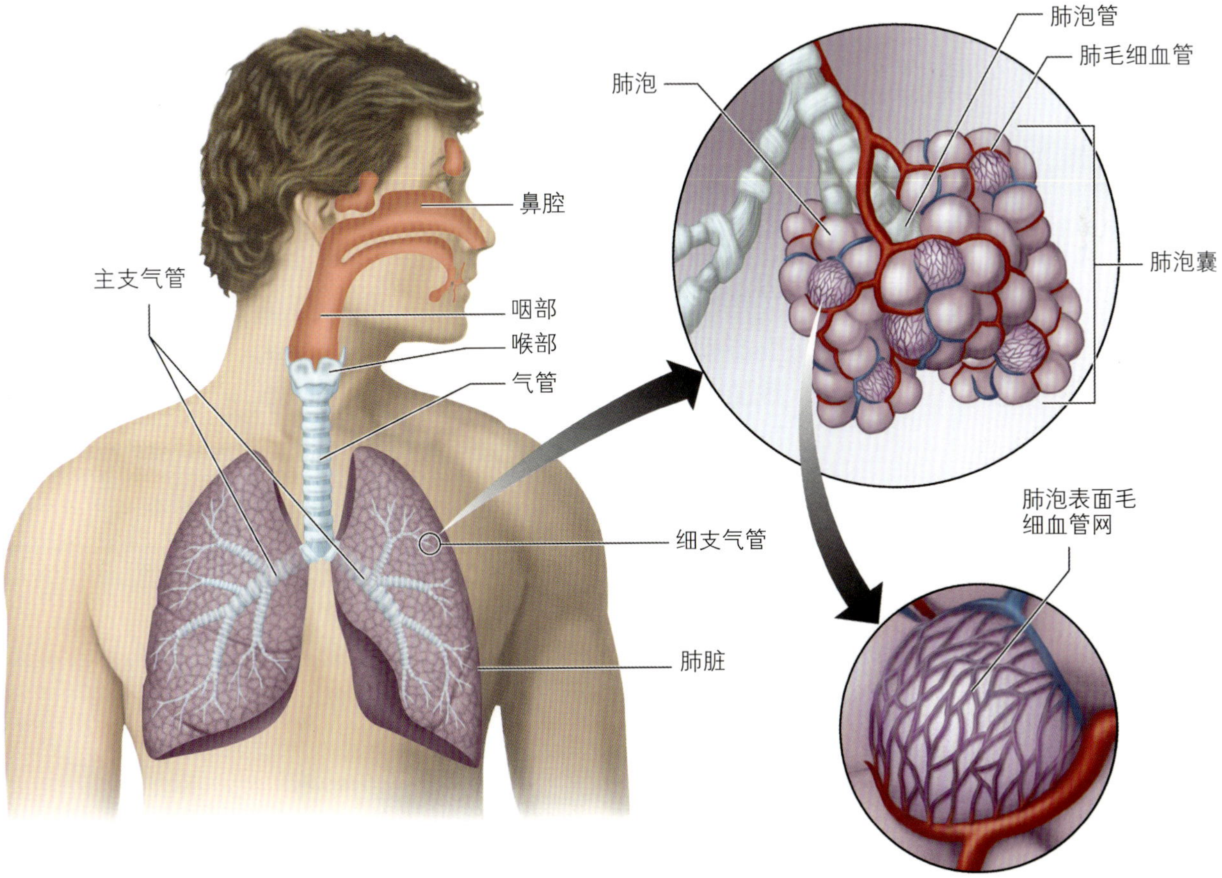

图9.19　呼吸树

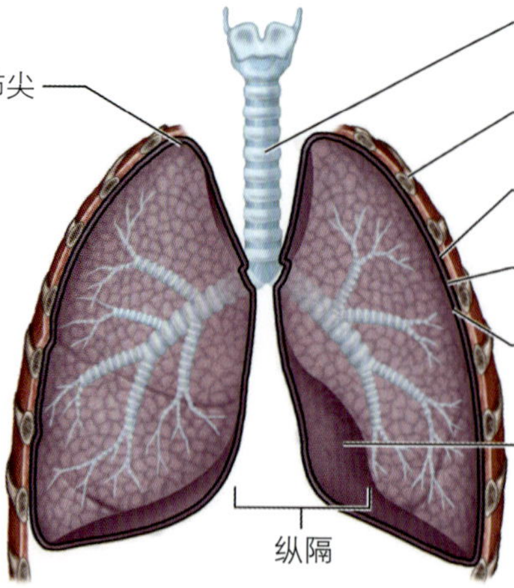

图9.20 气管和肺解剖

肋骨挤压形成，纵隔面与纵隔毗邻，其上在肺尖与肺底连线的中点处有一凹陷称为肺门，肺门是支气管、肺动脉、肺静脉出入肺脏的窗口。左、右肺最大的不同点在于其叶数不同，右肺有三叶（上、中、下），左肺有两叶（上、下）。心切迹位于左肺。由于肝脏位于右侧膈肌下方，向上推举右肺，使右肺在胸腔内比左肺稍高，右肺也比左肺在纵向上更短。

学习助手

术语回顾

以下术语均出自本章，请对其进行解释，并在自己身上或插图中找到这些结构。

肺泡囊	肋软骨连结	肋软骨间关节
肺泡管	胸肋辐状韧带	肋间内肌
房室隔	肋横突囊韧带	肋间外肌
心房	肋椎关节	室间隔
心耳	肋头辐状韧带	喉部
胸骨体	瓣膜	左心房
细支气管	膈肌	左心室
支气管	心内膜	肺叶
心切迹	心外膜	胸骨柄
中心腱	第1肋切迹	纵隔
胸肋关节	用力呼气	纵隔面
腱索	用力吸气	二尖瓣
锁切迹	肋头	心肌
肋沟	肺门	肋颈
肋面	房间隔	乳头肌
肋软骨韧带	肋软骨间韧带（关节间韧带）	壁胸膜

心包
咽部
胸膜腔
胸膜
肺动脉
肺静脉
心脏听诊区
安静呼气
安静吸气
反流
呼吸树
肋
右心房
右心室
后锯肌
狭窄
胸骨
肋下肌
颈静脉切迹（胸骨上切迹）
胸腔
气管
胸横肌
三尖瓣
脏胸膜
剑突
肋提肌

思考题

1.请在您或搭档身上用手指从外侧向内侧滑行触摸锁骨。

a.在两侧锁骨内侧缘末端可触及的结构有何特点?

b.您所触摸到的部位是什么?

2.将您搭档的手掌和手臂高举过头，定位锁骨，用手触摸12根肋骨。

a.如果有肋骨难以触摸到，那这根肋骨的名称是什么?

b.为什么这根肋骨难以触及?

3.用卷尺测量您搭档的胸围。

a.测量静息胸围后，让您的搭档深吸一口气，再次测量胸围。然后让您的搭档将空气全部呼出，再次测量胸围。（注意：三次测量需在同一平面上）

b.什么肌肉协助胸廓扩张?

c.什么肌肉协助胸廓收缩?

4.将您的姿势调整至进行CPR时按压的姿势。注意：不要真正按压。

a.将您的手掌根部置于您搭档的胸骨上，定位胸骨柄、胸骨体和剑突。

b.定位能使胸廓收缩而又不至于导致肋骨骨折的关节。

5.使用听诊器，以图9.18为参考，尝试听诊心音。

a.一般心音（心率和节律）位于胸骨颈静脉切迹上方。

b.一般心音（心率和节律）位于胸骨左缘两指处，第4与第5肋间。

c.两处听诊有什么差别吗？如果有，接下来按照图示指示，在肺动脉瓣、主动脉瓣、二尖瓣和三尖瓣区听诊瓣膜开闭。希望无异常心音（杂音）出现。

单选题

1. 假肋有（　）

a. 2 对

b. 5 对

c. 7 对

d. 12 对

2. 连接肋骨和肋软骨的韧带是（　）

a. 胸肋辐状韧带

b. 肋软骨韧带

c. 肋锁韧带

d. 肋胸韧带

3. 安静状态下，协助呼吸的肌肉是（　）

a. 无

b. 膈肌

c. 肋间内肌

d. 斜角肌

4. 胸壁内面的浆膜性结构是（　）

a. 壁胸膜

b. 脏胸膜

c. 肺泡膜

d. 支气管膜

5. 三尖瓣位于（　）

a. 右心房和左心室间

b. 左心房和右心室间

c. 左心房和左心室间

d. 右心房和右心室间

6. 心脏瓣膜位于（　）

a. 房室隔

b. 房间隔

c. 二尖瓣房间隔

d. 室间隔

7. 包裹心脏的结构是（　）

a. 心外膜

b. 心包

c. 心内膜

d. 心肌

8. 肺上支气管和动静脉进出的部位是（　）

a. 肺尖

b. 肺底

c. 心切迹

d. 肺门

9. 心脏瓣膜不能完全张开可导致（　）

a. 反流

b. 心肌梗死

c. 狭窄

d. 二尖瓣脱垂

10. 由于将心脏中的血液泵入体循环需要做大量的功，室壁较厚的是（　）

a. 左心房

b. 左心室

c. 右心房

d. 右心室

填空题

1. 胸廓由胸椎、肋骨、肋软骨和________组成。

2. 胸骨上部为________。

3. 呼吸运动主要的肌肉是________。

4. 右肺有________叶。

5. 右肺比左肺短是因为________在膈肌下方。

6. 气管分叉形成的结构为________。

7. 心脏位于两肺之间，________内。

8. 左、右心房间的壁称为________。

9. 二尖瓣有________个瓣叶，也称为________。

第 10 章

脑、脊柱、胸腔、心脏、肺脏的神经和血管

本章先概述脑的解剖结构，包括端脑、脑干和小脑。接下来讲述脑、脊柱、胸腔和心、肺的血管与神经。在运动过程中，肌肉需要足够的氧气和营养物质，也需要将代谢废物排出。而心脏（循环系统）和肺脏（呼吸系统）的主要功能便是为肌肉活动提供足够的能量。本章我们会讨论胸腔和心、肺的主要神经、动脉和静脉。

脑

在讨论脑的3部分结构前，我们先要讨论一下覆盖于脑表面的结构（图10.1）。位于头皮下、紧贴头皮的是颅骨骨膜，其下是硬膜外隙。硬脑膜位于硬膜外隙下方，其下为硬膜下隙。硬膜下隙的下方是蛛网膜，其下为蛛网膜下腔，内含脑脊液。

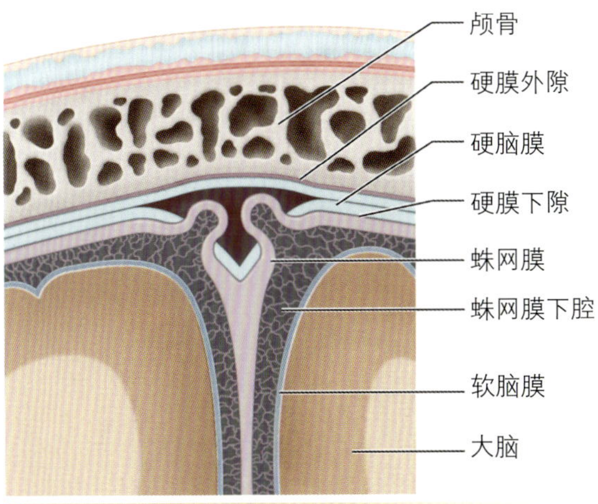

图10.1　颅骨和大脑断面

知识拓展

颅脑损伤

脑的主要供血血管均位于脑各覆盖结构之间，硬膜外隙主要包含动脉，硬膜下隙主要包含静脉。通常我们用硬膜外血肿、硬膜下血肿和蛛网膜下血肿来分类颅脑损伤（图10.2）。血肿是指由凝固血液构成的界限清晰的异物团块，出血是指血液从动脉、静脉和毛细血管内弥散性地流出。由于颅骨直接位于硬膜之上，受伤区域颅骨往往呈凹陷状，会直接压迫大脑。而硬膜外血肿出血来自动脉，所以病情发展快，产生的不良后果严重。硬膜下血肿和蛛网膜下血肿由于血液流出慢（其出血来自静脉）和缓冲空间足够大，其病情往往进展较慢，不会直接压迫大脑。在急诊现场和观察颅脑损伤患者时应该注意以上内容。颅脑损伤的患者在经历了初期症状后往往有一个缓解期，但需要注意的是硬膜下血肿和蛛网膜下血肿往往需要经过一定时间才会有症状产生。

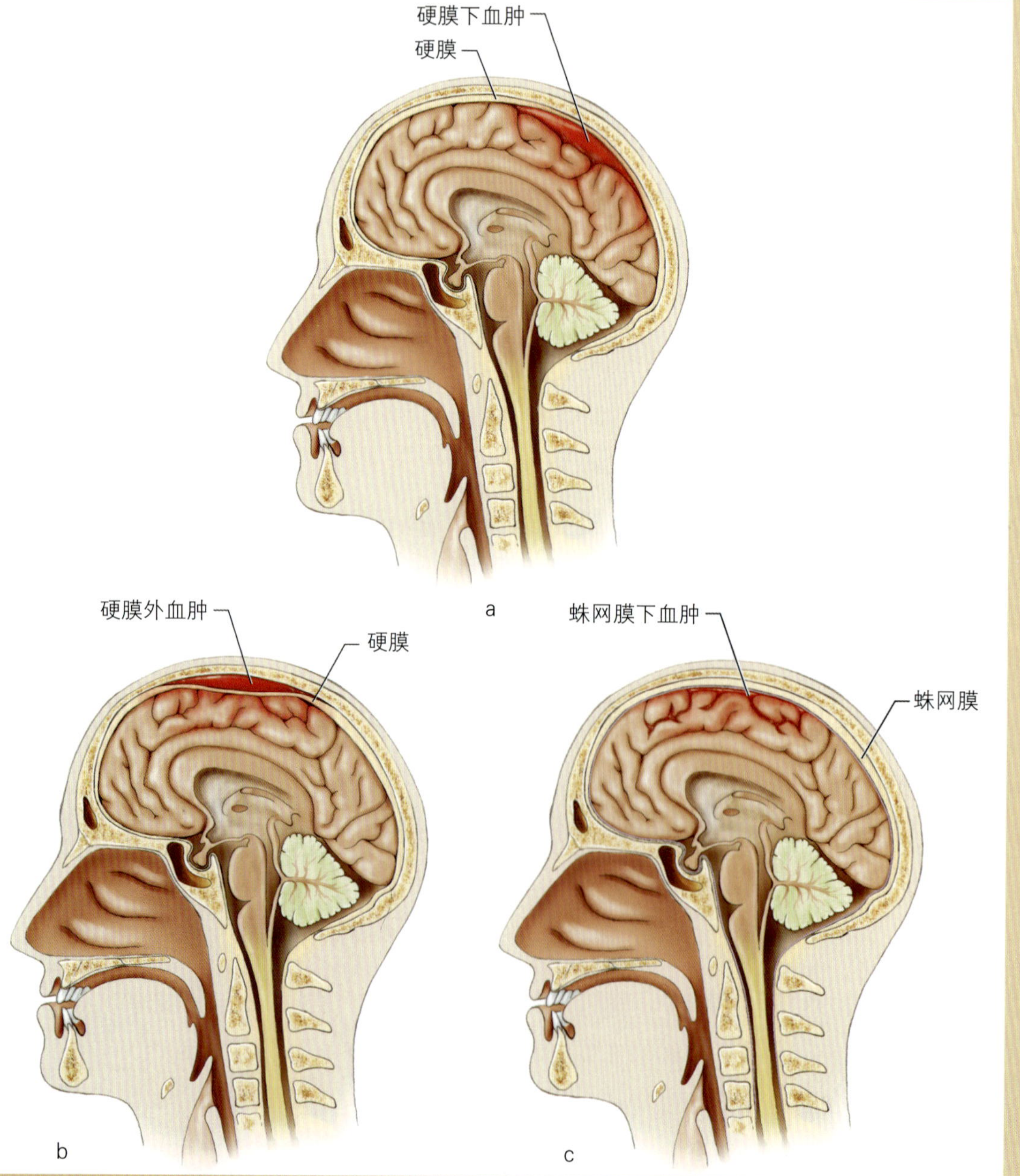

图10.2 颅脑损伤 a.硬膜下血肿；b.硬膜外血肿；c.蛛网膜下血肿

蛛网膜下腔位于蛛网膜和软脑膜之间。软脑膜下便是大脑。以上叙述的各层结构统称为脑脊膜。

脑由3个部分构成：端脑、脑干和小脑（图10.3）。

端脑

端脑位于大脑上部（图10.4），是大脑最发达部分。端脑可看作是脊髓末端的膨大，与其他脊髓部分不同的是，端脑被颅骨包被。端脑左右两侧是对称的（由巨大的纤维束——胼胝体所连接）。端脑表层为皮质，其主要由神经细胞胞体和树突构成。灰质之下是白质，由轴突构成。端脑表面有很多褶皱，突出的称为脑回，凹陷的称为脑沟。

有四条最明显的脑回将端脑分为4个部分。①正中沟（大脑纵裂）将端脑分为左右对称的两部分。②中央沟（罗朗多裂）将端脑分为额叶和顶叶。③外侧沟（外侧裂）为顶叶与颞叶的分界。④顶枕沟是顶叶和枕叶的分界。大脑上有为数众多的脑回，最突出的是中央前回（额叶），中央后回（顶叶），颞上、中、下回，额上、中、下回。

大脑负责控制身体的觉醒状态，保持对周围事物认知的意识。其控制模式是交叉控制，左侧大脑控制右侧身体，右侧大脑控制左侧身体。肌肉自主运动的高级中枢位于大脑皮质，当大脑运动中枢受伤时，对侧运动功能会大幅受损，同侧的运动功能也会稍有下降。

大脑皮质不同区域有不同的功能（图10.5），运动中枢位于中央前回，内含主要的运动神经元。躯体感觉中枢位于中央后回，也是左右交叉控制的，一侧感觉中枢负责感受对侧身体感觉。视觉中枢位于枕叶，主要包含视神经的神经纤维。嗅觉中枢位于颞叶，具有辨别不同气味的能力。味觉中枢位于大脑嗅觉中枢后方，由于二者解剖部位相连，故嗅觉和味觉常相互联系，紧密不可分。听觉中枢位于颞

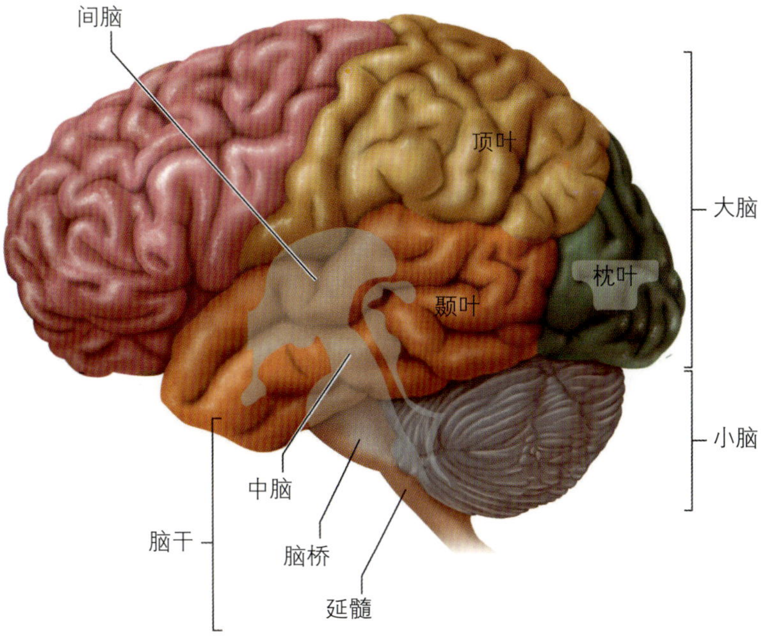

图10.3　大脑分区

叶，其包含的神经纤维主要负责辨别声音。运动性语言中枢和书写中枢位于额叶，负责说话和写字。听觉性语言中枢位于颞叶后方，负责识别和理解语言。

视觉性语言中枢位于顶叶后方，负责识别理解文字信息。

大脑表面余下的大片区域主要是联络区，对不同刺激产生不同的反应。一种特殊的声音或气味会引起一种特殊的反应，但这种反应与人之前的经历有关，所以面对相同的刺激，不同的人有不同的反应。这也是我们将要叙述的大脑的另一种功能：区分能力。高级区分能力使不同的人对于气味有不同的反应，使部分刺激会在一部分人群大脑内残留，即记忆。推理能力是指通过整合不同的记忆，将旧知识与新知识和特定的场景联系起来并解决实际问题的能力。由其定义可知，推理的前提便是对于刺激有记忆能力。尽管记忆力好是十分重要的，

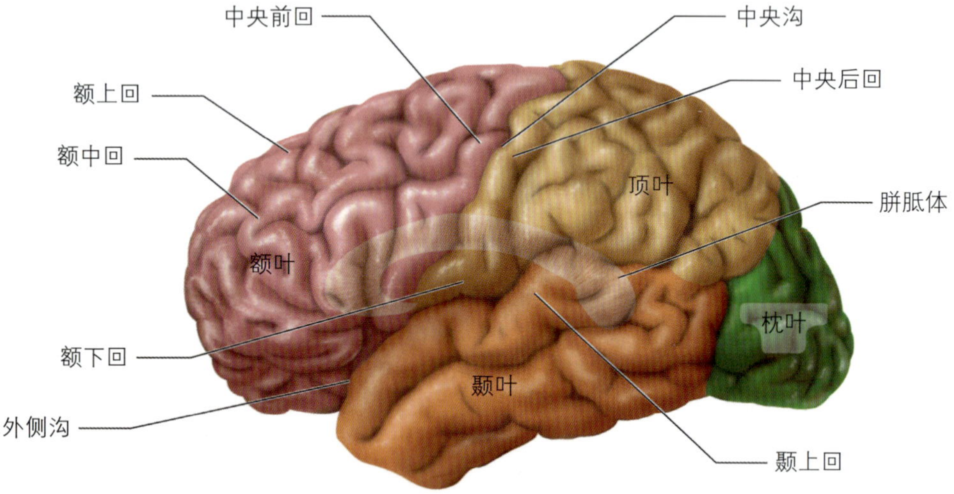

图10.4 端脑

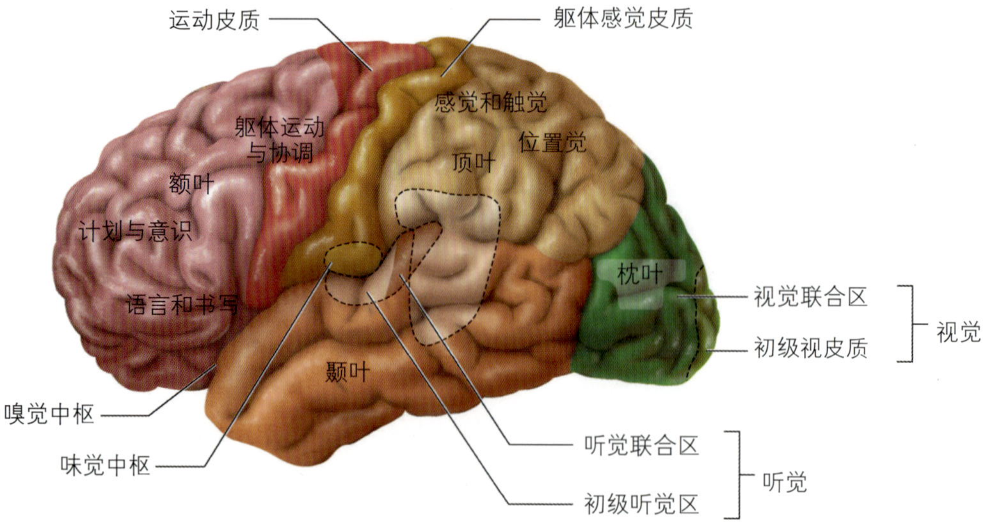

图10.5 大脑感觉、运动区域切面图

但我们还是要将记忆力和智力二者定义加以区分。智力是记忆力和推理能力的总和。所以不可把记忆力与智力混为一谈。很多人认为大脑额叶控制人的情绪，但这块区域与智力的发展关系不大。

脑干

脑干含有高级反射中枢，是脊髓上端的直接延伸。由端脑发出的神经在脑干处进出，脑干也是脑神经的发源地。脑干由多部分组成，其中最重要的是延髓（也称末脑）。其内含有：①呼吸中枢；②心抑制中枢，可通过兴奋迷走神经而减慢心跳；③血管运动中枢，可控制小血管的收缩与舒张；④散热中枢，在体温升高时可刺激汗腺分泌汗液；⑤第9、10、11、12对脑神经。

当运动神经束从大脑运动皮质发出经过脑干进入脊髓时大部分会走行到对侧（如左侧皮质神经束走行于右侧延髓）。这部分纤维称为锥体交叉。

延髓也包括诸如恐惧和兴奋等情绪活动反射中枢。这些中枢可兴奋或抑制内脏活动，也可间接控制消化系统器官的活动。延髓同时控制着全身大部分器官平滑肌的收缩与舒张，如消化系统、全身血管和空腔脏器。

脑干还包括后脑（脑桥）、中脑和间脑（次脑）。间脑包含丘脑和下丘脑。这些区域是第1~8对脑神经出脑的部位，也包含着视觉、听觉、味觉和肌肉张力的高级中枢。

小脑

小脑也是脑的一部分，实际上属于后脑的一部分。与大脑的交叉控制不同，小脑是同侧控制的（左右两侧对称相同），即右侧小脑半球控制右侧身体，左侧小脑半球控制左侧身体。小脑主要负责肌肉的协调能力和身体的平衡，同时对于大脑皮质传来的运动指令也有增幅作用。

全身随意肌通过锥体直束或锥体交叉束的神经细胞或轴突与大脑运动皮质（中央前回）相连。大部分大脑发出的神经在通过延髓时会交叉到对侧，剩余不交叉的神经形成同侧锥体直束。

周围神经系统

神经系统包括中枢神经系统（脑和脊髓）和周围神经系统。周围神经系统包含脑神经、脊神经和自主神经。12对脑神经（图10.6）和自主神经起源于脑，故与中枢神经关系密切。脊神经（颈丛、胸神经、腰丛、骶丛）已在第1章描述，其支配肌肉分别在相应章节进行描述。

自主神经包括交感神经（胸腰神经）和副交感神经（颅骶神经）（图10.7）。当其受刺激时会反射性地控制全身非随意器官的运动和功能。支配随意肌的是运动神经，运动神经主要向心平滑肌、腺体传送神经冲动。运动神经也是自主神经的一部分。自主神经可分为传入神经、传出神经和混合神经，负责神经冲动进出神经系统。

交感神经主要发自第1胸椎至第3腰椎脊髓的灰质。

12对脑神经（表10.1）包含运动纤维和感觉纤维，部分与副交感神经重合。

嗅神经是第1对脑神经，起自鼻上方颞叶的嗅觉中枢。视神经是第2对脑神经，视网膜和视觉中枢间的神经传导位于枕叶。视神经和嗅神经同为感觉神经。

动眼神经（第3对脑神经）、滑车神经（第

4对脑神经）和展神经（第6对脑神经）控制眼睛随意肌运动。三叉神经（第5对脑神经）的感觉纤维控制牙齿和面部皮肤的痛、温、触、压觉，运动纤维控制咀嚼肌的运动。面神经（第7对脑神经）和舌咽神经（第9对脑神经）的感觉纤维控制舌味觉和咽感觉，舌咽神经运动纤维支配舌和咽的肌肉，面神经运动纤维支配面部肌肉。前庭蜗神经（第8对脑神经）由两部分组成：①蜗神经与颞叶相连，负责听觉（位于耳蜗）；②前庭神经与小脑相连，负责平衡觉（位于半规管）。迷走神经（第10对脑神经）感觉纤维支配心、肺、气管、咽、喉、食管和胃肠道感觉，运动纤维支配软腭、咽、喉、气管、食管、胃、肠，以及其他腹腔脏器和心肌。副神经（第

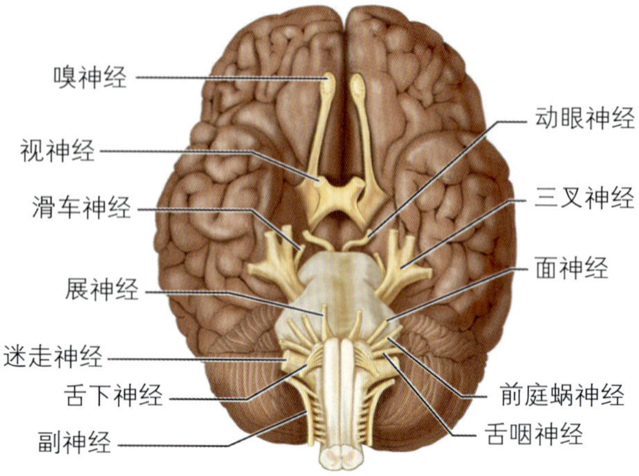

图10.6 脑神经

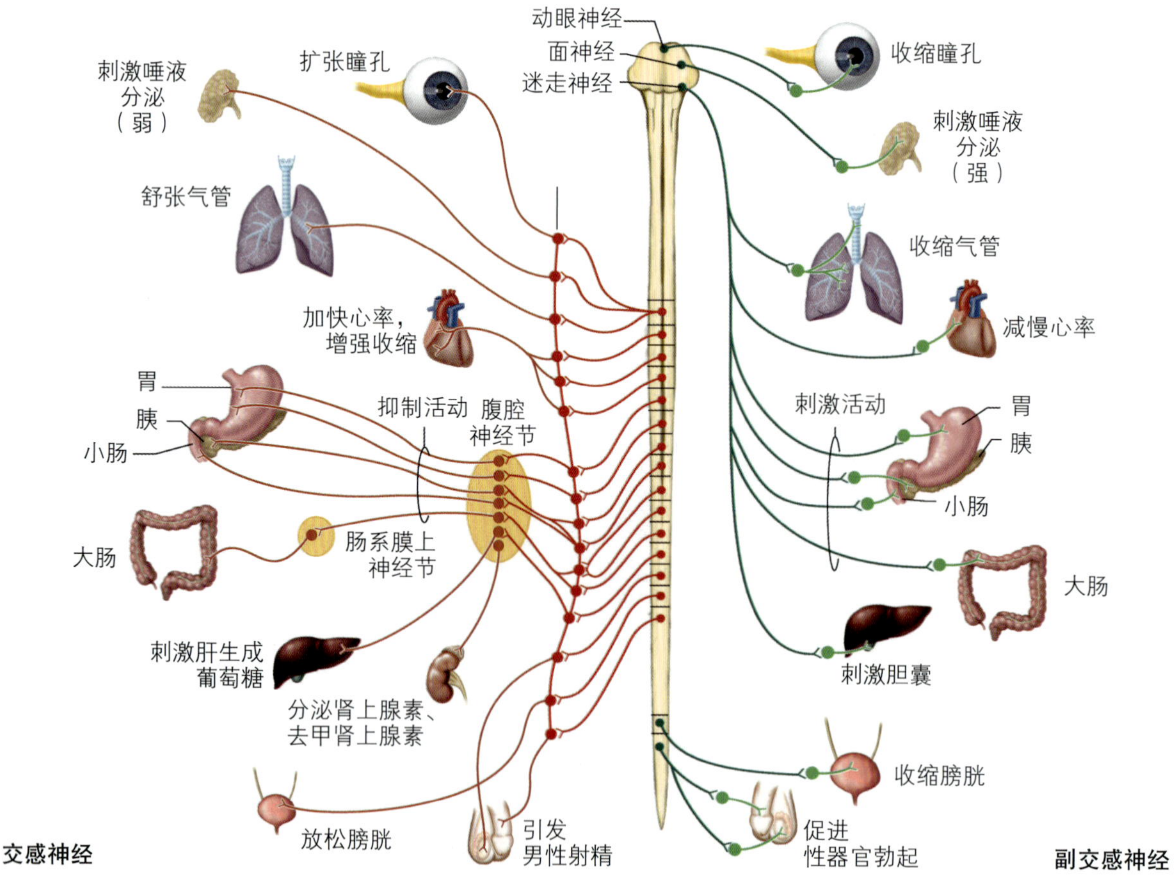

图10.7 交感和副交感神经系统

11对脑神经）和舌下神经（第12对脑神经）是发自脑干的运动神经，支配舌、面和颈部运动。

颅脑的动脉

硬膜外隙含有大脑主要动脉，硬膜下隙含有大脑主要静脉。左、右颈总动脉向头面部顺势而上，图10.8所示为右颈总动脉。椎动脉起自锁骨下动脉，除了给脊髓、椎体和颈部肌肉供血，还给大脑供血。基底动脉起自两椎动脉之间（分支为大脑后动脉），为颅内结构供血。

右颈总动脉位于下颌角，起自头臂动脉，分支为右颈内动脉和右颈外动脉。左颈总动脉起自主动脉弓，分支为左颈内动脉和左颈外动脉。颈外动脉及其分支为颈上部和头部皮肤、肌肉、舌头、腺体和软组织供血。颈外动脉分支包括：

・咽升动脉：为硬脑膜、鼓室、咽壁、软腭、颈部腺体和椎前肌肉供血。其分支有鼓膜下动脉、脑膜后动脉、椎前动脉和腭动脉、咽动脉。

表 10.1

脑神经

	功能	
名称	运动纤维	感觉纤维
1. 嗅神经		嗅觉
2. 视神经		视觉
3. 动眼神经	支配瞳孔括约肌和睫状肌，上、下直肌和下斜肌	
4. 滑车神经	支配上斜肌	
5. 三叉神经	支配咀嚼肌、鼓膜张肌、腭帆张肌、腭帆提肌、下颌舌骨肌、二腹肌前腹	牙齿和牙龈、面部皮肤、舌前 2/3
6. 展神经	外直肌	
7. 面神经	面部肌肉、头皮、泪腺、颌下腺、茎突舌骨肌、唾液腺、镫骨肌、二腹肌后腹	舌前 2 / 3 味觉
8. 前庭蜗神经		听觉
蜗神经		听觉
前庭神经		支配半规管，与身体平衡有关
9. 舌咽神经	支配茎突咽肌、咽、腮腺	舌后 1 / 3 味觉
10. 迷走神经	支配软腭、咽、喉、气管、食管、胃、肠，以及其他腹腔脏器和心肌	心、肺、气管、咽、喉、食管、胃、肠
11. 副神经	支配斜方肌和胸锁乳突肌	
12. 舌下神经	支配舌部肌肉	

·面动脉：供血下颌舌骨肌，咬肌，颊肌，上、下唇肌肉，咽和咽鼓管，腭扁桃体，下颌下腺和舌下腺，唇和鼻的皮肤，以及鼻的肌肉和鼻翼软骨。其分支包括颊动脉、内眦动脉、腭升动脉、腺动脉、咬肌动脉、颏下动脉、上唇动脉、下唇动脉、鼻外侧动脉和扁桃体动脉。

·舌动脉：供血舌后部，腭扁桃体，舌下腺，颏舌骨肌、下颌舌骨肌和颏舌肌。分支包括舌深动脉，舌下动脉，舌背支与舌骨动脉。

·枕动脉：供血硬脑膜、横窦、颈内静脉、耳郭后面、矢状窦、椎体后肌肉和胸锁乳突肌。分支包括耳动脉、脑膜支、乳突支。

·耳后动脉：供血耳郭、颞后头皮、腮腺、外耳道、前庭、半规管、乳突小室、胸锁乳突肌、茎突舌骨肌、二腹肌、枕肌、茎突舌肌，茎突咽肌和镫骨肌。分支包括枕支、腮腺支、耳支和茎乳动脉。

·甲状腺上动脉：供血甲状腺、喉和甲状舌骨肌、咽部肌肉。分支包括舌骨动脉、环甲动脉和喉上动脉。

在颈外动脉末端有2个重要分支：上颌动脉和颞浅动脉。

·上颌动脉：除外脑和眼，供血头部大部分结构，包括咽鼓管、鼓膜、颊黏膜、硬脑膜、外耳道、上颌骨、牙龈、牙齿、泪腺、眼睑、下颌关节、上颌窦、蝶窦、面部皮肤、硬腭和软腭、腭骨、犁骨、腮腺、鼻腔、第5对脑神经根、咽、颊肌、咬肌、翼内肌和翼外肌、腭帆张肌、腭帆提肌、下斜肌、下直肌。其分支包括翼肌支、蝶腭动脉、副动脉、脑膜动脉、鼓室前动脉、颊动脉、耳深动脉，颞深动脉，眶下动脉、牙槽动脉、咽动脉、腭大动脉、脑膜中动脉。

·颞浅动脉：颈外动脉的后部分支，供血头上部结构，包括皮肤、筋膜、外耳道、颞下颌

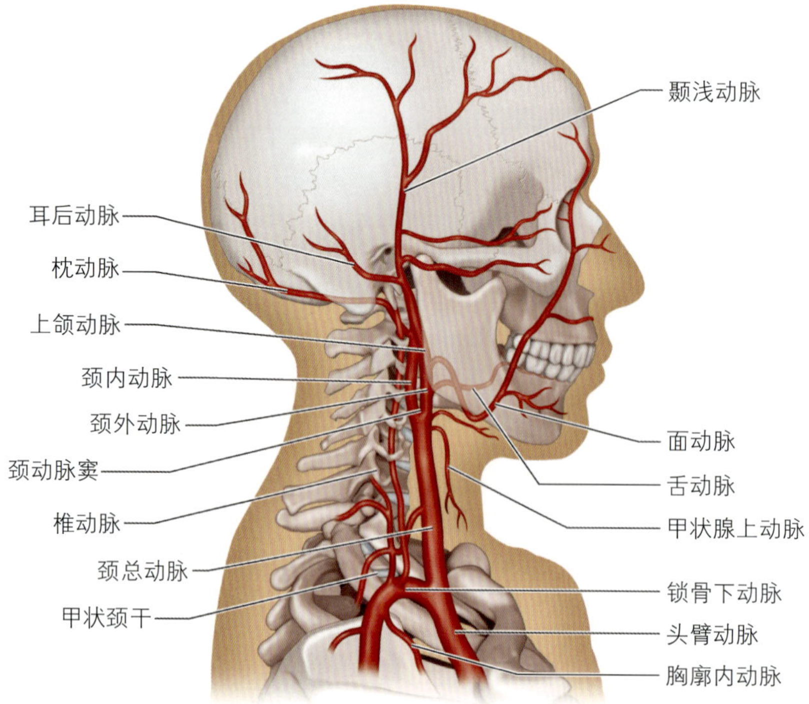

图10.8 头、颈、面动脉

关节、耳郭前外侧面、腮腺、额肌、耳前肌、耳上肌、咬肌、颞肌、眼轮匝肌。分支包括面横动脉、额动脉、颧眶动脉、关节支、前关节支、颞中动脉、顶动脉、腮腺支。

颈内动脉是颈总动脉的后部分支，供血大部分脑组织、脑膜、眼、额窦和鼻部皮肤。颈内动脉分支较多，比较发达。以下列举的是颈内动脉的分支。

颈鼓动脉：连接（吻合）其他颅动脉。

海绵动脉：供血于海绵窦；与展神经、滑车神经、三叉神经和动眼神经伴行。

脉络膜动脉：为视束供血。

垂体动脉：为垂体供血。

脑膜动脉：为硬脑膜供血。

眼动脉：为眼、泪腺、前额表面、脑膜、额窦、上鼻部皮肤、前外侧头皮、上下眼睑、上直肌、外直肌和眶肌供血。分支包括筛前动脉、脑膜前动脉、视网膜中央动脉、鼻背动脉、额动脉、睑支、泪腺动脉、筛后动脉和睫状动脉。

后交通动脉：为丘脑和视交叉（构成Willis动脉环外侧）供血。

颈内动脉终末分支包括大脑前动脉和大脑中动脉。

· 大脑前动脉：通过前内侧基底动脉，前、中、后额动脉和内侧眶支供血包括大脑前叶的多个大脑部位。

· 大脑中动脉：供血范围主要包括额叶眶外侧表面、枕叶外侧面、顶叶、颞叶、额中回、额下回、中央前回、中央后回。主要分支包括颞动脉、额升动脉、颞浅动脉顶支、顶颞动脉、额叶的额下回和眶外侧面分支。

椎动脉有深部分支供血大脑、脑膜、颈部肌肉、脊髓和颈椎。进一步讨论这些结构走向超出了基础的人体解剖学知识。以下列举了所有深部分支名称和其供血结构，但细节并未列出。

吻合支：连接枕颈动脉和颈深动脉。

脊髓前动脉：供血软脑膜。

脑膜动脉：连接脑膜内的动脉。

肌性动脉：供血枕骨下肌群和深层颈椎肌肉。

小脑下后动脉：供血延髓、脑干、小脑半球，以及第9、第10和第11对脑神经。

脊髓后动脉：供血软脑膜。

脊髓动脉：供血椎体和椎间盘。

基底动脉位于两侧椎动脉之间，供血脑桥、内耳、前髓帆、小脑半球前部、大脑视觉皮层、脑干、海马体、梭状回、舌回和第4对脑神经根。

基底动脉分支包括小脑下前动脉、小脑上动脉、脑桥动脉、内耳动脉和小脑后动脉，其终末分支为大脑后动脉。

威利斯环（circle of Willis）是大脑底部的动脉环（图10.9），其前部由大脑前动脉和颈内动脉借由前交通动脉连接，后部由两侧大脑后动脉和基底动脉借由后交通动脉与颈内动脉相连。

颅脑的静脉

供血颅脑的动脉由静脉回流入心（图10.10）。颅脑静脉包括深静脉、浅静脉和静脉窦（头部蓄积静脉血的空间）。深静脉常与其收集区域的供血动脉同名，而浅静脉各有自己的名字。

颈内静脉和椎静脉是头部主要的深静脉。颈内静脉主要收集面、咽部、甲状腺、耳蜗和舌部的血液回流入锁骨下静脉。

与动脉相似，静脉也有自己的分支。

知识拓展

硬膜外血肿

如前述，供应大脑的动脉主要行走于硬膜外间隙，部分动脉与硬脑膜相连，上部动脉多位于脑沟之间、颅骨之下。当身体在运动中突然停下时，在惯性的作用下，短时间内大脑还会保持一个向前的运动趋势，最后导致大脑撞击颅骨（即脑挫伤）。撞击有可能使动脉从原来的脑沟中游离出来，从而导致动脉撕裂。最常见的损伤部位为大脑中动脉及其分支，由于其特殊的解剖位置，常常会产生硬膜外血肿（图10.2）。由于此类损伤会使血液快速蓄积于颅骨和硬脑膜之间（动脉破裂），故病情凶险，会导致大脑视觉、定向、逻辑等功能在短时间内迅速恶化，甚至危及生命。硬膜外血肿是最凶险的脑部外伤之一，任何从事涉及颅脑损伤高危活动的人均应了解其一般症状和体征。

颈内静脉属支主要包括耳蜗静脉、面总静脉、舌静脉、甲状腺上静脉、甲状腺中静脉、枕静脉、咽静脉和岩下窦。

椎静脉及其属支主要收集颈椎静脉血注入无名静脉（由锁骨下静脉和颈内静脉构成）。主要属支：①椎前静脉收集颈椎前部静脉血；②颈深静脉收集颈椎后部静脉血；③肋间后静脉收集第1肋间隙静脉血。

头面部深静脉只有两支，但浅静脉有很多。颈外静脉及其属支收集头皮、头部、颈部血液汇入锁骨下静脉。分支：①颈前静脉收集颈部前区和下嘴唇静脉血；②耳后静脉收集头颈后部和侧部静脉血；③后颈外静脉收集颈部后外侧区域和枕部静脉血；④颈横静脉和肩横静脉收集同名动脉供血区域静脉血。

浅静脉的额叶静脉收集头皮内侧和前部血液，与眶上静脉汇合形成额静脉。眶上静脉收集头皮外侧和后部血液。枕静脉收集头皮枕部和顶部血液。耳后静脉收集额部和头颈外侧面血液。颞浅静脉收集额部和头部外侧面血液。颞浅静脉分支：①面横静脉收集面部外侧血液；②眶静脉收集眼睑外侧血液；③腮腺静脉收集腮腺血液；④颞中静脉收集颞肌血液；⑤耳静脉收集颞下颌关节血液；⑥耳前静脉收集耳前方区域的血液。

浅静脉的内眦静脉（由额叶静脉和眶上静脉构成）收集面部血液，主要覆盖鼻部，后移行为面静脉。面静脉与下颌后静脉汇合形成面总静脉，收集面部皮肤和肌肉血液。面总静脉属支：①颊肌静脉收集颊肌血液；②面深静脉收集面部肌肉和骨骼血液；③上、下唇静脉收集上、下嘴唇血液；④上、下睑静脉收集上、下眼睑血液；⑤咬肌静脉收集咬肌血液；⑥颌下静脉收集颌下腺血液；⑦腭静脉收集腭骨血液；⑧颏下静脉收集同名动脉供血区血液。面总静脉和颈前静脉发出的交通静脉汇入颈内静脉。颞浅静脉与上颌静脉及其支流形成的下颌后静脉有一个前分支与面静脉汇合，形成了面总静脉，有一个后分支与耳后静脉汇合形成颈外静脉。

与颅脑动脉相似，许多深静脉也超出了基础解剖学知识要求。以下列举的静脉是对于进阶知识的简单描述。

颅骨的静脉位于骨松质（板障）中，与颅骨骨膜、脑膜和硬脑膜窦静脉相通，收集颅骨血液的静脉主要有四支。颞前板障静脉收集额骨血液，汇入颞深静脉和蝶顶窦。颞后板障静脉收集顶骨后部血液，汇入横窦。额板障静脉收集额骨

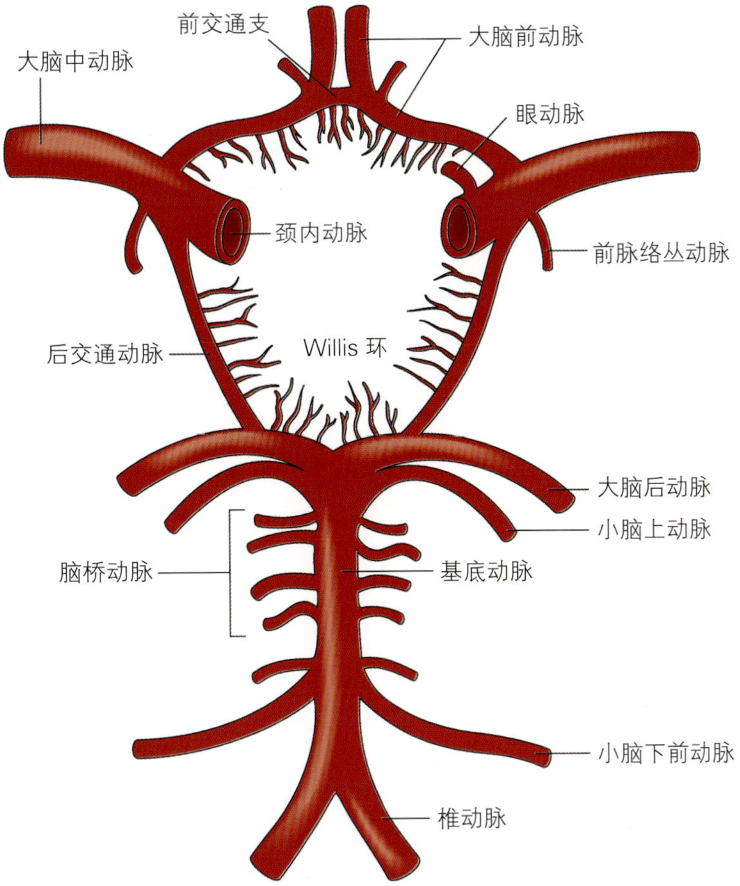

图10.9 威利斯环

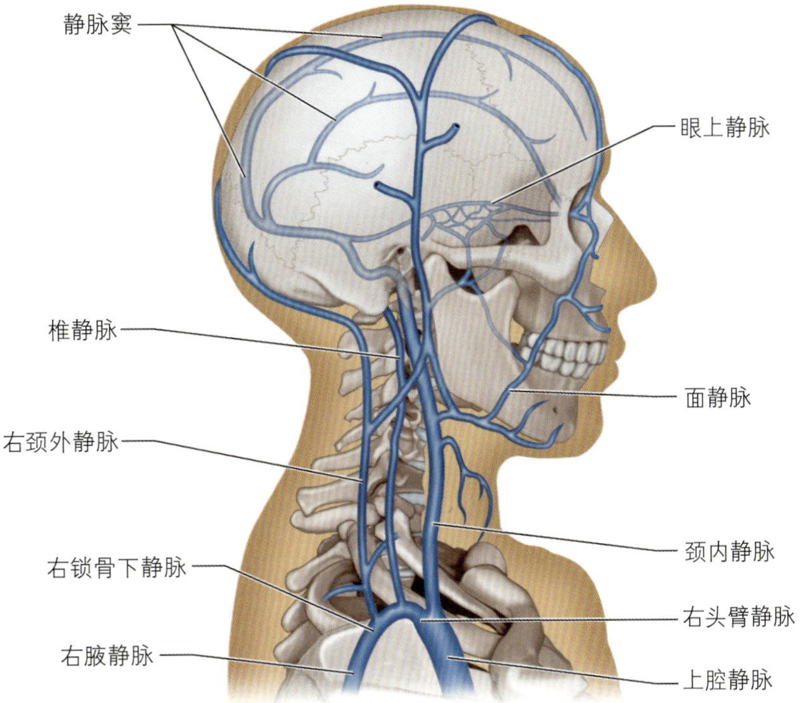

图10.10 头部、颈部和面部静脉

的前区。枕板障静脉（最大的板障静脉）收集枕骨区域，汇入横窦。

脑膜既有浅静脉也有深静脉，收集脑膜动脉血液供应区域，汇入硬脑膜窦。与动脉一样，这些静脉位于硬脑膜中，颅骨下面。因为位置关系，此处发生内出血的风险很大，特别是在颅骨骨折时。

脑部静脉最后汇入硬脑膜窦，分为大脑静脉和小脑静脉。大脑静脉既有深静脉（内）也有浅静脉（外）。浅静脉包括：①大脑下静脉引流大脑下部血液，汇入横窦、上矢状窦、海绵窦和岩上窦。大脑下静脉有两个分支——大脑中静脉引流大脑血液汇入海绵窦；眼静脉连接眶静脉与脑静脉，最后汇入眼上静脉。②大脑上静脉（12条以上）位于软脑膜内蛛网膜下腔，引流大脑上部及外侧血液，汇入上矢状窦。③大脑前静脉、大脑中深静脉和纹状体静脉汇合形成基底静脉，其引流中脑、海马回、侧脑室下角和脚间窝血流。④大脑前静脉引流胼胝体和扣带回血流。⑤大脑中深静脉引流脑岛和岛盖部血流。⑥纹状体静脉引流纹状体血流。

两支大脑深静脉引流大脑内侧面血流，汇入大脑大静脉。脉络丛静脉和终静脉引流基底静脉血流，汇合形成大脑大静脉。

小脑静脉包括上、下2组静脉，下静脉引流小脑下部血流，汇入硬脑膜窦；上静脉引流小脑上部血流，汇入横窦和岩上窦。小脑深静脉汇入小脑浅静脉。

延髓静脉汇入浅静脉丛，最终汇入根静脉、延髓前正中静脉和延髓后正中静脉。脑桥静脉汇入浅静脉。

耳部的静脉包括外耳道及外耳的静脉，最后汇入下颌后静脉和耳后静脉。鼓膜的静脉汇入下颌后静脉和岩上窦。耳迷路的血流由迷路静脉引流，汇入岩上窦和前庭静脉。

鼻部的静脉引流鼻腔壁血流，形成蝶腭静脉，汇入翼丛。上唇静脉和鼻侧静脉是面前静脉的支流。

眶部静脉是眼动脉、额叶静脉和眶上静脉的分支，这些静脉汇合形成眼上、下静脉，最后汇入海绵窦。

硬脑膜窦是位于骨膜和硬脑膜之间静脉的膨大。其引流来自大脑、脑膜和板障的血流，其分为成对的侧静脉窦和不成对的中静脉窦。

成对的静脉窦包括蝶骨两侧的浅丛；当浅丛延伸向颞骨时，它分为岩上窦和岩下窦。岩下窦位于颞骨岩区、汇入颈内静脉。岩下窦支流包括内耳静脉和小脑下静脉。岩上窦自颞骨岩尖区延伸至横窦，位于海绵窦后端，颞骨岩区上缘。枕窦附着在枕骨大孔的后外侧边界硬脑膜内。枕窦引流来自小脑下静脉的血流，汇入横窦。海绵窦位于两侧蝶骨内，支流包括大脑下静脉、眼静脉和蝶顶窦发出的静脉。蝶顶窦位于蝶骨下硬脑膜内。此区域硬脑膜窦内血液汇入海绵窦。蝶顶窦支流包括板障静脉，鼓室静脉、小脑上静脉和小脑下静脉。横窦从枕内隆凸延伸汇入颈内静脉。其分支包括大脑下静脉、小脑下静脉、板障静脉和岩上窦。

不成对的静脉窦包括硬枕骨基底区硬脑膜内的基底静脉丛及其沿着枕骨大孔延伸至海绵窦的部分。它同时连接两侧岩下窦。环状窦围绕着两侧海绵窦并连接前、后海绵间窦。下矢状窦位于大脑后缘，连接大脑大静脉，其分支包括从大脑和大脑半球内侧面发出的静脉。枕窦由下矢状窦和大脑大静脉构成，最终汇入横窦，其属支包括从大脑、枕叶和小脑上部发出的静脉。上矢状窦位于大脑外缘，颅内区的中间沟，自盲孔向枕内隆凸延伸。其分支包括大脑上静脉，最终汇入横窦。

胸腔和躯干的神经

正如在第6章和第14章所述，支配胸腔和躯干的神经发自脊髓神经丛（神经网络）。值得注意的是，支配肺脏的神经丛对于呼吸运动和维持基本的生命活动是必不可少的。

支配下肢的主要神经起自脊髓下段（腰骶丛）。本章重点讲解支配胸腔和躯干肌肉、心脏和肺脏的神经。在本章最后，将这些头、脊髓和胸部结构总结成了表格。

支配颈部和头部的神经起于颈丛（图10.11）。感觉神经较表浅，而运动神经走行得较深。颈丛深支主要支配头皮、面部肌肉和颈部肌肉，如胸锁乳突肌、斜方肌和肩胛提肌。部分脑神经也与C2、C3、C4神经交通，共同支配胸锁乳突肌和斜方肌。颈丛其余深支支配头前直肌、头外侧肌、头长肌、颈长肌、椎前肌肉、肩胛提肌、中斜角肌、胸锁乳突肌和斜方肌。颈丛中最重要的控制呼吸的神经是膈神经（C3、C4、C5），其支配膈肌。其余支配颈椎和胸腔侧面的肌肉已于第6章叙述。

12对起自脊髓胸段（T1~T12）的胸神经分为11对肋间神经和1对肋下神经（图10.12）。第1对肋间神经支配肋提肌、肋间肌和后锯肌上部。第2对肋间神经支配肋间肌、肋提肌和肋下肌。第3对肋间神经支配肋间肌、肋提肌和肋下

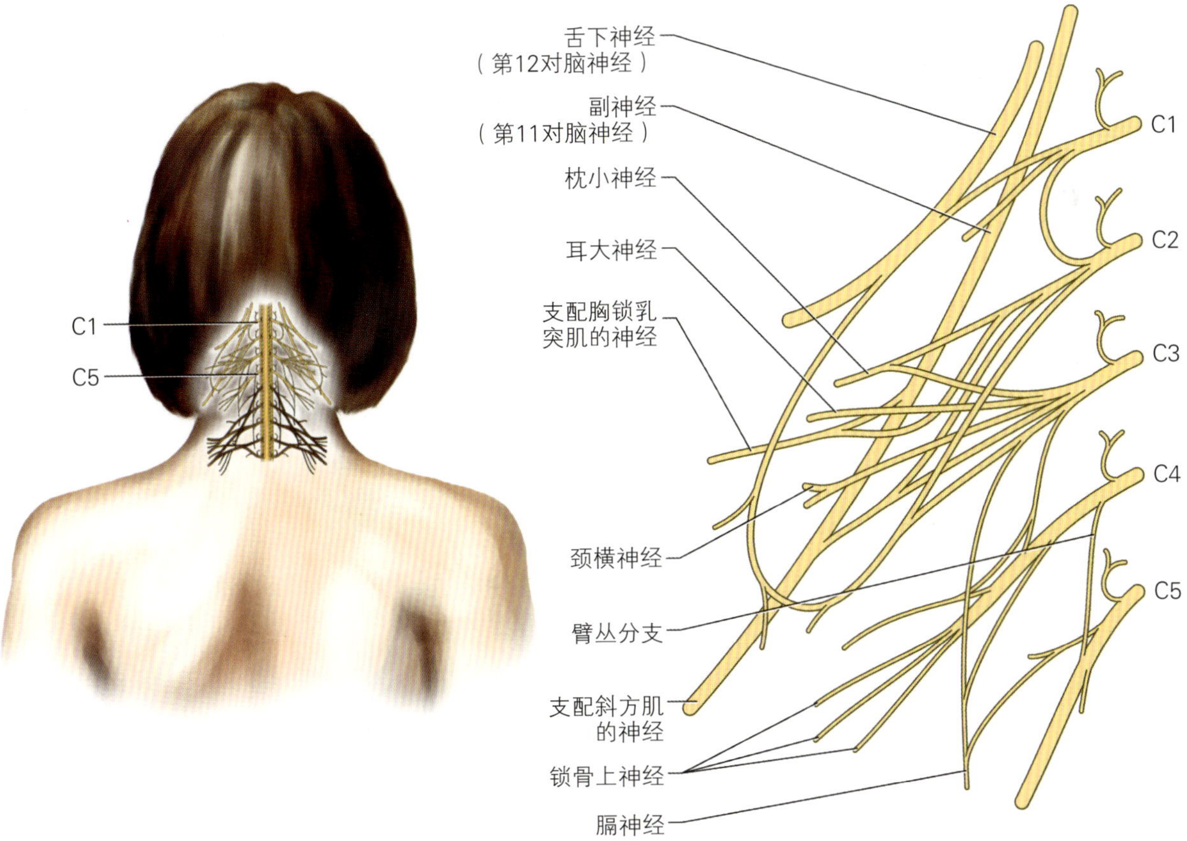

图10.11 颈丛，C1~C5神经根

肌。第4对肋间神经支配肋间肌、肋提肌、肋下肌和胸横肌。第5、第6对肋间神经支配肋间肌、胸横肌和肋下肌。第7、第8对肋间神经支配肋间肌。第9、第10、第11对肋间神经支配肋间肌、后锯肌下部和腹肌。第12对肋下神经支配腹肌。

腰骶丛由腰丛、骶丛和阴部丛（尾丛）神经前支构成（图10.12）。此处神经多支配下肢，如髋部、臀部、腹股沟和盆腔器官。下肢神经和血管将在第14章详细讲述。

胸腔和躯干的动脉

升主动脉起自心脏，发出左、右冠状动脉，营养心脏。位于升主动脉和降主动脉之间的结构为主动脉弓（图10.13），此段发出头臂干，营养右臂、胸腔和右侧头颈部。头臂干第一条分支是右颈总动脉和右锁骨下动脉。右颈总动脉在下颌水平分为左颈内动脉和左颈外动脉。左颈总动脉单独起自主动脉弓，后分为右颈内动脉和右颈外动脉。

操作

触摸颈动脉搏动：将示指和中指放在喉结上，之后向颈部侧面肌肉滑动（图10.14）。用指尖轻压，是否可以感受到动脉搏动？此时搏动的是哪一条血管呢？在寻找搏动过程中，划过的肌肉名字是什么？

颈外动脉及其分支营养头部和颈上部，颈内动脉及其分支营养脑和头部其他结构。除此之外，起自锁骨下动脉的椎动脉也营养脑、脊髓上部、颈椎和颈部深层肌肉。两侧椎动脉间的基底动脉及其分支（大脑后动脉）营养颅内结构。

降主动脉最先移行为胸主动脉，有胸、腹腔壁支和胸、腹腔脏支（图10.13）。胸腔壁支（肋间动脉、肋下动脉、膈上动脉）营养肋间

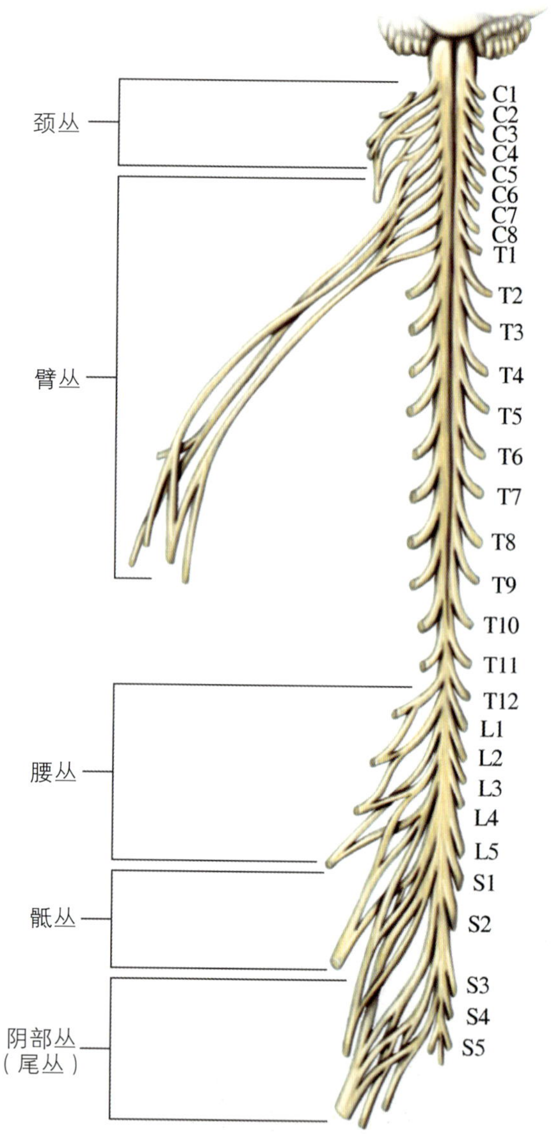

图10.12 脊神经和主要神经丛

知识拓展

颈椎损伤

对于颈椎损伤的患者，应注意评估其包括呼吸在内的基本体征。膈神经损伤会影响呼吸，需要呼吸支持等急救技术。如患者呼吸和心搏均消失则需要对其进行心肺复苏。

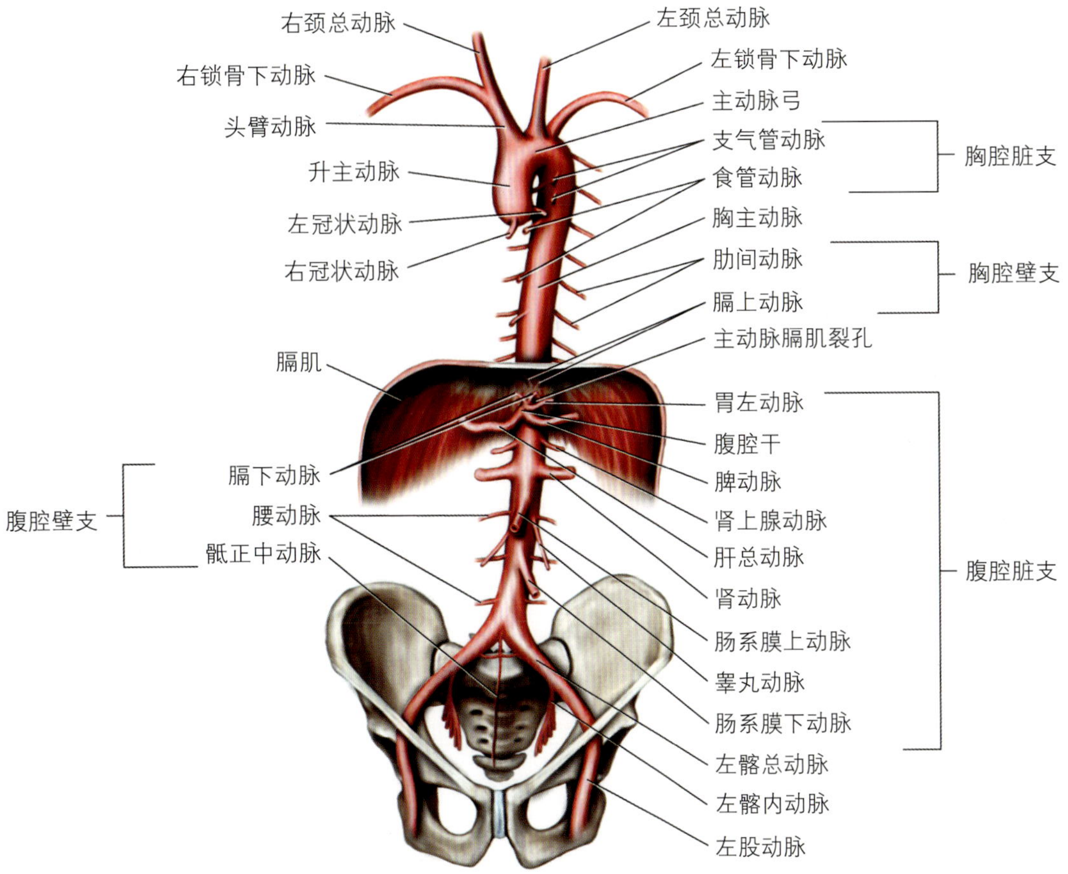

图10.13　胸腔和躯干的主要动脉

肌、椎体肌肉和膈肌。胸腔脏支（食管动脉、臂动脉）营养胸腔内结构。膈肌下方主动脉为腹主动脉（图10.13）。腹腔壁支（膈下动脉、腰动脉、骶正中动脉）营养膈肌、腹肌、腰部和骶髂部肌肉。腹腔脏支（胃、腹腔干、肾上腺动脉、肾动脉、肝总动脉、肠系膜上动脉、肠系膜下动脉和睾丸动脉）营养腹腔内器官，包括肝、脾、胃、肾上腺、肾、胰、肠和生殖器官。

约在T4水平，腹主动脉分为左、右髂总动脉（图10.13）。在下腹部和盆腔又分为髂内和髂外动脉。髂外动脉营养腹肌、髂肌、腰肌、下肢缝匠肌和阔筋膜张肌，之后其移行为股动脉。下肢血管和神经在第16章讲述。髂内动脉及分支营养盆腔及髋关节肌肉。

胸腔和躯干的静脉

胸腔及躯干静脉几乎均伴行同名动脉（图10.15）。上腔静脉是引流头颈部、肩部及上肢和部分胸腹腔血流的主要动脉，最后回流入心脏。头臂静脉引流来自锁骨下静脉的血液，汇入上腔静脉。引流头颈部血流的静脉还有颈内静脉、椎静脉、颈外静脉及其属支。颈内静脉引流面部和喉部血液，汇入锁骨下静脉。椎静脉引流颅骨、颈后部肌肉和第1肋间血流，汇入头臂静脉。颈外静脉引流头颈浅表肌肉血流，最后汇入锁骨下静脉。

下腔静脉由左、右髂总静脉汇合形成，最后流入心脏。其收集下肢、骨盆和腹部血流。髂总静脉由髂内静脉和髂外静脉汇合形成。髂外静脉是股静脉的延续（详见第14章），引流下肢血液。髂内静脉及其属支收集腹部及盆腔的血流。

心脏和肺脏的神经、动脉及静脉

心脏和肺脏是胸腔内的两大主要器官，与其他器官一样，其需要神经和血管辅助完成正常生理功能。

心脏神经

心脏神经（图10.16）是指起自躯干的交感神经系统的迷走神经心支。当受到刺激时，位于右心房和上腔静脉交界处的窦房结传送信号给左、右心房心肌。特殊化的心肌细胞——房室束（希氏束）及房室结（位于房间隔下部）在心房传导之后接收冲动。房室束分为左、右两支（传导纤维，浦肯野纤维）进入心室肌肉和乳头肌，从而引起心房和心室的顺序收缩。

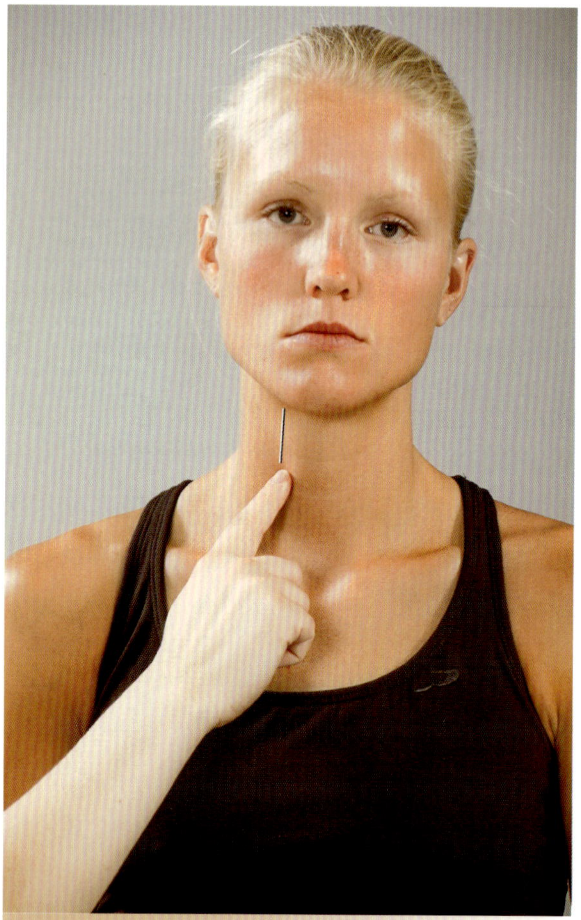

图10.14 定位颈动脉

呼吸神经

呼吸中枢是指位于延髓两侧的富含胞体的区域。有2组神经起自此中枢（图10.17）：①膈神经起自颈丛，支配膈肌；②肋间神经支配肋间肌。当呼吸中枢收到二氧化碳刺激信号时，向膈神经发送冲动，使膈肌收缩下压，增大胸腔内容积。同时肋间神经使肋间肌收缩，上抬肋骨，使胸腔内容积增加。胸腔容积变化最终导致气压变化，使空气进入肺脏（吸气）。当肺脏扩张至一定程度时，肺泡表面迷走神经感觉纤维产生冲动抑制呼吸中枢，使得中枢传向膈神经和肋间神经的冲动中断，膈肌和肋间肌放松，胸腔容积减小，气体呼出（呼气）。

心脏动脉

起自右心室的肺动脉和起自左心室的主动脉是心脏最大的2支动脉（图10.18）。动脉在其开口处都有动脉瓣防止血液逆流。肺动脉瓣有三个瓣叶，也称肺半月瓣；主动脉瓣瓣叶与肺动脉瓣相似，也称主动脉半月瓣。

起自主动脉的左、右冠状动脉走行于心脏表面，营养心肌。右冠状动脉的分支包括后（背）室间支和缘支营养右心室前壁，主动脉分支和肺动脉分支营养主动脉和肺动脉，室间支营养左、右两心室，右心房支营养右心房表面，右缘支营养两心室下面。左冠状动脉分支包括主动脉分支和肺动脉分支营养主动脉和肺动脉，旋支营养左心室和左心房，前室间支营养两心室，左心房支营养左心房。

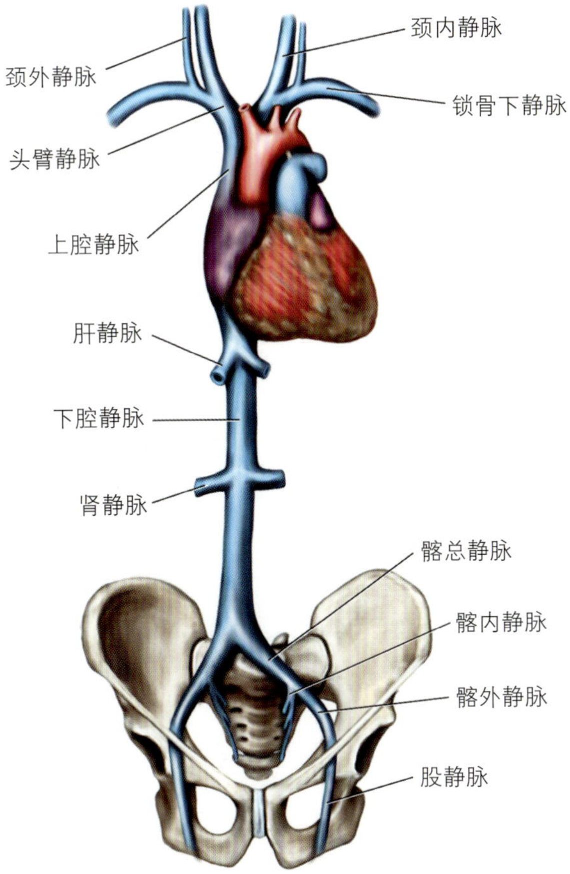

图10.15 胸腔和躯干的主要静脉

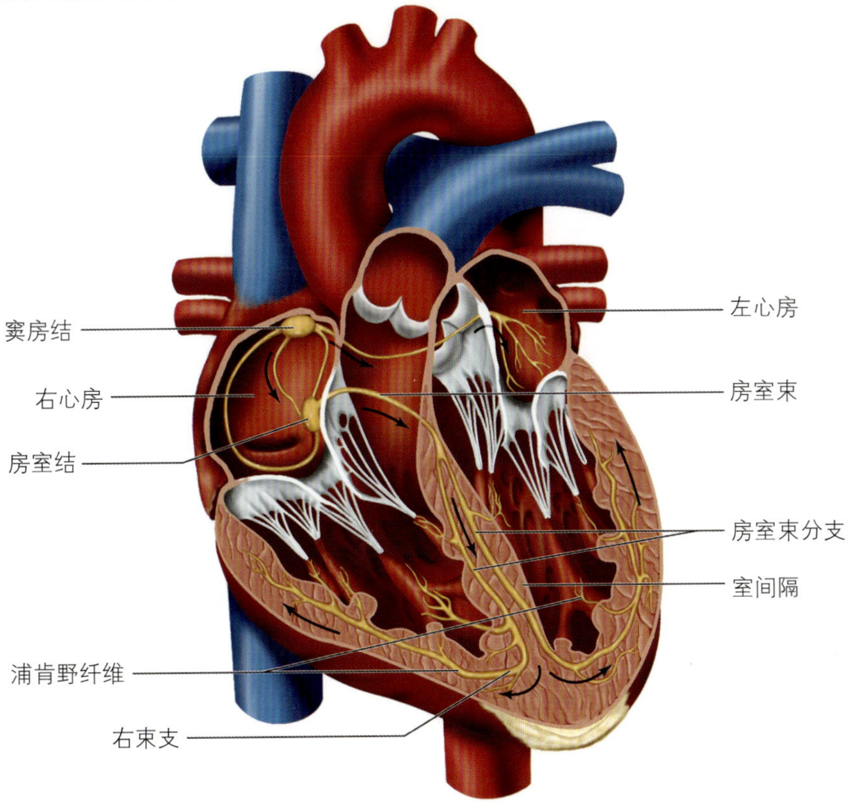

图10.16 心脏神经

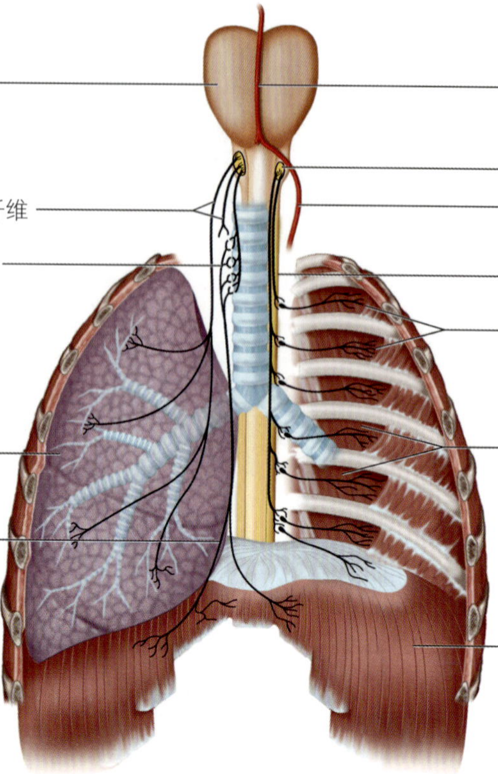

图10.17 呼吸系统神经

心脏静脉

心脏有2条主要静脉引流全身血液回流：①上腔静脉及其属支引流上肢、头颈、胸部、肩膀和部分腹壁血液回流入右心房；②下腔静脉及其属支引流下肢、骨盆、腹腔脏器和部分腹壁血液回流入右心房。肺静脉引流肺部血液回流进入左心房。

左、右冠状静脉回流入冠状窦并汇入右心房。冠状窦属支：心大静脉引流左心房和两心室血流，左缘静脉引流心脏左缘血流，心下静脉引流左心室下面血流，心中静脉引流两心室血流汇入冠状窦，左房斜静脉引流左心房血流，心小静脉引流右心房和右心室血流汇入冠状窦（图10.18）。

呼吸系统动脉和静脉

支气管动脉和支气管静脉引流血液进出肺脏。在人体生理学课程中会进一步探讨肺脏内氧气、二氧化碳和肺内压力的变化。

动脉血是充分氧合的血液，为体细胞提供氧气。静脉血是低氧合的血液，回流入肺脏。而肺静脉中回流入心脏的血液却是充分氧合的（图10.19）。换言之，肺静脉是身体内唯一携带氧合血液的静脉。

心脏有部分静脉不直接回流进入冠状窦，其包括：①心前静脉，起自右心室壁，回流进入右心房；②心最小静脉，是心脏壁小静脉，直接回流进入心房。

在肺泡壁上有肺毛细血管，负责氧气和二氧化碳的交换（图10.20）。

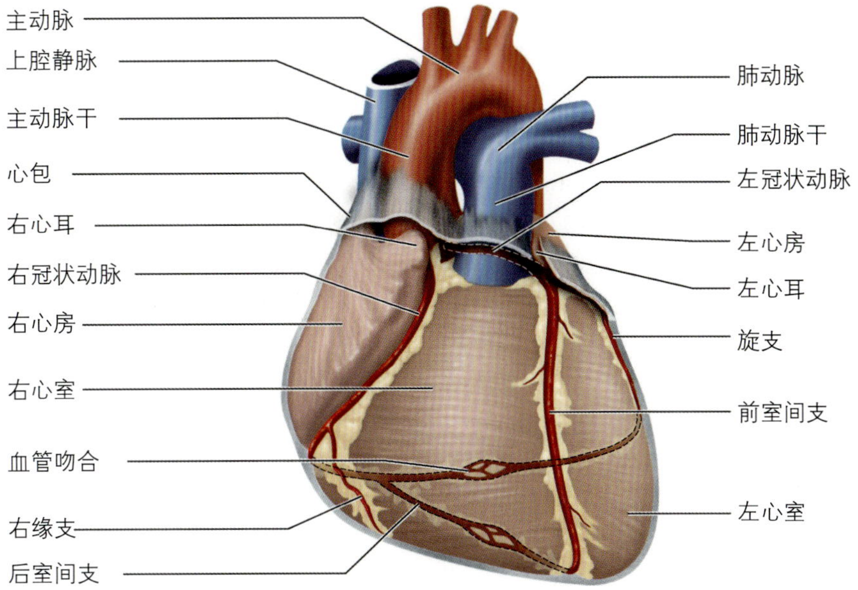

a

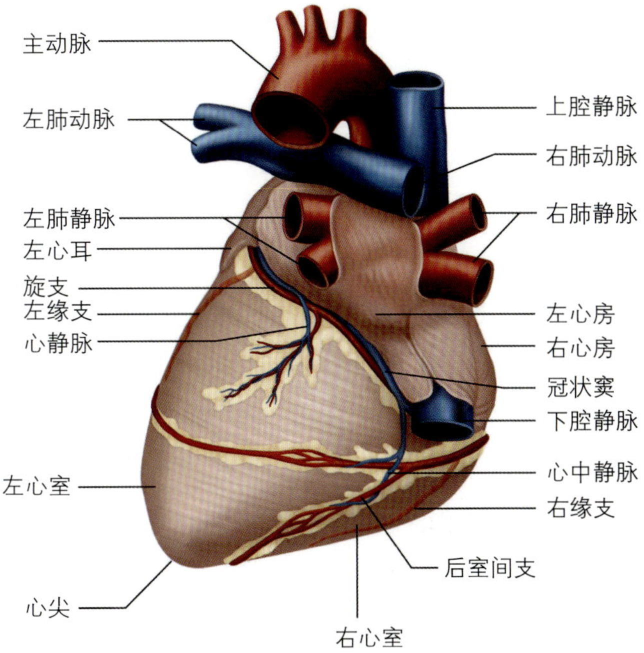

b

图10.18　心脏血管　a.前面观；b.后面观；c.剖面观

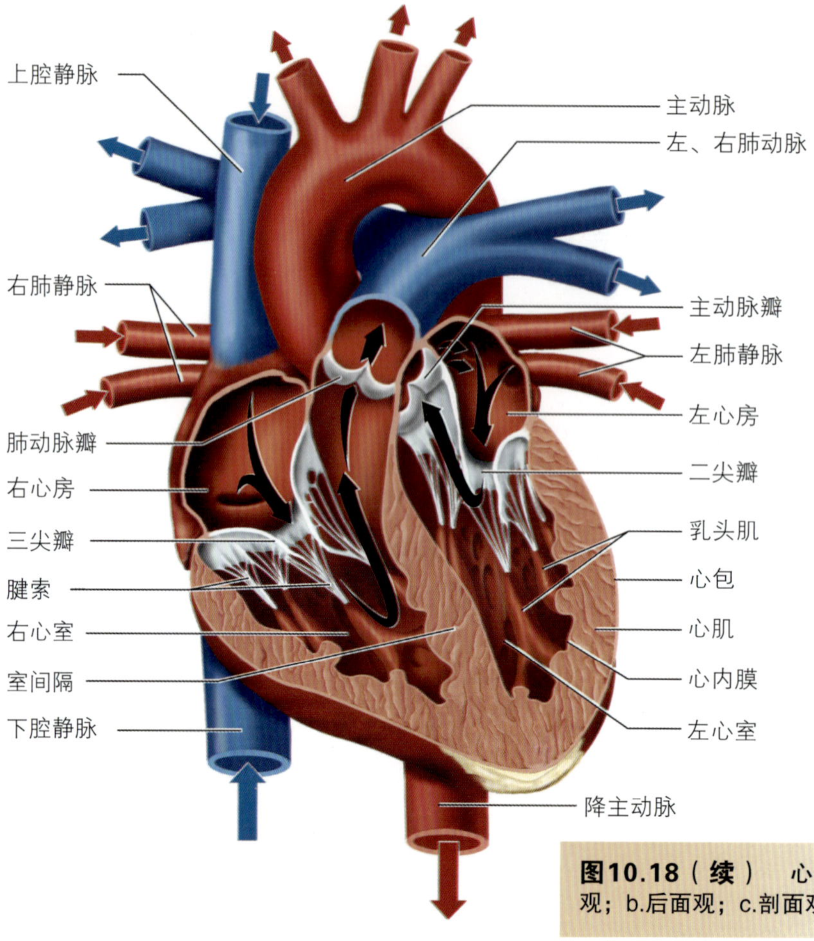

c

图10.18（续） 心脏血管 a.前面观；b.后面观；c.剖面观

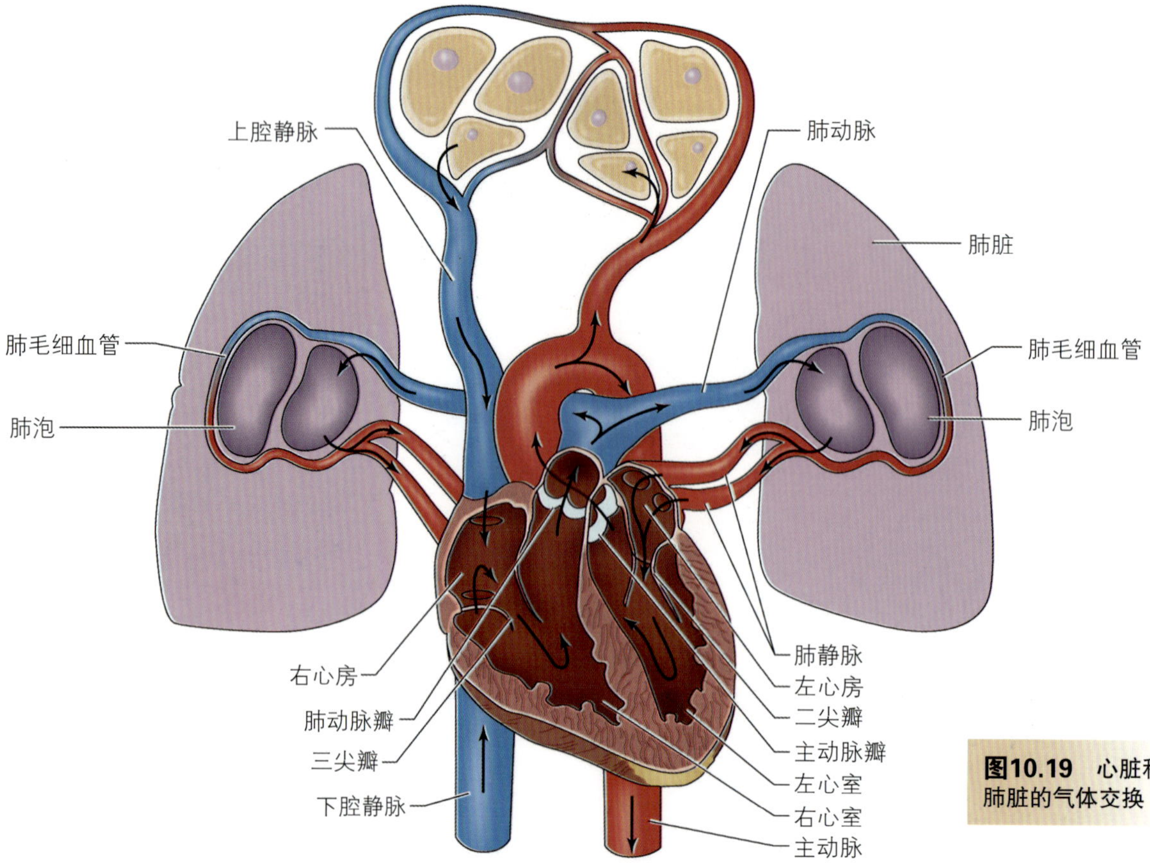

图10.19 心脏和肺脏的气体交换

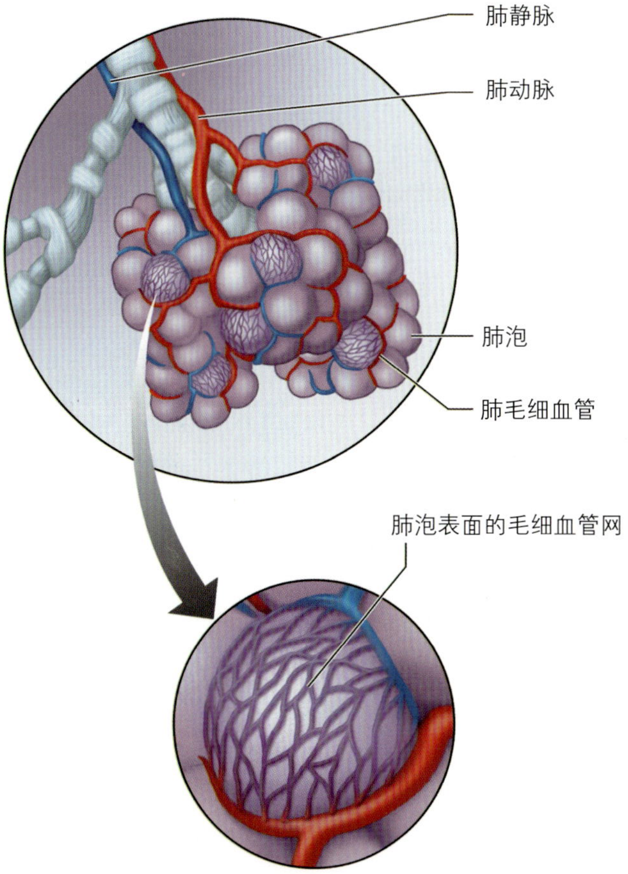

图10.20　肺泡动脉和静脉分布

学习助手

术语回顾

以下术语均出自本章，请对其进行解释，并在自己身上或插图中找到这些结构。

腹主动脉
腹腔壁支
腹腔脏支
展神经
后脑
肺泡
内眦静脉
心前静脉
前交通动脉
面前静脉
主动脉
主动脉弓
主动脉半月瓣
蛛网膜
升主动脉
联络区
心房心肌
房室束
听觉中枢
前庭蜗神经
自主神经
基底动脉
躯体感觉中枢
头臂干
脑干
支气管动脉
支气管静脉
希氏束
心抑制中枢
小脑
脑脊液
颈丛
威利斯环
旋支
耳蜗
颈总动脉
面总静脉
髂总动脉
冠状动脉

冠状窦
胼胝体
脑神经
副交感神经系统
交叉控制
锥体交叉
面深静脉
深静脉
降主动脉
膈肌
间脑
锥体直束
两点分辨力
硬脑膜
情绪
硬膜外隙
平衡
颈外动脉
髂外动脉
颈外静脉
面神经
股动脉
外侧沟
额叶
额叶静脉
舌咽神经
灰质
心大静脉
脑回
高级反射中枢
同侧控制
髂内动脉
舌下神经
下丘脑
心下静脉
下腔静脉
无名静脉
智力
肋间神经
颈内动脉
颈内静脉
上颌静脉
大脑纵裂
腰丛
腰骶丛
左缘静脉
延髓
记忆
脑脊膜
端脑
中脑
心中静脉
运动中枢
运动神经
运动神经束
末脑
左房斜静脉
枕叶
枕静脉
动眼神经
嗅觉中枢
嗅神经
视神经
成对的静脉窦
副交感神经
顶叶
膈神经
软脑膜
迷走神经
脑桥
耳后静脉
大脑后动脉
后交通动脉
下颌后静脉
推理能力
阴部丛
肺动脉
肺动脉半月瓣
肺静脉
浦肯野纤维
锥体交叉束
反射中枢
呼吸中枢
气体交换
骶丛
半规管
窦房结
心小静脉
运动性语言中枢
副神经
脊神经
蛛网膜下腔
锁骨下动脉
锁骨下静脉
肋下神经
硬膜下隙
脑沟
颞浅静脉
浅静脉
上腔静脉
眶上静脉
散热中枢
交感神经
味觉中枢
颞叶
丘脑
胸主动脉
胸神经
胸腔脏支
胸腔壁支
胸腰椎系统
三叉神经
滑车神经
不成对的静脉窦
迷走神经
血管运动中枢
心最小静脉
椎动脉
椎静脉
视觉中枢
白质
听觉性语言中枢
视觉性语言中枢
书写中枢
区分能力

思考题

1.通过触诊和听诊都可以测出心率。触诊时将手指压在桡动脉上，一旦感觉到了搏动就开始计数，计数20秒，之后将所得数字乘3得到心率（次/min）。在休息时（身心都休息）心率差别很大（最低至60次/min，最高至100次/min）。心率低于60次/min叫作心动过缓，心率高于100次/min叫作心动过速。

2.听诊时，将听诊器放置于第4~5肋间，最好同时触诊桡动脉计算心率。如果触诊和听诊结果差异较大，请问是什么解剖结构的原因造成的呢?

单选题

1. 与其余选项不属于同一组的是（　）

a. 升主动脉

b. 降主动脉

c. 腹主动脉

d. 胸主动脉

2. 不回流进入下腔静脉的是（　）

a. 髂内静脉

b. 颈静脉

c. 髂总静脉

d. 股静脉

3. 大脑直接位于（　）之下

a. 蛛网膜

b. 软脑膜

c. 硬脑膜

d. 骨膜

4. 脑干中被称为脑桥的是（　）

a. 中脑

b. 后脑

c. 间脑

d. 末脑

5. 由于其特殊的解剖位置，与硬膜外出血关系最大的是（　）

a. 大脑前动脉

b. 大脑后动脉

c. 大脑中动脉

d. 脑膜动脉

6. 希氏束也称（　）

a. 房室束

b. 浦肯野纤维

c. 窦房结

d. 心肌纤维

7. 使人们意识到周围环境的结构是（　）

a. 大脑

b. 小脑

c. 脑干

d. 脑桥

填空题

1. 膈肌受________________神经支配。

2. 椎动脉起自________________动脉，营养大脑。

3. 大脑由三部分组成：端脑、小脑和________________。

4. 据称情绪产生于大脑________________叶。

5. ________________是心脏壁小静脉，直接回流入心房。

6. 大多数营养大脑的血管位于________________间隙。

7. 大脑运动中枢位于________________回。

汇总表

头部、脊柱、胸部和骨盆关节

关节	类型	骨	韧带	运动
头部				
颞下颌关节	可动关节	颞骨、下颌骨	·囊韧带 ·颞下颌韧带 ·关节盘 ·茎突下颌和蝶下颌韧带的支持	上提 下降 前进 侧方运动
脊柱				
寰枕关节	髁状关节	寰椎、枕骨	·囊韧带 ·寰枕前韧带 ·寰枕后韧带 ·寰枕外侧韧带	伸展、屈曲、内收、外展
枕枢连结	无	枢椎、枕骨	·覆膜 ·齿突尖韧带 ·翼状韧带	无
寰枢关节	车轴关节	寰椎、枢椎	·囊韧带 ·寰枢前韧带 ·寰枢后韧带 ·横韧带	旋转
椎间盘（椎体间连接）	微动关节（软骨连接）	椎体	·前纵韧带（枕骨到骶椎） ·后纵韧带（枕骨到尾椎） ·椎间盘	轻微滑动（一定程度的屈、展和旋转）
关节突关节（椎弓间连结）	滑动关节（平面关节、滑动关节）	关节突、椎弓板	·囊韧带 ·黄韧带（枢椎到骶椎） ·项韧带（枕骨到C7） ·棘上韧带（胸椎到腰椎） ·棘间韧带（腰椎） ·横突间韧带（腰椎）	滑动
胸部				
肋头关节	滑动关节（平面关节、摩动关节）	椎体、肋头	·囊韧带 ·肋椎辐射韧带 ·肋软骨间韧带	滑动
肋横突关节	滑动关节（平面关节、摩动关节）	椎体横突、肋颈和结节	·囊韧带 ·肋横突前韧带 ·肋横突上韧带 ·肋横突韧带 ·肋横突外侧韧带	滑动

续表

关节	类型	骨	韧带	运动
胸肋关节	不动关节（软骨连接）	胸骨柄、第 1 肋		无
胸肋关节	滑动关节（平面关节、摩动关节）	胸骨、第 2~7 肋	· 囊韧带 · 胸肋辐射韧带 · 肋骨间韧带 · 肋剑突韧带	滑动
肋软骨关节	不动关节	肋骨、肋软骨	· 骨膜	无
肋软骨间关节	不动关节	第 6、7、8、9 肋和肋软骨	· 囊韧带 · 肋软骨间韧带	无
骨盆				
骶髂关节	微动关节（软骨连接）	骶骨、髂骨	· 骶髂前韧带 · 骶髂后韧带（3 条：骶髂后短韧带、骶髂后长韧带、骶髂骨间韧带） · 髂腰韧带	活动度小（妊娠时微动）
耻骨联合	微动关节（软骨连接）	耻骨	· 耻骨间关节盘 · 耻骨前韧带 · 耻骨后韧带 · 耻骨上韧带 · 耻骨弓状韧带	妊娠时微动
骨盆的非关节韧带				
		骶骨、尾骨、髂骨	· 骶结节韧带 · 骶棘韧带	· 稳定骶骨和尾骨
		耻骨结节、髂前上棘	· 腹股沟韧带	· 区分前腹壁和大腿（腹股沟区）的体表标志

头部、胸部和脊柱的肌肉、神经和血管

肌肉	起点	止点	作用	神经	血液供应
头部（颅顶肌）					
额肌	帽状腱膜	降眉间肌和眼轮匝肌	抬眉，向前拉动头皮	面神经	颈外动脉浅支和眼动脉
枕肌	上项线外 2/3	帽状腱膜	向后拉动头皮	面神经	枕动脉
头部（外耳）					
耳前肌	颞筋膜	耳软骨	耳朵向前运动	面神经	颞浅支
耳后肌	颞骨乳突	耳部软骨后面	耳朵向后运动	面神经	耳后动脉
耳上肌	帽状腱膜	耳郭软骨	耳朵向上运动	面神经	颞浅动脉
头部（中耳）					
镫骨肌	颞骨锥体隆起	镫骨颈部后面	镫骨头向后运动	面神经（镫骨支）	耳后动脉
鼓膜张肌	咽鼓管上壁和蝶骨大翼	锤骨柄前部	紧张鼓膜	下颌神经节	上颌动脉分支
面部肌肉（眼睑）					
皱眉肌	眉弓内侧面	眼轮匝肌	下拉眉毛、皱额头	面神经	颈外动脉浅支和眼动脉浅支
上睑提肌	蝶骨小翼	眼睑上睑板	上抬眼睑	动眼神经	颞浅动脉（颈外动脉的分支）、眼动脉（颈内动脉的分支）
眼轮匝肌	眼睑四周括约肌	眼睑四周括约肌	闭眼、挤压泪囊、皱额头	面神经	面支、表浅的颞支、上颌支和眼动脉

续表

肌肉	起点	止点	作用	神经	血液供应
面部肌肉（鼻）					
内眦头	上颌骨额突	鼻翼和上唇	上抬外侧 1/2 唇和鼻翼	面神经颧支	上颌动脉内、外支和眼动脉
降鼻翼肌	上颌骨切牙窝	鼻中隔	下拉鼻孔，收缩鼻孔，下压鼻尖	面神经	上颌动脉的鼻外侧支
前张鼻孔肌	鼻翼大软骨	鼻孔边缘皮肤	扩展外鼻孔	面神经	上颌动脉的鼻外侧支
后张鼻孔肌	上颌骨鼻切迹	鼻孔边缘皮肤	扩展外鼻孔	面神经	上颌动脉的鼻外侧支
鼻翼肌	鼻翼大软骨	鼻尖组织	下压鼻孔，收缩鼻孔	面神经	上颌动脉的鼻外侧支
鼻横肌	上颌骨	鼻黏膜	向上、向外牵拉鼻孔	面神经	上颌动脉的鼻外侧支
降眉间肌	鼻骨下部的筋膜和鼻外侧软骨的上部	鼻根部皮肤和附着于额肌的纤维	向下牵拉上额中央皮肤，使鼻根部形成褶皱	面神经的眶下支	眼动脉的鼻支和面动脉的内眦动脉
面部肌肉（口）					
颊肌	上、下颌骨牙槽突外表面	上下唇发出走向口轮匝肌的纤维	外拉嘴角，使颊部紧贴牙，协助咀嚼肌收紧脸颊	面神经颊支	上颌动脉颊支
尖牙肌	上颌骨尖牙窝	口轮匝肌	上抬、内拉嘴角	面神经颧支	上颌动脉内、外侧支
颏肌	下颌骨切牙窝	脸颊皮肤	上提脸颊皮肤，前突下唇	面神经下颌支	面动脉
口轮匝肌	口部肌肉	唇部皮肤和黏膜	闭口	面神经	面动脉唇支
下唇方肌	下颌骨外面，三角区内部	口轮匝肌和下唇	外突和上提下唇	面神经下颌支	上颌动脉颊支
上唇方肌	分为 3 部分：内眦头、眶下头、颧头				
内眦头（上唇方肌）	上颌骨额突	鼻翼和上唇	上抬外侧 1/2 上唇和鼻翼	面神经颧支	上颌动脉内、外支和眼动脉
眶下头（上唇方肌）	眶下孔下上颌骨	上唇皮肤	上抬上唇	面神经颧支	上颌动脉内、外支和眼动脉
颧头（上唇方肌）	颧骨外下侧	上唇皮肤	上抬上唇	面神经颧支	上颌动脉内、外支和眼动脉
笑肌	腮腺咬肌筋膜	嘴角皮肤	外拉嘴角	面神经颊支	上颌动脉内、外支

肌肉	起点	止点	作用	神经	血液供应
降口角肌	下颌骨斜线	口轮匝肌和下唇皮肤	向下、向外拉动嘴角	面神经颊支	颌外动脉
颧肌	颧骨颞突	口轮匝肌和上唇皮肤	上提并向外拉动嘴角	面神经颧支	上颌动脉内、外支和眼动脉
面部肌肉（咀嚼肌）					
翼内肌	腭骨和上颌结节	下颌支和下颌角内面	前伸、上抬、侧面运动下颌骨	下颌神经（三叉神经的分支）	上颌动脉翼肌支
翼外肌	蝶骨大翼下面和翼突外侧面	下颌颈	前伸、侧面运动下颌骨，张口	下颌神经	上颌动脉翼肌支
咬肌	颧弓下缘	下颌支和下颌角外面	上抬、前伸下颌骨	下颌神经	上颌动脉
颞肌	颞窝	下颌骨冠突	上抬、后收下颌骨	下颌神经	颈外动脉颞支
眼球肌肉（外肌）					
上斜肌	视神经管上部	眼球外侧巩膜	向外、向下移动眼球	滑车神经	眼动脉
下斜肌	上颌骨眶面	眼球外侧巩膜	向外、向上移动眼球	动眼神经	眼动脉和上颌动脉眶下动脉
眶肌	眶下裂下部	眶下裂下部	外突眼球	交感神经	眼动脉
上直肌	视神经管四周的纤维环	眼球巩膜	向内、向上移动眼球	动眼神经	眼动脉
内直肌	视神经管四周的纤维环	眼球巩膜	向内移动眼球	动眼神经	眼动脉和上颌动脉眶下动脉
外直肌	视神经管四周的纤维环	眼球巩膜	向外移动眼球	展神经	眼动脉泪腺支
下直肌	视神经管四周的纤维环	眼球巩膜	向内、向下移动眼球	动眼神经	眼动脉和上颌动脉眶下动脉
眼球肌肉（内肌）					
睫状肌	巩膜后部	睫状突	汇聚移动	动眼神经睫短神经	颈内动脉眼支
瞳孔开大肌	非自主辐射纤维向瞳孔中心汇聚，与环状纤维相互交织	非自主辐射纤维向瞳孔中心汇聚，与环状纤维相互交织	开大瞳孔	颈上神经节发出的交感神经	颈内动脉眼支

续表

肌肉	起点	止点	作用	神经	血液供应
瞳孔括约肌	瞳孔边缘非自主的辐射纤维	瞳孔边缘非自主的辐射纤维	收缩瞳孔	经睫状神经节的动眼神经	颈内动脉眼支
舌肌（外肌）					
小角舌肌	舌骨小角	舌头两侧	下压舌部	舌咽神经	颈外动脉的舌动脉
颏舌肌	下颌骨上颏棘	舌尖和舌骨	下压、外伸（后纤维）、内收（前纤维）舌头	舌下神经	颈外动脉的舌动脉分支
舌骨舌肌	舌骨体和舌骨大角	舌头侧面	下压舌头	舌下神经	颈外动脉的舌动脉分支
茎突舌肌	茎突和茎突舌骨韧带前缘	舌头侧面和下面	上抬和内收舌头	舌下神经	舌动脉和耳后动脉的舌深分支
舌肌（内肌）					
上纵肌	舌底	舌尖	使舌向上卷起	舌下神经	舌动脉的舌深分支
下纵肌	舌下部	舌尖	使舌尖向下，舌背隆起	舌下神经	舌动脉的舌深分支
舌横肌	舌中隔	舌背	使舌两边向内上方卷起，舌体增厚	舌下神经	舌动脉的舌深分支
舌垂直肌	舌背	舌外肌	使舌体变薄变宽	舌下神经	舌动脉的舌深分支
软腭肌					
腭舌肌	舌侧缘后部	软腭	向上、向后拉动舌头，下压软腭两侧	舌咽神经	颈外动脉的舌动脉分支
腭垂（悬雍垂）	后鼻突和软腭腱膜	腭垂	上抬腭垂	咽丛	上颌动脉的软腭分支
腭帆提肌	颞骨岩部和咽鼓管软骨面	软腭腱膜	上抬软腭，缩窄咽口、开大咽鼓管峡部	迷走神经	上颌动脉的分支
腭帆张肌	蝶骨舟状窝和角突，咽鼓管软骨外侧板等	硬腭腱膜和下缘	在吞咽时打开咽鼓管，紧张软腭	三叉神经的下颌缘支	颈外动脉的上颌动脉分支
腭咽肌	甲状软骨后缘，咽腱膜	软腭	下压软腭，上抬咽部和喉部	迷走神经	上颌动脉的腭骨分支

肌肉	起点	止点	作用	神经	血液供应
咽鼓管咽肌	咽鼓管软骨下部	咽鼓管内板下缘	上抬咽部和喉部	迷走神经	上颌动脉的分支
咽部肌肉					
茎突咽肌	茎突根部内侧	咽壁和甲状软骨上缘、后缘	吞咽和说话	舌咽神经	面动脉和舌动脉
咽上缩肌	翼内板后缘，翼突下颌缝和下颌骨下颌舌骨线	咽缝	吞咽和说话	舌咽神经	咽升动脉和面动脉
咽下缩肌	甲状软骨斜线，环状软骨	咽部后壁	吞咽和说话	舌咽神经	甲状腺上动脉、甲状腺下动脉
中缩咽肌	茎突舌骨韧带、舌骨大角和小角	咽缝	吞咽和说话	舌咽神经	咽升动脉和面动脉
喉部肌肉（外部 / 舌骨下）					
甲状腺提肌	舌骨	甲状腺峡部	上抬甲状腺	舌下神经分支	甲状腺上动脉
胸骨舌骨肌	胸骨柄后面和胸锁后韧带	舌骨内面	下压舌骨	第 1~3 颈神经过舌下袢	甲状腺上动脉
胸骨甲状肌	胸骨柄后面和第 1 肋软骨	甲状软骨斜线	下压舌骨和甲状软骨	第 1~3 颈神经过舌下袢	甲状腺上动脉
甲状舌骨肌	甲状软骨斜线	舌骨体和大角	下压舌骨和上抬甲状软骨	第 1~2 颈神经过舌下袢	甲状腺上动脉
肩胛舌骨肌（上腹）	肩胛舌骨肌下腹肌腱	舌骨外下缘	下压舌骨	第 1~3 颈神经过舌下袢	甲状腺上动脉和颈浅动脉
肩胛舌骨肌（下腹）	肩胛骨上缘和肩胛上横韧带	肩胛舌骨肌前腹	下压舌骨	第 1~3 颈神经过舌下袢	甲状腺上动脉和颈浅动脉
喉部肌肉（外部 / 舌骨上）					
颏舌骨肌	下颌骨下颏棘	舌骨体前部	下压舌头，前纤维有收舌的作用，后纤维有伸舌的作用	舌下神经	舌动脉分支
下颌舌骨肌	下颌骨下颌舌骨肌线	舌骨后缘	上抬舌骨	三叉神经	舌动脉

续表

肌肉	起点	止点	作用	神经	血液供应
茎突舌骨肌	茎突后缘	舌骨体	上抬、向后移动舌骨	面神经	颌外动脉和舌动脉
二腹肌（前腹）	舌骨体和中间肌腱	下颌骨下缘二腹肌窝	张嘴，上抬并向前移动舌骨	三叉神经	颈外动脉的颌外动脉分支
二腹肌（后腹）	颞骨乳突切迹	舌骨体和中间腱	上抬并向后移动舌骨	面神经分支	颈外动脉耳后动脉分支
喉部肌肉（内部）					
杓会厌肌	杓状软骨尖	甲状会厌韧带，会厌软骨侧缘	下压会厌	喉上神经	甲状腺上动脉（颈外动脉的分支）的喉上分支
杓斜肌	杓状软骨肌突	对侧杓状软骨尖和甲状腺角	收缩喉口和喉前庭	喉下神经前支	甲状腺上动脉的喉上分支
杓横肌	一侧杓状软骨后面凹陷区	另一侧杓状软骨后面凹陷区	收缩声门	喉下神经后支	甲状腺上动脉的喉上分支
环杓后肌	环状软骨板后面	同侧杓状软骨肌突	紧张声带，扩张声门	喉下神经后支	甲状腺下动脉的喉下分支
环杓侧肌	环状软骨弓上缘和外面	杓状软骨肌突前面	牵拉声带，使之相互靠近	喉下神经前支	甲状腺上动脉分支
环甲肌	环状软骨弓	甲状软骨尾状缘	上抬环状软骨，下压软骨板和会厌软骨	喉上神经外支	甲状腺上动脉
甲杓肌	甲状软骨板	杓状软骨缘	放松声带	喉下神经前支	甲状腺上动脉的喉上分支
甲状会厌肌	甲状软骨板内面	会厌外侧缘和膜部	闭合会厌	喉下神经前支	甲状腺上动脉的喉上分支
室肌	杓状软骨外缘	会厌软骨外侧缘	下压会厌	喉上神经内支	甲状腺上动脉的喉上分支
声带肌	甲状软骨板角	会厌椭圆凹和声带突	放松声带	喉下神经前支	甲状腺上动脉的喉上分支
胸部					
膈肌	胸骨部起自剑突，肋部起自下 7 肋骨，腰部起自上 4 个腰椎	中心腱	下拉中心腱	膈神经	膈上动脉、膈下动脉
肋间内肌	肋沟上部	下一肋软骨上缘	上抬肋骨	第 2~6 胸神经	肋间后动脉

肌肉	起点	止点	作用	神经	血液供应
肋间外肌	肋软骨下缘	下一肋上缘	上抬肋骨	第 2~6 胸神经	肋间后动脉
肋提肌	C7 和 T1~T11 横突	肋角下缘	上抬肋骨	第 2~6 胸神经	肋间后动脉
肋下肌	肋角内面	第 2 肋内面和第 3 肋下方	上抬肋骨	第 2~6 胸神经	肋间后动脉
上后锯肌	C7 和 T1~T3 棘突	第 2~5 肋角	上抬肋骨	第 1~3 肋间神经	肋间后动脉、颈横动脉
下后锯肌	T11~T12 和 L1~L3 棘突	下 4 肋骨下缘	下压肋骨	第 10~11 肋间神经	肋间后动脉、颈横动脉
胸横肌	胸骨后面远端 1/3，第 4~7 肋软骨	第 2~6 肋软骨后面	上抬肋骨	第 2~6 胸神经	肋间前动脉
脊柱：颈部（前面）					
胸锁乳突肌	锁骨和胸骨中 1/3	乳突	屈、侧屈、旋转颈椎	脊髓副神经、第 2 和第 3 颈神经	颈横动脉
椎前肌肉					
头前直肌	寰椎外侧面	枕骨	屈、侧屈颈椎	第 1、2 颈神经	咽动脉、甲状腺下动脉
头外侧直肌	寰椎横突	枕骨下面	屈、侧屈颈椎	第 1、2 颈神经	咽动脉、枕动脉
颈长肌					
椎肌	C5~C7、T1~T3 椎体	C2~C5 椎体	屈颈椎	第 2~8 颈神经	甲状腺上、下动脉
上斜肌	C3~C5 横突前面	寰椎前面	屈颈椎	第 2~8 颈神经	甲状腺上、下动脉
下斜肌	T1~T3 椎体	C5~C6 横突	屈颈椎	第 2~8 颈神经	甲状腺上、下动脉
脊柱：颈部（前面）					
斜角肌					
前斜角肌	C3~C7 横突	第 1 肋	侧屈颈椎，上抬第 1 肋	第 4~8 颈神经	颈横动脉，甲状腺下动脉
中斜角肌	C2~C7 横突	第 1 肋	侧屈颈椎，上抬第 1 肋	第 4~8 颈神经	颈动脉，甲状腺下动脉

续表

肌肉	起点	止点	作用	神经	血液供应
后斜角肌	C4~C6 横突	第 2 肋	上抬第 2 肋	第 4~8 颈神经	颈动脉，甲状腺下动脉
脊柱：颈部（后面）					
头后大直肌	枢椎棘突	枕骨	伸、侧屈、旋转颈椎	第 1 颈神经	椎动脉
头后小直肌	寰椎后部	枕骨	伸、侧屈、屈、旋转颈椎	第 1 颈神经	椎动脉
头上斜肌	寰椎横突	枕骨	伸颈椎	第 1 颈神经	椎动脉，枕动脉
头下斜肌	枢椎棘突	寰椎横突	旋转颈椎	第 1 颈神经	椎动脉
头夹肌	C7~T6 棘突	乳突	伸、侧屈、屈、旋转颈椎	第 2~4 颈神经	枕动脉，颈横动脉
颈夹肌	T4~T6 棘突	C1~C4 横突	伸、侧屈、屈、旋转颈椎	第 2~4 颈神经	枕动脉，颈横动脉
脊柱：胸腰部（前面）					
腹直肌	耻骨联合				
腹内斜肌	腹股沟韧带外侧，髂嵴中部	胸骨，第 5~7 肋软骨	屈骨盆带和躯干	下 6 对肋间神经	下肋间后动脉和腹壁动脉
腹外斜肌	下 8 肋下缘	耻骨至第 7、第 8、第 9 肋	屈、旋转身体	下 3 对肋间神经，髂腹下神经，髂腹股沟神经	腹壁下动脉（髂外动脉分支）
腹横肌	下 6 肋内面，中 1/2 髂嵴内面，外 1/3 腹股沟韧带	中 1/2 髂嵴外缘	屈、旋转身体，屈骨盆平面	下 7 对肋间神经，髂腹下神经	腹壁下动脉，下肋间后动脉
		耻骨和白线	屈、旋转身体	下 6 对肋间神经，髂腹下神经，髂腹股沟神经，生殖股神经	腹壁下动脉
棘肌					
头棘肌	C7、T1~T7 横突	枕骨	伸颈椎	第 6~9 胸神经	枕动脉
颈棘肌	T4~T6 棘突	C2、C3 和枢椎棘突	伸颈椎	第 6~9 胸神经	椎动脉和颈横动脉

肌肉	起点	止点	作用	神经	血液供应
胸棘肌（背棘肌）	T11~L2 棘突	T4~T8 棘突	伸颈椎	第 6~9 胸神经	肋间后动脉
半棘肌					
头半棘肌	C4~C7 关节突和 T1~T6 横突	枕骨	伸、侧屈、旋转颈椎	第 1~5 颈神经	枕动脉、颈横动脉、椎动脉、颈深动脉
颈半棘肌	T1~T6 横突	C2~C5 棘突	伸、侧屈颈椎	第 3~6 胸神经	颈深动脉、枕动脉、椎动脉
胸半棘肌（背半棘肌）	T6~T10 横突	C6~C7 和 T1~T4 棘突	伸颈椎	第 3~6 胸神经	肋间后动脉
髂肋肌					
颈髂肋肌	第 3~6 肋角	C4~C6 横突	侧屈、旋转颈椎	颈丛	甲状颈干
胸髂肋肌（背髂肋肌）	下 6 肋角	上 6 肋上缘，C7 横突	侧屈、旋转颈椎，下压肋骨	胸丛	肋间后动脉
腰髂肋肌	髂嵴后面	下 7 肋骨角	伸、旋转脊柱	腰丛	腰动脉
最长肌					
头最长肌	C4~C7 关节突和 T1~T5 横突	乳突	伸、侧屈、旋转颈椎	第 1 颈神经至第 5 腰神经	颈横动脉、颈外动脉、椎动脉
颈最长肌	T1~T5 横突	C2~C6 横突	伸、侧屈、旋转颈椎	第 1 颈神经至第 5 腰神经	颈横动脉、颈外动脉、椎动脉
胸最长肌（背最长肌）	L1~L5 横突和后髂嵴	第 3~12 肋和 T1~T12 横突	伸、侧屈、旋转颈椎，下压肋骨	第 1 颈神经至第 5 腰神经	肋间后动脉和腰动脉
竖脊肌（骶棘肌）	腰椎和骶椎棘突	下 7 肋角，第 3~12 肋骨，T1~T12 横突，T4~T8 棘突	伸、侧屈、旋转脊柱	胸丛、腰丛、骶丛	肋间后动脉和腰动脉
腰方肌	下部腰椎横突，髂嵴后面	第 12 肋下缘和 L1~L4 横突	伸、侧屈脊柱，下压第 12 肋	第 1~4 腰神经	腰动脉和肋下动脉
多裂肌	C4~C7 关节突，T1~T12、L1~L5 横突，髂后上棘和骶骨后部	S5~C4 棘突	伸、旋转脊柱	第 4 颈神经至第 5 骶神经	腰动脉

第Ⅳ部分

下肢

第 11 章

髋部和股部

对髋部的任何解剖讨论都避不开骨盆与股部的骨骼、肌肉，以及髋关节的韧带和肌肉。部分肌肉既穿过髋关节又穿过膝关节，本章仅阐释这些肌肉在髋关节上的功能。其在膝关节上的功能见下章。

髋关节和股部的骨骼

髋关节是骨盆和股骨（又称大腿骨）的接合处。骨盆解剖见第8章。髋臼是骨盆于髋关节上重要的部分（图11.1， 图8.32）。它是三块髋骨（髂骨、坐骨和耻骨）的连接处。髋关节为杵臼关节或三轴关节。髋臼是髋关节的臼，股骨头是杵（图11.2）。虽然髋关节与肩关节常常因相似的杵臼或三轴特征而被拿来做比较，但是髋关节比肩关节更加稳固，因为髋关节的髋臼很深而肩胛骨的关节窝很浅。躯干和上肢的全部重量通过髋关节传递至下肢。

股骨是人体中最长和最大的骨，本章仅讨论其与髋关节相关的部分。股骨末端的解剖见第12章。

股骨颈是股骨头与股骨干的分界。股骨干近端、股骨颈远端有两个大的隆起，分别是大转子和小转子。这些结构是作用于髋关节肌肉的主要起点。

操作

把手放在髋关节上，将这条腿向另一条腿旋转（向内旋转髋关节），感觉大转子的运动（图11.3）。

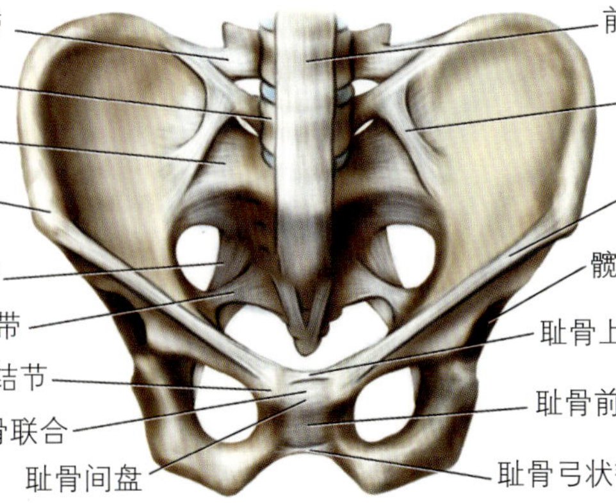

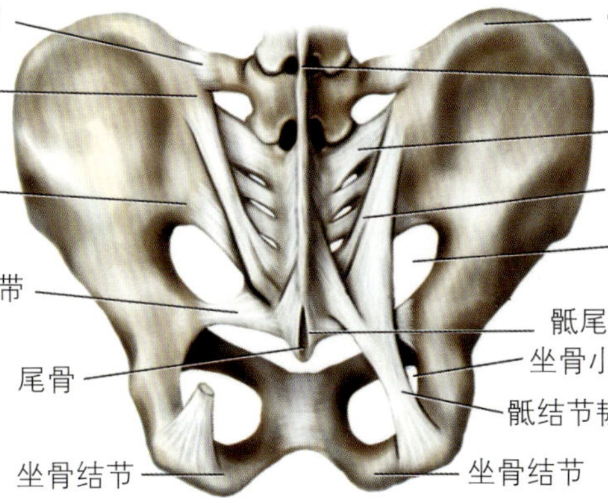

图11.1 骨盆

小转子位于大转子内下方，在股骨后面能更容易观察到小转子。大转子和小转子间的嵴是转子间嵴（图 11.2）。股骨干后面有纵行骨嵴，为粗线（图 11.2）。粗线是很多髋关节和膝关节肌肉的起点。

髋关节的韧带

虽然髋关节（图 11.4）的稳定性主要来自于股骨头与髋臼之间的骨性结构，但髋关节的韧带也有辅助稳定髋关节的作用。髋关节有 7 条韧带。所有的滑膜关节都有囊韧带。髋关节囊韧带起于骨盆髋臼边缘，止于股骨颈。髋臼唇（又称盂唇）是髋臼边缘的一圈纤维软骨，加深髋关节腔。髂股韧带、坐股韧带和耻股韧带（图 11.5，图 11.6）有加强囊韧带的作用，从名字可看出这 3 条韧带的位置。髂股韧带形如倒置的“Y”，因而也称 Y 韧带。由于髂骨与股骨、耻骨与股骨之间的解剖关系，髂股韧带和耻股韧带贯穿髋关节的前部，附着于股骨颈。由于坐骨位于股骨后方，坐股韧带穿过髋关节后部，附着于股骨颈。髋臼

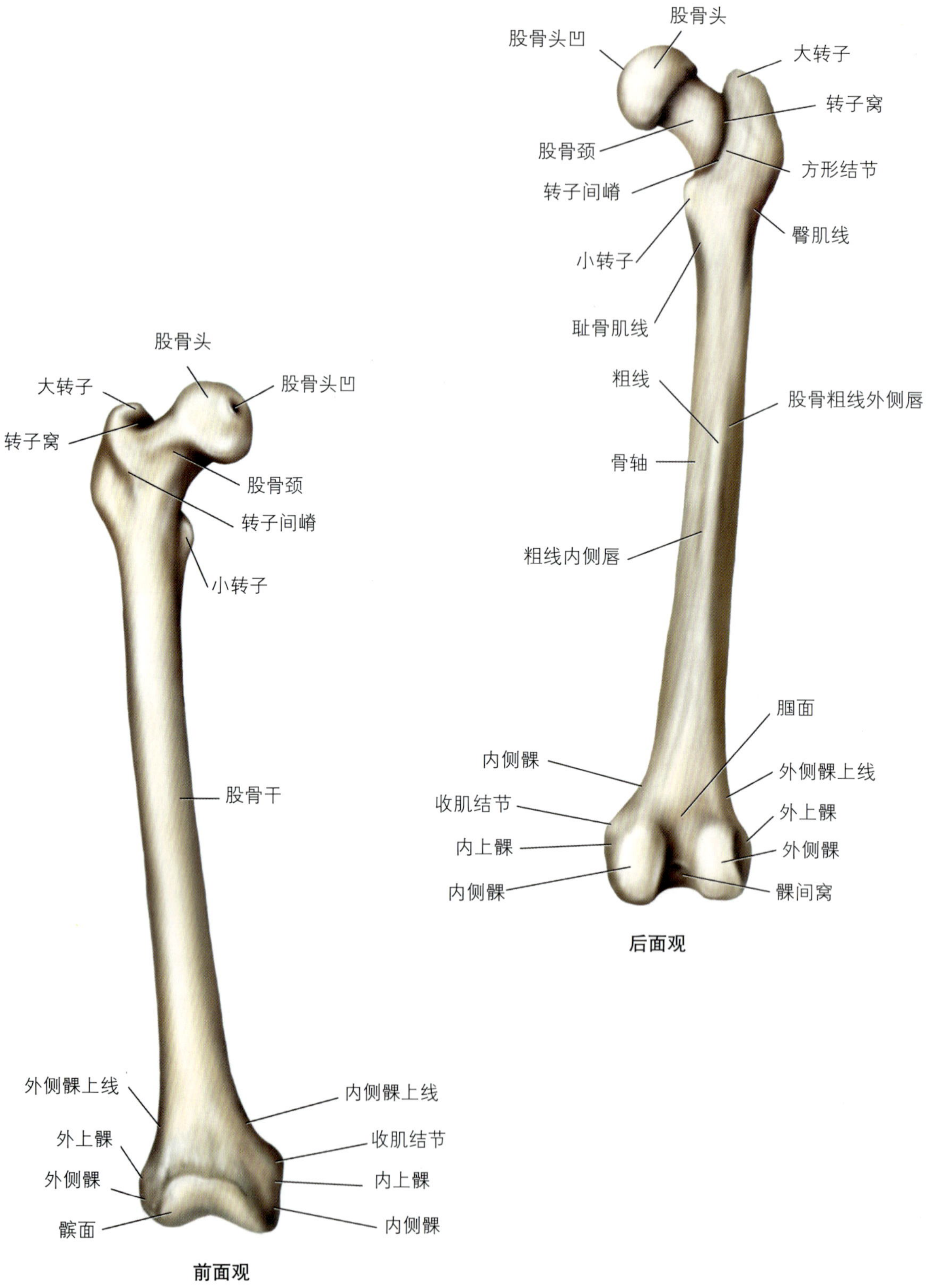
股骨头
大转子
股骨头凹
转子窝
股骨颈
转子间嵴
小转子
股骨干
外侧髁上线
内侧髁上线
外上髁
收肌结节
外侧髁
内上髁
髌面
内侧髁
前面观
股骨头
股骨头凹
大转子
转子窝
股骨颈
方形结节
转子间嵴
臀肌线
小转子
耻骨肌线
粗线
股骨粗线外侧唇
骨轴
粗线内侧唇
腘面
内侧髁
外侧髁上线
收肌结节
外上髁
内上髁
外侧髁
内侧髁
髁间窝
后面观

图11.2 股骨

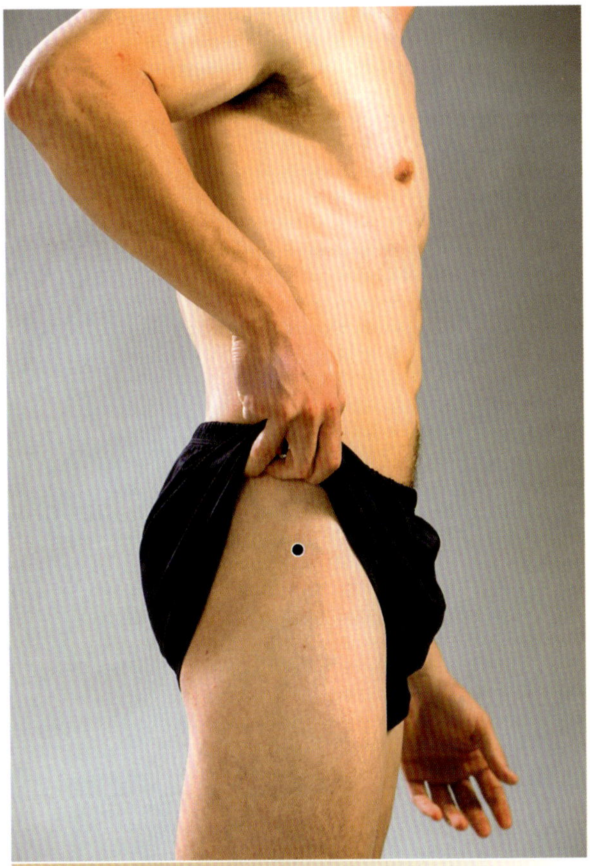

图11.3　定位大转子

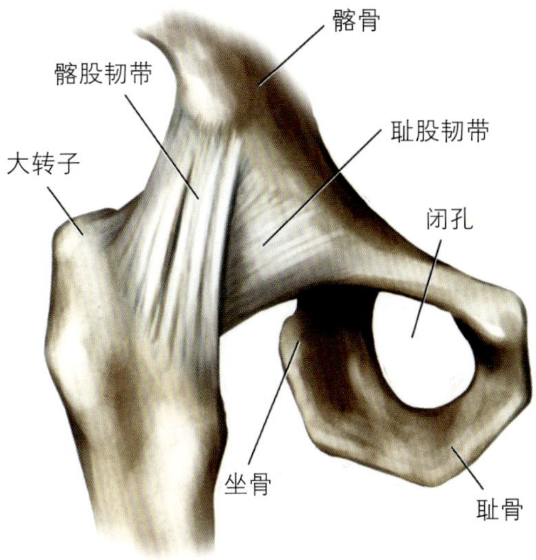

图11.5　髂股韧带和耻股韧带前面观

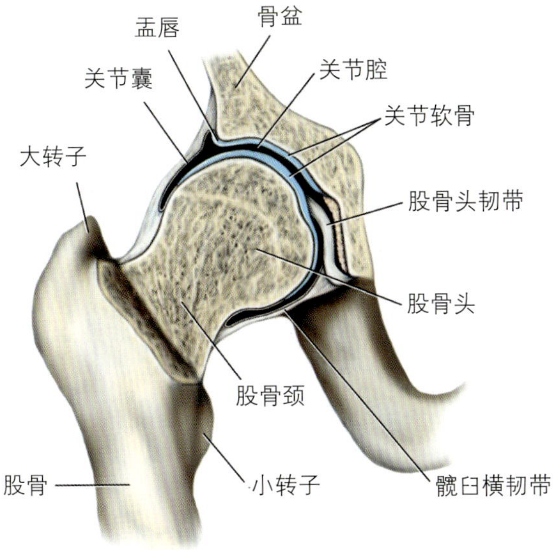

图11.4　髋关节的纵向切开图

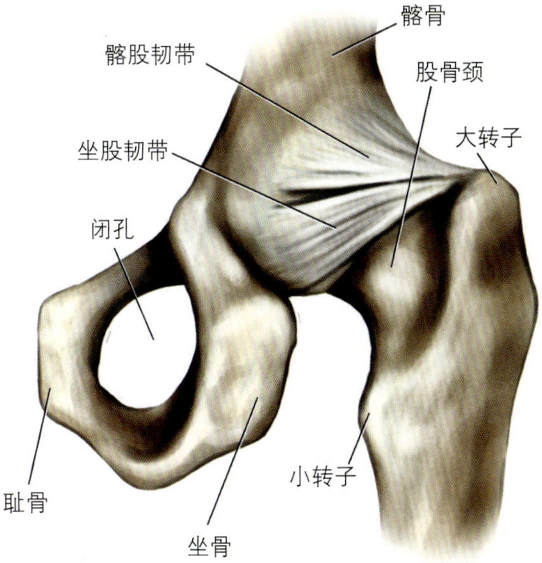

图11.6　坐股韧带后面观

横韧带（图 11.7）跨过髋臼唇的下部的小凹，形成一个小孔,可供血管进出髋臼。股骨头韧带(图 11.7）走行于髋臼横韧带和股骨头凹（股骨头上缘的小孔）之间。这条韧带将股骨头与髋臼相连，是髋关节中功能最小的一条韧带。

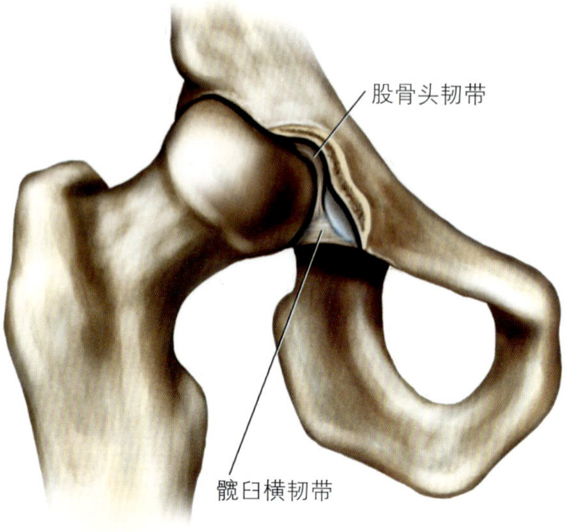

图11.7 髋臼横韧带和股骨头韧带后面观

髋关节的基础运动

髋关节是典型的三轴球窝关节，在 3 个解剖轴的 3 个解剖面内活动。在矢状面绕冠状水平轴屈曲和伸展，在冠状面绕矢状水平轴内收和外展，在水平面绕垂直轴内旋和外旋。完成这 6 项基本活动的肌肉包括屈肌、伸肌、外展肌、内收肌和回旋肌。它们成群分布，以位置划分为前群、后群、内侧群和外侧群。

操作

以解剖学姿势站立，屈曲髋关节。哪些是屈曲髋关节的主要肌肉（前群、后群、内侧群、外侧群）？伸展髋关节至解剖学姿势。伸展髋关节的主要肌肉有哪些（前、内、外）？接下来，先外展后内收髋关节，想一想哪些肌肉起主要作用。然后平躺，双手放在髋关节上，向内和向外旋转髋关节，感觉参与运动的主要的肌肉。

髋肌和大腿肌

髋肌分为前群、后群、外侧群和内侧群。

前群

从前面的“操作”可知,前群髋肌屈曲髋关节。有趣的是，部分前群髋肌也走行于膝关节。本章仅介绍它们在髋关节的功能（图 11.8）。

· **髂腰肌**：髂腰肌由髂肌和腰大肌组成。通常，髂腰肌和腰小肌称为真正腹股沟肌肉（或髋屈肌）。腹股沟是指髋关节的前部。髋屈肌的主要功能是屈曲髋关节；当股骨处于稳定状态时，

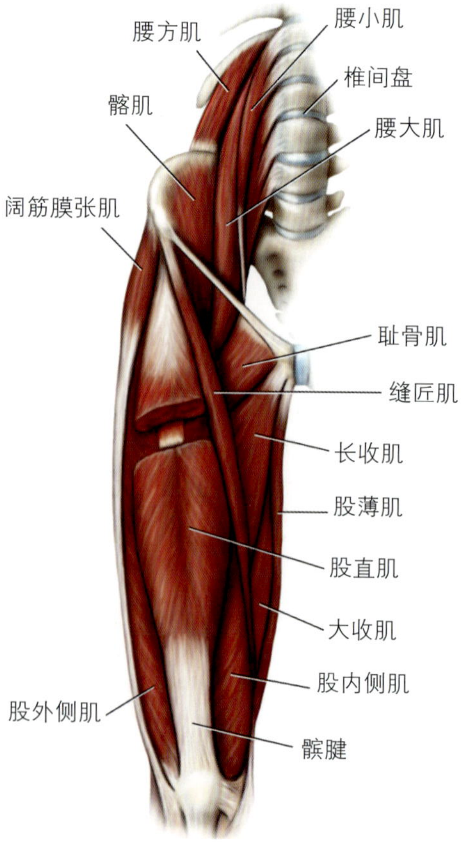

图11.8 前群髋肌

髋屈肌收缩可屈曲腰椎。内侧群髋肌（内收肌）通常称为普通腹股沟肌肉。

·腰大肌：起于 5 块腰椎椎体和横突，以及第 12 胸椎椎体和椎间盘；止于股骨小转子。腰肌同髂肌一起作用可使髋关节屈曲；辅助髋关节内收和外旋，以及屈曲和旋转腰椎（图 11.9）。

·髂肌：起于盆腔髂窝到腰大肌腱的区域，止于股骨小转子远端。其同腰大肌一起作用可使髋关节屈曲；辅助髋关节内收和外旋，以及屈曲和旋转腰椎（图 11.9）。

·腰小肌：50% 的人腰小肌一侧或两侧阙如。起于第 12 胸椎、第 1 腰椎和它们之间的椎间盘，止于耻骨。因此，腰小肌并不算髋关节肌肉。它的功能是辅助腰大肌屈曲腰椎（图 11.9）。

·缝匠肌：是人体中最长的肌肉，位于股骨内侧髁下方，起于髂前上棘，止于胫骨上端内侧面，胫骨是组成小腿的骨（第 12 章图 12.5）。注意这块肌肉穿过髋关节和膝关节。缝匠肌的功能在于完成髋关节的屈曲、内收和外旋。

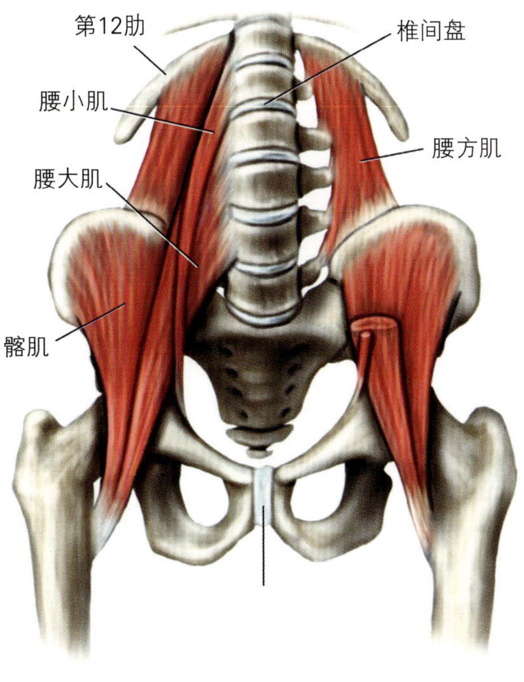

图11.9　腰大肌、腰小肌和髂肌

操作

坐位，踝关节交叉，双膝分开（缝匠姿势），在髂前上棘下方触摸缝匠肌（图 11.10）。缝匠一词来自拉丁文的裁缝。缝匠姿势即所述便于触诊缝匠肌的姿势。以前的缝匠长时间保持这一姿势，常会引起缝匠肌酸痛。

·股直肌：肌直肌、股外侧肌、股中间肌、股内侧肌组成股四头肌。股外侧肌、股中间肌和股内侧肌只越过膝关节，股直肌越过膝关节和髋关节。股直肌起于髂前下棘，止于胫骨粗隆。股直肌能使髋关节屈曲，也有较弱的外展作用。

操作

平躺，髋关节伸展，膝关节在床沿处屈曲。然后抗阻力伸展膝关节。注意观察大腿前部凸出来的肌肉（图 11.11）。这块肌肉就是抗阻收缩的股直肌。

·阔筋膜张肌：起于髂前上棘并与臀大肌一起形成髂胫束，髂胫束止于胫骨外侧髁（图 11.8，图 11.12，图 12.5）。阔筋膜张肌使髋关节屈曲和外展。

·耻骨肌：起于耻骨前上区域，止于股骨小转子远端（图 11.8）。耻骨肌从前侧穿过髋关节，是髋关节屈肌。由于它的拉力角度，耻骨肌也是强壮的内收肌和外旋肌。

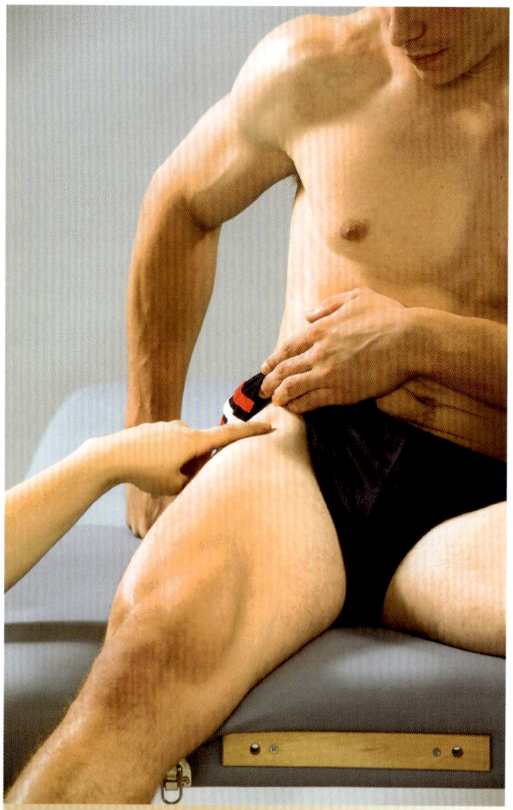

图11.10 定位缝匠肌

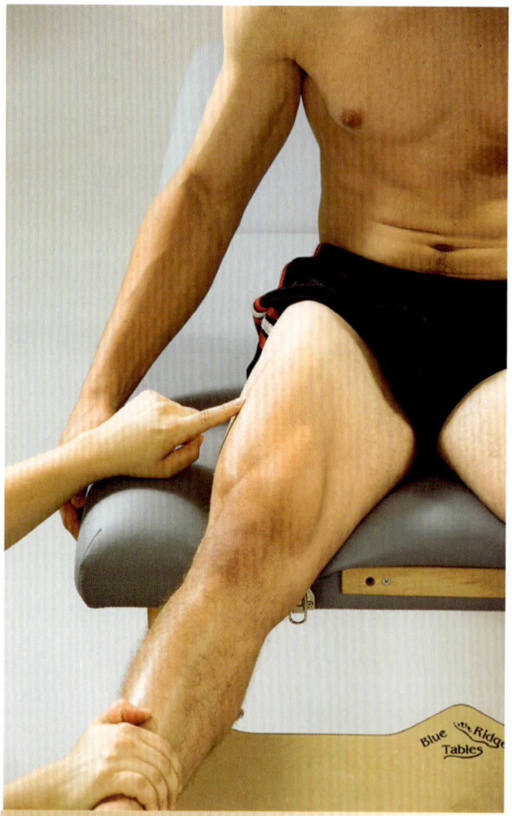

图11.11 定位股直肌

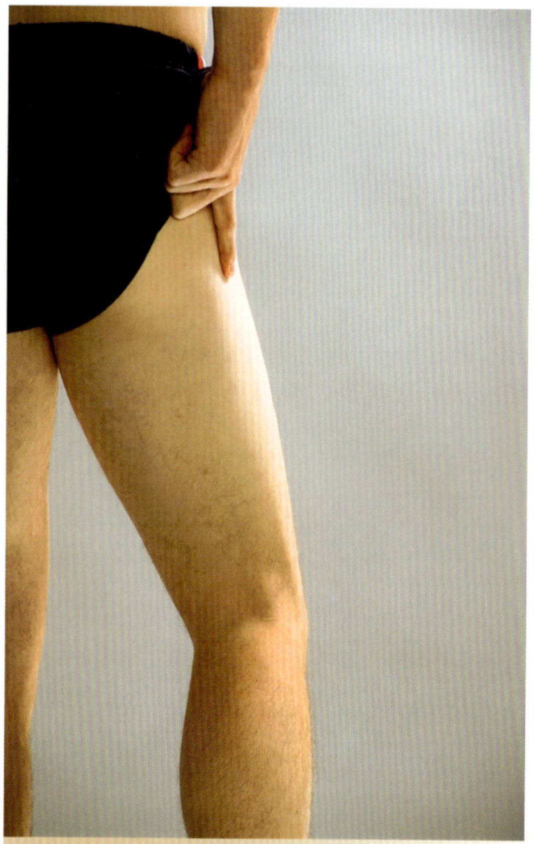

图11.12 阔筋膜张肌和髂胫束

后群

后群髋肌穿过髋关节（图 11.13），包括腘绳肌（由半腱肌、半膜肌和股二头肌组成）和 6 块深层外旋肌。本章仅介绍腘绳肌在髋关节的功能。腘绳肌也穿过膝关节，其在膝关节的作用在 12 章介绍。

· **股二头肌**：与组成腘绳肌的半腱肌和半膜肌一起起于坐骨结节。它们的作用也一样——伸展髋关节，屈曲膝关节。股二头肌的特别之处在于其有两个头。股二头肌长头起于坐骨结节，股二头肌短头起于股骨粗线。股二头肌长头和短头合于股二头肌的肌腹，止于腓骨头。腓骨是组成小腿的骨，位于胫骨外侧（图 12.5）。股二头肌不仅可伸展髋关节、屈曲膝关节，还可外旋膝关节。

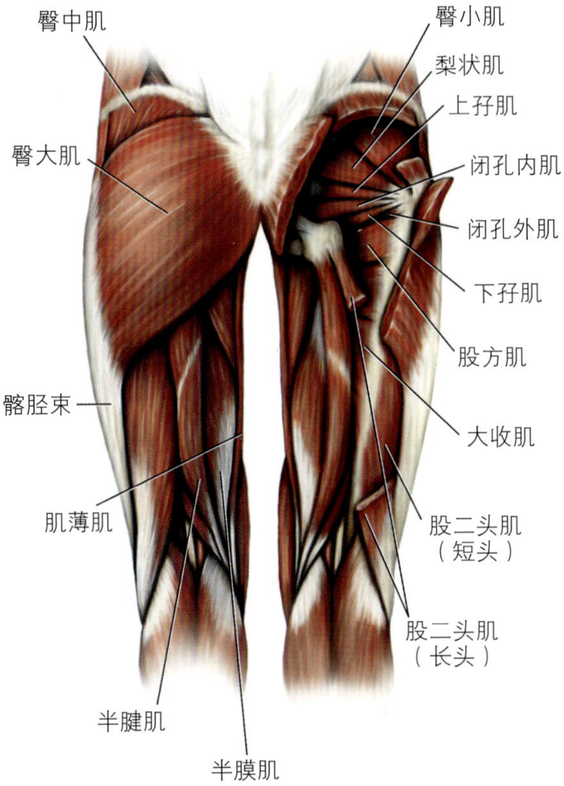

图11.13 后群髋肌

操作

股二头肌的止点可以在图 11.14 所示俯卧姿势中于膝关节的后外侧观察到。

· **半腱肌**：起于坐骨结节，止于胫骨内侧髁下的内侧面（图 12.5）。

操作

半腱肌止于一个突出的带状结构（图 11.15）。让同伴俯卧，放松膝关节，然后在膝关节的后内侧找到半腱肌。这块肌肉可使髋关节伸展，并可辅助其内旋和内收。

· **半膜肌**：起于坐骨结节，止于胫骨内侧髁（图 12.5）。半膜肌可使髋关节伸展，并辅助其内旋和内收。

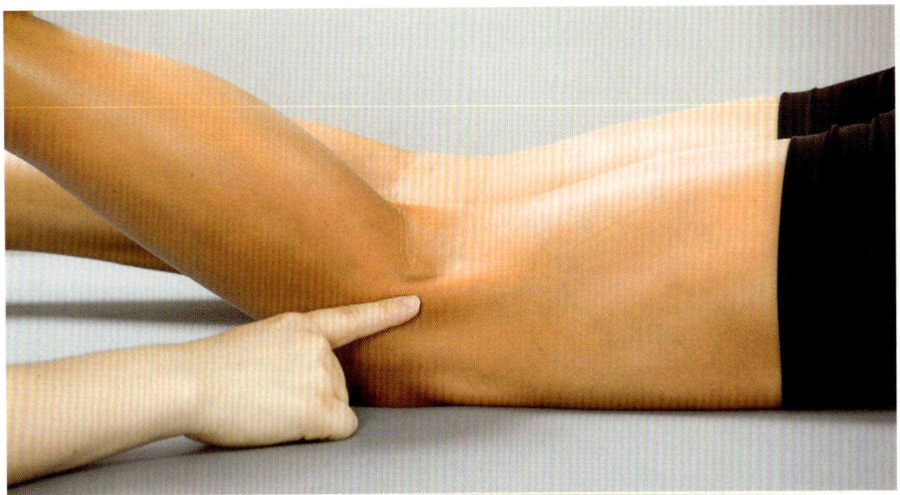

图11.14 定位股二头肌

操作

半膜肌止于半腱肌终点内侧一个很宽的结构（图 11.16）。让同伴保持与寻找半腱肌相同的姿势，然后找到半膜肌。

·臀大肌：大而肥厚，形成特有的臀部隆起。它起于髂骨、骶骨和尾骨的后部，止于其与阔筋膜张肌一同形成的髂胫束（图 11.13）。臀大肌可伸展和外旋髋关节。因为一部分臀大肌肌腹在髋关节之上穿过，另一部分在髋关节之下穿过，所以这块肌肉在臀部的外展与内收中都发挥作用。仔细观察图 11.13，想一想臀大肌的哪一部分辅助髋关节外展，哪些肌肉辅助髋关节内收。

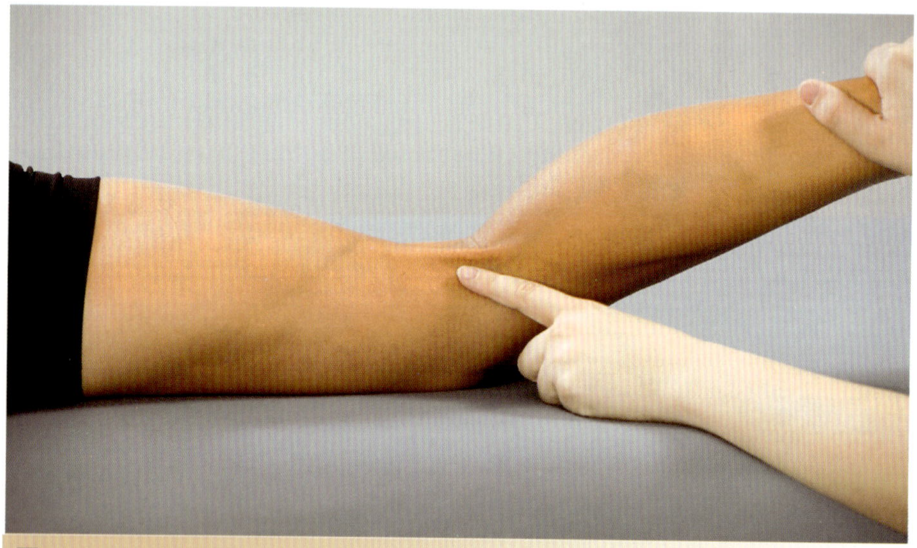

图11.15 定位半腱肌

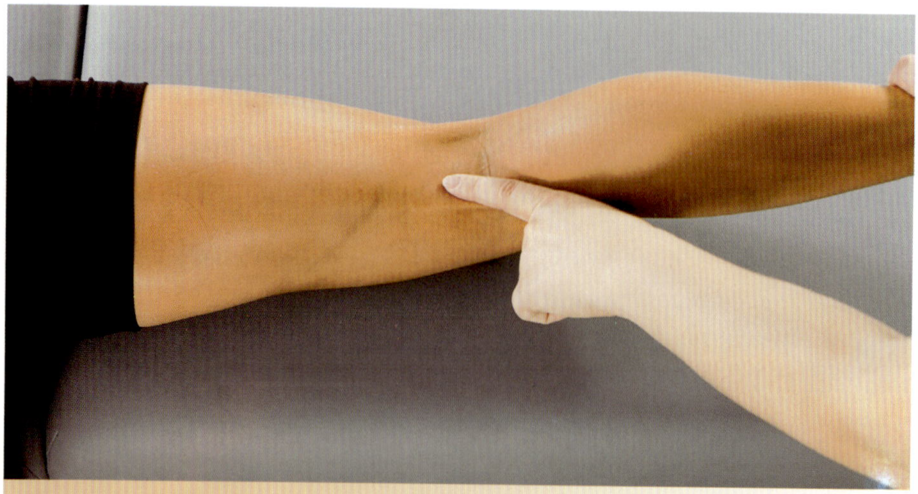

图11.16 定位半膜肌

聚焦　腘绳肌拉伤

腘绳肌常常被误用和误解。髋关节过屈或膝关节过伸，或髋关节过屈联合膝关节过伸会扭伤组成腘绳肌的 3 块肌肉（股二头肌、半腱肌、半膜肌）。虽然定位哪一块肌肉拉伤对普通大众来讲意义不大，但具备良好解剖学知识的人应当知道腘绳肌拉伤不是一个精确的表达。柔韧性是预防腘绳肌扭伤的一个重要因素，因为许多体育活动都是同时屈髋、伸膝，使这组肌肉处于压力之下（如跨栏运动员跨栏时。）

操作

臀大肌深层是 6 块髋关节外旋肌。仰卧，腿伸直，让同伴帮您把一条腿摆成解剖中立位。外旋这条腿，使这只脚远离另一只脚。把手压在外旋的腿的臀大肌肌腹上。您感受到髋关节肌肉的收缩了吗？是哪块肌肉收缩了呢？

- **梨状肌**：起于骶骨的上部，穿过坐骨大孔，止于股骨大转子上表面。当受到压力或外伤发生痉挛收缩（突然的不自觉的收缩），梨状肌会压迫穿过盆腔坐骨大孔的坐骨神经，引起坐骨神经及其分支分布区域的下肢疼痛。
- **上孖肌**：起于坐骨棘，止于大转子内侧，可使髋关节外旋。
- **闭孔内肌**：起于闭孔内面，止于大转子内侧，可使髋关节外旋。
- **下孖肌**：起于坐骨结节，止于大转子内侧，可使髋关节外旋。
- **闭孔外肌**：起于闭孔附近的耻骨和坐骨的外侧，止于股骨的转子窝，可使髋关节外旋。
- **股方肌**：起于坐骨结节，止于股骨的转子间嵴，可使髋关节外旋。

内侧群

髋关节的 4 块内收肌中有 3 块肌肉（长收肌、短收肌、大收肌）的名字与它们的功能相关；股薄肌是唯一一块越过膝关节的肌肉（图 11.17）。如上文所述，髋关节内收肌通常称为普通腹股沟肌肉。与真正腹股沟肌肉（髂腰肌和腰小肌）相比，普通腹股沟肌肉更容易拉伤。

- **长收肌**：起于耻骨体，止于股骨粗线中 1/3。它的主要作用是内收髋关节，辅助屈曲和外旋髋关节。
- **短收肌**：起于耻骨下表面，止于股骨粗线近端 1/3。它的主要作用是内收髋关节，辅助屈曲和外旋髋关节。
- **大收肌**：起于耻骨、坐骨和坐骨结节的下

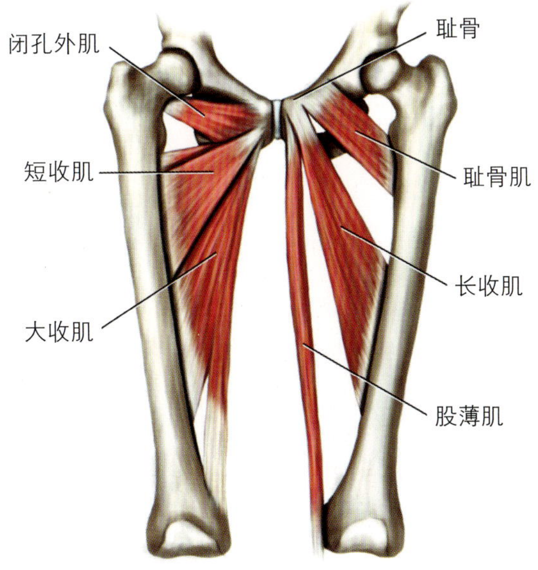

图11.17　髋关节内收肌

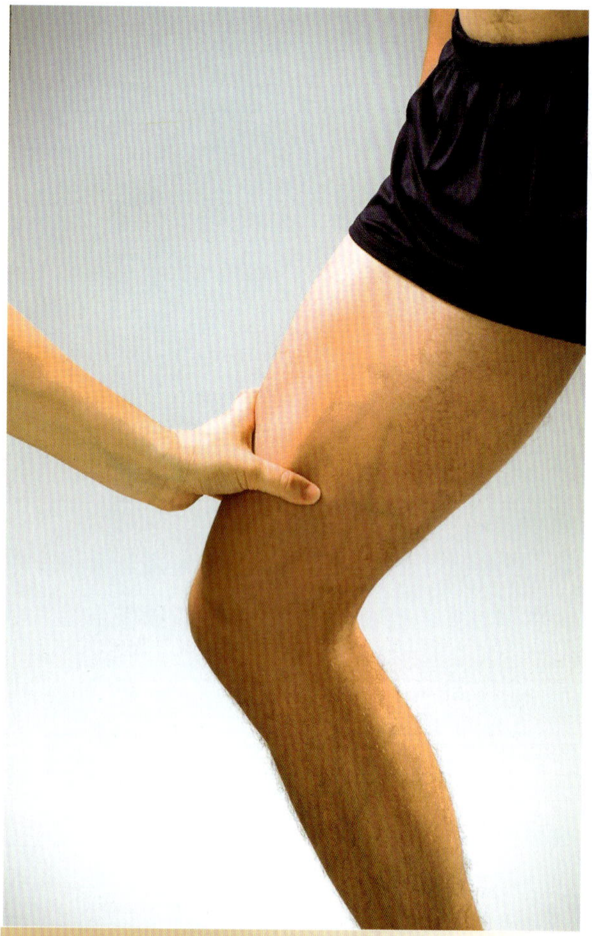

图11.18 定位大收肌

表面，止于全部股骨粗线和股骨收肌结节（图 11.17 和 11.18）。大收肌分为前部和后部。前部使髋关节内收、屈曲和外旋，后部使髋关节内收、伸展和内旋。

· **股薄肌**：起于耻骨联合和耻骨的前下侧，止于胫骨内侧髁远端。在髋部，股薄肌的作用是使髋关节内收和屈曲。

操作

盘腿而坐，两脚脚底相对，膝关节放松，髋关节外旋，可以很容易在腹股沟触及长收肌和股薄肌。股薄肌在外侧。此外，把手指放在膝关节内侧半膜肌终点内侧区域，也可以触及股薄肌（图 11.19）。

外侧群

髋关节有 2 块外侧肌（不包括阔筋膜张肌，其是前群肌肉）。虽然臀大肌看似是外侧肌肉，但它其实是后群肌肉。髋关节的外侧肌是臀中肌和臀小肌（图 11.13）

· **臀中肌**：起于髂骨翼外侧中部，止于大转子后外侧（图 11.13 和 11.20）。臀中肌的主要作

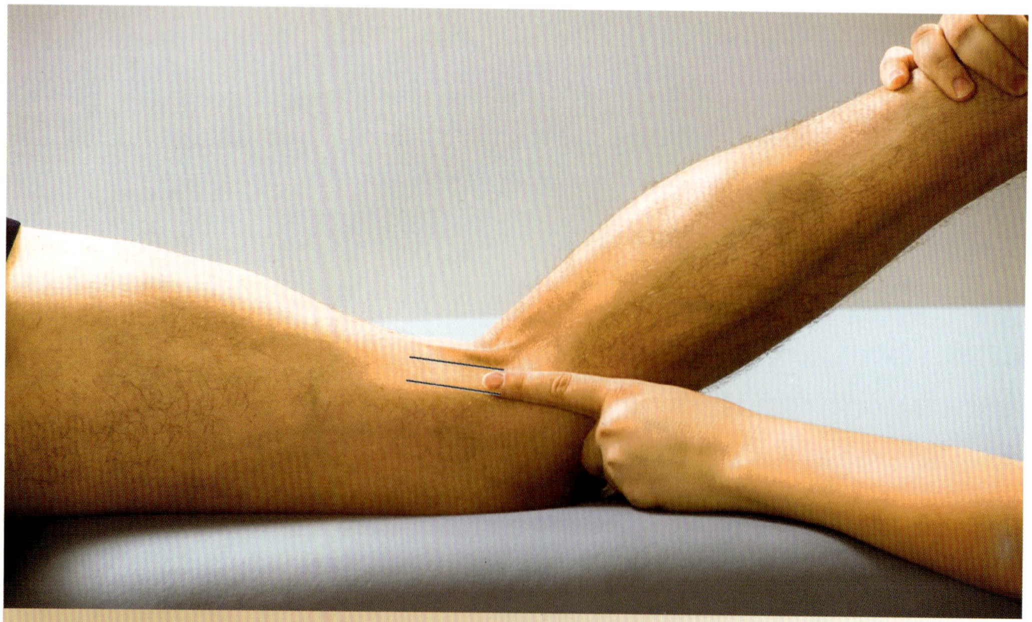

图11.19 定位股薄肌

图11.20　定位臀中肌

用是使髋关节外展。臀中肌前部辅助屈曲和内旋髋关节，后部辅助伸展和外旋髋关节。

· **臀小肌**：起点与臀中肌相同，止于大转子前表面。臀小肌的主要作用是外展和内旋髋关节。臀小肌前部辅助屈曲髋关节，后部辅助伸展髋关节。

髂胫束

髂胫束由 2 块越过髋关节的肌肉组成——阔筋膜张肌和臀大肌（图 11.13）。当髋关节屈曲和伸展时，髂胫束向后和向前移动越过大转子。在髋胫束和大转子之间有转子囊，其作用是方便髂胫束的这种移动。过多屈曲和伸展髋关节，或此处外伤可引起转子囊炎。

知识拓展

腹股沟拉伤

我们经常听到运动员腹股沟拉伤。哪些肌肉是腹股沟肌肉呢？本章讲解了两大组腹股沟肌肉：真正腹股沟肌肉（髂腰肌和腰小肌）和普通腹股沟肌肉（长收肌、短收肌、大收肌和股薄肌）。真正腹股沟肌肉通常会因髋关节的过伸而受伤。普通腹股沟肌肉常常因过度拉伸它们而受伤。普通腹股沟肌肉，即髋关节内收肌，更容易在体育锻炼中受伤，因此称为“常见腹股沟拉伤”。

学习助手

术语回顾

以下术语均出自本章，请对其进行解释，并在自己身上或插图中找到这些结构。

髋臼	长收肌	收肌结节
短收肌	大收肌（前部与后部）	股二头肌

囊韧带
尾骨
深层外旋肌
闭孔外肌
股骨头凹
股骨
腓骨
下孖肌
上孖肌
盂唇
臀大肌
臀小肌
股薄肌
坐骨大孔
大转子
腹股沟拉伤
腘绳肌
股骨头
髂肌
髂股韧带
髂腰肌
髂胫束
髂骨
髋骨
闭孔内肌
转子间嵴
臀中肌
坐骨结节
坐股韧带
坐骨
小转子
股骨头韧带
腰椎
股骨颈
闭孔
耻骨肌
梨状肌
腰大肌
腰小肌
耻骨
耻骨联合
耻股韧带
股方肌
股直肌
骶骨
缝匠肌
半腱肌
半膜肌
股二头肌长头
股二头肌短头
坐骨棘
阔筋膜张肌
髋臼横韧带
转子窝
粗线
股四头肌

思考题

1. 做出跑步起跑动作，一只脚在前，一只脚在后，双手放在起跑线上。

a. 前一条腿的髋关节处在什么位置（屈曲或伸展）？

b. 后一条腿的髋关节处在什么位置（屈曲或伸展）？

c. 假设起跑枪响，前一条腿的髋关节变到了什么位置？是哪些肌肉促成了这一变化？

d. 后一条腿的髋关节变到了什么位置？是哪些肌肉促成了这一变化？

2. 做几次开合跳（jumping Jack），观察髋关节在第一跳和第二跳时的位置。

a. 描述第一跳中髋关节的位置以及涉及的肌肉。

b. 描述第二跳中髋关节的位置以及涉及的肌肉。

3. 右脚向前一步。两腿交叉，左腿在上，使左脚垂直于右脚。你的左脚跟应当靠近右脚外缘。

a. 描述左髋的位置。

b. 描述右髋的位置。

单选题

1. 下列不是髋关节外侧肌肉的是（　）

a. 阔筋膜张肌

b. 臀中肌

c. 缝匠肌

d. 臀小肌

2. 股骨的大转子位于髋关节的（　）

a. 外侧

b. 内侧

c. 前侧

d. 后侧

3. 下列不是髋关节基本运动的是（　）

a. 屈曲

b. 环转

c. 伸展

d. 内收

4. 下列不是髋关节韧带的是（　）

a. 髂股韧带

b. 耻股韧带

c. 坐股韧带

d. 骶髂韧带

5. 在 50% 的人群体内一侧或两侧阙如的是（　）

a. 腰大肌

b. 腰小肌

c. 髂肌

d. 髂腰肌

6. 下列不是髂腰肌肌肉组的是（　）

a. 髂肌

b. 骶髂肌

c. 腰小肌

d. 腰大肌

7. 下列不是前群髋肌的是（　）

a. 股直肌

b. 股二头肌

c. 缝匠肌

d. 阔筋膜张肌

8. 下列不是髋关节内收肌的是（　）

a. 股薄肌

b. 臀大肌

c. 耻骨肌

d. 臀中肌

9. 下列没有止于耻骨的是（　）

a. 耻骨肌

b. 短收肌

c. 股薄肌

d. 髂肌

10. 下列不是髋关节外旋肌的是（　）

a. 股方肌

b. 股直肌

c. 梨状肌

d. 闭孔内肌

填空题

1. 下肢中的三轴球窝关节是＿＿＿＿＿＿＿＿＿＿＿＿。

2. 髋关节韧带中被称为 Y 韧带的是＿＿＿＿＿＿＿＿＿＿韧带。

3. 髂胫束由阔筋膜张肌和＿＿＿＿＿＿＿＿＿＿＿＿共同组成。

4. 腘绳肌起于＿＿＿＿＿＿＿＿＿＿＿＿。

5. 腰大肌和腰小肌起于＿＿＿＿＿＿＿＿＿＿＿＿＿＿＿＿。

6. 髋关节的 6 块深层外旋肌位于关节的＿＿＿＿＿＿＿＿＿＿＿＿侧。

功能性运动锻炼

从仰卧位做仰卧起坐。找出在仰卧起坐中屈曲髋关节和前倾骨盆的原动肌、拮抗肌、固定肌和协同肌（各一块）。

	屈曲髋关节	前倾骨盆
原动肌		
拮抗肌		
固定肌		
协同肌		

第 12 章

膝关节

膝关节是人体最大的关节，它是单轴滑膜关节、屈戌关节。其实，膝关节并非真正的屈戌关节而是经过改良的屈戌关节。真正的屈戌关节像门合页一样，绕着固定轴运动。在膝关节中，胫骨（远端骨）在股骨（近端骨）末端周围滑动，其虽在同一平面（矢状平面）运动，但轴中心变化无穷。当在此平面运动时，冠状水平轴随之变化。因此，膝关节是复杂的屈戌关节。即使膝关节结构合理，其也无法承受体育运动中的许多压力。我们不仅要研究关节解剖学，而且要注重探讨异常压力下造成的常见后果。

构成膝关节的骨

虽然在第 11 章已详细阐述股骨（图 12.1），但在本章中仍需讨论其在膝关节中的作用。在股骨末端，骨向外展开，形成内侧髁上线及外侧髁上线，类似于肱骨近端的嵴。内侧髁上线及外侧髁上线（图 12.2）分别位于内上髁和外上髁远端。邻近关节线（股骨与胫骨之间的虚拟线）、很容易触摸到的两个突起分别是内侧髁和外侧髁（图 12.3）。这两个髁与胫骨相关节，将身体重心由股骨转移至小腿。内侧髁比外侧髁位置更远。

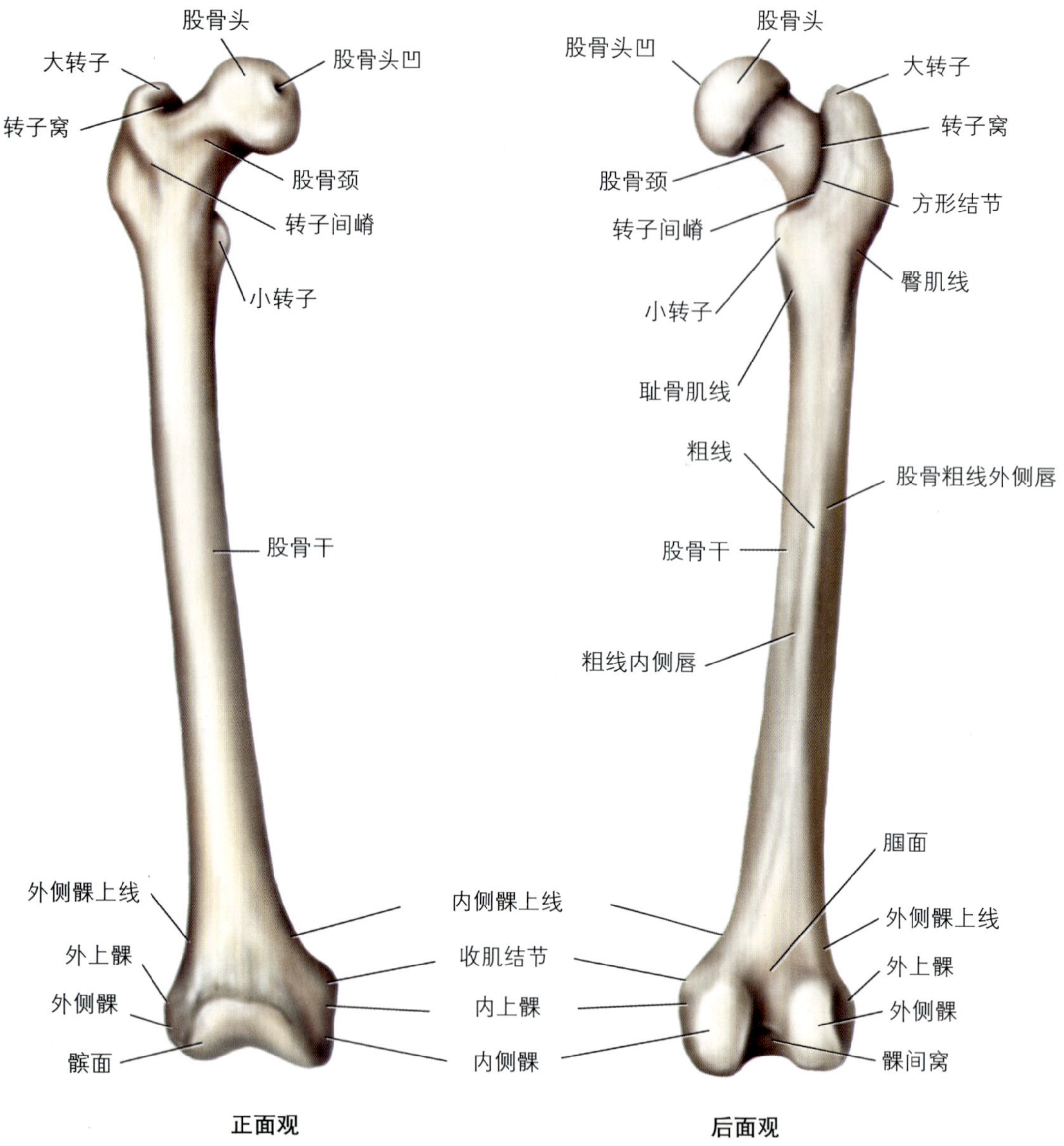

图12.1 股骨

操作

找准股骨外侧髁及股骨内侧髁后，手指放于它们下方，可以感觉到股骨远端及胫骨近端之间有一段距离，该区域一般称为关节线。外侧半月板及内侧半月板的前角分别位于手指下方外侧关节线及内侧关节线。

内侧髁近端有一小的突起是收肌结节（图12.4），在股骨远端前表面，外侧髁与内侧髁之间，有一块平滑的关节软骨面，称为髌面。髌面与髌骨（俗称膝盖骨，将于后文详述）后面相关节，构成髌股关节。股骨末端后部，内侧髁与外侧髁之间是髁间窝。髁间窝位于腘面（popliteal surface）近端。腘（popliteal）是指膝关节后部，

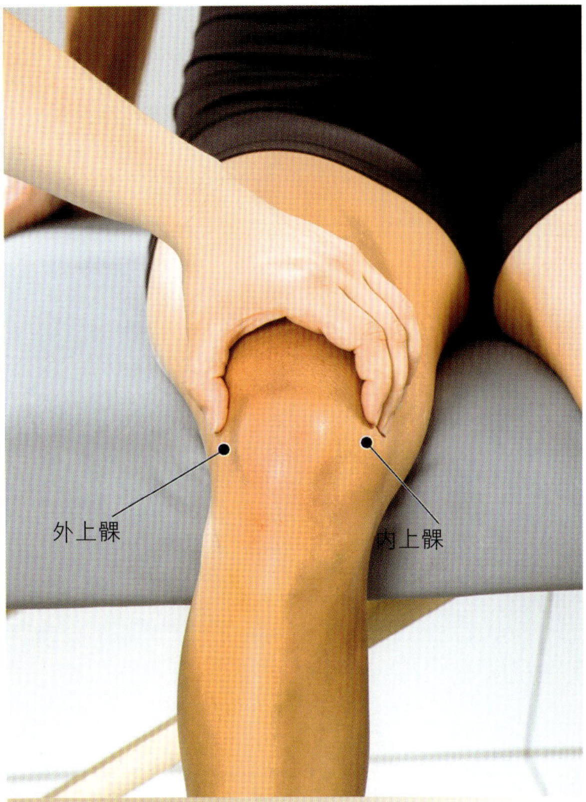

图12.2　定位股骨内上髁与外上髁

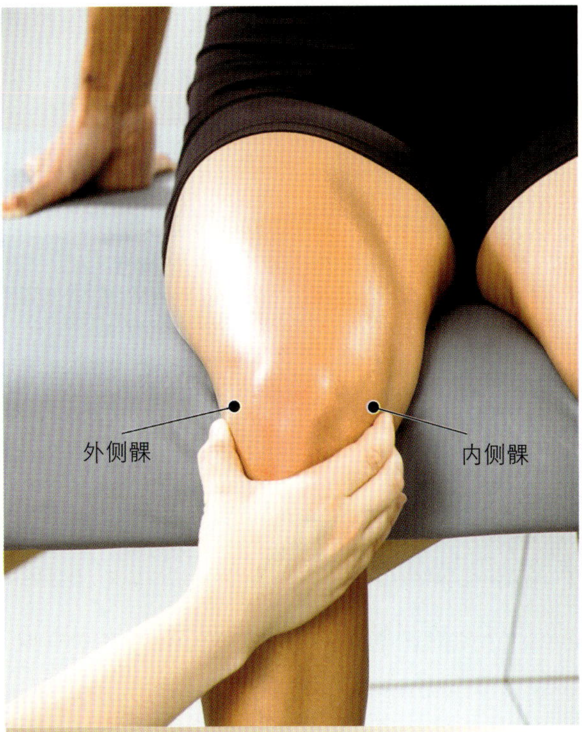

图12.3　定位股骨外侧髁与内侧髁

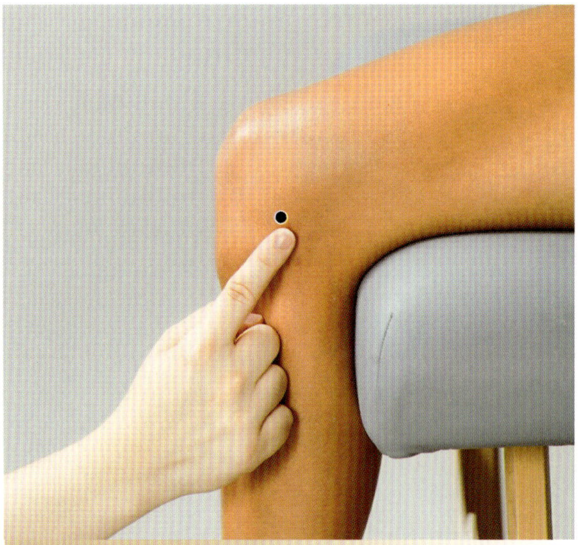

图12.4　定位收肌结节

是骨、韧带和肌肉附着处，也是神经和血管通过处。股骨髌面下缘的弧形凹陷是髁间切迹。

组成小腿的两块骨分别是腓骨与胫骨（图12.5）。本章仅讨论这两块骨头的近端，其远端将在第13章中详细讲述。

腓骨是位于外侧的小骨，基本上为非负重骨，其近端及远端是主要的软组织附着处。腓骨近端3个主要结构分别为腓骨头尖、腓骨头和腓骨颈。胫骨是小腿内侧的大骨，与股骨相关节，承载从股骨至脚的身体重量。胫骨上端两侧突起分别是内侧髁和外侧髁。胫骨前面、内侧髁和外侧髁之间有一特大突起，称为胫骨粗隆。

操作

膝关节下方、小腿前面大的突起即胫骨粗隆，可在体表轻易触及（图12.6）。

胫骨外侧髁前有一个小的突起，称为Gerdy结节（Gerdy tubercle）（图12.7），这里是髂胫束的止点。在胫骨近端后面，胫骨内侧髁与外侧髁

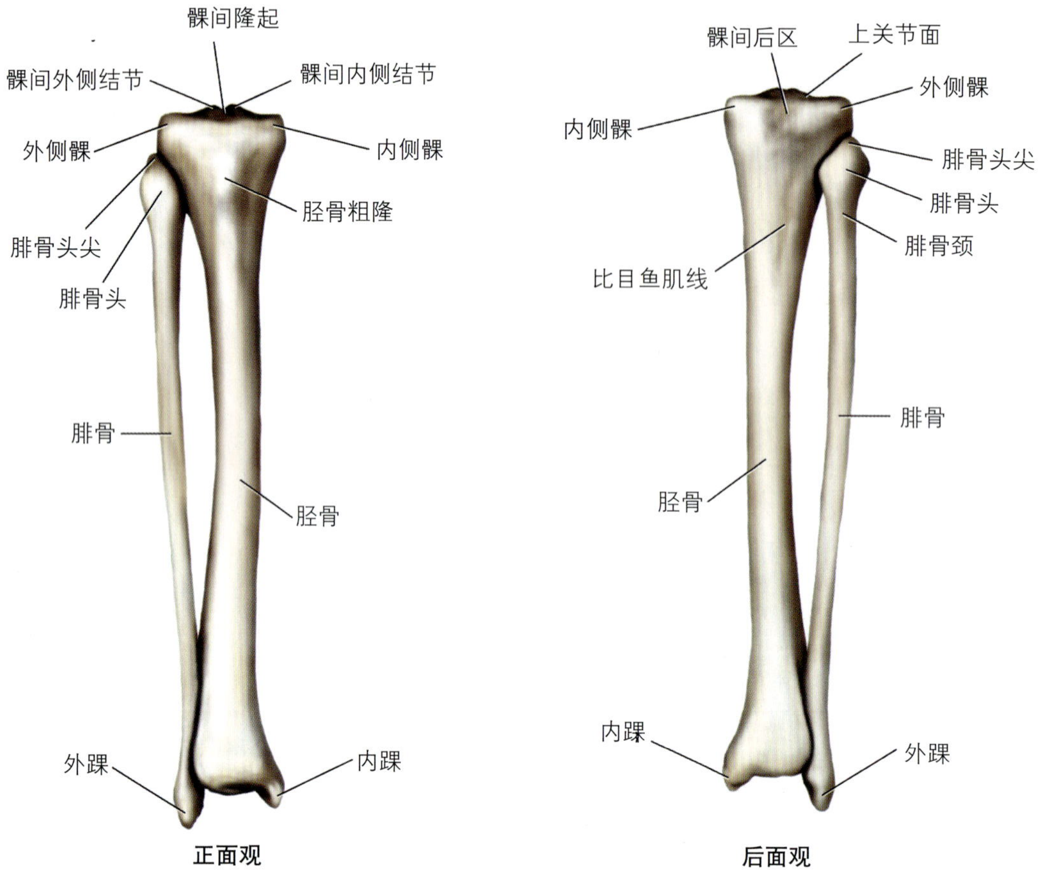

图12.5 腓骨与胫骨

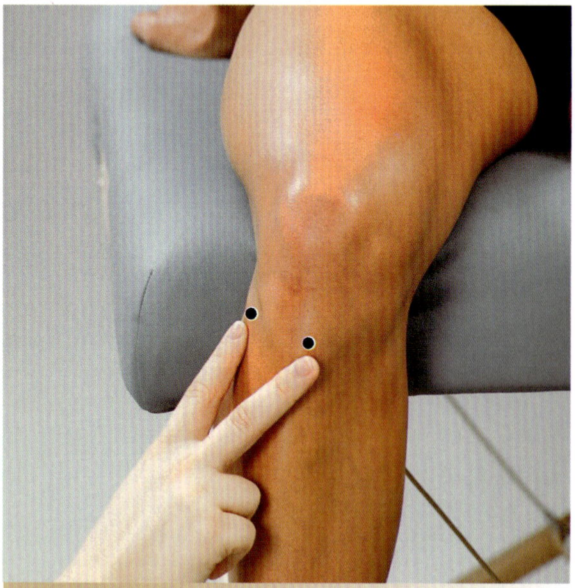

图12.6 定位胫骨粗隆与腓骨头

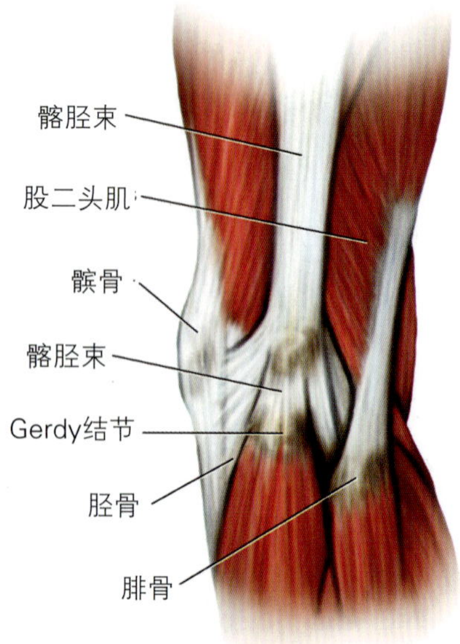

图12.7 Gerdy结节与髂胫束

之间的远端腘面，该面下方有一条斜线，称为比目鱼肌线（图 12.5）。从上面看胫骨，以下结构清晰可见。

两个大的关节面——内侧髁面和外侧髁面，与股骨相关节，组成膝关节（图 12.8）。两个关节平面之间骨性突起部称为髁间隆起，挨着髁间隆起的两小隆起分别为髁间内侧结节与髁间外侧结节（12.5）。

髌骨（图 12.9）是人体最大的籽骨（可自由浮动，详情见第 1 章），在膝关节运动中发挥至关重要的作用。其间接依附于其他骨构成关节，嵌于股四头肌腱及膝关节前群肌。股四头肌腱通过宽大的纤维束止于髌骨，然后依次通过髌韧带和髌腱附着胫骨粗隆。髌骨不仅可以保护其下方结构，也改变股四头肌伸拉角度，使膝关节形成较大的旋转力（在屈伸运动中），这比股四头肌将胫骨拉入股骨时的稳定力更大。髌骨近端称为髌底，远端称为髌尖，其后表面分为外侧关节面及内侧关节面，其表面被覆关节软骨，与股骨内、外侧髁连接构成髌股关节。

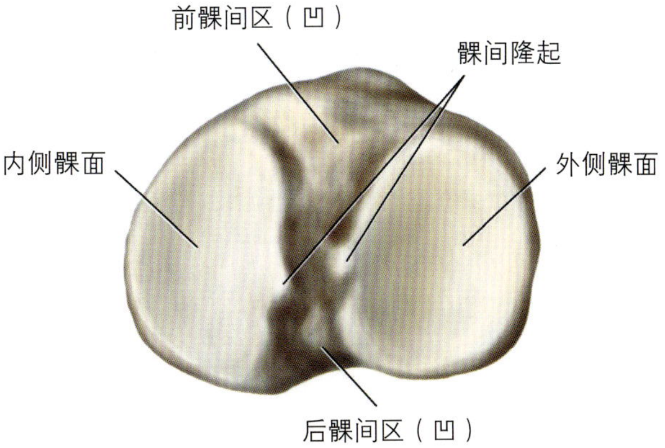

图12.8 胫骨上面观

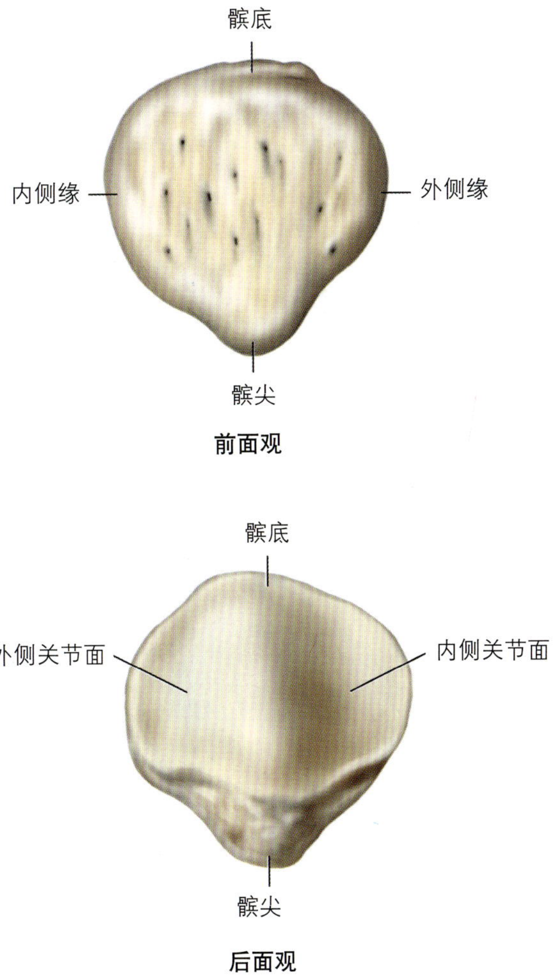

图12.9 髌骨

膝关节的韧带

膝关节如同所有滑膜关节，也有囊韧带。但是该韧带与其他韧带不同，因为它由其他韧带的一部分和穿过膝关节的其他结构的延伸纤维组成（图 12.10 和图 12.11）。囊韧带包括内侧副韧带及外侧副韧带的一部分，股四头肌延伸纤维，髂胫束，股肌，缝匠肌及半膜肌。也许从膝关节的后方（腘窝）可以更好地观察囊韧带。

膝关节内侧副韧带及外侧副韧带可有效稳定关节两侧，从根本上防止膝关节内收和外展，形成在矢状面做屈伸运动的单轴关节。内侧副韧带从股骨内侧髁走行至胫骨内侧髁，部分深层纤维附着于内侧半月板（详情见本章下文）。外侧副韧带从股骨外侧髁走行至腓骨头。须注意外侧副韧带与内侧副韧带有所不同，其不含有附着于外侧半月板的纤维。

操作

端坐于椅子上，一条腿的脚踝放于另一条腿膝关节上方，触摸放于上方腿的股骨及胫骨的外侧髁，找准髁间的关节空隙，在关节线前后移动手指，直至感受到索状结构，该结构便是外侧副韧带。请思考内侧副韧带及外侧副韧带在膝关节生物力学中的作用，牢记膝关节仅可屈伸。当膝关节的外侧受力（一般指外翻力）时，哪种韧带将受到压迫，从而迫使关节外展（如增加膝关节内侧胫骨与股骨的间隙）？（答案见图 12.12a）当膝关节的内侧受力（内翻力）时，哪种韧带将受到压迫，从而迫使关节内收（如增加膝关节外侧胫骨与股骨的间隙）？（答案见图 12.12b）膝关节受伤的机制通常为内侧韧带及外侧韧带受压。

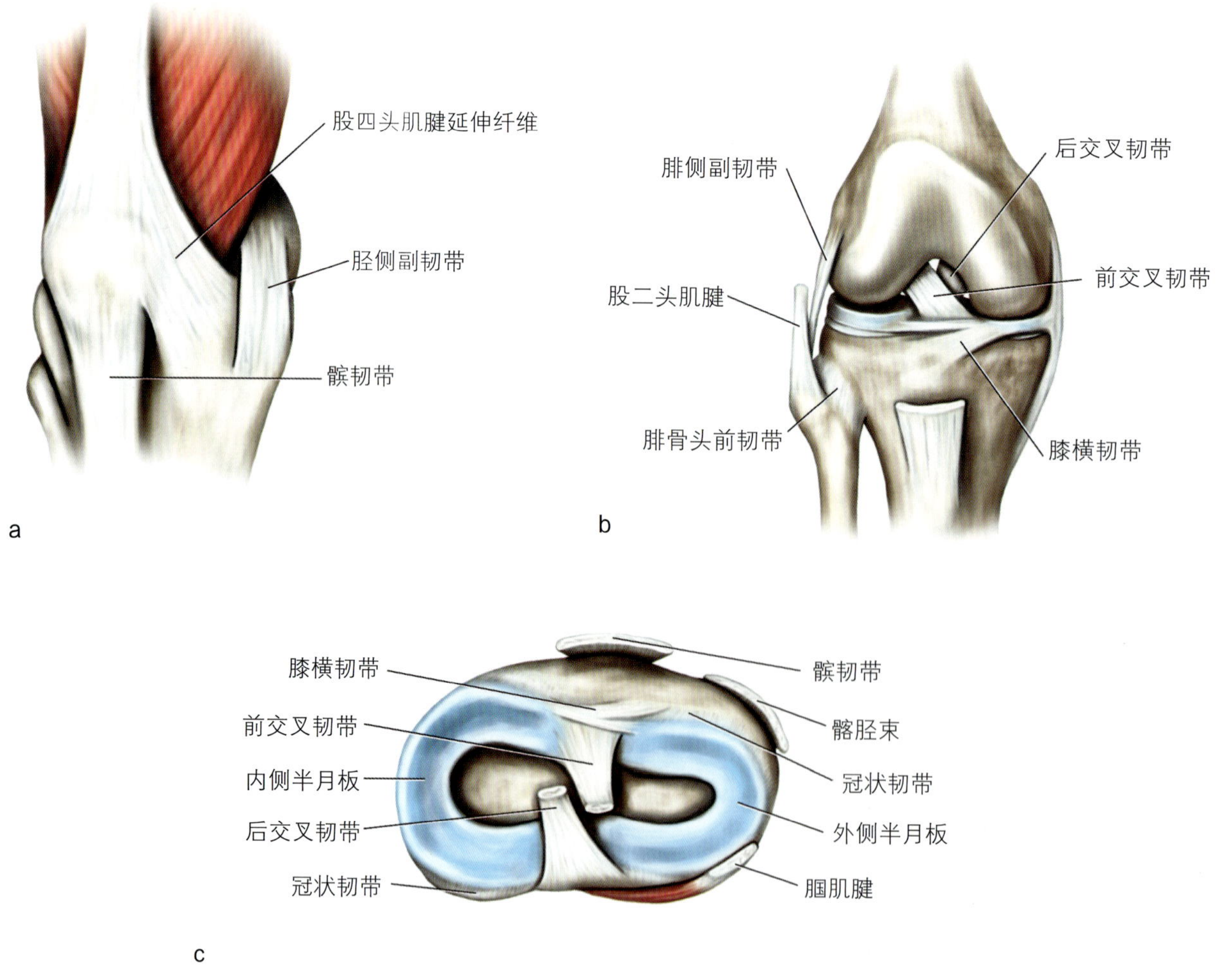

图12.10 膝关节的韧带 a.前面观；b.前面观；c.上面观

位于膝关节中部的两个韧带分别为前交叉韧带及后交叉韧带（图 12.10，图 12.11）。“交叉”一词意为“十字状”，这两条韧带穿过膝关节中间时相互交叉。前交叉韧带从胫骨髁间隆起的前方走行至股骨外侧髁的后内侧表面。此韧带的主要作用为防止胫骨前脱位，脱离股骨远端；因其穿过膝关节，受到膝关节后部肌肉的阻力作用，可防止正常膝关节过度伸展。后交叉韧带从胫骨髁间隆起的后方走行至股骨内侧髁的前内侧表面，此韧带的主要作用为防止胫骨后脱位，脱离股骨远端。下蹲过多可使膝关节长期位于某种弯曲弧度，从而迫使此韧带受压。

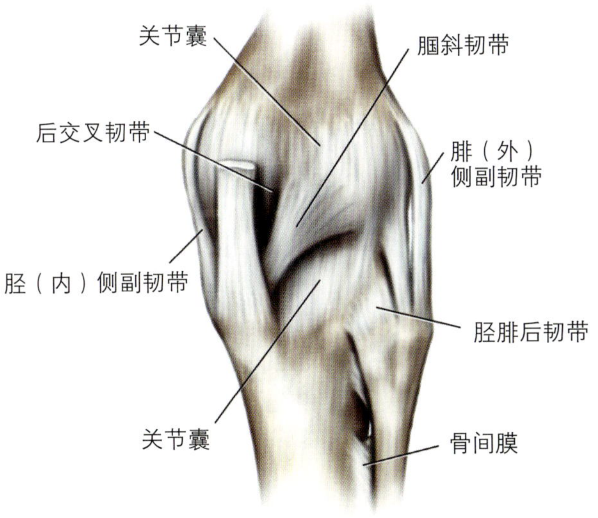

图12.11 膝关节韧带背面图

腘斜韧带，腘弓状韧带及里斯伯格韧带（图 12.13）是仅位于膝关节后部的韧带。腘斜韧带从股骨外侧髁后方走行至胫骨内侧髁的后缘；腘弓状韧带从股骨外侧髁后方走行至囊韧带后表面；里斯伯格韧带走行于外侧半月板后角与股骨内侧髁后方之间。

在膝关节前面，髌韧带（图 12.10，图 12.14 所示）走行于髌尖及胫骨粗隆之间。因为髌骨嵌于髌腱，部分解剖学家认为该结构属于股四头肌腱的延伸部分。也有的解剖学家认为其连接髌骨和胫骨，将其定义为髌韧带。本书观点同后者。认为股四头肌腱止于胫骨粗隆的学者，简单地认为股四头肌附着于髌骨，而髌骨通过膝韧带附着于胫骨粗隆。

膝关节有 2 条特殊的韧带，它们不具备韧带的正常功能，即连接骨骼。冠状韧带属于囊韧带

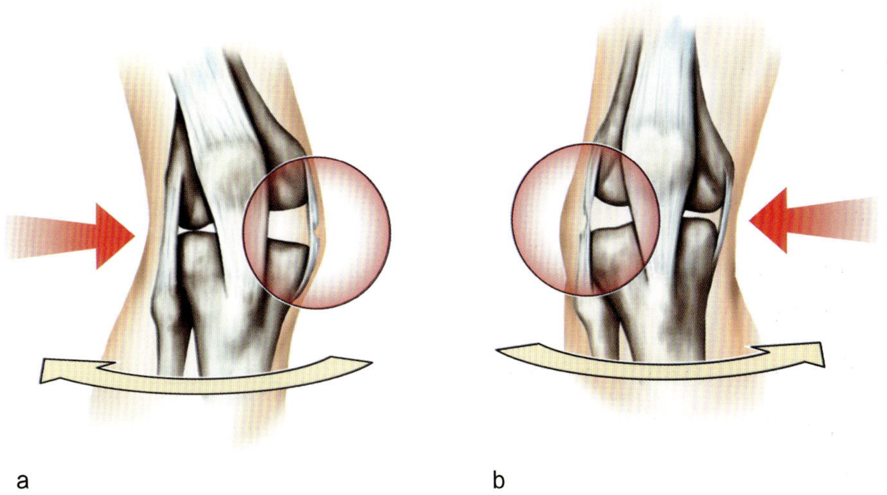

图12.12 膝关节受伤机制 a. 右膝外侧受力时，内侧副韧带受压向外伸展；b. 右膝内侧受力时，外侧副韧带受压向外伸展

知识拓展

前交叉韧带

最近，在体育运动中，前交叉韧带备受人们关注，许多体育运动将内力及外力运用于膝关节结构，其中也包括前交叉韧带。人们对女性运动员与男性运动员在前交叉韧带受伤次数的不同的原因也颇感兴趣，其中关于女性前交叉韧带更易受伤的理论包括下肢骨骼排列不齐（女性骨盆更宽，Q角扩大），韧带松弛，股四头肌与腘绳肌的比例不平衡，女性髁间（股骨）窝及股骨髁更小，雌激素对韧带组织产生影响，同时成熟率对着地姿势产生的影响（膝盖垂直落地，一步向前停止落地），踝支具将压力传送至膝盖，鞋面与比赛界面也可造成前交叉韧带受伤。也存在其他相关因素比如训练强度、运动类型、教练技术，但仍有许多其他理论有待探讨。简而言之，内科医生、生物力学家、物理治疗师、运动训练员及其他相关人士仍在不断探讨女性运动员与男性运动员前交叉韧带受伤次数不同的原因。

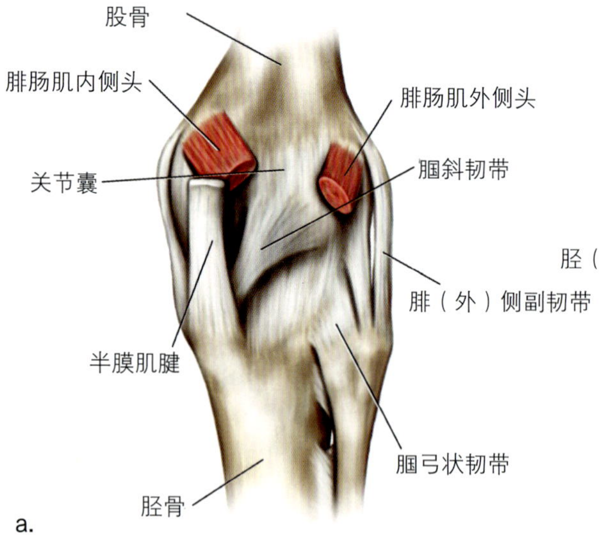

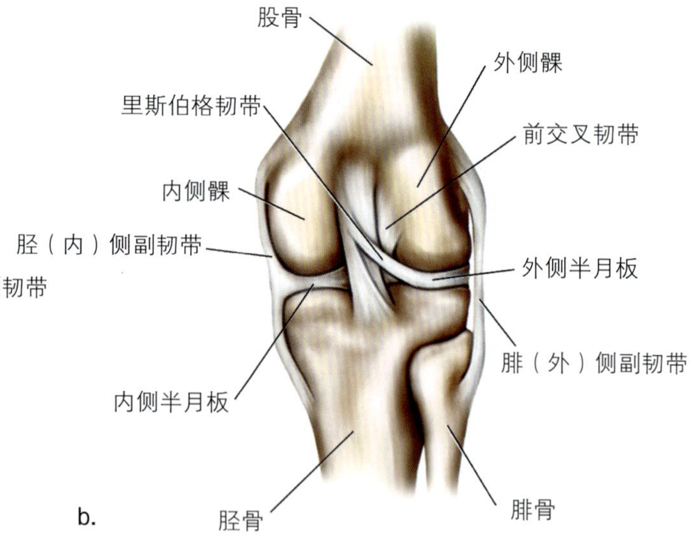

图12.13 膝关节后部韧带 a. 腘斜韧带，弓状韧带；b. 里斯伯格韧带后面观

的一部分，可连接半月板外缘与胫骨近端（图12.10）。膝横韧带走行于内侧半月板与外侧半月板的前角之间（图12.14），当膝关节伸展时，股骨与胫骨的髁面同时施力于半月板时，该韧带可防止半月板前角向前移动。

半月板

有2个半月形的纤维软骨位于胫骨近端外侧髁面与内侧髁面上，这2个半月形结构被称为外侧半月板及内侧半月板。半月板外观形近乎圆形，可有助于加深与股骨髁相关节的胫骨髁面。半月板外侧缘厚而凸，通过冠状韧带附着于胫骨。半月板内侧缘厚度如纸张，游离于胫骨髁面。半月板内表面呈凹形，股骨髁位于其中，半月板前方与后方一般分别指半月板前角与后角。

膝关节与小腿的基本运动

由于膝关节属于单轴关节，可沿着不断变化的冠状水平轴在矢状面运动。此关节仅可做两种动作，即屈、伸运动。然而，由于受股骨髁大小与形状及软组织的影响，膝关节屈伸时，小腿（胫骨与腓骨）旋转。当膝关节伸展时，小腿外旋；当膝关节屈曲时，小腿内旋。由于膝关节伸展时会“锁住”，屈曲时会“解锁”，若身体重心不在腿上，很难观察到腿部旋转。

操作

端坐于椅子上，双膝弯曲至 90°　。脱下鞋，双脚放于平滑表面（如未铺地毯的瓷砖或水泥地面），单手握拳放于双膝之间，向内旋转小腿，双脚脚趾（跖趾关节，详情见第 13 章）相互挤压，另一只手触摸膝关节后方的半膜肌（大腿内侧靠近膝关节处）。这些肌肉(以及鹅足)收缩时，造成小腿内旋。同时，让搭档双脚放于你双脚两边或其外部，另一只手找准位于膝关节外侧后方

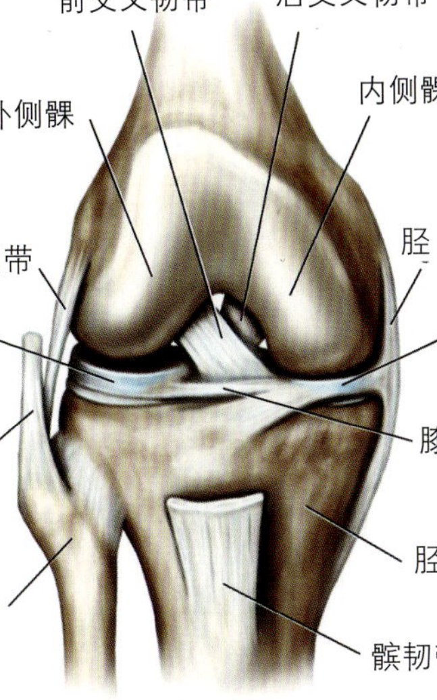

图12.14　髌韧带正面观

知识拓展

半月板撕裂

在半月板中，内侧半月板比外侧半月板大，运动时更易受到压力。附着于内侧半月板的内侧副韧带的深层纤维产生的压力可使半月板撕裂，在胫骨固定（固定于地面），股骨过分旋转时会给半月板造成压力。较常见的两种半月板撕裂是斜行撕裂（也叫鹦鹉嘴撕裂）与桶柄状撕裂（图 12.15），其中桶柄状撕裂最为常见。桶柄状撕裂时，半月板中部（前角与后角之间）裂开，内部半月板与主体分离，半月板外缘形似桶柄。其他类型的半月板撕裂也时有发生，改善运动场地、运动鞋及具体练习等方面均可降低半月板严重撕裂的概率。

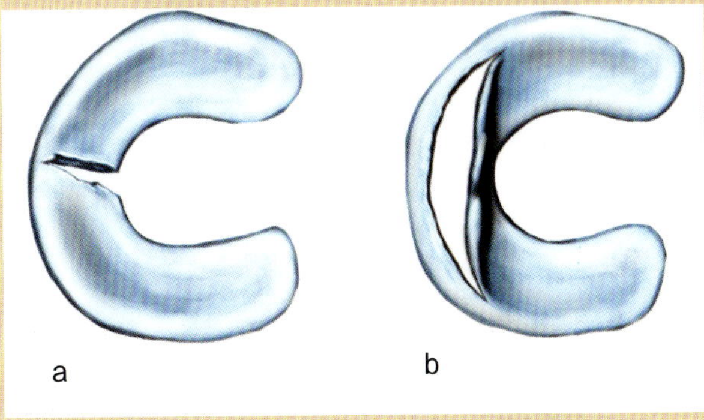

图12.15　两种常见半月板撕裂　a. 鹦鹉嘴撕裂；b. 桶柄状撕裂

的股二头肌腱。向外转动小腿使双脚推开搭档双脚，有什么感觉？观察越过膝关节的肌肉时，其附着处有助于识别腿部动作。

膝关节及小腿肌肉

越过膝关节的肌肉可简单分为前群肌和后群肌。

前群肌

由于其位于膝关节前部（图 12.16），可按逻辑推断这些肌肉的功能是伸展膝关节。首先此结论是正确的，但其也包括其他功能，这一点将在下文探讨。

- **缝匠肌：**是人体最长的肌肉，其属于髋屈肌。缝匠肌起于髂前上棘，横过髋关节，经过股骨内侧髁后方，止于胫骨内面近端下方（图 12.16）。在膝关节处，缝匠肌的作用是屈曲膝关节，内旋小腿。

股四头肌由 4 块肌组成（图 12.16，图 12.17）。股直肌越过膝关节与髋关节，由于其与髋关节运动相关，所以相关内容已在上一章细述，此处其作用是伸展膝关节。股中间肌、股内侧肌和股外侧肌仅越过膝关节，只有一个作用，即伸展膝关节。

- **股直肌：**越过髋关节与膝关节，是最表浅的股肌。其直头起于髂前下棘，反折头起于髋臼，止于髌底（图 12.16）。股直肌是膝关节伸肌。
- **股外侧肌：**最大的股肌，起于粗线近端 1/2，转子间线与股骨大转子，止于髌骨外侧缘。股外侧肌的作用是伸展膝关节。
- **股内侧肌：**起于粗线的内侧唇，止于髌骨内侧缘。股内侧肌的作用是伸展膝关节。

操作

小腿抗阻力（可请搭档帮忙，穿负重鞋或使用屈伸机器）伸展膝关节（图 12.18）。观察并触摸大腿内侧及外侧。识别观察到的肌肉。

股中间肌：位于股直肌深层，起于股骨近端 2/3 的前面，止于髌骨下面。股中间肌的作用是伸展膝关节。

位于股四头肌深层的膝关节肌也是膝关节前群肌。

膝关节肌：位于股中间肌深层，起于股骨前面，髁的近端，止于膝关节滑膜。膝关节伸展时，

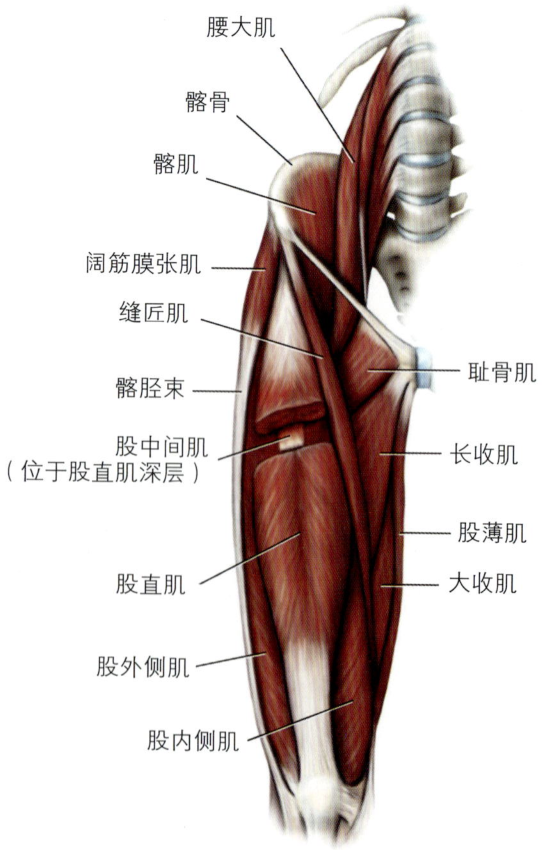

图12.16 膝关节前群肌

知识拓展

Q 角与髌股关节综合征

第 8 章曾指出女性骨盆与男性骨盆存在不同之处，若在髌骨与胫骨粗隆之间画一条线，在髌骨与髂前上棘间画另一条线，两线之间将形成一个角度（图 12.19），该角称为 Q 角。Q 角位于股四头肌牵拉力线与髌腱插入线之间。通常，女性 Q 角为 15° 和 20°，而男性 Q 角为 10°～15°。若 Q 角 ＞ 20°，将引起一系列髌股关节及其周围疼痛等问题。所有疼痛问题均属于髌股关节综合征。正如上文所言，膝关节前部疼痛的病因有很多，Q 角过大可能属于其中原因之一。在入门级解剖学课本中，我们不扩展此方面的医学治疗方法。髌股关节综合征患者常主诉爬楼梯时膝关节疼痛，请思考爬楼梯时，髌骨与股骨之间的关系。

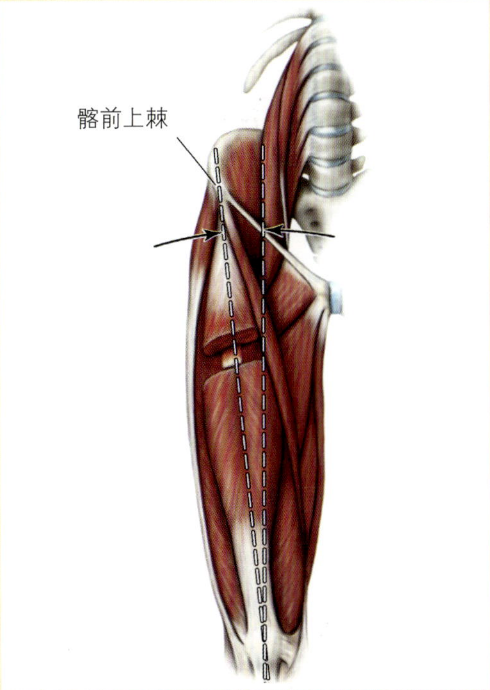

图12.19　Q角

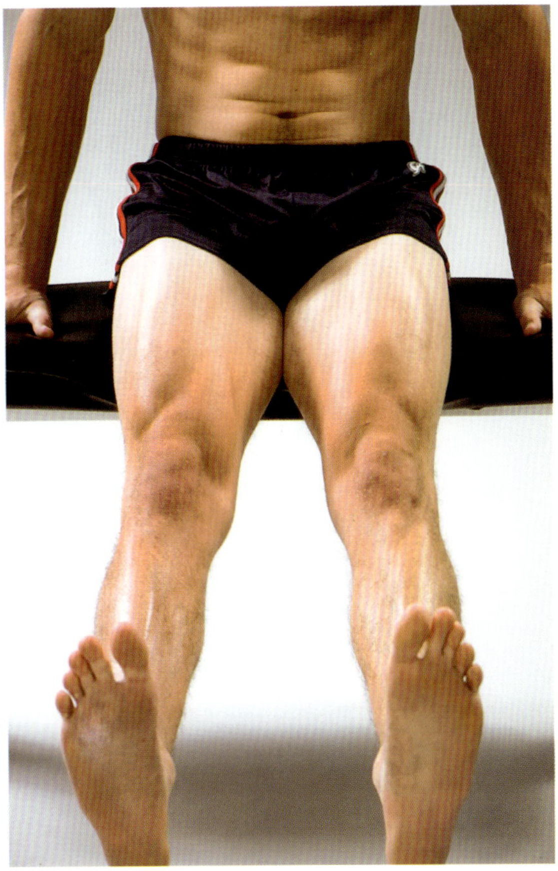

图12.17　观察股四头肌

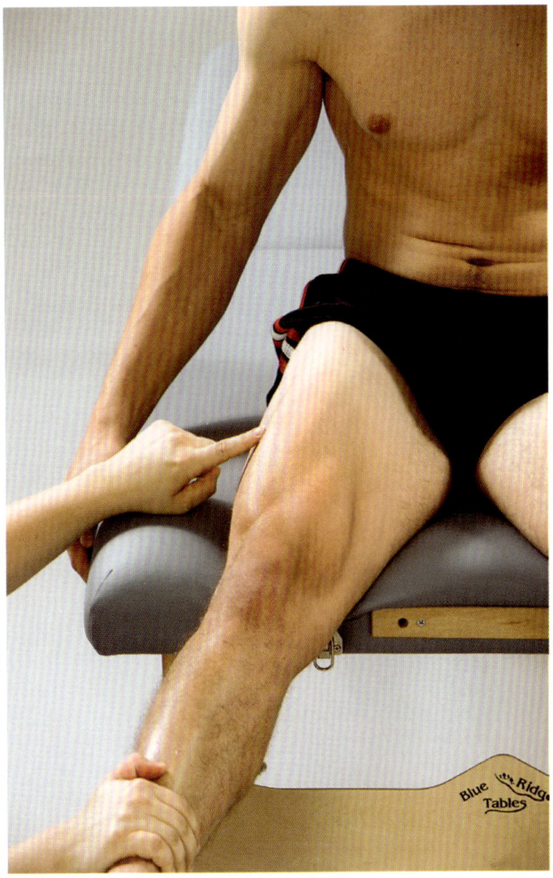

图12.18　定位股直肌

此肌收缩，拉膝关节囊相互靠近，从而防止滑膜在股骨、髌骨及胫骨间相互撞击（图 12.20）。

后群肌

膝关节后群肌（图 12.21），如腘绳肌与股薄肌，也作用于髋关节。其于髋关节处的作用已于上一章介绍，此处只介绍它们在膝关节的作用。除此之外，此处还介绍其他越过膝关节后部的肌肉。

· **股二头肌：** 参与组成腘绳肌，有 2 个头：起于坐骨结节的长头和起于粗线外侧的短头（图 12.21），股二头肌止于腓骨头。股二头肌可使膝关节屈曲，当膝关节充分屈曲时，其外旋小腿。

· **半腱肌：** 参与组成腘绳肌，起于坐骨结节，止于胫骨内侧近端（图 12.21），半腱肌可使膝关节屈曲，内旋小腿。

· **半膜肌：** 参与组成腘绳肌，起于坐骨结节，止于胫骨内侧髁后内侧（图 12.21）。半膜肌可使膝关节屈曲，辅助内旋小腿。

· **股薄肌：** 是越过膝关节的唯一髋关节收肌，起于耻骨联合中的下表面，走行于股骨内侧髁后部，止于胫骨近端内侧的后部（图 12.21）。股薄肌使膝关节屈曲，内旋小腿。

股薄肌、缝匠肌与半腱肌均止于相同区域，即胫骨内侧近端下方。这 3 条紧邻肌腱的止点称为鹅足（图 12.22）。鹅足可使膝关节屈曲，内旋小腿。

· **腘肌：** 呈对角线穿过膝关节腘窝，走行于股骨外侧髁与胫骨后侧端 1/3 的比目鱼肌线之间（图 12.23）。观察该肌肉纤维的走行。除了屈曲膝关节，当腘肌收缩时，小腿可发生哪种明显动作？（答案：内旋）

髂胫束： 上一章已对其进行介绍。由臀大肌与阔筋膜张肌组成（图 12.21，图 12.24a），横越股骨外侧髁，止于胫骨外侧髁前下方骨性突起——Gerdy 结节（图 12.7）。髂胫束根据特定

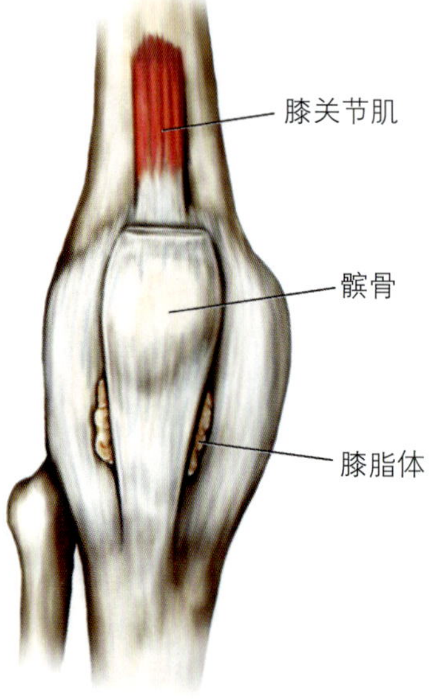

图12.20 膝关节肌

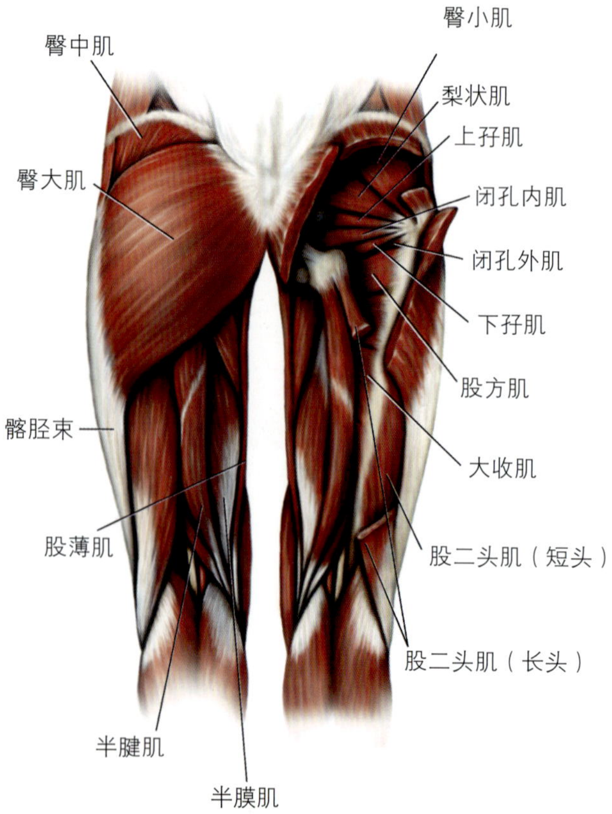

图12.21 膝关节后群肌

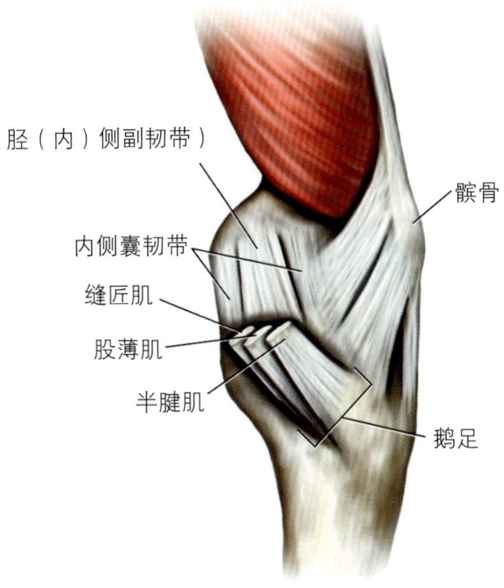

图12.22 鹅足（嵌入缝匠肌、股薄肌与半腱肌的腱）

运动中膝关节的具体角度，可使膝关节屈或伸。当膝关节充分伸展，屈曲 10°~15° 时，髂胫束位于股骨外侧髁前部，有助于伸展膝关节（图 12.24b）。当膝关节屈曲大于 15° 时，髂胫束移至股骨外侧髁后部，成为膝关节屈肌（12.24c）。

操作

触摸膝关节外侧，将手移至股骨外侧髁上方。膝关节做屈、伸运动，并感受髂胫束在股骨髁前后的移动。

有 2 块起于膝关节上方，主要作用于踝关节的小腿肌在膝关节中也至关重要。

腓肠肌：有 2 个头，起于股骨外上髁后的外侧头和起于股骨内上髁后的内侧头（图 12.23）两头结合为一个肌腱止于跟骨。

腓肠肌可使膝关节屈曲。若其无法发挥主要作用（踝关节跖屈），由于脚位于固定位置无法移动，腓肠肌收缩可造成膝关节伸展，但这类例子并不常见。

· **跖肌：**肌腹很小，以长腱起于粗线外侧及腘斜韧带，止于跟骨（图 12.23）。跖肌可辅助膝关节屈曲，但与具有相同功能的其他肌肉相比，其作用微乎其微。

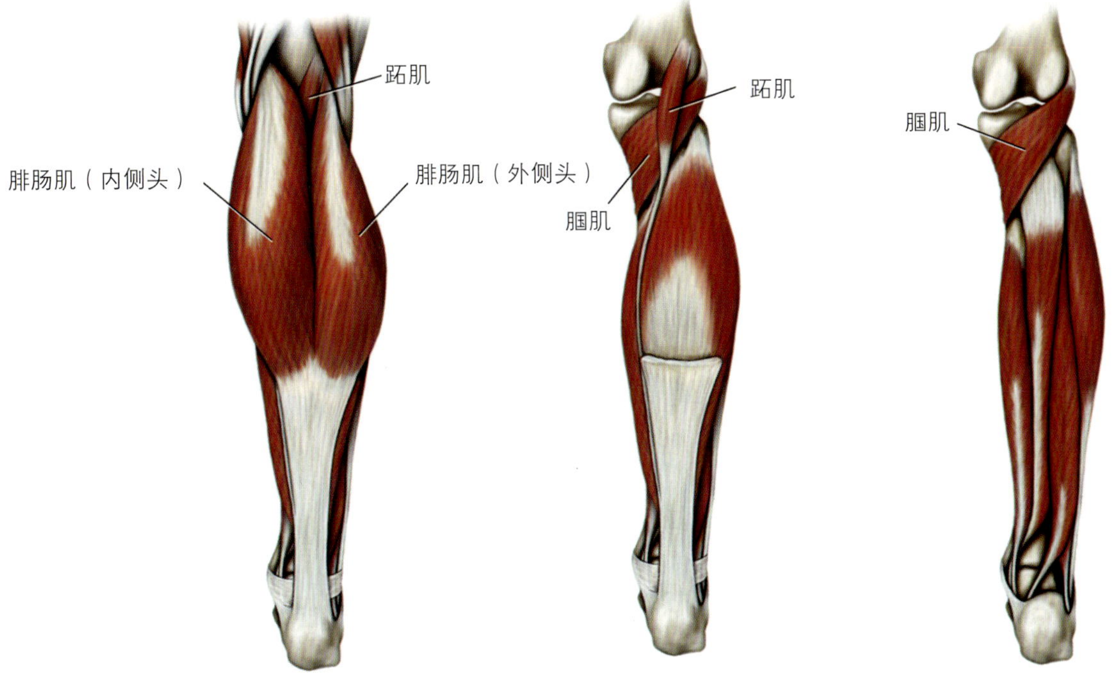

图12.23 膝关节与小腿的后群肌

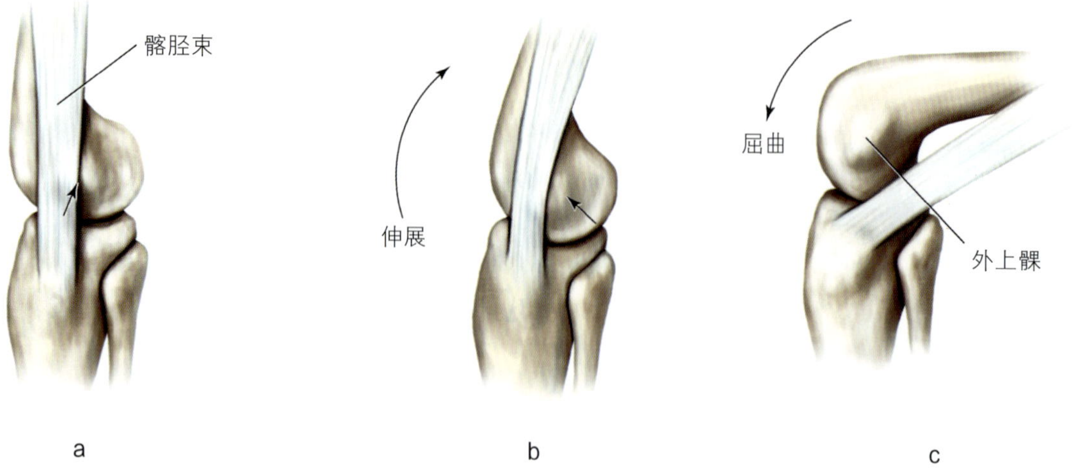

图12.24 髂胫束 a. 解剖位置的髂胫束；b. 膝关节完全伸展时，髂胫束的位置；c. 膝关节完全弯曲时，髂胫束的位置

学习助手

术语回顾

以下术语均出自本章，请对其进行解释，并在自己身上或插图中找到这些结构。

收肌结节
前交叉韧带
半月板前角
髁间窝
内上髁
髁间内侧结节
内侧半月板
腓骨颈
腘斜韧带
髌骨
腘面
股骨
腓骨
腓肠肌
膝关节肌
Gerdy 结节
臀大肌
股薄肌
腘肌
腓骨头尖
髂胫束
髁间隆起
髌底
腘弓状韧带
髌尖
股二头肌
跟骨
囊韧带
冠状韧带
胫骨
外上髁
髁间外侧结节
外侧半月板
里斯伯格韧带
髌面
内侧副韧带
胫骨内侧髁面
半膜肌
股骨内侧髁
胫骨内侧髁
腓骨头
转子间线
股直肌
外侧副韧带
胫骨外侧髁面
股骨外侧髁
胫骨外侧髁
外侧髁上线
髌韧带
髌股关节
鹅足
跖肌
髁间切迹
比目鱼肌线
腘窝
缝匠肌
膝横韧带

后交叉韧带
半月板后角
股四头肌
半腱肌
滑膜
胫骨粗隆
股中间肌
股外侧肌
股内侧肌

思考题

1. 仰卧于桌面，小腿远离桌子底端，充分伸展膝关节。

a. 哪些肌肉完成该动作？

b. 在关节活动中，哪些肌肉发挥主要作用？

c. 充分伸展膝关节时，是否遇到困难？若遇到困难，原因是什么？

2. 端坐于桌面，小腿远离桌子底端，充分伸展膝关节。

a. 哪些肌肉完成该动作？

b. 在关节活动中，哪些肌肉发挥主要作用？

c. 充分伸展膝关节时，是否遇到困难？若遇到困难，原因是什么？

3. 端坐于桌面，小腿远离桌子底端，双脚并拢，充分伸展膝关节，若膝关节充分伸展时，小腿（双脚间的关系）在做什么？

4. 整个身体俯卧于桌面，脚后跟放于臀部。

a. 哪些肌肉完成了膝关节的动作？

b. 练习该动作时，骨盆是否抬离桌面？若抬离，原因是什么？

单选题

1. 下列含有附着于半月板深层纤维的是（　）

a. 外侧副韧带

b. 内侧副韧带

c. 前交叉韧带

d. 后交叉韧带

2. 附着于胫骨外侧前部近端的 Gerdy 结节的是（　）

a. 股四头肌腱

b. 外侧副韧带

c. 外侧半月板

d. 髂胫束

3. 腘窝位于膝关节的（　）

a. 前部

b. 后部

c. 外侧

d. 内侧

4. 可防止胫骨近端脱离股骨远端发生胫骨后脱位的是（　）

a. 前交叉韧带

b. 后交叉韧带

c. 内侧副韧带

d. 外侧副韧带

5. 当膝关节伸展时，使小腿外旋的肌肉是（　）

a. 跖肌

b. 腘肌

c. 股二头肌

d. 股直肌

6. 参与构成鹅足的是（　）

a. 半腱肌

b. 半膜肌

c. 股直肌

d. 股二头肌

7. 仅越过膝关节的是（　　）

a. 缝匠肌

b. 股二头肌

c. 股直肌

d. 腘肌

8. 可以屈曲膝关节，但作用甚微的是（　　）

a. 腘肌

b. 跖肌

c. 股二头肌

d. 缝匠肌

9. 越过膝关节的髋收肌是（　　）

a. 耻骨肌

b. 大收肌

c. 股薄肌

d. 长收肌

10. 不是主要的膝关节屈肌的是（　　）

a. 半腱肌

b. 半膜肌

c. 股二头肌

d. 股直肌

11. 人体最长的肌是（　　）

a. 缝匠肌

b. 股直肌

c. 半腱肌

d. 阔筋膜张肌

12. 含有人体最大籽骨的是（　　）

a. 髂腰肌

b. 股四头肌

c. 腘绳肌

d. 内收肌

13. 腘绳肌外侧肌是（　　）

a. 半腱肌

b. 半膜肌

c. 股二头肌

d. 股直肌

14. 位于股直肌深面的是（　　）

a. 股外侧肌

b. 股中间肌

c. 股内侧肌

d. 股肌

填空题

1. 股骨最远端是其________________________。

2. 内侧半月板与外侧半月板均附着于________________________。

3. 附着于内、外侧半月板前角，防止膝关节伸展时半月板扭曲的是____________________。

4. 腓肠肌起于 ______________________。

5. 防止胫骨向前脱位而脱离股骨远端的是________________________。

6. 被认为是复杂的屈戌关节的是________________________。

7. 髂胫束由阔筋膜张肌与_____________组成。

功能性运动锻炼

关节屈伸时，穿过膝关节的肌肉发挥作用。列出膝关节屈伸运动的原动肌、拮抗肌、固定肌和协同肌（各一种）。

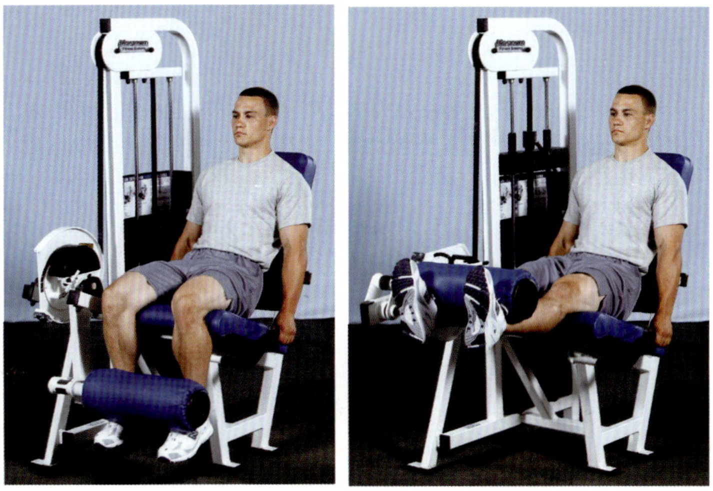

	膝关节屈曲	膝关节伸展
原动肌		
拮抗肌		
固定肌		
协同肌		

第 13 章

小腿、踝和足

本章内容或许似曾相识，因为小腿、踝和足的解剖与前臂、腕和手十分相似。它们的骨、韧带和肌肉名称有些也很相似。与上肢相比，下肢的构造是为了承受人体重量并吸收人体每走一步时的身体重量。

小腿骨

胫骨和腓骨是2块重要的小腿骨。学界对哪一块骨为承重骨存有较大争议，笔者认同胫骨是小腿的承重骨，而腓骨几乎没有承重的功能。

这2块骨上端突出来的骨性结构已在第12章中有介绍。在其远端也有大的突起，叫作踝（图13.1和图13.2）。腓骨远端的突起是外踝，胫骨远端的突起是内踝。轻轻触摸外踝和内踝，注意观察哪一个踝离身体中心更远。这一点在接下来对踝基本运动的讨论中十分重要。

在胫骨远端外侧表面有一个凹陷叫作腓切迹，在此胫骨与腓骨相连形成离身体中心较远的（远端）胫腓关节。

胫骨与腓骨远端的表面有小平面与距骨相关节。距骨是构成足的骨（图13.3）。

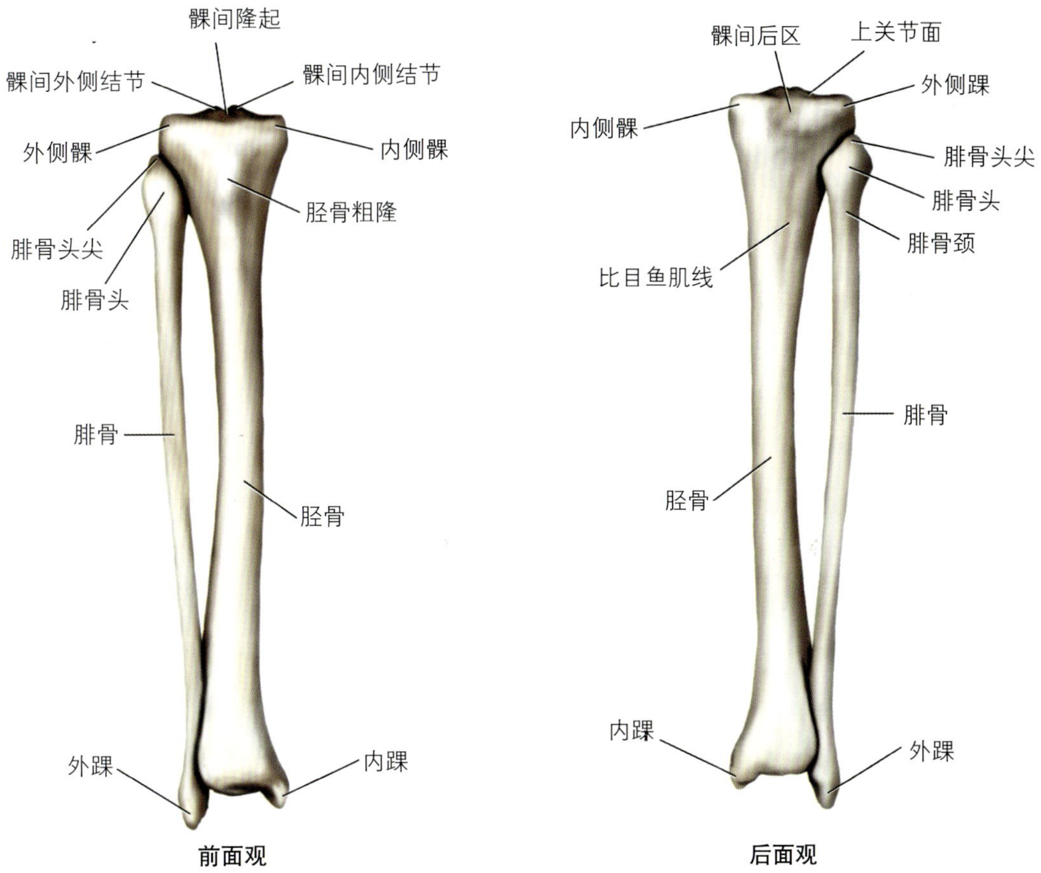

图13.1 胫骨和腓骨

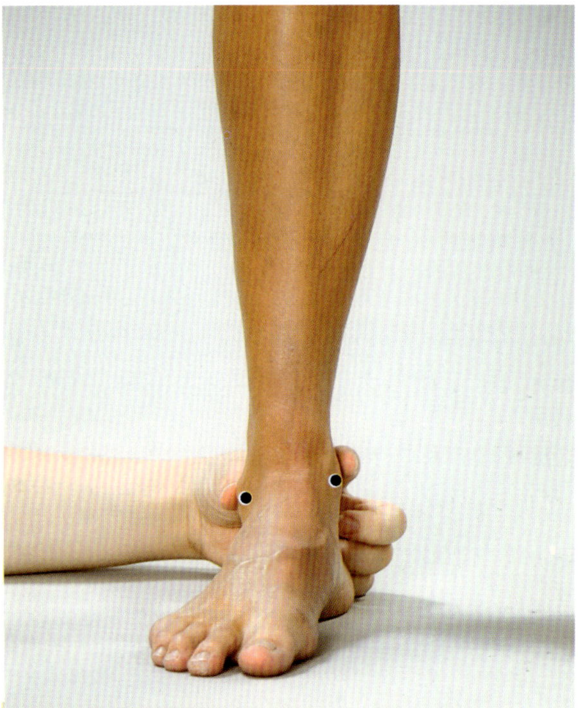

图13.2 定位踝

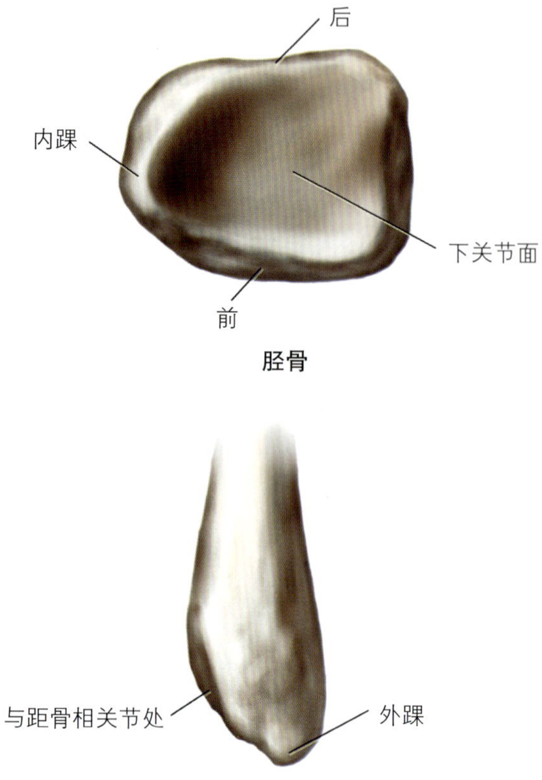

图13.3 胫骨远端（下面观）和腓骨（后面观）

足骨

足有26块骨（图13.4），分为3部分：前足（19块）、中足（5块）、后足（2块）。

前足有14块趾骨：除踇趾之外，每个脚趾有3块趾骨（近节趾骨，中节趾骨和远节趾骨），踇趾只有前趾骨和后趾骨。踇趾或第一趾的趾骨和跖骨因其特殊功能，比其他4个脚趾（第2趾、第3趾、第4趾和第5趾）的骨大。在走路时，足承受身体的主要重量，而踇趾则承受重中之重。这一构造与手相似：每个手指有3块指骨，而大拇指只有2块。前足中的另外5块骨是长骨，叫作跖骨。同样，这些骨与手的掌骨相似。跖骨分为头（远端）、体和底（近端）。这一结构最突出的地方是第5跖骨的底。

操作

沿着足外侧面触摸，在离第五趾 1/2~2/3 的距离处可触及一个明显的突起。这就是第 5 跖骨的底（也叫第 5 跖骨粗隆）。

剩余的7块足骨统称为跗骨。其中5块组成中足（骰骨、足舟骨、内侧楔骨、中间楔骨和外侧楔骨）。2块（距骨和跟骨）组成后足。

跖骨近端有3块楔骨（图13.4，图13.5），分别是第1楔骨、第2楔骨和第3楔骨。它们的解剖位置名称更容易记忆：内侧楔骨、中间楔骨和外侧楔骨。楔骨的近端是足舟骨。与掌相似，掌有手舟骨。中足最靠外的跗骨是骰骨。仔细观察可见这块骨的外侧是一个凹面，为足和踝的腱提供附着的空间（腓骨长肌，后文将做介绍）。

距骨和跟骨组成后足（图13.4，图13.6，图13.7）。这2块骨与胫骨和腓骨相连，正如前臂的手舟骨和月骨与尺骨和桡骨相连。距骨位于跟骨之上。跟骨即口语中的脚后跟，是最大的跗骨。注意观察，跟骨后部一个从其表面向内伸展的突起（图13.8），这一突起叫作载距突，供距骨落坐。这2块骨与小腿的2块骨相连组成了2个关节——距小腿关节和距跟关节。这两个关节合称为踝关节。这两个关节各有2项基本运动，构成了踝关节的4项基本运动。对这些关节和运动的介绍见后文。

在第1跖头底面有2块籽骨（图13.4），它们通常不计入26块足骨之中。与髌骨和其他籽骨一样，这2块籽骨嵌于肌腱，可自由移动。它们不仅保护上方的结构并且给它们嵌入肌肉提供力学的优势。

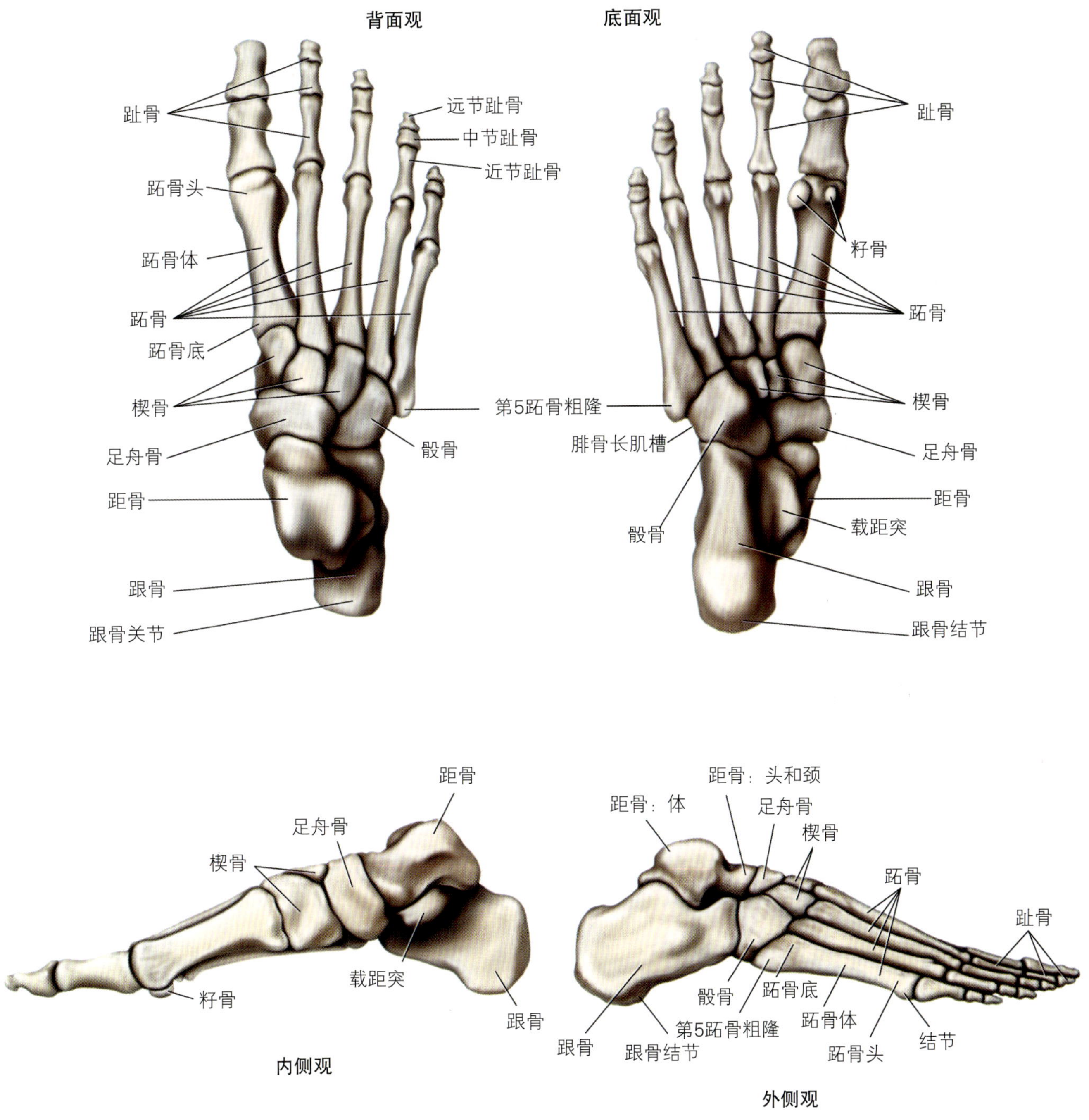

图13.4　足骨

踝与足的关节和韧带

在接下来这部分，首先介绍踝的关节和韧带，然后介绍足的关节和韧带。最后介绍足弓，足弓是足的介绍中必不可少的一部分。

踝

踝与其他的关节不同，它不是一个单一的关节。一些学者称它为踝关节组合，因为它由两个关节组成，这两个关节的运动构成了踝关

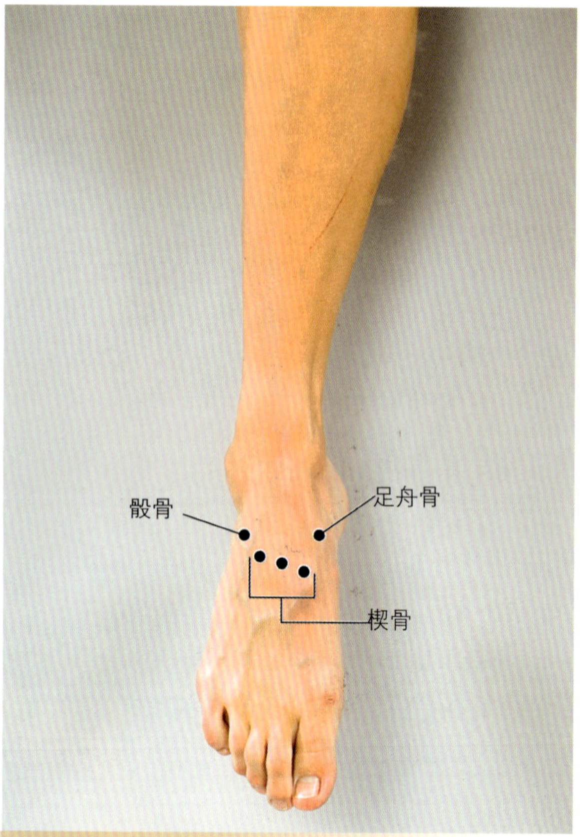

图13.5 足舟骨、楔骨和骰骨的背面观

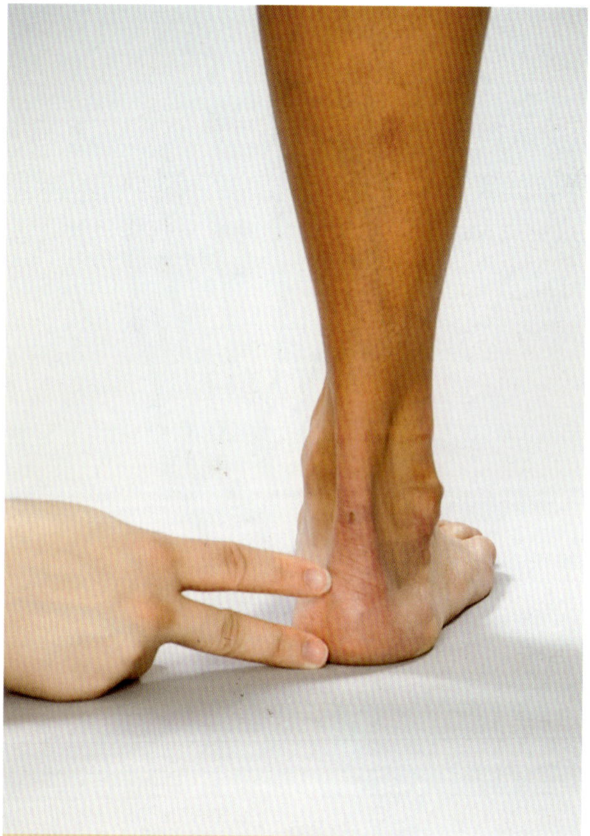

图13.7 定位跟骨

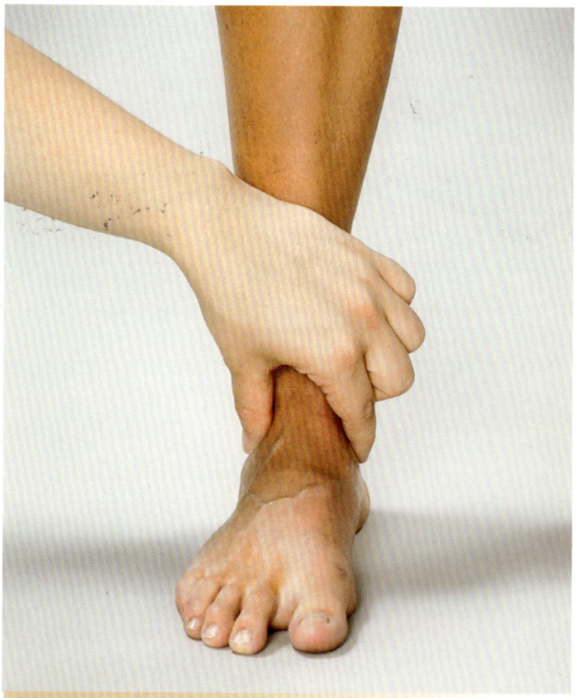

图13.6 定位距骨

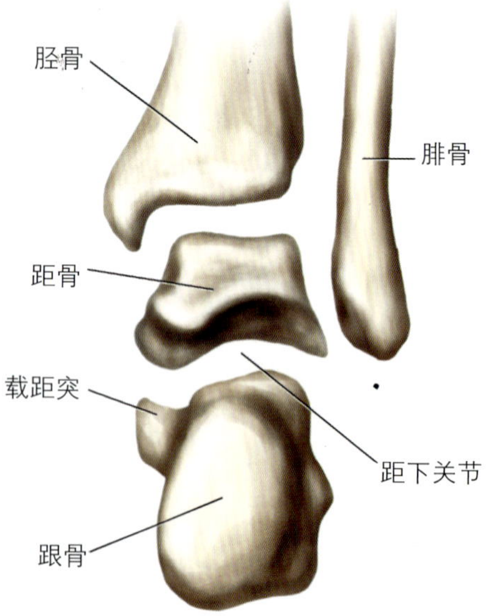

图13.8 踝关节后面观

节的运动。

小腿的主要韧带是位于腓骨骨干内侧和胫骨骨外侧之间的小腿骨间膜（图13.9；与前臂的骨间膜相似）和位于小腿的远端的胫腓前韧带和胫腓后韧带（图13.10）。小腿骨间膜是很多小腿前群肌与后群肌的起点。

距小腿关节是屈戌关节，提供矢状面上的运动（背屈和跖屈）。在解剖结构中，距小腿关节是较为松弛的卯榫结构。关节的卯（凹或孔）由腓骨的外踝和胫骨的内踝组成。关节的榫（栓）是距骨，距骨插入卯中（图13.11）。

除了所有滑膜关节都有的囊韧带之外，踝关节还有4条主要韧带（图13.10）。大多数韧带的名称来自它们连接的骨。

在关节内侧，踝三角韧带是主要的踝关节韧带。其由3条表浅韧带和1条深层韧带组成。在3条表浅韧带中，前部的是胫舟韧带，中部的是跟胫韧带，后部的是胫距后内侧韧带；深层韧带是胫距前内侧韧带。

踝关节外侧有3条主要的韧带。其中最短的韧带是距腓前韧带。它起于外踝远端的前部，止于距骨。距腓前韧带是踝关节中最容易被扭伤的韧带。

操作

把手指放在腓骨远端的前部，可摸到一块柔软凹陷的地方——跗骨窦。距腓前韧带穿过这个区域。

3条踝关节外侧韧带中最强壮的是距腓后韧带，起于外踝后部，止于距骨。最长的是跟腓韧带，起于外踝，止于跟骨外侧。

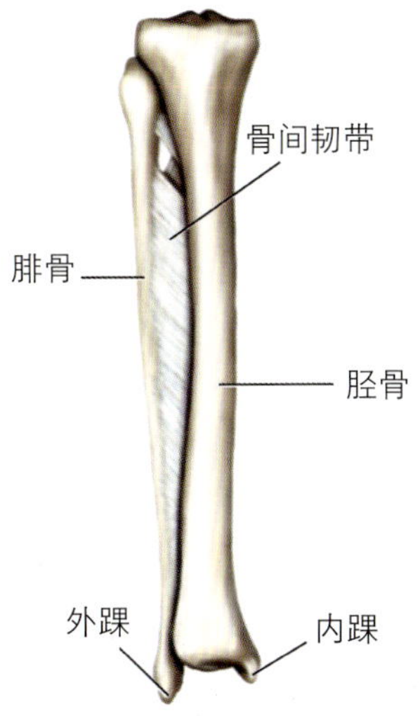

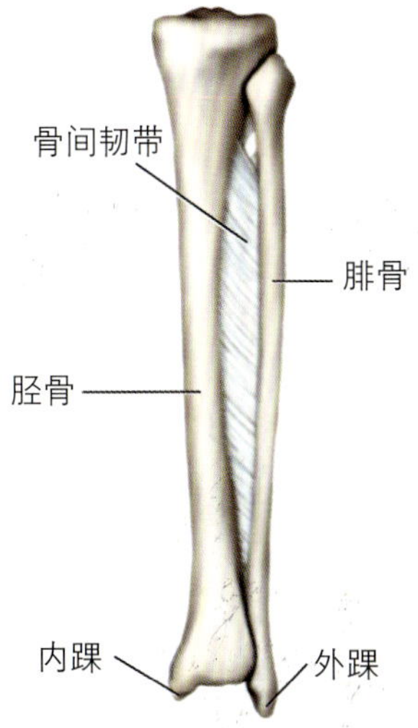

图13.9　胫腓关节的骨间韧带

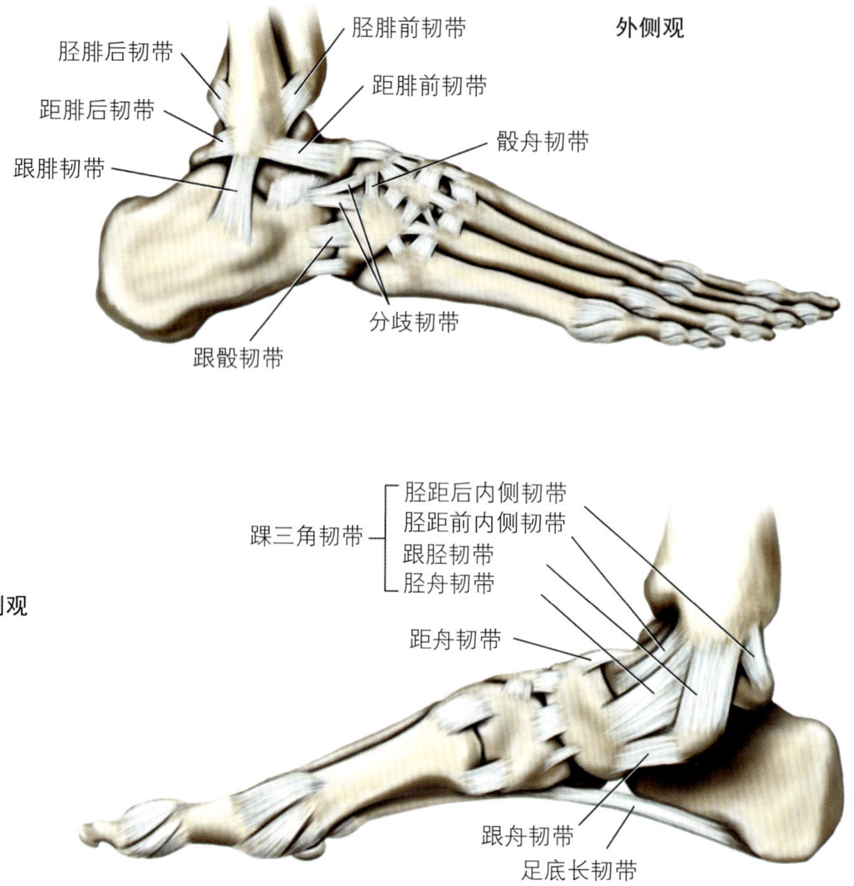

图13.10　足和踝的韧带

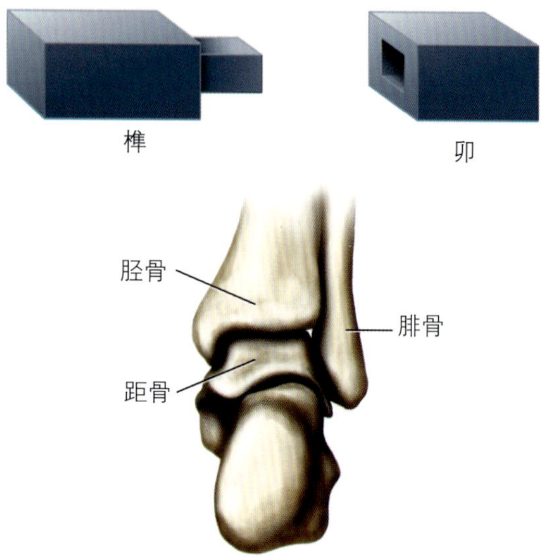

图13.11　距小腿关节的卯（胫骨和腓骨）和榫（距骨）

操作

学习过踝关节的骨和韧带的解剖后，尝试将一个脚踝向另一个脚踝转动（内翻），再向外转动（外翻）。哪一种运动对脚踝产生了更大的压力？哪一个结构阻碍了这种运动？经过对这些运动和踝的骨与韧带构造的细致观察，您会发现距腓前韧带是踝关节中最容易被扭伤的韧带。后文将介绍踝的内翻和外翻。

足的韧带

足的韧带可分为5组（图13.10，图13.12）：跗骨间韧带、跗跖韧带、跖骨间韧带、跖趾韧

知识拓展

踝关节问题

任何一条踝关节的韧带都有可能被扭伤，不同动作和其产生的不同压力可扭伤不同的韧带。然而，距腓前韧带是最常扭伤的韧带。过度内翻脚踝会对所有的外侧韧带产生巨大的压力，其中距腓前韧带受到的压力最大。内翻扭伤是这一扭伤的通俗叫法。

脚踝高位扭伤虽然比内翻扭伤发生的概率小很多，但发生原因一样。解剖学的专业术语称之为韧带联合扭伤。“韧带联合”是关节的另一种定义：韧带连接骨构成关节。在踝关节扭伤中，当踝过度内翻，距骨会顶到腓骨，造成腓骨和胫骨（胫腓连接）分离。这一分离可能扭伤距腓前韧带、胫腓后韧带、骨间韧带中的一者或多者。凡是这三者中任何一者扭伤，都叫作脚踝位扭伤。

对于众多运动人员来说，防止脚踝扭伤是很重要的工作。开具加强或康复脚踝的运动处方、设计护踝、采取保护性措施（如轻轻拍打、包裹或使用支具），以及了解不同脚踝活动方式产生的影响都离不开踝关节的解剖知识。采取保护性措施时需要知道扭伤中的受压结构、所受的力及如何更好地应对这些压力。生物力学、体育培训、运动医学、物理治疗和锻炼科学都需要这些基础知识。

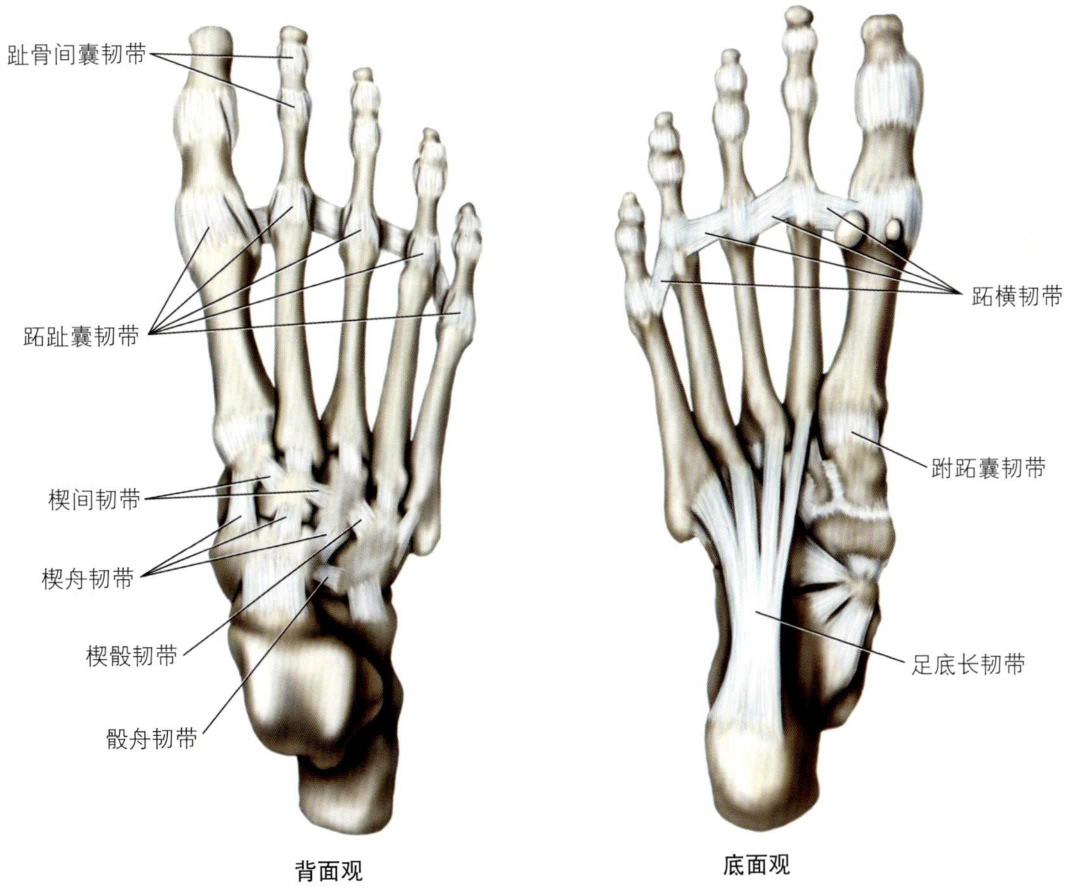

图13.12　足的韧带

带、趾骨间韧带。

跗骨间韧带将后足与中足的跗骨关节连接成关节。距骨与跟骨之间的后足关节（跟距关节与距下关节，图13.8）产生后足内侧与外侧的滑动运动，称为内翻（足朝向身体中线的运动）与外翻（足离开身体中线的运动）。

跗骨间韧带与腕骨间韧带相似，将足的7块跗骨连接成关节。大部分韧带由其所连接的骨命名，很好辨识。距跟舟关节有囊韧带和一条距舟韧带。跟骰关节有囊韧带和一条跟骰韧带。分歧韧带起于跟骨，而后纤维分离，分别走行于骰骨和足舟骨。足底长韧带起于跟骨止于骰骨，纤维延伸于第3、第4与第5跖骨底（图13.10，图13.12）。足底长韧带和跟舟韧带是足弓的一部分（图13.10）。此外，跗骨间韧带还包括3条楔舟背侧韧带和3条楔舟足底韧带； 骰舟背侧韧带、骰舟足底韧带和骰舟骨间韧带； 楔间背侧韧带、楔间足底韧带和楔间骨间韧带；楔骰背侧韧带、楔骰足底韧带和楔骰骨间韧带。

跗跖韧带包括背侧囊韧带、足底囊韧带和骨间韧带（关节内、外侧关节囊下），连接5块跖骨与中足的跗骨，形成跗跖关节（图13.10，图13.12和图13.13）。跖骨间韧带连接跗跖关节处的5块跖骨底。

跖趾关节是跖骨与近节趾骨组成的关节，同样有背侧囊韧带、足底囊韧带和位于内、外侧关节囊下的骨间（侧副）韧带（图13.12，图13.13）。此外，还有一条跖横韧带将5个跖骨头连接在一起（图13.12）。注意，第1和第5跖趾关节通常被称为足的“大跖骨球”（large ball）与“小跖骨球”（small ball）。

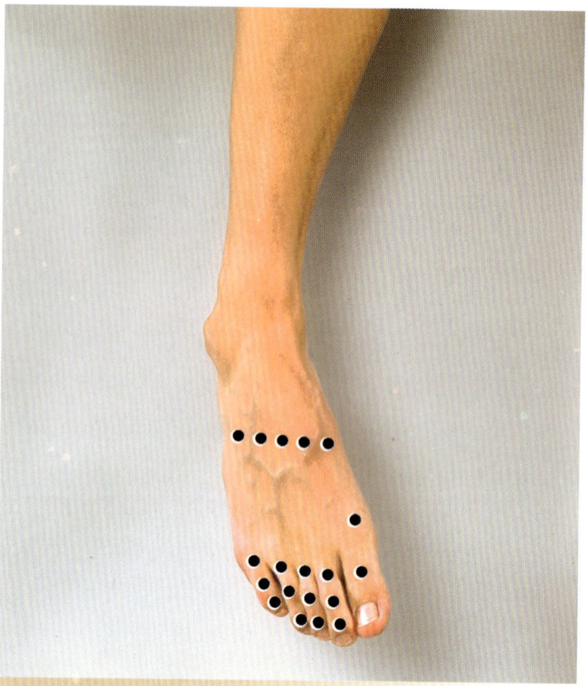

图13.13 定位跗跖关节、跖趾关节和趾骨间关节

操作

观察足底，并想一想足底的跖骨球在哪里。

趾骨间关节包括4个近节趾骨间关节（PIP）和4个远节趾骨间关节（ DIP） 以及一个踇趾趾骨间关节。趾间关节由背侧和足底囊韧带，以及骨间（侧副）韧带将趾骨间关节连接而成。

足弓

在解剖学中，弯曲或弓形的结构叫作弓。根据不同的观点，足弓有2个或3个。

纵弓起于跟骨，止于足底的跖骨头（图13.14）。纵弓由足的多个结构和多条韧带组成。弓下区域供足底肌肉、肌腱、血管和神经通过而不会使它们受到地面的摩擦。

跖骨的韧带附着于跖骨和跗骨，组成跖弓。从足的前面可见，跖趾关节形成了跖弓。跖骨与跗骨相关节的近端形成的也是跖弓，但一些著者

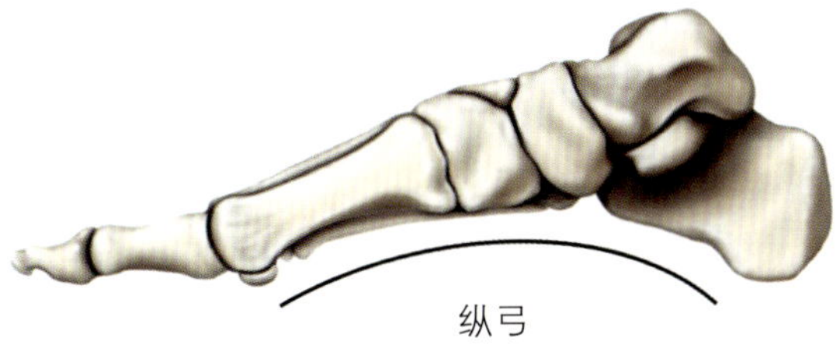

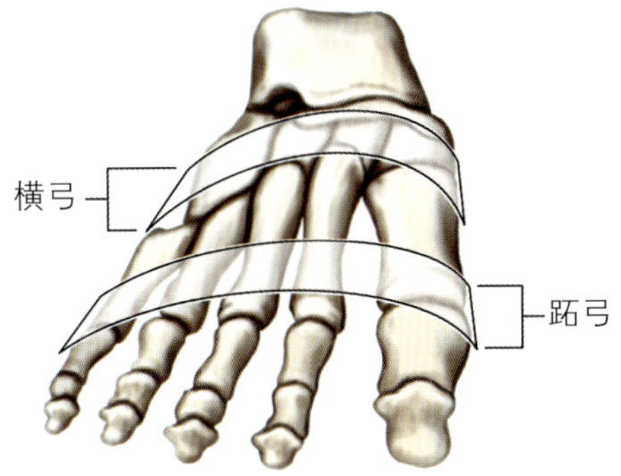

图13.14　纵弓、横弓和跖弓

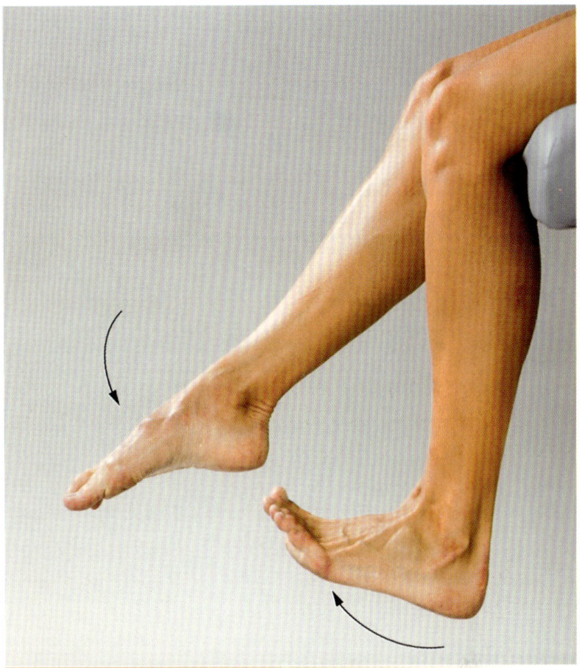

图13.15　右踝的跖屈和左踝的背屈

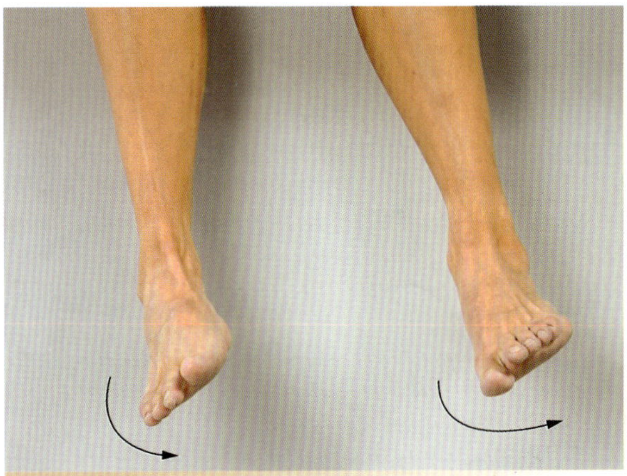

图13.16　右踝的内翻和左踝的外翻

称其为横弓（图13.14）。

踝与足中的5个结构与掌的2个结构相似：伸肌支持带（伸肌上支持带、伸肌下支持带）、腓骨肌支持带（腓骨肌上支持带、腓骨肌下支持带）及屈肌支持带（图13.19，图13.24）。这些结构的作用主要在于保持肌肉的腱处于恰当的位置。

小腿、踝和足的基本运动

足朝向小腿前面的向上运动叫作踝的背屈，向下的运动叫作跖屈（图13.15）。足在距下（距跟）关节处向外运动叫作外翻。足在距跟关节处向内运动叫作内翻。后足（跟骨）和中足（足舟骨）之间的移动促成这两项运动（图13.16）。

虽然距小腿关节被认为是真正的踝关节，但绝大多数著者都把跖屈、背屈、内翻和外翻称为踝关节的4项基本运动。跖屈和背屈发生于矢状面，而外翻与内翻发生于冠状面，这使得脚踝成为一个两轴关节。作为一个两轴关节，踝能够环转（两轴或三轴关节基本运动的组合）。

足跗骨间的运动与腕掌骨间的运动相似。骨间可产生轻微的滑动。跗骨的滑动运动与踝关节的运动一起产生足的旋后（踝内翻与足内收）或旋前（踝外翻与足外展）。前足与中足也参与这些运动。

跗跖关节、跖趾关节、近节趾间关节、蹋趾趾骨间关节、远节趾骨间关节只有屈或伸的运动，跖趾关节也能够外展和内收（图13.17）。

> **知识拓展**
>
> **草皮趾**
>
> 草皮趾是指因过度伸展而扭伤第一跖趾关节。掌握解剖、物理与生物力学的知识，可了解鞋子与运动面相互作用的机制，有助于预防草皮趾。

小腿、踝和足的肌肉

小腿、踝和足的肌肉，同手的肌肉一样，可分为非固有肌（起于足之外，止于足）和固有肌（起于足，止于足）。

我们已经学习过了踝关节（距小腿和距跟关节）、跖趾关节、近节趾骨间关节、蹋趾趾骨间关节和远节趾骨间关节可以产生的运动，学习位于这些部位并产生运动的肌肉会相对容易一些。

非固有肌

足和踝中有12块非固有肌，分布于小腿的4个骨筋膜室（也称骨筋膜鞘）（图13.8）。前方筋膜室（anterior compartment）有4块肌肉，外侧筋膜室（lateral compartment）有2块肌肉，后方深层筋膜室（deep posterior compartment）和后方浅层筋膜室（superficial posterior compartment）各有3块肌肉。

前方筋膜室

小腿前方筋膜室中的4块肌肉分别是胫骨前肌、趾长伸肌、蹋长伸肌、第三腓骨肌（图13.19）。

· **胫骨前肌：** 胫骨前肌起于胫骨外侧上2/3，止于内侧楔骨和第1跖骨底（图13.19）。结

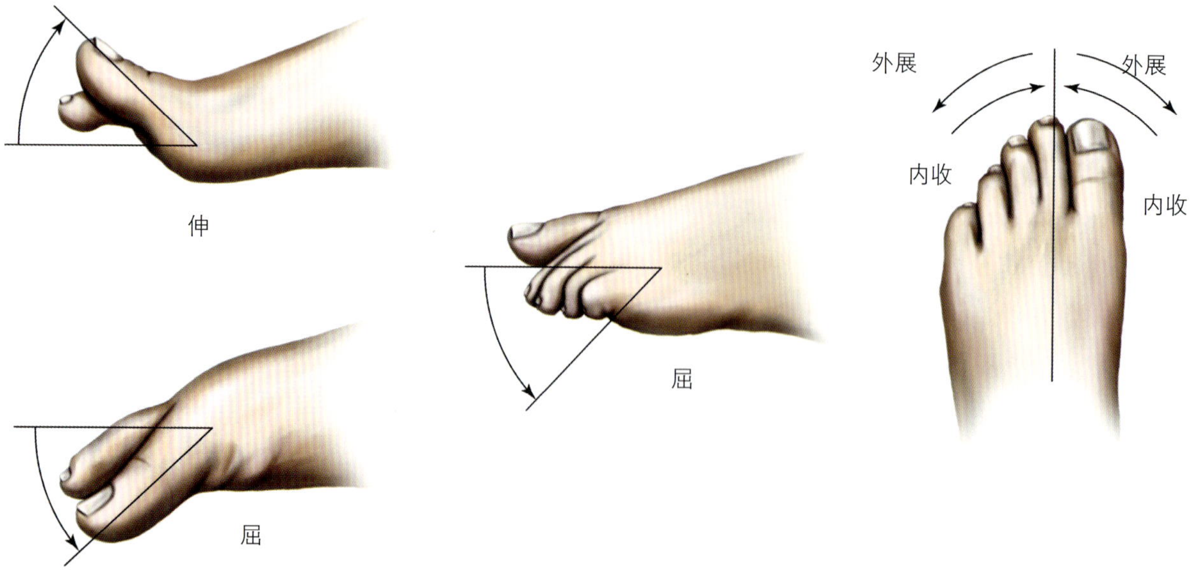

图13.17 脚趾关节的伸和屈；跖趾关节的外展和内收

合胫骨前肌的起点和止点，思考其收缩可使踝关节产生什么运动？（答案：背屈和内翻）

操作

找到胫骨体前部，将手指移动至胫骨外侧。触及的第一块软组织就是胫骨前肌（图 13.20）。背屈脚踝，观察在踝关节内前侧的胫骨前肌腱。

· 趾长伸肌： 趾长伸肌（图13.19）起于胫骨外侧髁、腓骨近端3/4处和小腿骨间膜，止于外侧4趾的中节和远节。结合这块肌肉的名称、起点和终点，思考这块肌肉在踝关节、跖趾关节、近节趾骨间关节、蹈趾趾骨间关节和远节趾骨间关节可产生什么运动？（答案：踝关节的背屈，外侧4趾跖趾关节、近节趾骨间关节、蹈趾趾骨间关节和远节趾骨间关节的伸展）

操作

背屈脚踝，观察脚踝关节前表面（胫骨前肌外侧）的趾长伸肌腱（图 13.21）。同时观察这个肌腱是如何在脚背上分为可见的 4 个肌腱的。

· 蹈长伸肌： 正如上肢中有拇长伸肌，下肢中也有蹈长伸肌（图13.19）。蹈长伸肌起于腓骨内侧中部，毗连小腿骨间膜，止于蹈趾远节趾骨底。观察这块肌肉穿过的关节，思考它在踝关

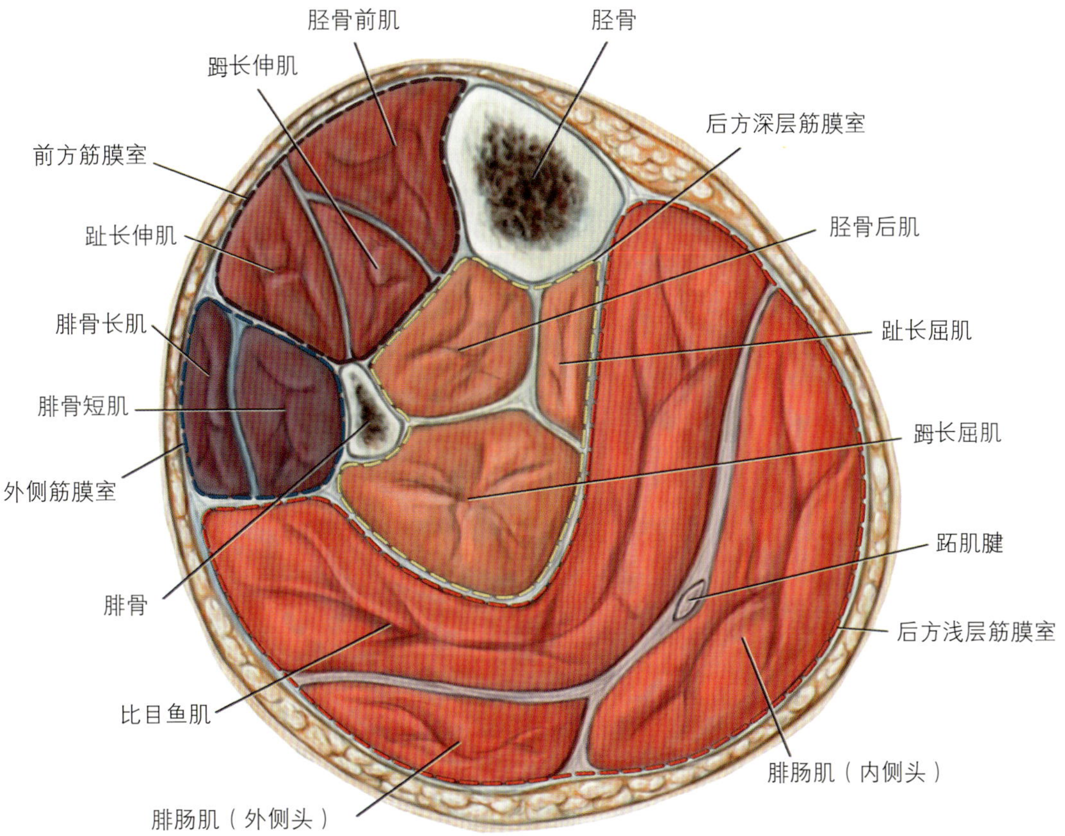

图13.18 小腿骨筋膜室

节、踇趾的跖趾关节和趾骨间关节能够做什么运动？（答案：踝关节背屈和内翻，踇趾跖趾关节和趾骨间关节伸展）

操作

伸展踇趾，观察踇长伸肌止点腱（图 13.22）。沿踇趾到踝关节，注意当它走行至此前讲解过的两块前方筋膜室肌肉（胫骨前肌和趾长伸肌）下方时，在体表就不能观察到了（图 13.19）。

· 第三腓骨肌： 第三腓骨肌起于腓骨下1/3，毗连小腿骨间膜，止于第5跖骨底的上表面（足背面）（图13.19）。由于第三腓肌穿过踝关节的前面，也是4块前方筋膜室肌肉中最内侧的一块肌肉，思考它可产生什么运动？（答案：踝关节的背屈和外翻）

外侧筋膜室

小腿外侧筋膜室中有2块肌肉：腓骨长肌和腓骨短肌（图13.19，图13.23）。

· 腓骨长肌： 腓骨长肌起于腓骨头、腓骨外侧近端2/3和胫骨外侧髁，止于内侧楔骨和第1跖骨的下侧。本章上文提及骰骨外侧有一个凹面。这个凹面就是腓骨长肌穿过足外侧到足底的止点。

· 腓骨短肌： 起于腓骨外侧下1/2，止于第

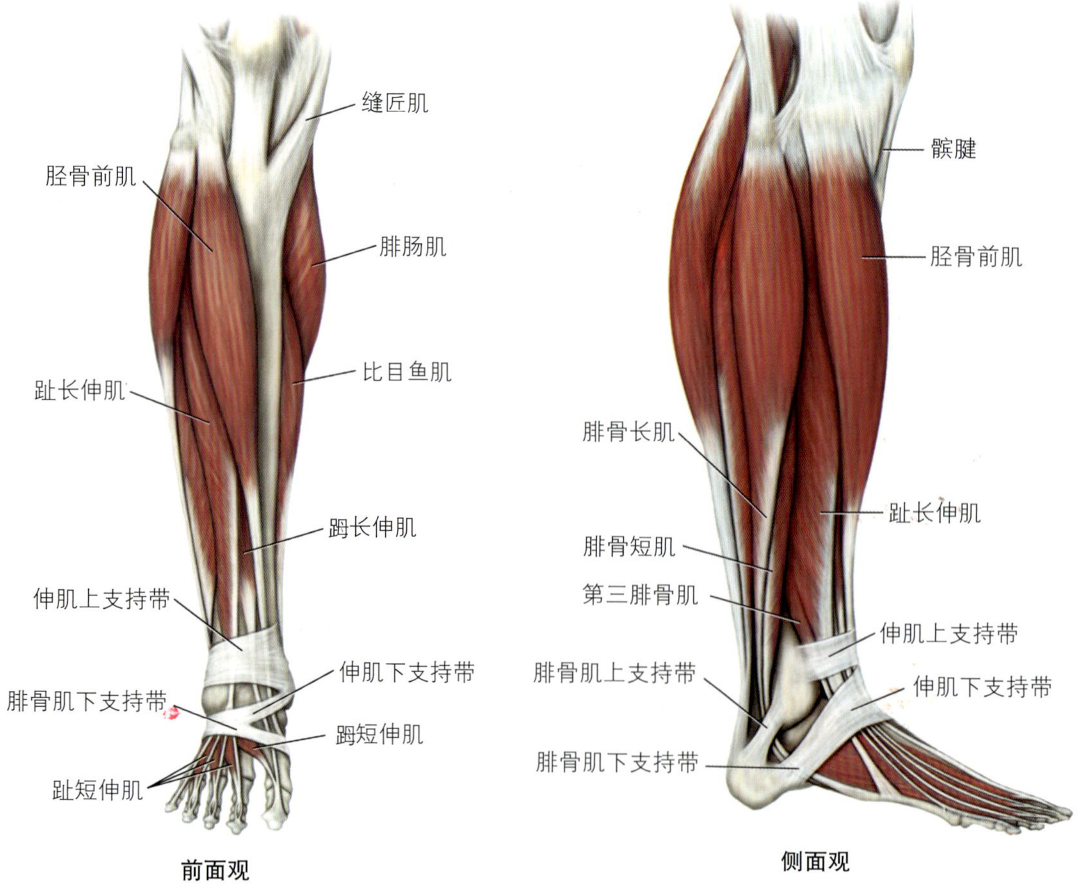

图13.19 踝和足的支持及肌肉

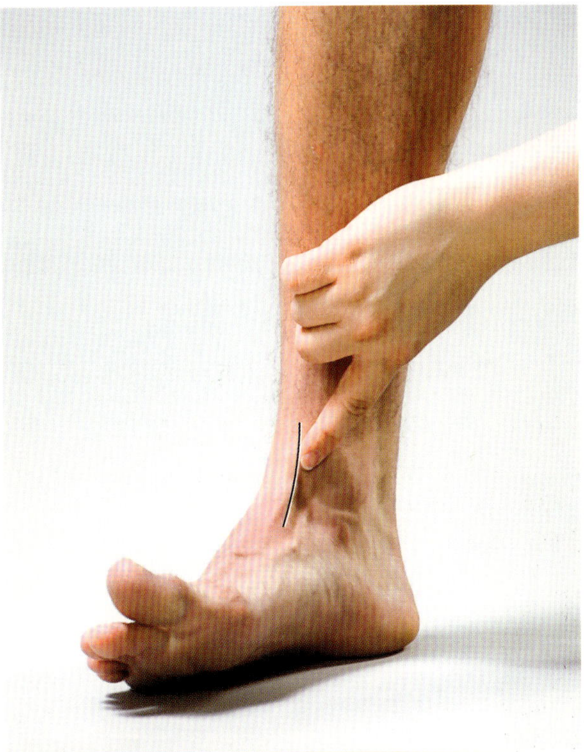

图13.20　定位胫骨前肌

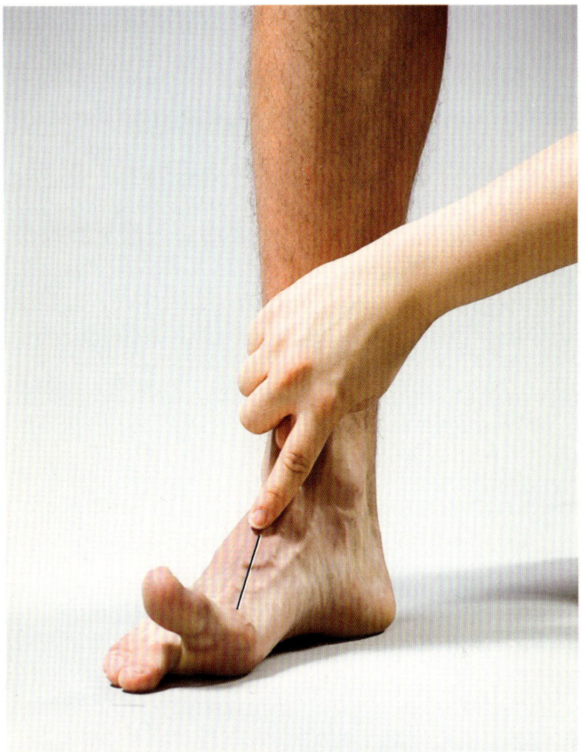

图13.22　定位蹈长伸肌

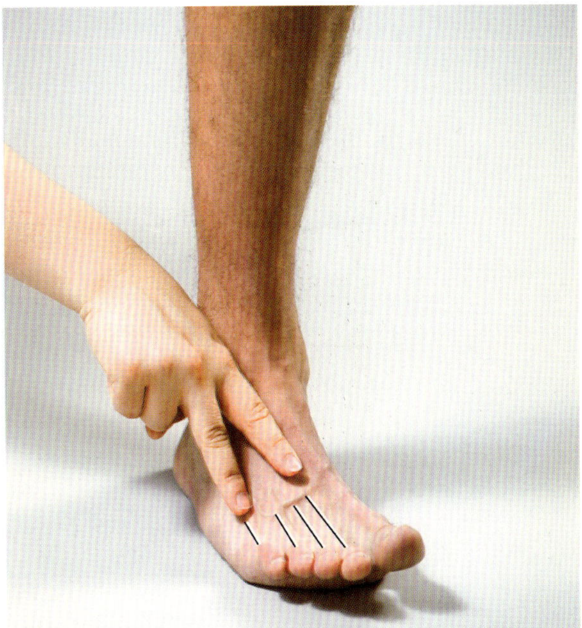

图13.21　定位趾长伸肌

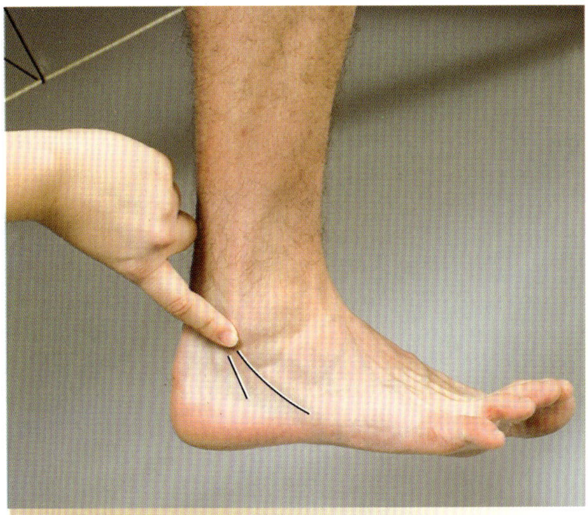

图13.23　定位腓骨长肌和腓骨短肌

5跖骨粗隆。

注意，腓骨长肌和腓骨短肌的止点腱都走行于外踝下部。为了确保这两个腱在踝关节背屈和跖屈时处于其特定的位置，这两个腱为上文已提及的两个结构所固定：腓骨肌上支持带和腓骨肌下支持带（图13.19）。这两块肌肉产生的运动一样。结合这两块肌肉的走行路径和它们的止点，它们能够产生什么运动呢？（答案：踝关节的跖屈和外翻）

后方浅层筋膜室

小腿的后方浅层筋膜室中有三块肌肉：腓肠肌、比目鱼肌和跖肌。这三块肌合称为小腿三头肌（图13.24）。其中腓肠肌和跖肌起于大腿的股骨，比目鱼肌起于小腿的胫骨。

- **腓肠肌：** 腓肠肌有2个头（图13.24，图

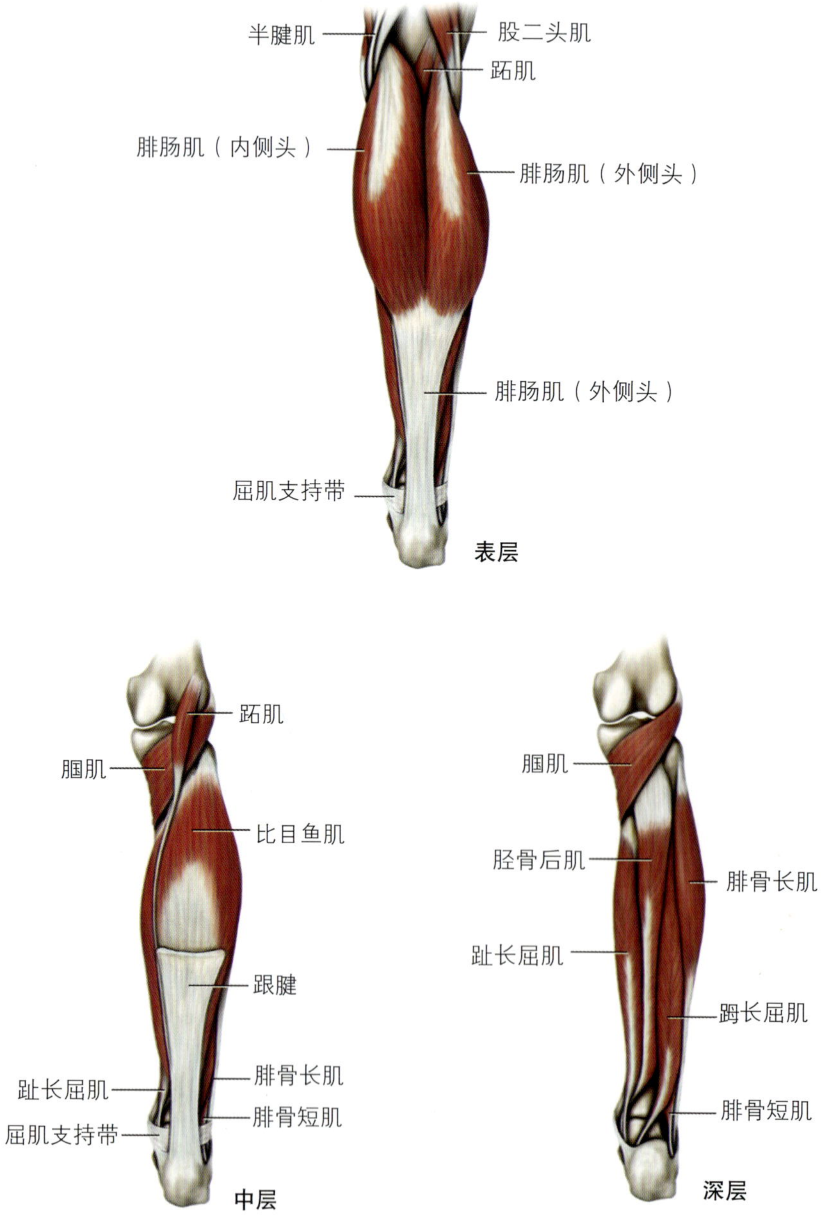

图13.24 踝和足的后群肌

13.25）。腓肠肌外侧头起于股骨的腘面，位于外侧髁内侧，而它的内侧头起于股骨内侧髁的腘面。两头共同组成了肌腹，向下移行为跟腱的一部分，附着于跟骨后表面。因为腓肠肌走行于膝关节和踝关节，膝关节的伸展联合踝关节背屈会导致跟腱损伤。

· **比目鱼肌：** 比目鱼肌（图13.24）起于腓骨头、腓骨近端1/3后侧、胫骨中1/3后侧。与腓肠肌腱合成跟腱，止于跟骨。

知识拓展

跟腱

腓肠肌腱与比目鱼肌腱合成跟腱，跟腱在体育活动中备受关注。腓肠肌和比目鱼肌很容易因为过度使用而拉伤，这些拉伤（俗称"网球腿"）在中年网球运动员、裁判员和跑步选手中很常见。过度使用伤通常来自过量的运动（跑步或者跳跃），这一过量可能是频率、强度、时长的过量，也可能是这几者结合的过量。任何一种都会导致跟腱发炎，跟腱部位的血管较少，使得康复很难。跟腱炎可使跟腱退变，最终导致跟腱断裂。此外，过量的外力直接作用于腓肠肌和比目鱼肌、过量地大力收缩腓肠肌和比目鱼肌，以及腓肠肌和比目鱼肌承重过量均可导致跟腱断裂。

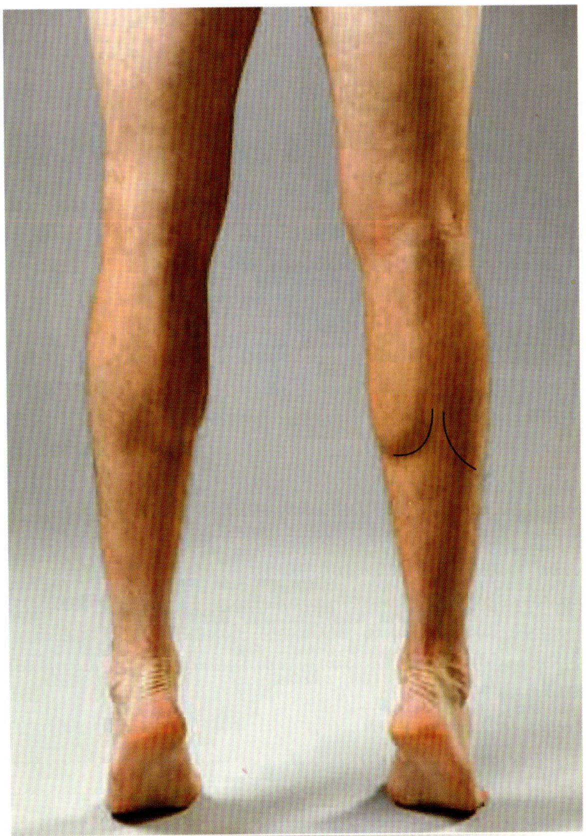

图13.25　定位腓肠肌

操作

在跟骨近端可以很容易地触及跟腱。

· **跖肌：** 跖肌（图13.24）起于粗线外侧和腘斜韧带，止于跟骨后侧（不参与组成跟腱）。虽然这块短腹的肌肉有人体最长的腱，但它对于膝关节和踝关节的运动作用不大。跖肌以与腓肠肌和比目鱼肌相同的方式走行于膝关节和踝关节，也会因为相同的方式受伤。它的作用主要是辅助屈曲膝关节、跖屈踝关节。它并不是一块主要的活动肌，其功能与上臂和腕的掌长肌相似。

因为后方浅层筋膜室中的肌肉都止于跟骨的后面，它们在踝关节只产生一种活动。思考它们在踝关节产生什么活动。（答案：踝关节的跖屈）

后方深层筋膜室

小腿后方深层筋膜室中有3块与前方筋膜室名称相似的肌肉。这3块肌肉是胫骨后肌、趾长屈肌和蹞长屈肌。

· **胫骨后肌：** 胫骨后肌起于胫骨后侧中1/3、腓骨内侧近端2/3处和小腿骨间膜，止于足舟骨下侧（脚底）和内侧楔骨，以及第2~5跖骨底（图13.24，图13.26）。注意观察穿过胫骨内踝后侧的胫骨后肌腱：这块肌肉能产生什么运动呢？（答案：背屈和内翻踝关节）

· **趾长屈肌：** 趾长屈肌起于胫骨后侧下2/3处，止于外侧4趾的远节趾骨底（图13.24，图13.27）。它穿过脚踝内侧，在足底分为四个腱，止于远节趾骨，这块肌肉能产生什么运动？不要忘了考虑它的名字。（答案：踝关节的跖屈和背屈，外侧4趾跖趾关节、近节趾骨间关节、远节趾骨间关节的屈曲）

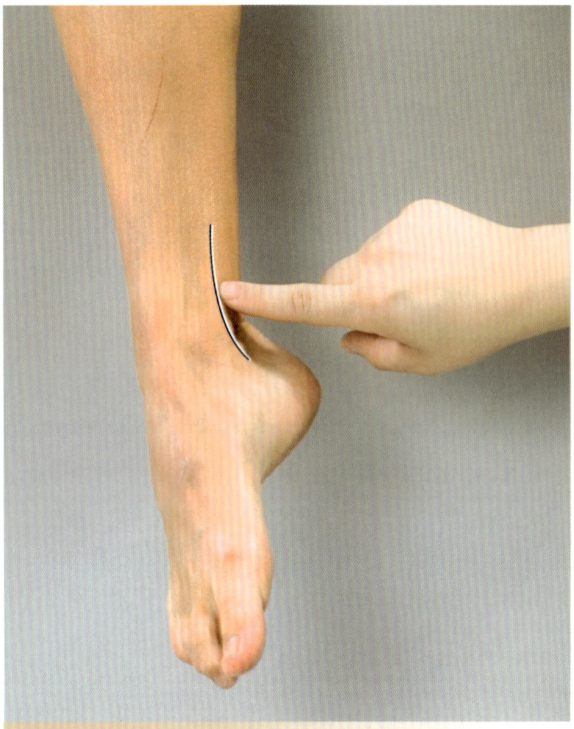

图13.26 定位胫骨后肌

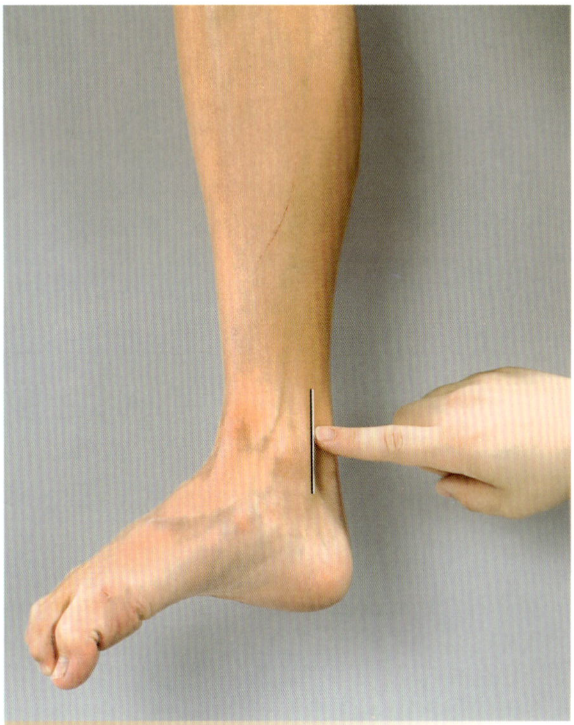

图13.27 定位趾长屈肌

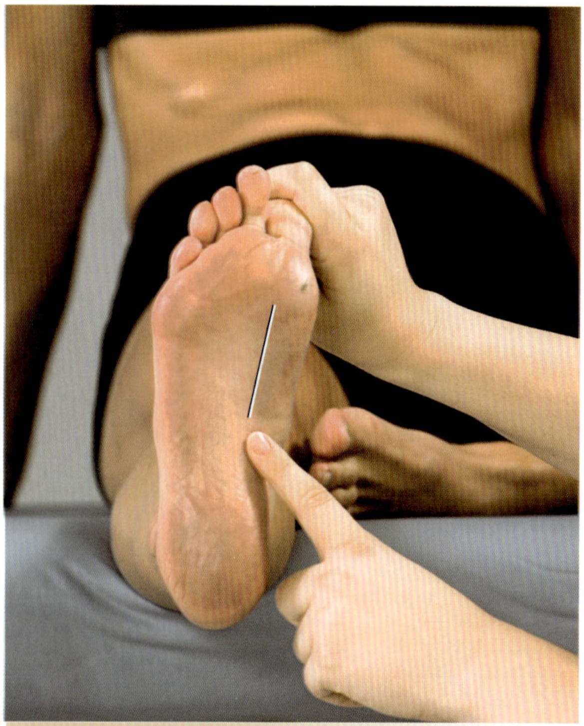

图13.28 定位蹞长屈肌

知识拓展

外胫炎

胫骨应力综合征是一个被“滥用”的名词，它指的是许多小腿的问题，包括胫骨前、后肌炎，胫骨和腓骨的应力性骨折、胫骨和腓骨的骨膜炎，以及胫骨和腓骨的骨间膜炎。另一种可接受的观点认为，胫骨炎指的是因过度使用（重复负载）胫骨后肌和比目鱼肌造成的骨膜炎。导致外胫炎的原因包括不合适的鞋子、纵弓的问题、活动场地表面和重复性训练（过用综合征）。不管是哪一种定义、哪一种原因，必须关注小腿的伤痛，等待自然愈合不是解决方案。忽视腿部损伤可能会导致持续发炎，继而引发缺血（由于循环受阻而导致的缺血），最终导致如坏死（肌肉组织死亡）和应力性骨折等严重的情况。

· **踇长屈肌**：踇长屈肌起于腓骨后侧下2/3处和小腿骨间膜，止于踇趾远节趾骨底（图13.24和13.28）。它走行于踝关节内侧，从脚底一直到远节趾骨，它能产生什么运动？不要忘了考虑它的名字。（答案：踝关节跖屈和内翻，踇趾跖趾关节和趾骨间关节屈曲）

固有肌

足的固有肌主要位于足底，足底的骨和韧带形成了一个空间可以容纳这些肌肉。这些肌肉有4层，与手固有肌十分相似。注意，这些肌肉的名称反映了它们的活动。

在这些足底肌肉之上有一个叫作足底筋膜的结构（图13.29）。这一纤维带起于跟骨，止于5个跖趾关节，帮助保护走行于足底的肌肉、血管和神经。

知识拓展

足底筋膜炎

跑步运动员一个常见的问题就是足底筋膜由于过度使用而发炎，即足底筋膜炎。足底筋膜位于跟骨下侧隆起的前部。重复的跑步施加在脚上的压力会导致这个区域发炎。预防与治疗需要咨询骨科医生。

第一层

在足底筋膜之下的第一层有3块肌肉（图13.29）：趾短屈肌、踇展肌和小趾展肌。

· **趾短屈肌**：趾短屈肌起于跟骨底的隆起，止于第2~5趾的中节趾骨。作用是屈曲第2~5趾的跖趾关节和近节趾骨间关节。

· **踇展肌**：踇展肌起于跟骨底的内侧，止于踇趾近节趾骨的内侧。这块肌肉能使大脚趾的跖趾关节外展（远离第2趾运动），并辅助这个关节屈曲。

· **小趾展肌**：小趾展肌起于跟骨底的隆起，止于第5趾近节趾骨底外侧。这块肌肉能使第5趾（小趾）的跖趾关节外展，同时可辅助这个关节屈曲。

第二层

第二层有2块肌肉，足底方肌和蚓状肌（图13.30），它们有特殊的功能。

· **足底方肌**：足底方肌有两个头——内侧

头起于跟骨内侧，外侧头起于跟骨外侧，两个头移行为一个腱止于趾长屈肌腱分叉处。这块肌肉可帮助第4趾跖趾关节、近节趾间关节、远节趾间关节屈曲。

· **蚓状肌：** 蚓状肌由4块肌肉组成。这4块肌肉不与任何骨连接。它们起于趾长屈肌腱，止于趾长伸肌腱。蚓状肌能使外侧4趾的跖趾关节、近节趾骨间关节和远节趾骨间关节屈曲。

第三层

第三层有3块肌肉，它们的名字反映了它们的功能（图13.30）：蹈短屈肌、蹈收肌、小趾短屈肌。

· **蹈短屈肌：** 蹈短屈肌起于3块楔骨，止于蹈趾近节趾骨底。正如它的名字，它能使蹈趾跖趾关节屈曲。

· **蹈收肌：** 蹈收肌有两个头：斜头起于第2~4趾骨底，止于蹈趾近节趾骨；横头起于第3~5趾的跖趾关节囊韧带的足底面，止于蹈趾近节趾骨。正如它的名字，它能使蹈趾内收。

· **小趾短屈肌：** 小趾短屈肌起于第5跖骨底，止于第5趾（小趾）的近节趾骨底外侧。正如它的名字，它能使小趾的跖趾关节屈曲。

第四层

足底第四层有2组肌肉：骨间的骨间背侧肌和骨间足底肌（图13.31）。

· **骨间背侧肌：** 骨间背侧肌有4块，起于相

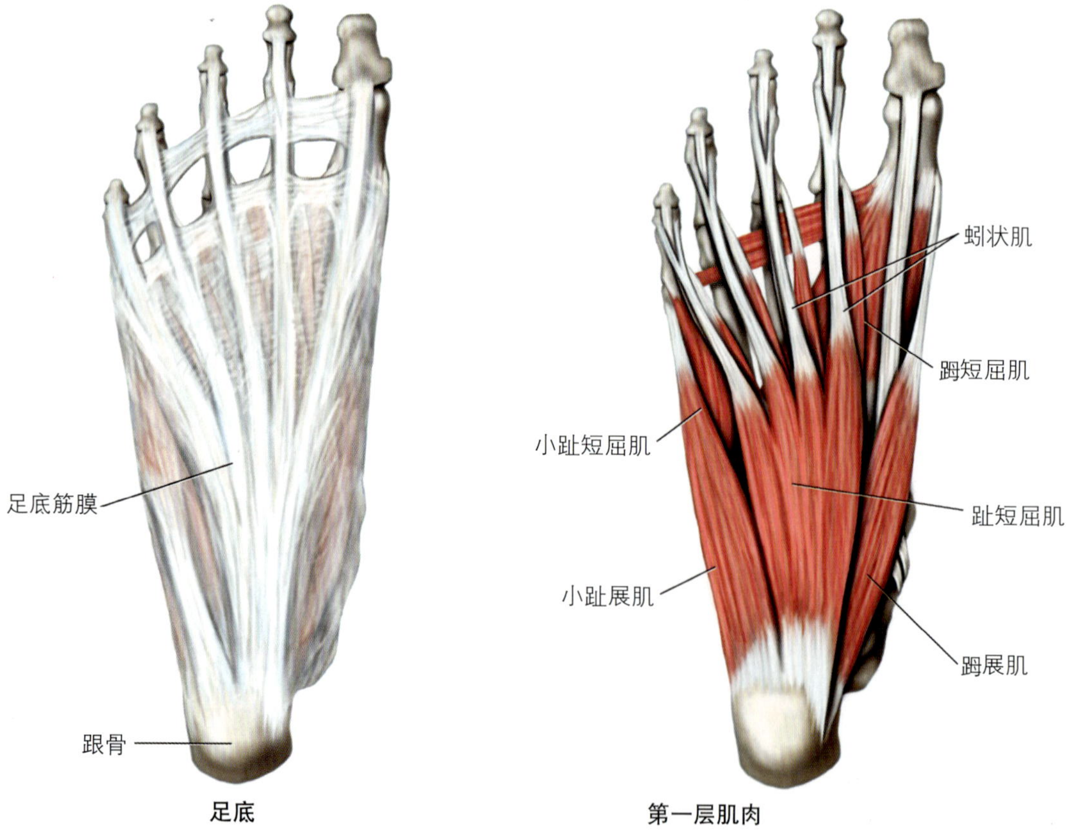

图13.29 足底筋膜和第一层肌肉

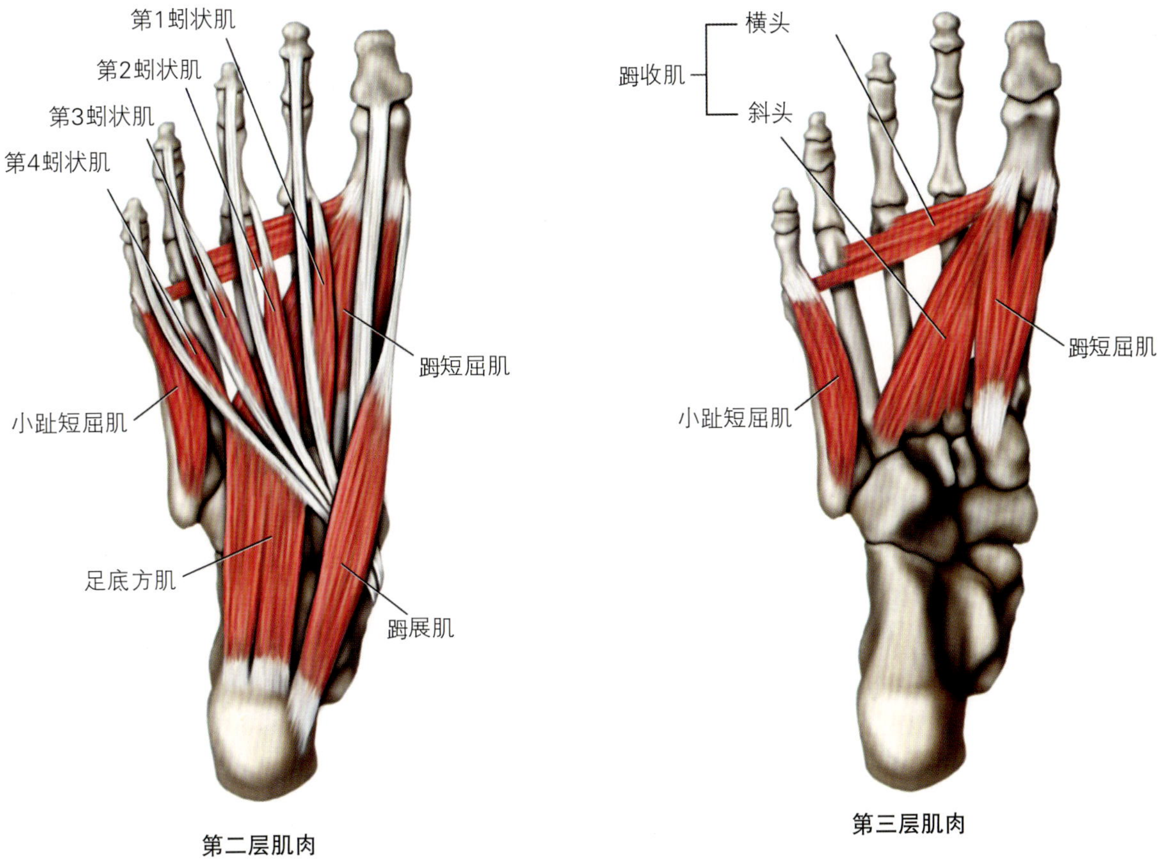

图13.30　足底的第二层和第三层肌肉

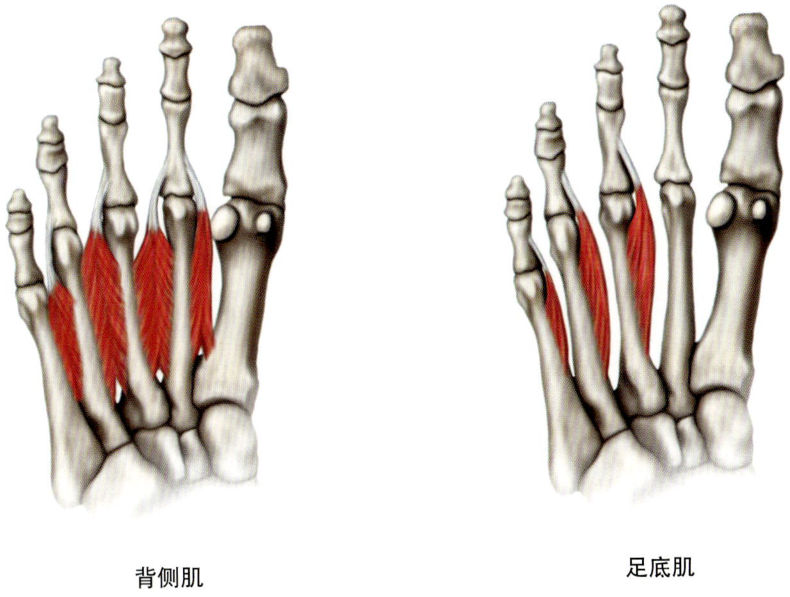

图13.31　骨间肌肉

邻2个跖骨的背侧面，止于第2~4趾近节趾骨底。注意足的中线是第2趾（与手的中指相对）。骨间背侧肌能使第3和第4跖趾关节外展。因为第2趾的两边都有骨间背侧肌，所以其收缩不会引起第2趾的任何运动。

- **骨间足底肌：** 有3块肌。骨间足底肌起于第3~5跖骨底内侧面，止于第3~5趾近节趾骨底内侧面。骨间足底肌收缩可使第3~5跖趾关节内收。注意第2趾不会因为其收缩而运动。这与骨间背侧肌是相同的原理吗？如果不是，为什么骨间足底肌的运动不会引起第2趾的运动呢？

足背固有肌

虽然足背的空间不如足底多，但是足背仍有2块固有肌（趾短伸肌和跗短伸肌）。

- **趾短伸肌：** 趾短伸肌（图13.32）起于跟骨，止于趾长伸肌腱，趾长伸肌腱止于第2~4趾。
- **跗短伸肌：** 跗短伸肌腱的1/4在跗趾的远节趾骨。

正如它们的名字，这两块肌肉分别辅助第2、第3、第4趾的跖趾关节，远端趾骨间关节和近端趾骨间关节，跗趾的跖趾关节和趾骨间关节伸展。

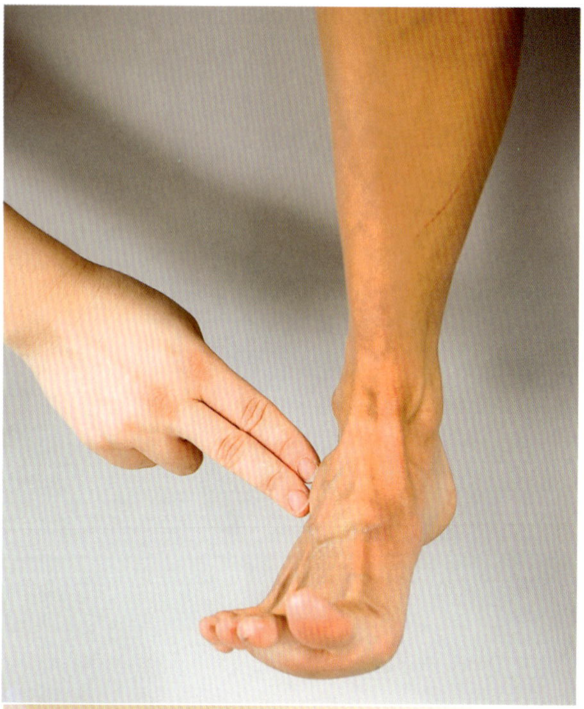

图13.32 定位趾短伸肌

学习助手

术语回顾

以下术语均出自本章，请对其进行解释，并在自己身上或插图中找到这些结构。

小趾展肌	跖骨底	骰舟背侧韧带
跗展肌	分歧韧带	骰舟足底韧带
跟腱	跟骰韧带	骰舟骨间韧带
跗收肌	跟腓韧带	楔骨
踝关节	跟舟韧带	楔骰骨间韧带
前方筋膜室	跟胫韧带	楔骰背侧韧带
距腓前韧带	跟骨	楔骰足底韧带
胫腓前韧带	骰骨	楔舟背侧韧带

楔舟足底韧带
后方深层筋膜室
踝三角韧带
骨间背侧肌
距舟韧带
背屈
外翻
趾短伸肌
趾长伸肌
踇短伸肌
踇长伸肌
伸肌支持带
非固有肌
腓骨
腓切迹
小趾短屈肌
趾短屈肌
踇短屈肌
踇长屈肌
屈肌支持带
前足
腓肠肌
跖骨头
后足
楔间背侧韧带
楔间足底韧带
楔间骨间韧带
趾骨间韧带
骨间韧带
跖骨间韧带
跗骨间韧带
固有肌
内翻
外侧筋膜室
外踝
足底长韧带
纵弓
蚓状肌
踝
内踝
跖弓
趾骨
跖趾韧带
中足
手舟骨
腓骨肌支持带
腓骨短肌
腓骨长肌
第三腓骨肌
跖骨体
足底
跖屈
跖肌
距腓后韧带
胫距后韧带
胫腓后韧带
趾长屈肌
旋前
足底方肌
足舟骨
籽骨
足底筋膜
跗骨窦
比目鱼肌
距下关节
后方浅层筋膜室
旋后
载距突
跟距关节
距骨
跗骨
跗跖韧带
胫骨
胫骨前肌
胫骨后肌
胫舟韧带
横弓
跖横韧带
小腿三头肌
胫腓关节
骨间足底肌

思考题

1. 以解剖学姿势站立，完成以下动作：

a. 脚尖站立。脚踝处于什么位置？是哪些肌肉促成了这个动作？

b. 脚跟站立。脚踝处在什么位置？是哪些肌肉促成了这个动作？

2. 一个患者扭伤了脚。医生说这是最常见的扭伤，恢复方式是锻炼外翻肌。

a. 这个人可能扭伤了哪条韧带？

b. 医生建议锻炼的是哪块肌肉？

3. 从站立的姿势下蹲至篮球或垒球接球手的姿势。

a. 脚跟抬起来了吗？

b. 如果抬起来了，是什么原因？哪些肌肉促成了脚跟抬起来？

4. 仔细观察踝关节背屈和跖屈时其内侧的腓骨肌腱。如果腓骨支持带没有发挥作用，腓骨肌腱能够向腓骨的外踝移动，腓骨肌的功能将会有什么变化？

5. 行走时，脚跟着地，脚踝处于什么位置？当脚掌离地、不再承重时，脚踝处于什么位置？后方筋膜室肌肉或前方筋膜室肌肉中任何一块肌肉变弱，会对行走产生什么影响？

单选题

1. 附着于第 5 跖骨底的是（　）

a. 腓骨长肌

b. 腓骨短肌

c. 胫骨前肌

d. 胫骨后肌

2. 位于踝关节远端的是（　）

a. 外踝

b. 内踝

c. 前踝

d. 后踝

3. 足有（　）块跗骨

a. 2

b. 5

c. 7

d. 26

4. 坐在跟骨上的跗骨是（　）

a. 足舟骨

b. 距骨

c. 骰骨

c. 外侧楔骨

5. 足底方肌辅助（　）使趾弯屈

a. 趾长屈肌

b. 趾短屈肌

c. 踇长屈肌

d. 踇短屈肌

6. 足的旋前由足外展和踝（　）组成

a. 旋转

b. 环转

c. 内翻

d. 外翻

7. 前足有（　）块趾骨

a. 5

b. 14

c. 15

d. 19

8. 足的后旋由足内收和踝（　）组成？

a. 旋转

b. 环转

c. 内翻

d. 外翻

9. 位于小腿前方筋膜室的是（　）

a. 腓骨肌

b. 腓骨长肌

c. 腓骨短肌

d. 第三腓骨肌

10. 不在小腿后方浅层筋膜室的是（　）

a. 跖肌

b. 胫骨后肌

c. 腓肠肌

d. 比目鱼肌

11. 不在小腿后方深层筋膜室的是（　　）

a. 胫骨后肌

b. 趾长屈肌

c. 跖肌

d. 踇长屈肌

填空题

1. 距下关节是距骨和________________组成的关节。

2. 足部最大的骨是________________。

3. 比目鱼肌唯一的功能是使踝________________。

4. 腓肠肌起于________________。

5. 踝关节的内侧韧带通常是指________________韧带。

6. 在矢状面，踝关节的基本运动包括跖屈和________________。

7. 内踝位于________________的远端。

8. 踇展肌的功能是________________。

9. 踝关节的外翻是使足底________________。

10. 足部的跖骨底构成________________弓。

11. 中足中最外侧骨是________________。

12. 起于腿部、穿过踝关节、止于足部的肌肉是________________。

13. 踇收肌有两个头：斜头和________________。

14. 跟腱由比目鱼肌腱和________________组成。

15. 骨间背侧肌肉能使趾________________。

16. 大跖骨球的解剖学术语是________________。

17. 除了能使踝关节背屈，胫骨前肌还能使________________。

18. 骨间足底肌能使趾________________。

19. 足的纵弓是指跟骨到________________。

20. 除了是主要的踝关节内翻肌，胫骨后肌还能使________________。

功能性运动锻炼

踮脚尖需要调动小腿、踝和足的肌肉。分别列举出原动肌、拮抗肌、固定肌和协同肌各一块。

	踝关节	跖趾关节、近节趾骨间关节、远节趾骨间关节
原动肌		
拮抗肌		
固定肌		
协同肌		

第 14 章

下肢的神经和血管

就像上肢、脊柱和胸腔一样，下肢的肌肉组织也由脊神经的分支进行支配。支配下肢肌肉的腰骶丛源自脊神经，通常被分为腰丛（T12，L1，L2，L3，L4，图14.1），骶丛（ L4，L5，S1，S2，S3，图14.1） 和尾丛（ S2，S3，S4，S5，Co1，Co2） 。而尾丛通常被认为是骶丛的一部分，它支配腹腔的许多结构和生殖系统，但是并不对下肢的肌肉有实质性的支配作用。因此，尾丛不列为以下讨论的控制下肢肌肉的神经丛分支。

腰骶丛

腰骶丛的神经分支可根据与脊柱的位置关系进行划分，共分为上部、中部、下部 3 个部分。

上部的神经

腰骶丛最上面的部分又称为腰丛，由股神经、股神经前皮支、隐神经、生殖股神经、髂腹下神经、髂腹股沟神经、闭孔神经、股外侧皮神经（图14.2）组成。

耻骨肌、股四头肌、缝匠肌均受股神经（L2、L3、L4）支配。股神经皮支、股神经前皮支和隐神经不支配任何下肢肌肉。生殖股神经（L1，

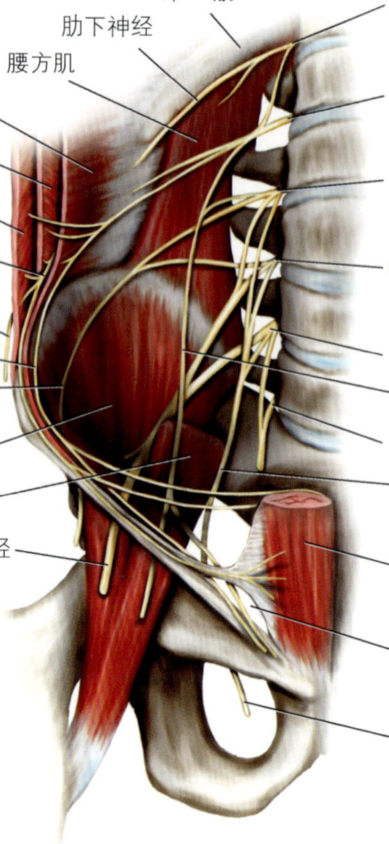

腰丛神经

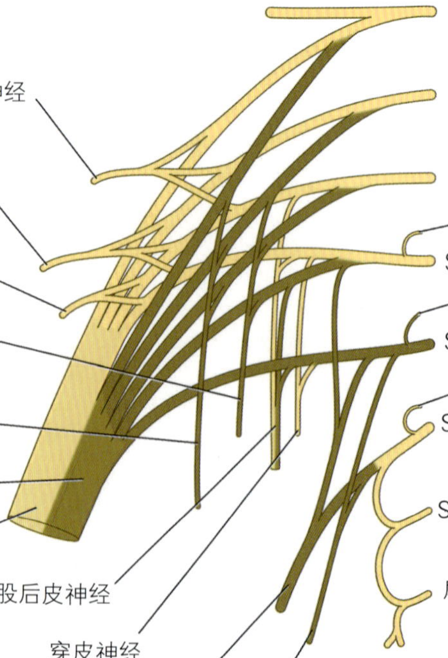

骶丛神经

图14.1 腰丛和骶丛

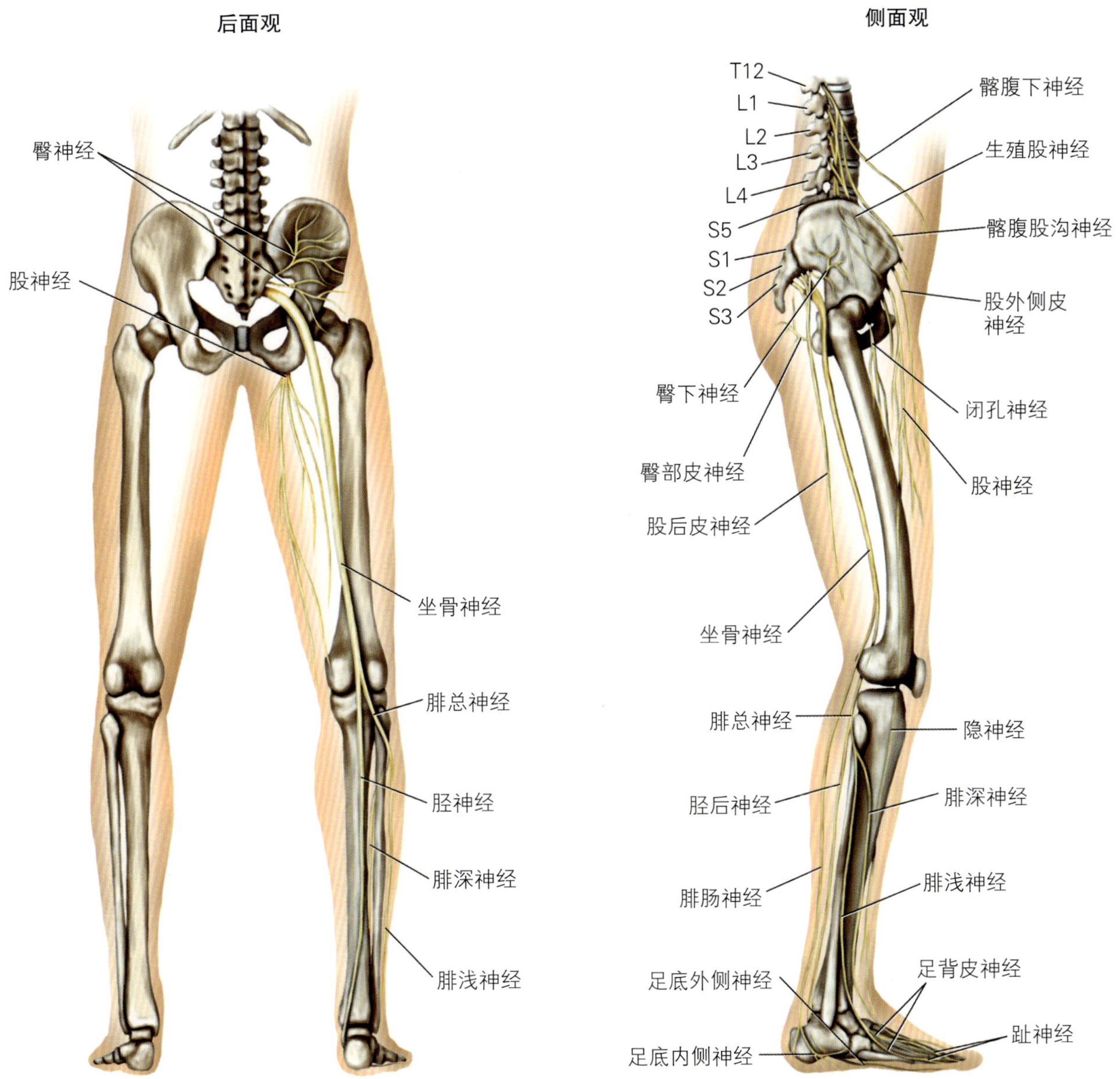

图14.2 下肢的神经

L2）主要支配男性与女性的生殖器，其支配肌肉的神经分支主要负责刺激控制阴囊的提睾肌，因此被认为不属于支配下肢肌肉的神经。同样的，尽管髂腹下神经（L1，有的人为 T12）和髂腹股沟神经（T12，有的人为 L1）均属于腰丛，但是其支配肌肉的神经分支仅刺激控制腹部肌肉，从而被认为属于躯干神经而不是下肢神经。股外侧皮神经支配肌肉的神经分支主要刺激控制腰大肌、腰小肌和腰方肌。再次表明，这些支配以上肌肉的神经属于躯干神经而不是下肢神经。闭孔神经（L2，L3，L4）分为前、后 2 支，支配大收肌、长收肌、短收肌、股薄肌、耻骨肌和闭孔外肌。

知识拓展

坐骨神经炎

坐骨神经由于其位置和长度，往往在经受直接作用力、过度拉伸或撞击后可出现多个神经部位受损的结果。对腰椎或骶椎间隙的撞击，以及背部下方和下肢的肌肉拉伤均会造成坐骨神经的炎症，叫作坐骨神经炎。休息、使用抗炎剂和运动锻炼恢复常被作为这种情况的治疗方法。

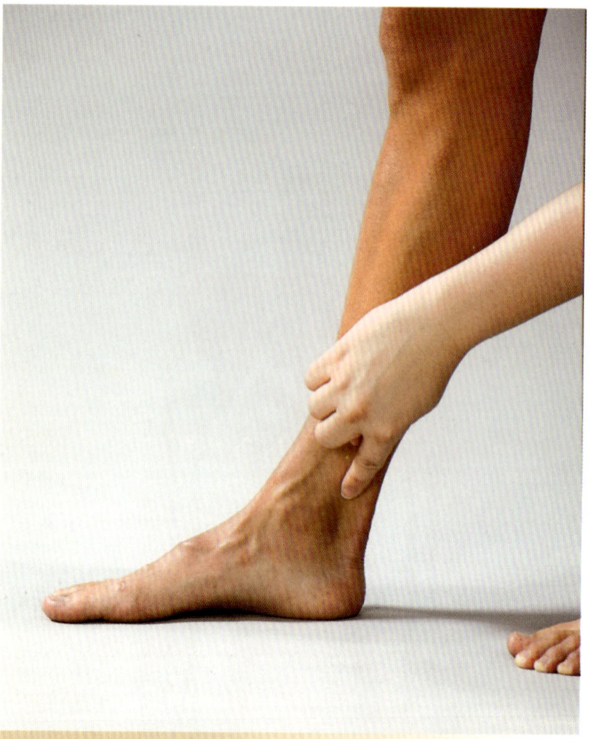
图14.3 定位胫神经

中部的神经

腰骶丛中间部分为骶丛，由臀上神经、臀下神经、坐骨神经、腓总神经、胫神经、腓肠神经和梨状肌神经组成。

臀上神经和臀下神经（L4，L5，S1，S2）支配3块臀部肌肉（臀大肌、臀中肌、臀小肌）及阔筋膜张肌。坐骨神经（L4，L5，S1，S2，S3）是人体最长最大的神经，由2条神经组成，胫神经（L4，L5，S1，S2，S3；图14.3）和腓总神经（L4，L5，S1，S2；图14.4）。腓肠外侧皮神经（腓总神经的皮支）与腓肠内侧皮神经（胫神经的皮支）共同组成腓肠神经。腓肠神经和这些神经分支不支配下肢的任何肌肉。

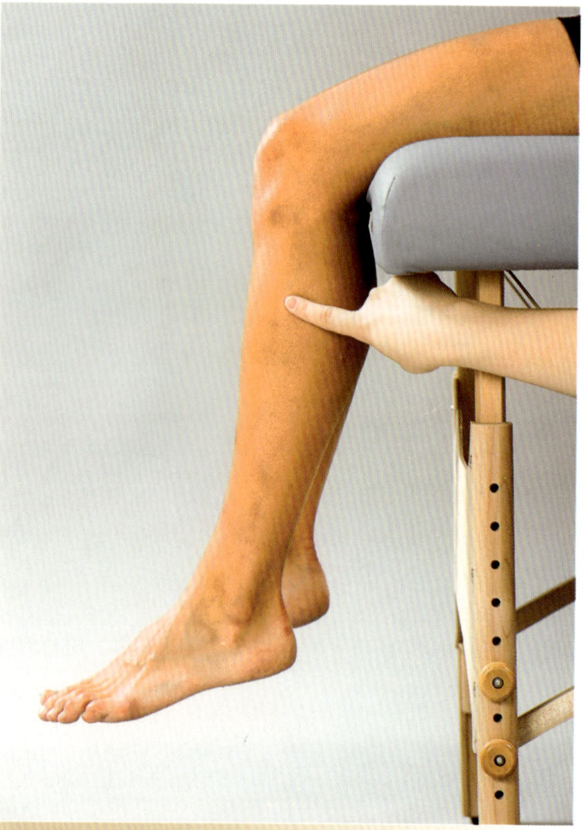
图14.4 定位腓总神经

在腓骨头的远端，腓总神经分成3个末端分支：腓深神经、腓浅神经和胫返神经（图14.5）。腓深神经的肌支支配小腿前部的4块肌肉，趾短伸肌和足的骨间肌。腓浅神经支配小腿外侧筋膜室的腓骨长肌和腓骨短肌。

胫返神经支配胫骨前肌的近端。胫神经的肌支支配腘绳肌（不支配股二头肌短头）。它还支配着髋关节6块深层外旋肌中的4块（上、下孖肌，

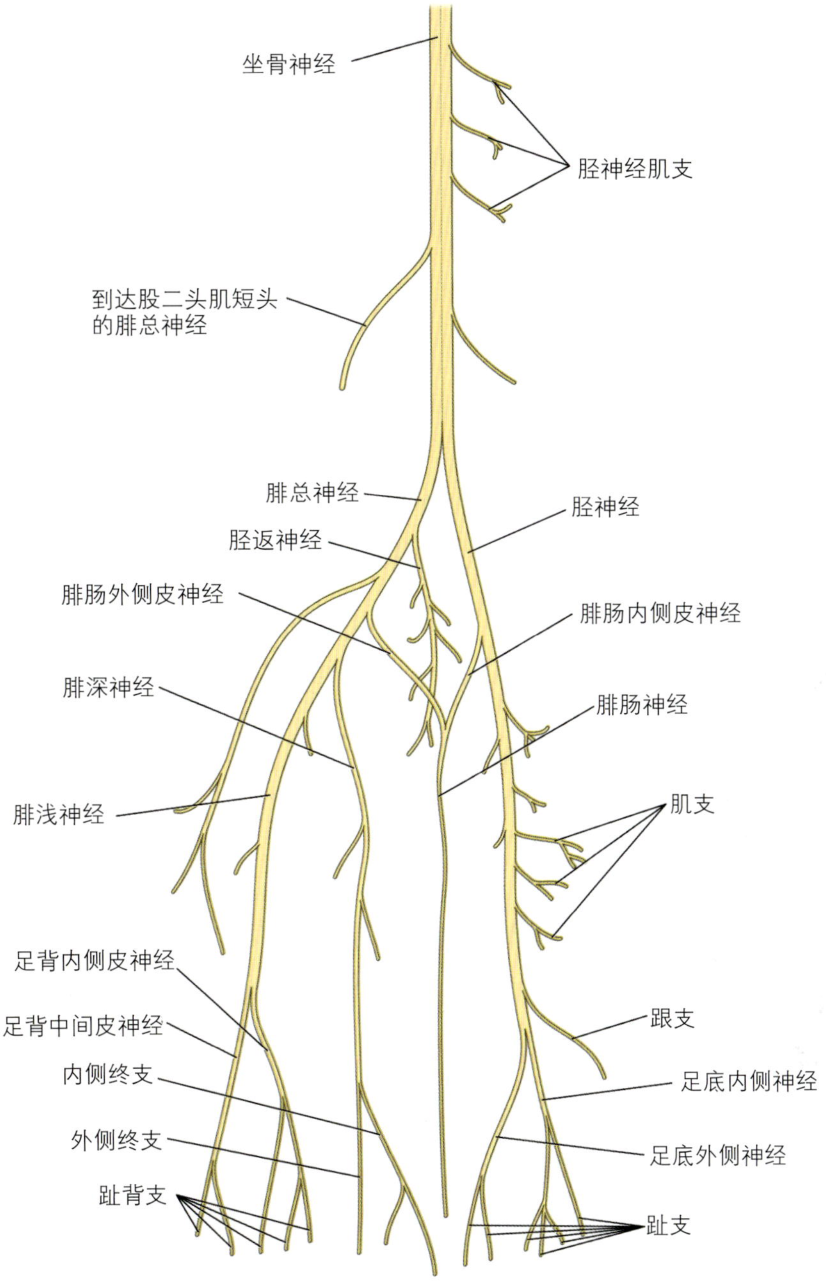

图14.5　坐骨神经及其分支（右侧）前面观

闭孔内肌，股方肌），这些肌肉均为小腿后面浅层和深层的肌肉。

胫神经有2个主要分支：足底外侧神经、足底内侧神经。足底外侧神经的分支支配小趾展肌、足底方肌、踇收肌、蚓状肌、小趾短屈肌和足的骨间肌。足底内侧神经的分支支配踇展肌、趾短屈肌和蚓状肌。骶丛的梨状肌神经（S2）支配梨状肌和髋关节6个外旋肌中的1个。

下部的神经

腰骶丛的最下部分又称为尾丛（图14.1），由股后皮神经（S2，S3），肛尾神经（S4，S5，

知识拓展

小腿损伤

小腿前部的损伤（如挫伤、过度使用）可能会造成骨筋膜室的肿胀，从而对腓深神经造成压力，会降低它把信号传送给位于骨筋膜室的肌肉的能力。肌肉组织力量的丧失和失用性萎缩（又称废用性萎缩）会导致并发症的发生，例如垂足，是由于不能适度屈踝。除了腓深神经损伤，相应血管功能也会降低，这可能会造成骨筋膜室组织的坏死。

Co1），穿皮神经（S2，S3），阴部神经（S2，S3，S4）组成。这些神经不支配下肢的任何肌肉，阴部神经和肛尾神经支配腹腔和生殖器官的所有肌肉。

下肢的主要动脉

正如第 6 章所讨论的，人体内的血管分为：动脉、小动脉、毛细血管、小静脉、静脉（图 14.6）。下肢的主要动脉包括股动脉，腘动脉，胫前动脉，胫后动脉，以及无数的动脉分支。这些动脉为下肢提供血液。股动脉有许多分支，包括为内收肌、股薄肌、3 块股肌、缝匠肌、股内侧肌等提供血液的膝动脉。股动脉的另一个分支旋髂浅动脉，为髂肌、阔筋膜张肌和缝匠肌提供血液。股动脉最大的分支是股深动脉，它有 3 个分支：旋股外侧动脉，旋股内侧动脉，4 个穿动脉，并为 3 块臀肌、阔筋膜张肌、缝匠肌、股内外侧肌、股直肌、内收肌、闭孔外肌、耻骨肌和腘绳肌供血（图 14.7）。

操作

指尖轻压股三角处，感受来自于股动脉的搏动（图 14.8）。

在膝关节水平处，股动脉移行成腘动脉。腘动脉的分支（膝上外侧动脉、膝下外侧动脉，膝上内侧动脉、膝下内侧动脉和膝中动脉）及其肌支为以下肌肉供血：股外侧肌、大收肌、股二头肌、半膜肌、半腱肌、腘肌、腓肠肌、跖肌和比目鱼肌。腘动脉经过腘肌时分为胫前动脉和胫后动脉。胫前动脉的分支即胫前返动脉、胫后返动脉（图 14.6 和 14.9）和腓动脉，为以下肌肉供血：腘肌、趾长伸肌、胫骨前肌、腓骨肌和比目鱼肌。脚踝以下至脚的部分，胫前动脉移行为足背动脉并止于足背（图 14.6，图 14.9，图 14.10）。足背动脉的分支（弓动脉，足底深弓，第一跖背动脉，跗外侧动脉，跗内侧动脉）为骨间背侧肌和趾短伸肌供血（图 14.10）。

知识拓展

股三角

压迫控制下肢出血的急救点之一就是股动脉根部。股动脉的解剖结构在股三角非常容易定位（图 14.7），股三角由腹股沟韧带（上缘），缝匠肌（外侧）和长收肌（内侧）形成。通过股三角的还有股静脉和股神经。

操作

在评估脚部血液供应受阻的原因时，医护人员通常会采取触摸足背动脉搏动的方式。该动脉

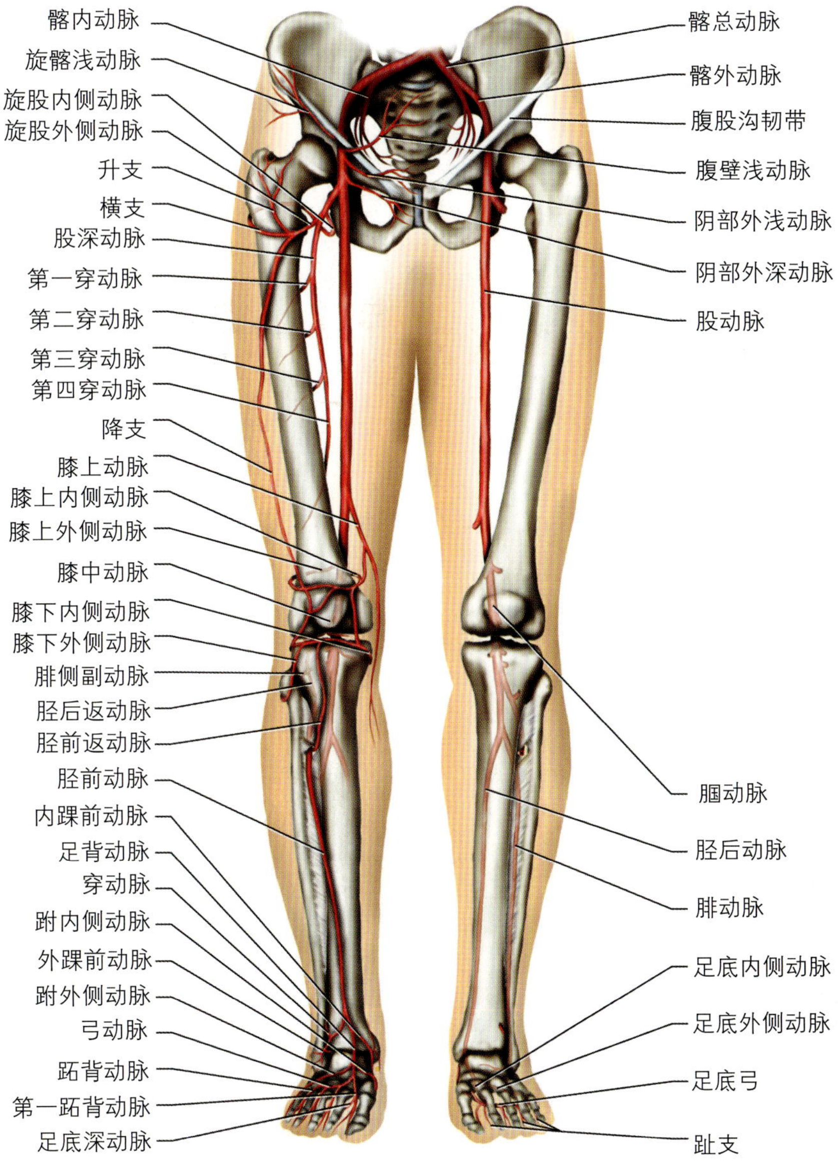

图14.6　下肢的主要动脉

位于足背，即第 1 跖骨、第 2 跖骨近端之间（拇长伸肌和趾长伸肌腱之间）（图 14.11）。但并不是每个人的足背动脉搏动都很容易触及，有 10%~15% 的人无法触及该搏动。

胫后动脉及其分支（跟内侧支、腓动脉、穿支）（图 14.12）供血小腿后侧肌、小腿外侧肌、足部的大部分肌肉，小腿前方筋膜室的第三腓骨肌。胫后动脉有 2 个终端分支（足底外侧动脉和足底内侧动脉）为脚部的大部分肌肉提供血液供应。

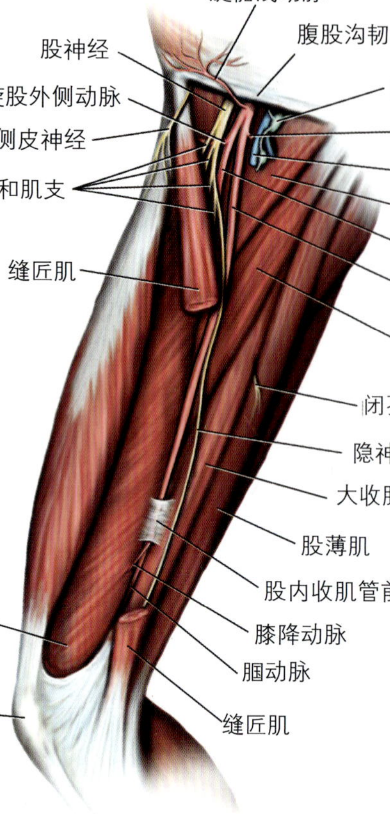

图14.7 股三角

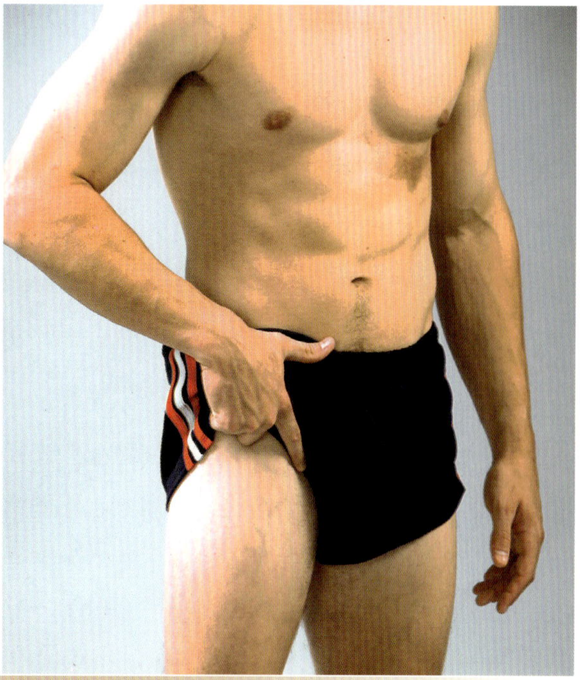

图14.8 定位股动脉

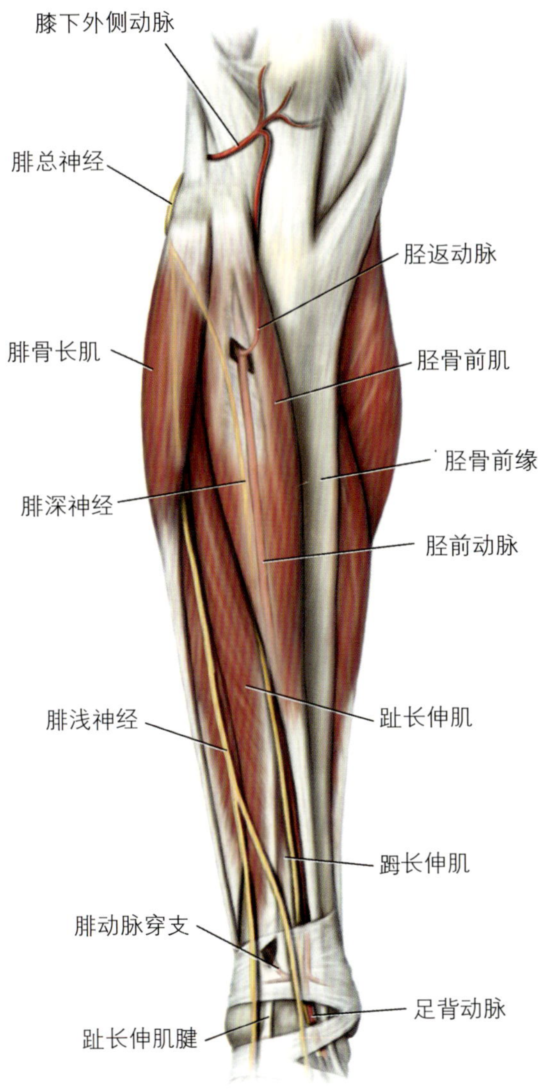

图14.9　小腿的动脉前面观

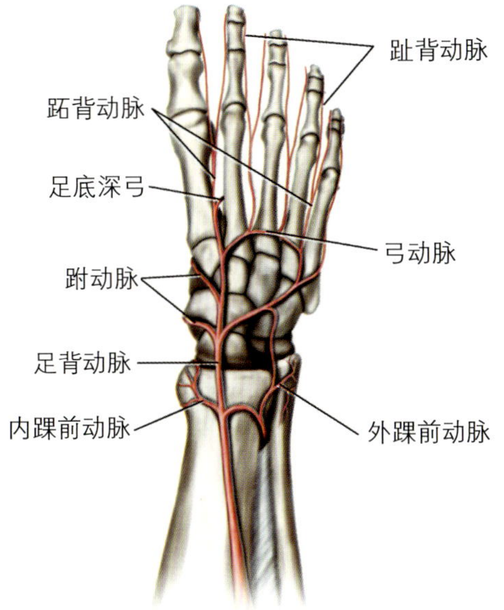

图14.10　足背动脉的分支

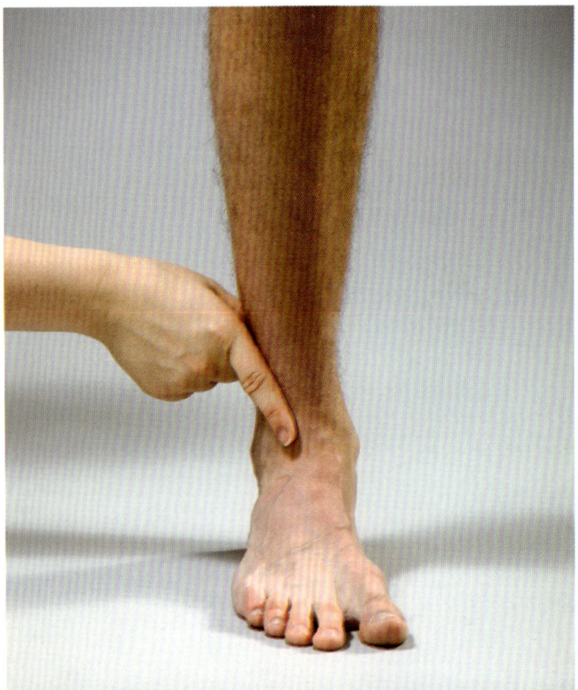

图14.11　定位足背动脉

操作

评估脚部血供，比足背动脉更可靠的是胫后动脉。该动脉位于胫骨内踝后方的趾长屈肌和踇长屈肌腱之间（图 14.13）。

下肢的主要静脉

将血液输送回心脏的静脉通常分为深静脉和浅静脉（图 14.14）。除了少数例外，深静脉与它们的伴动脉同名，如股静脉、腘静脉、胫静脉。浅静脉靠近皮肤并有特定的名称。不同于动脉的定位，静脉不会完全精准地出现在预期的位置，并且常和动脉不在同一部位。

下肢的主要深静脉是股静脉和腘静脉。股静

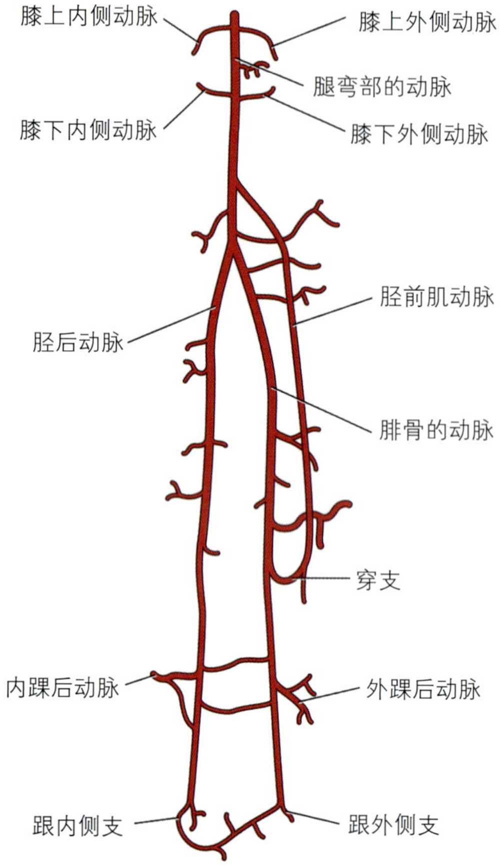

图14.12 胫后动脉的分支

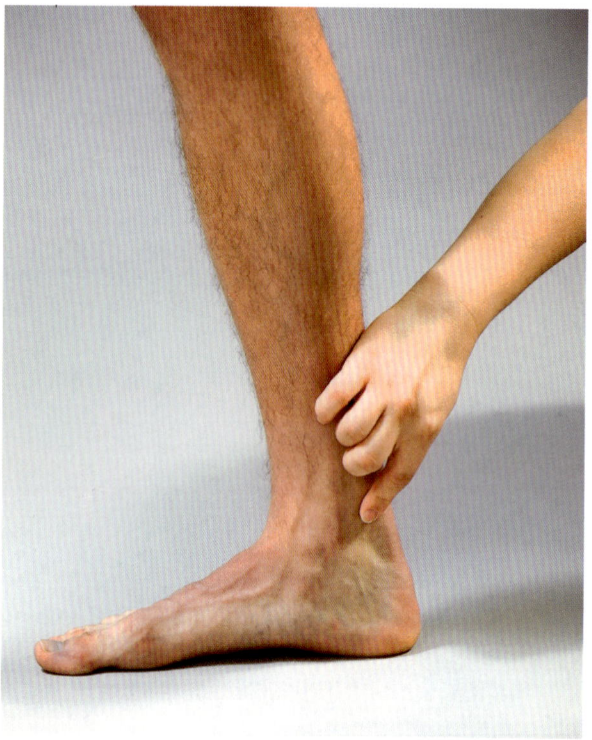

图14.13 定位胫后动脉

脉走行于整个大腿，并在腹股沟韧带移行为髂外静脉。与胫前静脉和胫后静脉连接的腘静脉，走行于足至腘肌的下缘。它的属支为胫前静脉、胫后静脉和小隐静脉，与胫前动脉、胫后动脉，以及它们的属支伴行。

下肢的主要浅静脉包括大隐静脉和小隐静脉（图 14.15，图 14.16）。大隐静脉走行于足背静脉弓内侧至腹股沟三角之间。这使得大隐静脉成为体内走行最长的静脉。下肢大隐静脉的主要属支包括股外侧静脉、股内侧浅静脉、旋髂浅静脉。小隐静脉走行于足背静脉弓外侧与膝关节腘窝的腘静脉之间。引流足和小腿后外侧血液。外科手术中常会截取隐静脉替代其他患病或受损血管。其周围分支可代替截取部分的功能。

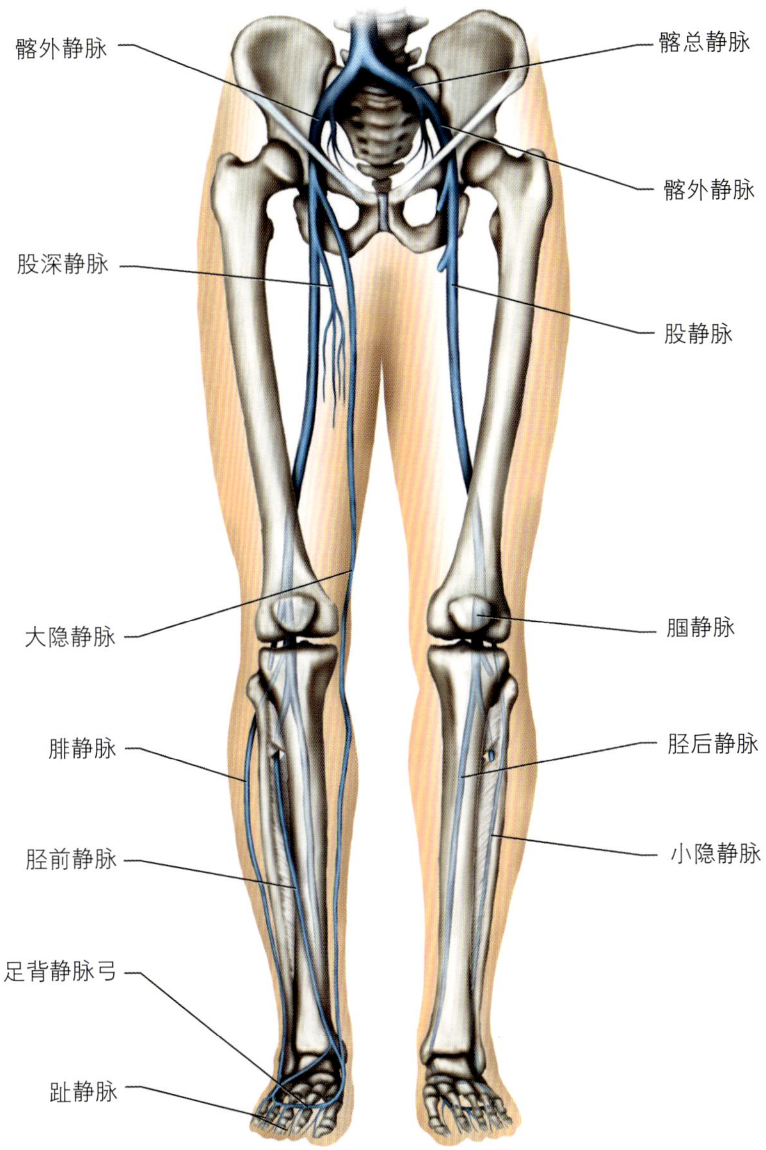

图14.14 下肢的主要静脉

知识拓展

静脉曲张

静脉曲张的简单定义为静脉扩张。这种情况可发生于身体的任何一处静脉，但在本章中被提到是因为它最经常出现在下肢部位（大腿和小腿）。发展成这一情况的原因有许多，如遗传、妊娠、肥胖和长时间站立。这些原因中的任何一个都可能导致下肢静脉的压力增加，特别是腹股沟区，还会限制下肢静脉的回流。这可能会导致下肢的血液淤积从而削弱静脉瓣的功能并实际上扩展了静脉壁。静脉曲张最常见的原因是异常的静脉瓣。血液在下肢淤积，削弱了静脉瓣的功能，并最终扩展了静脉壁。

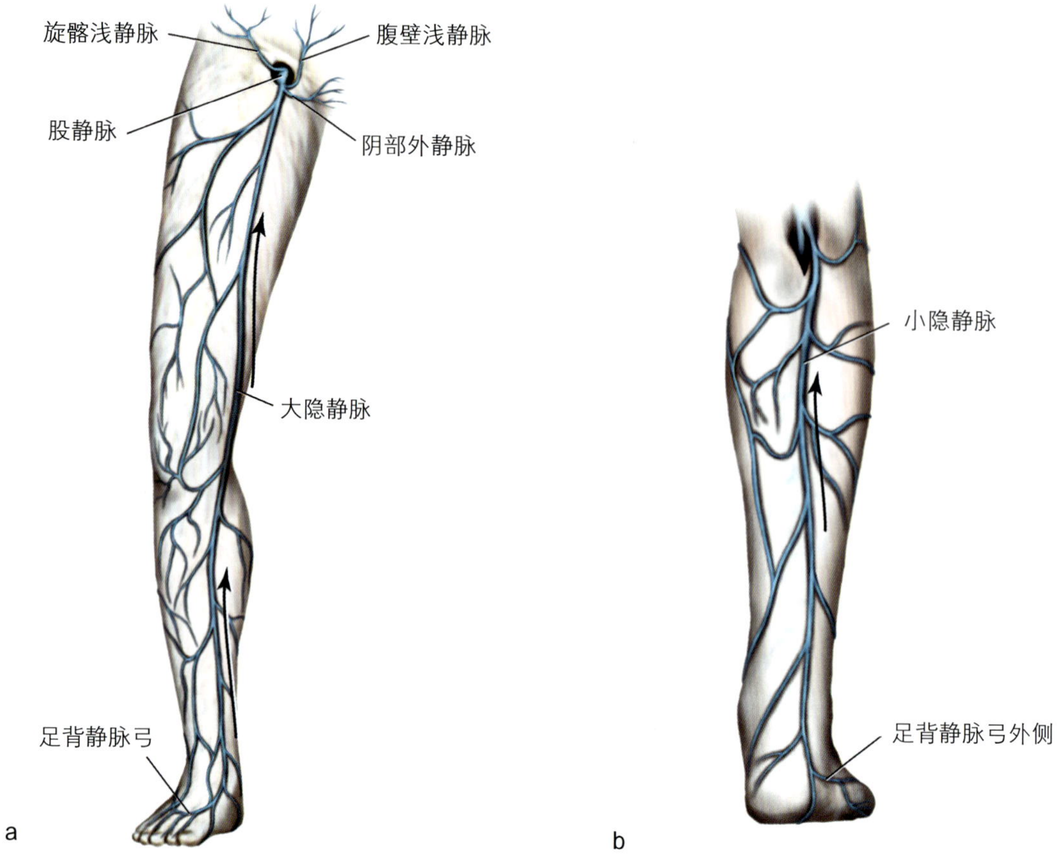

图14.15 下肢的主要浅静脉 a. 大隐静脉；b. 小隐静脉

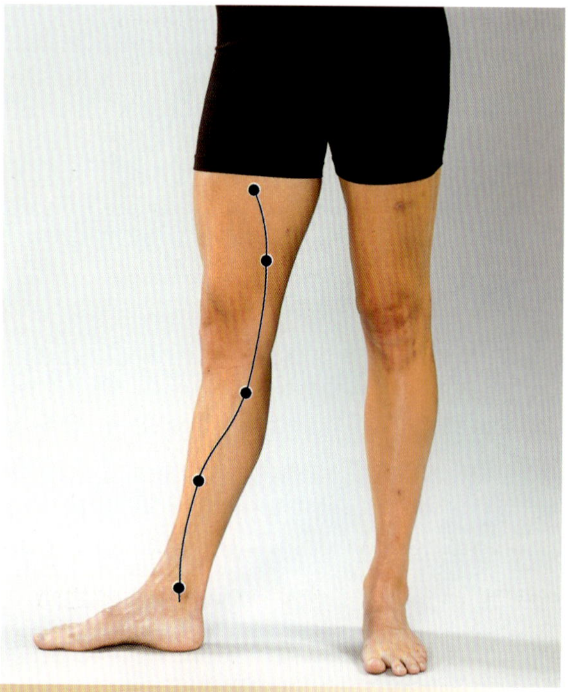

图14.16 大隐静脉的路径

学习助手

术语回顾

以下术语均出自本章，请对其进行解释，并在自己身上或插图中找到这些结构。

肛尾神经
股神经前皮支
胫前动脉
胫前返动脉
胫前静脉
弓动脉
腓总神经
腓深神经
足底深动脉
深静脉
足背动脉
足背静脉弓
髂外静脉
股动脉
股神经
股三角
股静脉
腓动脉
第一跖背动脉
膝降动脉
生殖股神经
大隐静脉
髂腹下神经
髂腹股沟神经
股外侧皮神经
膝下外侧动脉
足底外侧动脉
足底外侧神经
股外侧静脉
膝上外侧动脉
腓肠外侧皮神经
跗外侧动脉
小隐静脉
腰丛
腰骶丛
跟内侧支
旋股内侧动脉
膝下内侧动脉
足底内侧动脉
足底内侧神经
闭孔神经
膝上内侧动脉
腓肠内侧皮神经
胫神经
跗内侧动脉
膝中动脉
梨状肌神经
旋股外侧动脉
腓肠神经
动脉
穿皮神经
腓动脉
腘动脉
腘静脉
股后皮神经
胫后动脉
胫后返动脉
胫后静脉
股深动脉
尾丛
阴部神经
胫返神经
骶丛
隐神经
坐骨神经
旋髂浅动脉
旋髂浅静脉
腓浅神经
浅静脉
臀上神经
穿支
臀下神经

思考题

1. 定位股三角。

a. 识别并定义股三角的三个结构。

b. 按压股三角处直至感受到脉搏。是哪条血管产生的脉搏？在经典的急救课程中，控制出血时选定这一区域的什么部位？

2. 用手指按压足背，在可见的软组织结构上可能会感受到脉搏。如果上述情况出现，是哪条血管产生了脉搏？

3. 判断胫骨后面至胫骨内踝后侧是否存在脉搏（内踝与跟腱之间），如果存在，哪条血管产生了脉搏？

单选题

1. 体内最长的静脉是(　)

a. 股静脉

b. 腘静脉

c. 大隐静脉

d. 胫静脉

2. 体内最长的神经是(　)

a. 股神经

b. 腘神经

c. 坐骨神经

d. 腓总神经

3. 足背静脉弓引流来自于(　)的血液

a. 脚趾

b. 前方筋膜室

c. 踝关节

d. 后方骨筋膜室

4. 胫前静脉和胫后静脉流入(　)

a. 大隐静脉

b. 小隐静脉

c. 股静脉

d. 腘静脉

填空题

1. 支配前方筋膜室肌肉的主要神经是________________神经。

2. 胫后动脉的________________分支为小腿的外侧筋膜室腓骨肌供血。

3. 髋关节内收肌的内侧受________________神经支配。

汇总表

下肢的关节

关节	类型	骨	韧带	活动形式
髋关节	球窝关节	髂骨、坐骨、耻骨、股骨	囊韧带 盂唇韧带 髂股韧带 耻股韧带 髋臼横韧带 股骨头韧带	屈曲，伸展，外展，内收，内旋，外旋
膝关节				
胫股关节	改良铰链关节	股骨、胫骨	囊韧带 胫侧副韧带 腓侧副韧带 前交叉韧带 后交叉韧带 腘斜韧带 腘弓状韧带 里斯伯格韧带 冠状韧带 横韧带 髌韧带（有学者认为其是股四头肌腱的延续）	屈曲，伸展（非承重状态下的膝关节屈曲时小腿内旋和膝关节伸展时小腿外旋）
髌股关节	平面关节	髌骨、股骨	髌韧带	滑动
小腿				
近端胫腓关节	平面关节	胫骨、腓骨	囊韧带 腓骨头前韧带 腓骨头后韧带	轻微滑动
中间胫腓关节	不动关节	胫骨、腓骨	小腿骨间膜	无
远端胫腓关节	不动关节	胫骨、腓骨	骨间韧带 胫腓前韧带 胫腓后韧带 横下韧带 （胫腓后韧带前部）	轻微踝关节背屈
踝关节				
距胫关节	铰链关节	胫骨、距骨	囊韧带 踝三角韧带 胫舟韧带 跟胫韧带 距腓前韧带 距腓后韧带	背屈，跖屈
距腓关节	铰链关节	距骨、腓骨	囊韧带 跟腓韧带 距腓前韧带 距腓后韧带	背屈，跖屈

续表

关节	类型	骨	韧带	活动形式
跗骨间关节				
距下关节*	滑动关节	距骨、跟骨	囊韧带 距跟前韧带 距跟后韧带 距跟外侧韧带 距跟内侧韧带 距跟骨间韧带	滑动
跗横关节*	滑动关节	距骨、足舟骨、跟骨、骰骨	分歧韧带（跟舟部分）	滑动
距跟舟关节	滑动关节	距骨、足舟骨、跟骨	囊韧带 距舟背侧韧带 跟舟掌侧韧带	滑动
跟骰关节	滑动关节	跟骨、骰骨	囊韧带 跟骰掌侧韧带 跟骰背侧韧带 分歧韧带 足底长韧带	滑动
楔舟关节	滑动关节	楔骨（3 块）、足舟骨	楔舟背侧韧带 楔舟掌侧韧带	滑动
骰舟关节	滑动关节	骰骨、足舟骨	骰舟背侧韧带 骰舟掌侧韧带	滑动
楔间关节和楔骰关节	滑动关节	楔骨（3 块）、骰骨	楔骨间背侧韧带 楔骨间掌侧韧带 楔间韧带	滑动
跗趾及趾间关节				
跗跖关节	滑动关节	3 块楔骨，骰骨，跖骨底	囊韧带 跗跖掌侧韧带 跗跖背侧韧带 骨间韧带	滑动
跖骨间关节	滑动关节	跖骨底	背侧囊韧带 掌侧囊韧带 骨间韧带	滑动
跖趾关节	髁状关节	跖骨头和近节趾骨底	背侧囊韧带 掌侧囊韧带 骨间韧带 跖横韧带	屈曲，伸展，外展，内收
趾骨间关节（4 个近节趾骨间关节，4 个远节趾骨间关节，1 个中节趾骨间关节）	铰链关节	近节趾骨，中节趾骨，远节趾骨	背侧囊韧带 掌侧囊韧带 骨间韧带	屈曲、伸展

*踝关节的距下关节和跗横关节进行组合动作时会产生内翻（旋外、内收和跖屈）和外翻（旋前、外展、背伸）。

下肢肌肉、神经和血液供应

肌肉	起点	止点	活动	神经	血液供应
髋关节前侧					
腰大肌	L1~L5 横突、T12、1~L5 椎间盘和椎体	股骨小转子	脊柱屈曲和旋转； 髋关节屈曲、内收和外旋	股神经	髂外动脉、髂内动脉、腰动脉
腰小肌	L1~L5 横突、T12、1~L5 椎间盘和椎体	股骨小转子	脊柱屈曲和旋转； 髋关节屈曲、内收和外旋	股神经	髂外动脉、髂内动脉、腰动脉
髂肌	髂窝、髂腰韧带、骶髂韧带	股骨小转子远端	髋关节屈曲、内收和外旋	股神经	髂外动脉、髂内动脉
缝匠肌	髂前上棘	胫骨髁的下侧至内侧	髋关节屈曲、内收和外旋；膝关节屈曲； 小腿内旋	股神经	深动脉、股动脉
股直肌	髂前下棘和髋臼上部	髌骨和胫骨结节	髋关节屈曲，膝关节伸展	股神经	深动脉
阔筋膜张肌	髂嵴外侧缘、髂前上棘和髂前下棘之间	股骨大转子、胫骨外侧髁的下侧和前侧（如髂胫束）	髋关节屈曲、外展和旋转	臀上神经	旋股外侧动脉
耻骨肌	髂骨弓状线，耻骨上方	股骨耻骨线	髋关节屈曲、内收和外旋	股神经	股动脉和旋股动脉
髋关节外侧					
臀中肌	髂嵴至前后臀线之间	大转子外侧边缘	髋关节外展； 前面： 髋关节屈曲和内旋； 后面： 髋关节伸展和外旋	臀上神经	臀上动脉
臀小肌	髂骨臀线的前侧和下侧	大转子前缘	髋关节外展和内旋； 前部:髋关节屈曲； 后部： 髋关节伸展	臀上神经	臀上动脉

续表

肌肉	起点	止点	活动	神经	血液供应
髋关节后侧					
股二头肌（长头）	坐骨结节	腓骨头，胫骨外侧髁	髋关节伸展，内收，外旋；膝关节屈曲	胫神经	股动脉深支
股二头肌（短头）	粗线	腓骨头，胫骨外侧髁	膝关节屈曲； 小腿外旋	腓神经	股动脉深支
半腱肌	坐骨结节	胫骨髁的下部至内侧	髋关节伸展，内收和内旋；膝关节屈曲； 小腿的内旋	胫神经	股动脉深支和腘动脉
半膜肌	坐骨结节	胫骨内侧髁	髋关节伸展，内收和内旋；膝关节屈曲； 小腿内旋	胫神经	股动脉深支和腘动脉
臀大肌	骶骨、尾骨、臀后线和髂嵴	股骨臀肌粗隆和胫骨外侧髁的下部和前侧（髂胫束）	髋关节伸展、内收和外旋；髋关节屈曲、外展	臀下神经	臀上动脉、臀下动脉、旋股内侧动脉
梨状肌	骶骨和坐骨大切迹的上 2 / 3	大转子	髋关节外旋、外展及伸展	第 1 和第 2 骶神经	臀上动脉、臀下动脉
上孖肌	坐骨棘	大转子	髋关节外旋	第 1 和第 2 骶神经	臀下动脉、闭孔动脉
闭孔内肌	闭孔内缘	大转子	髋关节外旋	第 1 和第 2 骶神经	臀下动脉、闭孔动脉
下孖肌	坐骨结节	大转子	髋关节外旋	腰骶丛的股方肌支	臀下动脉、闭孔动脉
闭孔外肌	耻骨闭孔处和坐骨的外侧面	股骨转子窝	髋关节外旋	闭孔神经	臀下动脉、闭孔动脉
股方肌	坐骨结节	股骨转子间嵴	髋关节外旋、内收、伸展	腰骶丛的分支	臀下动脉、旋股内侧动脉

续表

肌肉	起点	止点	活动	神经	血液供应
髋关节内侧					
长收肌	耻骨	粗线中 1/3	髋关节内收、屈曲和外旋	闭孔神经	股动脉
短收肌	耻骨	粗线近端 1/3	髋关节内收、屈曲和外旋	闭孔神经	股动脉
大收肌	耻骨和坐骨结节	粗线和内收肌结节	前部：髋关节内收、屈曲和外旋；后部：髋关节内收，伸展和内旋	闭孔神经和坐骨神经	股动脉
股薄肌	耻骨联合前下方和耻骨下方	胫骨内侧髁	髋关节内收、屈曲、外旋；膝关节屈曲；小腿内旋	闭孔神经	股动脉
膝关节前侧					
缝匠肌	见髋关节前侧				
股四头肌					
股直肌	见髋关节前侧				
股外侧肌	大转子；转子间线，粗线近端的外侧唇	外侧髌骨、胫骨外侧髁前部，股直肌肌腱	膝关节伸展	股神经	旋股外侧动脉
股中间肌	股骨前部近端 2/3	髌骨下面，股外侧肌和股内侧肌	膝关节伸展	股神经	旋股外侧动脉和深动脉
股内侧肌	转子间线，粗线	胫骨内侧髁，髌骨内侧，股直肌肌腱内侧	膝关节伸展	股神经	股动脉

续表

肌肉	起点	止点	活动	神经	血液供应
膝关节后侧					
股二头肌	见髋关节后侧				
半膜肌	见髋关节后侧				
半腱肌	见髋关节后侧				
股薄肌	见髋关节内侧				
腘肌	股骨外侧髁	胫骨比目鱼线近端	膝关节屈曲，小腿内旋	胫神经	腘动脉
腓肠肌（外侧头）	比目鱼肌内侧至股骨外髁	跟骨	膝关节屈曲；踝关节跖屈	胫神经	胫后动脉，腓动脉
腓肠肌（内侧头）	股骨内髁	跟骨	膝关节屈曲；踝关节跖屈	胫神经	胫后动脉，腓动脉
跖肌	粗线外侧和腘斜韧带	跟骨	膝关节屈曲；踝关节跖屈	胫神经	腘动脉
踝和足（非固有肌）前侧					
胫骨前肌	胫骨外侧髁和胫骨外侧面近端 1/2	第 1 跖骨，第 1 楔骨	踝关节背屈；足的内翻	腓深神经	胫前动脉
趾长伸肌	胫骨外侧髁，腓骨近端 3/4，骨间膜	第 2~5 趾	踝关节背屈、外翻；第 2~5 趾伸展	腓深神经	胫前动脉
踇长伸肌	腓骨中 1/2 处，骨间膜	踇趾远节趾骨底	踝关节背屈和内翻，踇趾的伸展	腓深神经	胫前动脉
第三腓骨肌	腓骨远端 1/3，骨间膜	第 5 跖骨底的背面	踝关节屈曲、外翻	腓深神经	胫前动脉和腓动脉
踝和足（非固有肌）外侧					
腓骨长肌	胫骨外侧髁，腓骨外侧近端 2/3 和腓骨头	第 1 跖骨底外侧和内侧楔骨	踝关节跖屈和外翻	腓浅神经	腓动脉
腓骨短肌	腓骨远端 1/2	第 5 跖骨粗隆	踝关节跖屈和外翻	腓浅神经	腓动脉

续表

肌肉	起点	止点	活动	神经	血液供应
踝和足（非固有肌）后侧					
腓肠肌	见膝关节				
比目鱼肌	腓骨头和腓骨近端 1 / 3，胫骨中 1 / 3	跟骨	踝关节跖屈	胫神经	胫后动脉、腓动脉
跖肌	见膝关节后侧				
胫骨后肌	胫骨后侧中 1 / 3，腓骨内侧近端 2 / 3 近端和腓骨头，骨间膜	足舟骨，内侧楔骨，第 2~5 跖骨	踝关节跖屈、内翻和足内收	胫神经	胫后动脉
趾长屈肌	胫骨后侧：距胫骨远端几英寸比目鱼肌线处	第 2~5 远节趾骨底	踝关节跖屈、内翻和足内收，屈曲第 2~5 趾	胫神经	胫后动脉
跗长屈肌	腓骨后侧下 2/3 和骨间膜	跗趾远节趾骨	踝关节跖屈与内翻；跗趾屈曲	胫神经	胫后动脉
踝和足（固有）第一层					
趾短屈肌	跟骨结节	第 2~5 趾中节趾骨两侧	第 2~5 趾屈曲	足底内侧神经	胫后动脉
跗展肌	跟骨内侧	跗趾的近节趾骨底	跗趾外展和屈曲	足底内侧神经	胫后动脉
小趾展肌	跟骨结节	第 5 趾近节趾骨底外侧	第 5 趾外展、屈曲	足底外侧神经	胫后动脉
踝和足（固有）第二层					
足底方肌（内侧头）	跟骨内侧	趾长屈肌腱	辅助第 2~5 趾屈曲	足底外侧神经	胫后动脉
足底方肌（外侧头）	跟骨外侧	趾长屈肌腱	辅助第 2~5 趾屈曲	足底外侧神经	胫后动脉

续表

肌肉	起点	止点	活动	神经	血液供应
蚓状肌	趾长屈肌腱	趾长伸肌腱	近端趾骨间关节屈曲（第2~5趾），远端趾骨间关节伸展（第2~5趾）	足底外侧神经和足底内侧神经	足背动脉
踝和足（固有）第三层					
踇短屈肌	第3块楔骨	踇趾的近节趾骨底	踇趾跖趾关节屈曲	足底内侧神经	胫后动脉
踇收肌（横头）	第3~5趾跖趾关节韧带足底面	踇趾近节趾骨	踇内收	足底外侧神经	胫后动脉
踇收肌（斜头）	第2~4跖骨底	踇趾近节趾骨	踇内收	足底外侧神经	胫后动脉
小趾短屈肌	第5跖骨底	第5趾的近节趾骨底外侧面	第5趾屈曲	足底外侧神经	胫后动脉
踝和足（固有）第四层					
骨间背侧肌（4）	所有跖骨的相邻面	第2~4近节趾骨底	第3、4趾外展	足底外侧神经	胫前动脉
骨间足底肌（3）	第3~5跖骨内侧面的下部	第3~5近节趾骨底内侧面，趾长伸肌腱	第3~5趾外展	足底外侧神经	足深动脉和足底外侧动脉
踝和足（固有）背侧					
趾短伸肌	跟骨	第2~4趾骨的趾长伸肌腱	第2~5趾外展	腓深动脉	胫前动脉和腓动脉
踇短伸肌	跟骨	踇趾远节趾骨	踇内收，踇伸展	腓深动脉	胫前动脉

答案

第 1 章

单选题

1. c
2. a
3. b
4. a
5. c
6. d
7. c
8. c

填空题

1. 缝连结
2. 滑囊
3. 肌纤维
4. 传向
5. 远离
6. 心缩期
7. 黏稠度
8. 三级杠杆

第 2 章

单选题

1. b
2. d
3. b
4. b

填空题

1. 屈曲
2. 平面
3. 矢状水平
4. 近侧

第 3 章

单选题

1. d
2. d
3. a
4. c
5. a
6. a
7. d
8. d
9. d
10. b
11. b
12. c
13. a
14. c
15. d
16. d
17. b
18. a
19. a
20. d
21. b
22. b
23. d
24. d
25. d
26. a
27. a

填空题

1. 喙锁韧带
2. 斜方肌
3. 肩胛下肌
4. 冈上肌
5. 肩峰
6. 喙肱
7. 肩胛骨
8. 外展
9. 锁骨部
10. 肩胛骨
11. 背阔肌

功能性运动锻炼

以下答案只是一部分正确答案，还有其他正确答案。

肩关节

原动肌：三角肌中部肌束

拮抗肌：胸大肌

固定肌：冈上肌

辅助肌：三角肌前部肌束和后部肌束

上肢带骨

原动肌：肩胛提肌

拮抗肌：斜方肌上部肌束和下部肌束

固定肌：斜方肌中部肌束

辅助肌：菱形肌

第 4 章

单选题

1. c
2. c
3. b
4. d
5. b
6. a
7. b
8. b
9. d
10. a
11. c
12. a

填空题

1. 肱骨
2. 环状韧带
3. 尺骨
4. 屈曲肘关节
5. 肱骨滑车

6. 在一条直线上
7. 旋前
8. 肱三头肌
9. 旋前方肌

功能性运动锻炼

以下答案只是一部分正确答案，还有其他正确答案。

肘关节屈曲

原动肌：肱二头肌
拮抗肌：肱三头肌
固定肌：肱桡肌
辅助肌：肱肌

前臂旋前

原动肌：旋前圆肌
拮抗肌：旋后肌
固定肌：肱二头肌
辅助剂：旋前方肌

第 5 章

单选题

1. a	8. c
2. b	9. c
3. a	10. a
4. b	11. c
5. a	12. c
6. b	13. a
7. a	14. d

填空题

1. 掌长肌
2. 腕中
3. 屈肌
4. 拇指
5. 桡腕
6. 内收
7. 示指
8. 手舟骨
9. 对掌运动
10. 手舟骨
11. 屈肌支持带
12. 侧副
13. 腕掌关节
14. 手舟骨

功能性运动锻炼

以下答案只是一部分正确答案，还有其他正确答案。

腕关节

原动肌：指总伸肌
拮抗肌：掌长肌
固定肌：小指伸肌
辅助肌：尺侧腕伸肌

手指关节（ 掌指关节、近端指骨间关节、远端指骨间关节）

原动肌：指浅屈肌
拮抗肌：指伸肌
固定肌：掌长肌
辅助肌：指深屈肌

第 6 章

单选题

1. b
2. c
3. c
4. a

填空题

1. 肘正中
2. 肩胛背
3. 动脉

第 7 章

单选题

1. a
2. c
3. c
4. b
5. b
6. c
7. d
8. d

填空题

1. 中耳
2. 不可活动的
3. 上颌
4. 外肌
5. 舌骨
6. 鼻旁窦
7. 枕骨大孔
8. 玻璃体

第 8 章

单选题

1. c	6. c
2. d	7. b
3. b	8. d
4. a	9.d
5. b	10. b

11. b
12. d
13. d
14. b
15. a
16. a

填空题

1. 腰
2. 胸
3. 后纵韧带
4. 寰椎
5. 椎间盘
6. 耻骨联合
7. 坐骨
8. 脊柱前凸
9. 脊柱后凸
10. 脊柱侧弯

功能性运动锻炼

以下答案只是一部分正确答案，还有其他正确答案。

伸展脊柱

原动肌：竖脊肌

拮抗肌：腹直肌

固定肌：腹内斜肌和腹外斜肌

协同肌：半棘肌

旋转脊柱

原动肌：腹内斜肌和腹外斜肌（同侧）

拮抗剂：腹内斜肌和腹外斜肌（对向）

固定肌：腹直肌

协同肌：半棘肌（同侧）

第 9 章

单选题

1. b
2. b
3. a
4. a
5. d
6. a
7. b
8. d
9. c
10. b

填空题

1. 胸骨
2. 胸骨柄
3. 膈肌
4. 三
5. 肝脏
6. 支气管
7. 纵隔
8. 房间隔
9. 两；左房室瓣

第 10 章

单选题

1. a
2. b
3. b
4. b
5. c
6. a
7. a

填空题

1. 膈
2. 锁骨下动脉
3. 脑干
4. 额
5. 心最小静脉
6. 硬膜外
7. 中枢前

第 11 章

单选题

1. c
2. a
3. b
4. d
5. b
6. b
7. b
8. d
9. d
10. b

填空题

1. 髋关节
2. 髂股
3. 臀大肌
4. 坐骨结节
5. 胸腰椎
6. 后

功能性运动锻炼

以下答案只是一部分正确答案，还有其他正确答案。

屈曲髋关节

原动肌：髂肌

拮抗肌：臀大肌

固定肌：长收肌

协同肌：腰大肌

前倾骨盆

原动肌：腹直肌

拮抗肌：竖脊肌

固定肌：腹横肌

协同肌：腹内、外斜肌

第 12 章

单选题

1. a
2. d

3. b
4. b
5. c
6. a
7. d
8. b
9. c
10. d
11. a
12. b
13. c
14. b

填空题

1. 内侧髁
2. 胫骨
3. 膝横韧带
4. 股骨
5. 前交叉韧带
6. 膝关节
7. 臀大肌

功能性运动锻炼

以下答案只是一部分正确答案。还有其他正确答案。

膝关节屈曲

原动肌：股二头肌
拮抗肌：股直肌
固定肌：股内侧肌
协同肌：半膜肌

膝关节伸展

原动肌：股直肌
拮抗肌：股二头肌
固定肌：股薄肌
协同肌：股中间肌

第 13 章

单选题

1. b
2. a
3. c
4. b
5. a
6. d
7. b
8. c
9. d
10. b
11. c

填空题

1. 跟骨
2. 跟骨
3. 跖屈
4. 股骨
5. 踝三角
6. 背屈
7. 胫骨
8. 外展第 1 跖趾关节
9. 向外
10. 横
11. 骰骨
12. 足非固有肌
13. 横头
14. 腓肠肌腱
15. 外展
16. 第 1 跖趾关节
17. 踝关节内翻
18. 内收
19. 跖骨头
20. 踝关节跖屈肌

功能性运动锻炼

以下答案只是一部分正确答案，还有其他正确答案。

踝关节

原动肌：比目鱼肌
拮抗肌：胫骨前肌
固定肌：胫骨后肌
协同肌：腓肠肌

跖趾关节、近节趾骨间关节、远节趾骨间关节

原动肌：趾长屈肌
拮抗肌：趾长伸肌
固定肌： 骨间足底肌
协同肌：趾短屈肌

第 14 章

单选题

1. c
2. c
3. a
4. d

填空题

1. 腓深
2. 腓动脉
3. 闭孔

推荐书目

1. Agur, A.M.R. and A.F. Daily. 2008. Grant's atlas of anatomy. 12th ed. Baltimore: Lippincott, Williams & Wilkins.

2. Drake, R.A., W. Vogl, and A.W.M. Mitchell. 2009. Gray's anatomy for students. 2nd ed. New York: Churchill Livingstone.

3. Gilroy, A., B. MacPherson, L. Ross, M. Schuenke, E. Schulte, and U. Schmacher. 2008. Atlas of anatomy. New York: Thieme.

4. Gray, H. (1918) 2000. Anatomy of the human body. Philadelphia: Lea & Febiger; Bartleby.com. Logan, B.M., P. Reynolds, and R.T. Hutchings. 2009. McMinn's color atlas of head and neck anatomy. 4th ed. Philadelphia: Elsevier (Mosby).

5. Logan, B.M. and R.T. Hutchings. 2011. McMinn's color atlas of foot and ankle anatomy. 4th ed. Philadelphia: Elsevier (Saunders).

6. Marieb, E.N. and K.N. Hoehn. 2010. Human anatomy and physiology. 8th ed. San Francisco: Benjamin/Cummings.

7. Morton, D., K.B. Foreman and K. Albertine. 2011. Gross anatomy: The big picture. New York: McGraw–Hill Medical.

8. Netter, F.H. 2010. Atlas of human anatomy. 5th ed. Philadelphia: Elsevier (Saunders).

9. Whiting, W.and S. Rugg. 2006. Dynatomy: Dynamic human anatomy. Champaign, IL: Human Kinetics.

图片来源

图 1.14 授权自 W.C.Whiting and S. Rugg, 2006, Dynatomy: Dynamic human anatomy (Champaign, IL: Human Kinetics), 15.

图 1.22b 授权自National Strength and Conditioning Association，2008, Biomechanics of resistance exercise, by E. Harman. In Essentials of strength training and conditioning, 3rd ed., edited by T.R. Baechle and R.W. Earle (Champaign, IL: Human Kinetics), 70.

图 1.23b 授权自 National Strength and Conditioning Association, 2008, Biomechanics of resistance exercise, by E. Harman. In Essentials of strength training and conditioning, 3rd ed.，edited by T.R. Baechle and R.W. Earle (Champaign, IL: Human Kinetics), 70.

图 7.1 授权自 J. Watkins, 2010, Structure and function of the musculoskeletal system, 2nd ed. (Champaign, IL: Human Kinetics), 30.

图 7.2 授权自 L.A. Cartwright and W.A. Pitney, 2011, Fundamentals of athletic training, 3rd ed. (Champaign, IL: Human Kinetics), 55.

图 7.3 授权自 J. Watkins, 2010, Structure and function of the musculoskeletal system, 2nd ed. (Champaign, IL: Human Kinetics), 29.

图 7.4 授权自 L.A. Cartwright and W.A. Pitney, 2011, Fundamentals of athletic training, 3rd ed. (Champaign, IL: Human Kinetics), 67.

图 7.6 授权自 J. Loudon, M. Swift, and S. Bell, 2008, The clinical orthopedic assessment guide, 2nd ed. (Champaign, IL: Human Kinetics), 28.

图 7.7 授权自 J. Watkins, 2010, Structure and function of the musculoskeletal system, 2nd ed. (Champaign, IL: Human Kinetics), 30.

图 7.8 授权自 J.Loudon, M. Swift, and S. Bell, 2008, The clinical orthopedic assessment guide, 2nd ed. (Champaign, IL: Human Kinetics), 20, 24.

图 7.9 授权自 J. Watkins, 2010, Structure and function of the musculoskeletal system, 2nd ed. (Champaign, IL: Human Kinetics), 30.

图 7.12 授权自 L.A. Cartwright and W.A. Pitney, 2011, Fundamentals of athletic training, 3rd ed. (Champaign, IL: Human Kinetics), 68.

图 9.15 授权自W.L. Kenney, J.H. Wilmore, and D.L. Costill, 2012, Physiology of sport and exercise, 5th ed. (Champaign, IL: Human Kinetics), 144.

图 9.17 授权自 W.L. Kenney, J.H. Wilmore, and D.L. Costill, 2012, Physiology of sport and exercise, 5th ed. (Champaign, IL: Human Kinetics), 145.

图 9.19 授权自 W.L.Kenney, J.H. Wilmore, and D.L. Costill, 2012, Physiology of sport and exercise, 5th ed. (Champaign, IL: Human Kinetics), 165.

图 9.20 授权自 W.L. Kenney, J.H. Wilmore, and D.L. Costill, 2012, Physiology of sport and exercise, 5th ed. (Champaign, IL: Human Kinetics), 165.

图 10.2a,b 授权自R.S. Gotlin, 2008, Sports injuries guidebook (Champaign, IL: Human Kinetics), 62.

图 10.3 授权自W.L.Kenney, J.H. Wilmore, and D.L.

Costill, 2012,Physiology of sport and exercise, 5th ed. (Champaign, IL: Human Kinetics), 165.

图 10.4 授权自 W.L.Kenney, J.H. Wilmore, and D.L. Costill, 2012,Physiology of sport and exercise, 5th ed. (Champaign, IL: Human Kinetics), 165.

图 10.5 授权自 W.L. Kenney, J.H. Wilmore, and D.L. Costill, 2012, Physiology of sport and exercise, 5th ed. (Champaign, IL: Human Kinetics), 165.

图 10.9 授权自 C.R.Denegar, E. Saliba, S.S. Saliba, 2010, Therapeutic modalities for musculoskeletal injuries, 3rd ed. (Champaign, IL: Human Kinetics), 224.

图 10.16 授权自 W.L.Kenney, J.H. Wilmore, and D.L. Costill, 2012, Physiology of sport and exercise, 5th ed. (Champaign, IL: Human Kinetics), 145.

图 10.20 授权自 W.L. Kenney, J.H. Wilmore, and D.L. Costill, 2012, Physiology of sport and exercise, 5th ed. (Champaign, IL: Human Kinetics), 165.

索 引

注："f"表示图。

H

西文字母开头的词语

作者简介

罗伯特·S. 本克（Robert S. Behnke），HSD，从事解剖、运动学、体育和运动训练课程教学 39 年。本克曾因教学工作突出多次获奖，其中包括美国国家体育教练员协会（the National Athletic Trainer's Association，NATA）颁发的年度教育工作奖（the Educator of the Year Award）。在其担任 NATA 职业教育委员会主席的 11 年任期内，他向美国医学协会发起请愿，助力国家入门级运动训练教育计划认证。

本克博士的大部分时间都在印第安纳州立大学工作，是体育教育和运动训练的全职教授、本科和研究生运动训练计划的主任。在他职业生涯的早期，有 5 年中学教学经历。他有宝贵的高中和大学运动教练经验，从 1966 年到 1969 年在伊利诺伊州立大学工作；从 1969 年到 1973 年在伊利诺伊大学工作。在 1983 年的世界大学生运动会和 1984 年的美国男子奥林匹克篮球赛中，他是运动教练。在 1982 年和 1989 年的学术休假期间，他在美国科罗拉多斯普林斯奥林匹克培训中心担任拳击、男子曲棍球、手球、滑冰、曲棍球、体操、柔道、自行车的运动教师。他曾是活跃在美国乃至全球的演讲者和教练。

丰富的工作经验使本克博士了解本科生的需求，知道哪些教学方法有效。《运动解剖学》是展现他独到见解的巅峰成果，是本科相关课程的主要教材。

主译简介

王会儒 博士，教授，上海交通大学体育系副主任，中国体育科学学会武术与民族传统体育分会委员，上海体育科学学会运动康复分会委员，上海市精品课程“瑜珈”负责人。研究方向：民族传统体育与健康促进。王全儒以第一作者或通讯作者发表 SCI 论文 5 篇、中文核心期刊论文 7 篇、国际会议论文 6 篇；出版学术专著 1 种、教材 1 种、科普著作 2 种，主持翻译著作 5 种；承担国家及省部级课题多项。